中国古代医学教育与考试制度研究

王振国　主编

齊魯書社
·济南·

图书在版编目（CIP）数据

中国古代医学教育与考试制度研究/王振国主编.
济南：齐鲁书社，2006.6（2023.4重印）
ISBN 7-5333-1571-5

Ⅰ.中… Ⅱ.王… Ⅲ.医学教育—研究—中国—古代 Ⅳ.R-092

中国版本图书馆CIP数据核字(2005)第102750号

责任编辑：裴继祥　装帧设计：亓旭欣

中国古代医学教育与考试制度研究
ZHONGGUO GUDAI YIXUE JIAOYU YU KAOSHI ZHIDU YANJIU
王振国　主编

主管单位	山东出版传媒股份有限公司
出版发行	齊魯書社
社　　址	济南市市中区舜耕路517号
邮　　编	250003
网　　址	www.qlss.com.cn
电子邮箱	qilupress@126.com
营销中心	（0531）82098521　82098519　82098517
印　　刷	山东新华印务有限公司
开　　本	850mm × 1168mm　1/32
印　　张	15
插　　页	4
字　　数	360千
版　　次	2006年6月第1版
印　　次	2023年4月第2次印刷
标准书号	ISBN 978-7-5333-1571-9
定　　价	88.00元

中国古代医学教育与考试制度研究

主　　编　王振国

副 主 编　郑　洪　臧守虎　张友元

撰写人员（以姓氏笔画为序）

马晓亮　王振国　米　鹂　张友元

金秀梅　郑　洪　郑　晔　臧守虎

目 录

绪 论

关于中国古代医学教育与考试制度的历史发展与成败得失，历代学者、医家多有论及，如清代著名医家徐大椿在《医学源流论·考试医学论》中指出：

> 医为人命所关，故《周礼》医师之属，掌于冢宰，岁终必稽其事而制其食。至宋神宗时，设内外医学，置教授及诸生，皆分科考察升补。元亦仿而行之。其考试之文，皆有程式，未知当时得人何如。然其慎重医道之意，未尝异也。故当时立方治病，犹有法度，后世医者，大概皆读书不就，商贾无资，不得已而为衣食之计，或偶涉猎肆中，剿袭医书，或托名近地时医门下，始则欲以欺人，久之亦自以为医术不过如此，其误相仍，其害无尽，岐黄之精义几绝矣。若欲斟酌古今考试之法，必访求世之实有师承，学问渊博，品行端方之医，如宋之教授，令其严考诸医，取其许挂牌行道。既行之后，亦复每月严课，或有学问荒疏，治法谬误者，小则撤牌读书，大则饬使改业。教授以上，亦如《周礼》医师之有等，其有学问出众，治效神妙者，候补教授。其考试之法，分为六科，曰针灸，曰大方，曰妇科，曰幼科兼痘科，曰眼科，曰外科。其能诸科皆通者，曰全科。通一二科者，曰兼科。通一科者，曰专科。其试题之体有三，一曰论，题出《灵枢》

《素问》，发明经络藏府，五运六气，寒热虚实，补泻逆从之理。二曰解，题出《神农本草》《伤寒论》《金匮要略》，考订药性、病变、制方之法。三曰案，自述平日治病之验否，及其所以用此方治此病之意。如此考察，自然言必本于圣经，治必遵乎古法，学有渊源而师承不绝矣。岂可听涉猎杜撰，全无根柢之人，以人命为儿戏乎？

其中回溯中医教育考试历史，评判得失，鞭辟时弊，颇有振聋发聩之功。

中医学虽然是世界医学的一个重要组成部分，但在理论体系、治病手段等方面都具有鲜明的民族特色，这也决定了其在传承教育方式和考试制度上有自己的独特性。中国是世界上最早设置医学教育与进行医学考试的国家，并在长期的历史实践中形成了别具特色的医学考试制度。

研究中国古代医学教育与考试制度，总结其中的经验，寻绎其中的规律，是中国医学史研究的一个重要内容，对于我们把握中国医学教育与考试的特色与规律，更好地继承与发展中医学，培养中医学人才，具有重要的现实意义。

《中国古代医学教育与考试制度研究》以辛亥革命以前中国古代医学教育与考试制度为研究范围，以断代研究的方法，分夏商周、春秋战国、秦汉、三国两晋南北朝、隋唐五代、两宋、元、明、清几个历史阶段进行研究，实事求是地对有关资料进行系统的梳理和考证，尽力发掘与勾勒我国古代医学教育与考试制度在不同时代的特点、意义及其发展、演变的规律。

本研究以医学教育与考试制度研究为中心，包括不同时代医学教育的学校、管理机构、管理制度、人员设置，医学教育的格局、形式、师资、学制、教材，医学人才考试的门类、科目，考试者的报考条件、报考程序，试卷的命题形式、内容，考试过程的监督、防弊、惩处，人才选拔、任用的方式、标准，任官以后的俸禄、待遇、考核、升迁、奖惩，业医者的登记、资格考试、管理、责任与义务，巫医、儒医、道医以及军医、法医、狱医、兽医产生的时代背景、特色以及在考试、选拔、任用上的不同要求与特点，医学教育与考试制度不同时代的历史变化、相互影响、不断完善，西医开始渗入后对中医教育与考试产生的影响等。

由于医学教育与人才选拔受不同时代思想、政治、经济、文化的影响，医学教育是中国古代教育的一个分支，医学人才的选拔任用也是古代人才选拔的一个方面。因此，对医学教育与考试制度的研究离不开在相关时代的思想、政治、经济、文化等背景下，结合相关时代的教育制度等进行研究，故本书也有不少的篇幅涉及相关时代的思想、政治、经济、文化、教育制度等，意在考察医学教育与考试在不同时代的地位、所受重视程度，不同时代的思想、政治、经济、文化、教育制度等与医学教育乃至考试制度的关系及其相互影响。

同时医生的选拔、考核与中国的官制一直有着密切的关系，迄今我国民间关于医生的诸多称呼，仍可以看到与官制相关的痕迹。如清俞樾《茶香室丛钞》卷二十一的记述："《容斋三笔》：'神宗立医官，额止于四'……今北人称医为大夫，南人称医为郎中，本此。盖宋制医官，有大夫，有郎也。其下所云，又有平和大夫、阶州团练使潘筱，似平和大夫，班在和安大夫之下。"因此本课题的研究也不能不涉及历代的官制。

从总体上来说，三代以前医巫一体，医由巫兼任。西周以后医学逐渐从巫医中独立出来，虽还没有出现独立的医学教育，医学人才大都由民间脱颖而出，但已形成较完备的医事管理考核奖惩制度。《周礼》中分医师为“食医、疾医、疡医、兽医”四科，并“岁终则稽其医事”，按考核结果分医生为四等，形成了以实际医疗水平决定薪俸的考核原则，开后世医学考试注重临床操作能力之先河。春秋战国时期，官学衰落，私学兴起，医学教育出现君臣传承、师徒传承、父子传承多种方式，儒医、道医、军医产生，医生的任用呈现出多样化的标准。秦汉至南北朝时期，医学教育与人才选拔在承袭前代的基础上，处于逐渐恢复和发展期，出现了后世医学教育与考试的经典《黄帝内经》《神农本草经》《脉经》等，包括医学在内的专科教育兴起，开政府医学教育的先河。隋唐时期，医学教育由太医署负责，至唐时从中央到地方形成了一个较完整的医学教育体系，如针对不同专业的不同学制、浮动学制，考试中旬试、月试、岁终试、毕业试的分段考试和补考制度，既十分严格，又体现出很大的灵活性，较好地把握与符合了医学教育的特点；医学人才考试纳入科举体制中，“如国子监法”以及仿照“明经”“明法”的规定，表明了唐代对医学人才的重视；医学人才的选拔任用上呈现出生徒的考试选拔、制举、贡举、待诏等多样化的特点；对医学人才的考核贯穿于教学、临床、医德等各个环节，有利于提高医学教学与医疗的质量；设置翰林医官，对五代后唐时以翰林医官掌校医书、对宋代翰林医官院的设置产生了直接影响。在唐代的基础上，两宋时代的医学教育与考试得到进一步发展与完善，如将“医学”与“太学”并列，引入“太学”的学习与考试制度，设置翰林医官院，表明了政府对医学教育与考试的重视；铸造针灸铜人，教学时作为教具，考试时作为考具；编制《太医局诸科程文格》以规范考试命题，考试试题分墨义、脉义、大义、论方、假令、运气六大类，考试命题采取交叉命题、随机命题等方式，同时建立题型、内容全面的题库；将《黄帝内经》纳入"太学"考试中，医学教育中也注重儒家经典的学习，考试中有"儒经义一道"，对应考者的知识结构、医学理论、临床技能进行全面考察，提高了医学人才的综合素质。可以说，中国古代医学教育与考试在唐宋时代已经达到了非常规范与完善的程度。元、明、清三代医学教育在以往的基础上也有一些局部的发展和变化，如医学分科的进一步细化，法医、军医、狱医已经相对独立，医官的考试考核进一步严格，对医生实行末位淘汰制度，不断强化世医制度，实行执业医师考试制度等。尤其应该指出的是，清代以来随着西学东渐，西医传入中国，对传统医学教育与考试产生了全面的影响。

通过中国古代医学教育与考试制度的研究，我们认为，中国古代医学教育与考试中有很多反映中医教育与考试自身特点和规律的经验、方法，颇值得现代中医教育、考试与人才选拔中借鉴和进一步完善。如从民间选拔经验丰富的医学人才，因人施教的师承带徒的传授方式，针对不同专业的不同学制、浮动学制，规范考试命题，采取交叉命题、随机命题，建立题库，对知识结构、医学理论、临床技能全面考查，注重临床实际技能的培养与考试考核，强调学医者要具备较高的先天资质，实行末位淘汰制度，在医学学习过程中结合传统思想文化的学习，注重《黄帝内经》《神农本草经》《伤寒论》《脉经》等经典医籍的学习与考试等。

对中国古代医学教育与考试制度进行系统研究，在国内外这还是第一次。由于没有现成的资料可供借鉴，大部分相关资料夹杂于经史子集中，收集、钩沉和消化这些资料非常困难，更由于受学科分野和我们的研究水平所限，其中肯定存在不少的缺失不足之处,也有很多有待进一步深入探讨研究的地方,恳请各位专家和广大读者相与评骘,赐之斤正,也希望更多的同行加入这一研究行列中来,裨补其疏,阐精入微,以共掖于祖国医学人才的教育培养。

第一章

医学考试的渊薮与制度雏形的形成

中华文明源远流长,传统上一般将中华民族起源的历史追溯到三皇时代。在那距今已经几千年的上古时代,人们究竟在想什么、怎么想,没有直接的文字记载。我们现在所见到的关于上古的文献资料,其实也是远离了上古时代的文化人的想象与追忆,而不是上古人自己的实录和记述。但是,人类学、考古学等证明,这些“想象”“追忆”也并不是没有一点根据,因此我们可以经由这些途径、线索,探寻中国医学考试史的渊源。

第一节　考试实践与理论的渊薮

任何理论都源于相应的实践活动,医学考试理论也是在长期的医学实践活动中逐渐萌生的。传说中的三皇时代、尧舜禹三代、巫文化盛行时代,都有一些或隐或显的医学实践活动的蛛丝马迹,给我们研究医学考试史以一定的启示。

一、三皇时代与全才的诞生

伏羲、神农、黄帝是传说中中华民族的始祖,代表了三个不同时代。在文献记载中,他们都是半人半神的形象,也是无所不能的通才、全才,中医药的起源与产生相传也与他们有关。在中医药起源的传说中,有伏羲制九针而有针灸,神农尝百草而有药物,黄帝论经脉而有医理等说法。

(一)有关伏羲氏的医药传说

《礼记》说:“东方曰夷。”传说中伏羲氏是东夷人想象中的祖先,伏羲氏为海岱民族,又称泰族,大约生活于今山东的泰山地区。今山东省鱼台县东北、亮山之阳有伏羲陵。《帝王世纪》中说:“伏牺……画八卦……所以六气、六府、六藏、五行、阴阳、四时、水火升降,得以有象。百病之理,得以有类。乃尝味百药,而制九针,以拯夭枉焉。”《路史·后纪》中也有“伏羲氏尝草治砭,以制民疾,而人滋信”的说法。从出土锥形砭石的新石器时代遗址看,远在山东、河南龙山文化之前,锥形砭石已盛行于我国东南近海地区,而山东又是锥形砭石主要的出土地点。如《山海经·东山经》中云:“高氏之山,其上多玉,其下多箴石。”其中所说的“高氏之山”位于泰山之北,而所说的“箴”即后世的“针”。《内经·素问·异法方宜论》中“故东方之域……其民食鱼而嗜咸……其病皆为痈疡,其治宜砭石,故砭石者,亦从东方来”的说法与上相符。锥形砭石的制作年代上限约在距今5500年、下限约在距今4000年之间的一段时代,大约相当于传说中的伏羲氏至尧、舜时代。文献记述的砭石起源地点、时代的传说以及历史事实基本相符,可以认为伏羲氏时代使用砭石治病可能较为普遍。

(二)有关神农氏的医药传说

相传神农氏为中原民族,又称炎帝或称烈山氏,为今湖北省随县人,初都陈(今河南东部,近安徽),后徙鲁(今山东曲阜)。神农氏时代,人类的主要食物来源于采集天然植物和渔猎,过着饥则求食、饱则弃余、饥饱失常的生活。在这个过程中，常常发生食物中毒、消化不良等肠胃疾病，于是人们便逐渐认识到哪些植物有害、哪些植物可吃，也偶然会遇到吃了某种植物而使不适感觉减缓甚至消失的情况，于是逐渐产生和积累了关于药物的知识。后人把这些功劳都归于神农一人，据《淮南子·修务训》载："古者民茹草饮水，采树木之实，食蠃蛖（螺蚌之类）之肉，时多疾病毒伤之害。于是神农乃始教民播种五谷……尝百草之滋味，水泉之甘苦，令民知所避就。当此之时，一日而遇七十毒。"《通志·三皇纪》中也说："民有疾病，未知药石，乃味草木之滋，察寒温之性，而知君臣佐使之义，皆口尝而身试之。"其他如《世本》中云"神农和药济人"，《史纪纲鉴》云"神农尝百草，始有医药"，《通鉴外纪》云"炎帝始味草木之滋……以疗民疾，而医道立矣"等，都把药物治病的发明权算在了神农氏的身上。

神农像

山东嘉祥县武梁祠东汉画像石。现藏山东博物馆

（三）有关轩辕黄帝的医药传说

相传黄帝为少典氏子，姓公孙，生于寿丘（今山东曲阜东北）。《史记·五帝本纪》中说他“生而神灵，弱而能言，幼而徇齐，长而敦敏”，是一个神异、聪明、智慧的人。黄帝时代，发明创造较多。《古今医史》中说黄帝“仰观象于天，俯察法于地……所以六气六腑、五行五藏、阴阳水火升降得以有象，而百病之理得以类推，为医道之圣祖”，又说“察五气五运，立洞性命，纪阴阳，咨岐伯而作《内经》，复命俞跗、岐伯、雷公察明堂、究息脉，桐君处方饵，而人得以享天年”。可以推断，如果说神农氏时代的医药知识还比较原始，那么黄帝时代的医药知识当接近于理性知识。除我国现存较早的医学典籍《内经》冠以“黄帝”之名外，据《汉书·艺文志》的记载，这种依托“黄帝”之名的著作，还有已佚的《黄帝外经》37卷、《泰始黄帝扁鹊俞跗方》23卷、《神农黄帝食禁》7卷、《黄帝三王养阳方》20卷、《黄帝岐伯按摩》10卷、《黄帝杂子十九家方》21卷、《黄帝杂子步引》12卷、《黄帝杂子芝菌》18卷等。这些医籍虽皆系托名，但可能说明黄帝时代我国医学理论已经开始萌芽。

（四）传说中神农、黄帝时代的医生

神农、黄帝时代的医生，传说有僦贷季、岐伯、雷公、桐君、俞跗（拊）等人。

僦贷季为我国医家之古者，《素问·移精变气论》有“上古使僦贷季，理色脉而通神明，合之金木水火土、四时、八风、六合，不离其常，变化相移，以观其妙，以知其要”的记载。

岐伯为黄帝时的大臣，又是传授黄帝医药知识的师长。相传黄帝使岐伯尝草木，编著医病经方，才有传世的“本草”“素问”等书。《帝王世纪》中载：“岐伯，黄帝臣也。帝使伯尝味草木，典主医药经方，《本草》《素问》之书咸出焉。”晋皇甫谧《甲

乙经序》中称："黄帝咨访岐伯、伯高、少俞之徒，内考五脏六腑，外综经络、血气、色候，参之天地，验之人物，本性命，穷神极变，而针道生焉。"后世沿称业医者为"岐黄传人"。

雷公也为黄帝时臣，善医。《路史》有"黄帝咨于岐、雷而《内经》作"的记载。后世托雷公之名而论医药者颇多，如《雷公本草集注》《雷公药对》等，甚至有些药物也以雷公命名，如雷公藤、雷公头（即香附）、雷公墨等。

桐君也为黄帝时医，对药物很有研究，《古今医统》说他"识草木金石性味，定三品药物，以为君臣佐使"，曾撰《药对》（一云《药性》）四卷及《桐君药录》三卷，《陶弘景本草经序论》中说："桐君者，黄帝时臣也。撰《药对》四卷及《采药录》，说其花叶形色，论其君臣佐使相使，至今传焉。"今佚不见。但至今民间仍将他奉为药王，立祠纪念。

俞跗（拊、柎）为黄帝时代的外科医生，手术甚精。《史记·扁鹊仓公列传》和《说苑》皆有他神话般的治病记载。如《史记·扁鹊仓公列传》载："……上古之时，医有俞跗，治病不以汤液醴洒，镵石挢引，案扤毒熨，一拨见病之应，因五藏之输，乃割皮解肌，诀脉结筋，搦髓脑，揲荒爪幕，湔浣肠胃，漱涤五藏，练精易形。"《说苑》中说得更玄："俞柎之为医也，搦脑髓，束肓莫，炊灼九窍而定经络，死人复为生人，故曰俞柎。"其中所说割皮解肌、诀脉结筋、搦髓脑、揲荒（肓）爪幕（膜）、湔浣肠胃、漱涤五藏（脏）都是外科手术的范围，说明俞跗之时已有外科手术产生，而俞跗是其中的杰出代表。而且，上引《史记·扁鹊仓公列传》之语是虢国的中庶子以一种非常钦羡的口吻对当时的名医扁鹊所说的，由此也可见当时对外科手术的崇拜。

相传神农、黄帝时代，尚有伯高、少俞、鬼臾区和兽医马师皇等人。他们有的与黄帝论经脉，有的佐黄帝问对《难经》，有的外科与俞跗齐名，有的善知马形气生死之诊。

（五）全才的产生对于考试的启示

根据三皇的传说，三皇是无所不能的全才，也是医生、药师、针灸师，并且都是创始人。无论他们是确有其人，还是人们崇拜的某一种神物，都在一定程度上反映出了关于医者的标准。

如果伏羲、神农、黄帝确有其人，那么他们是中华民族先民中在身体条件、智力上优于众人，并且较早学会某些生存、生活技巧和防病健身之术的一批人，因而也能够在险恶的原始生存环境中，经历过长期考验（试），而赢得较长的寿命（考），并且用他们的经验救世济人，因而为人们所推崇。从这个角度来说，全才的产生本身就是考试的最好注脚，三皇也就是考试的化身。

智力条件是后人一直着力强调的为医标准，如徐大椿《医学源流论·医非人人可学论》所论：

> 黄帝、神农、越人、仲景之书，文词古奥，搜罗广远，非渊博通达之人，不可学也；凡病之情，传变在于顷刻，真伪一时难辨，一或执滞，生死立判，非虚怀灵变之人不可学也；病名以千计，病症以万计，脏腑经络内服外治方药之书，数年不能竟其说，非勤读善记之人不可学也；又《内经》以后支分派别，人自为师，不无偏驳，更有怪僻之论、鄙俚之说，纷陈错立，淆惑百端，一或误信，终身不返，非精鉴确识之人不可学也。故为此道者，必具过人之资，通人之识，又能屏去俗事，专心数年，更得师之传授，方能与古圣人之心潜通默契。

其中的“渊博通达”“虚怀灵变”“勤读善记”“精鉴确识”“过人之资，通人之识”都是强调习医、为医者须具备的智力条件。

如果伏羲、神农、黄帝并不是一个个体的人或者是一个宗族之名，那么全才的产生是宗族后世之人将本宗族包括医药在内的所有发明创造尽归其祖的结果，是一种祖宗崇拜的体现。从这个角度说，全才的产生是宗族范围内自下而上、自今而古不断累积、叠加、上荐的结果。

如果伏羲、神农、黄帝并无其人，而是人们崇拜的一种神物，视之为中华民族的先祖，那是中华民族趋向统一的体现和反映。从这个角度来说，全才的产生是全民族范围内自下而上、自今而古崇拜、上荐的结果。

二、尧舜禹三代人才的选拔

三皇以降，历史进入尧舜禹三代。虽然这个时代仍有神话与历史交错的成分，历史仍然是朦朦胧胧、若隐若现，人物形象也仍然有神的成分在内。但相对于三皇时代而言，其中神话成分毕竟已经较为淡薄，而人的轮廓已经比较清晰。

这个时代是后世人们心目中近乎完美的理想时代，如《礼记·礼运》中就仰慕地称赞道：

> 大道之行也，天下为公，选贤与能，讲信修睦，故人不独亲其亲，不独子其子，使老有所终，壮有所用，幼有所长，矜鳏寡孤独废疾者有所养……

这种完美也表现在关于人才的选拔与任用的一系列制度上。然而，正因为其完美，才使我们怀疑有后人虚构和想象的成分在内，或者说寄寓了后人关于人才选拔与任用的理想。

（一）选拔制度

据《尚书》《史记》等文献的记载，尧舜禹三代在选拔人才上非常民主，任人唯贤，包括民主推举、试用考察、禅让等具体的方法、程序和步骤。《尚书·尧典》载：

> 帝曰："畴咨若时登庸？"放齐曰："胤子朱启明。"帝曰："吁！嚚讼，可乎？"帝曰："畴咨若予采？"驩兜曰："都！共工方鸠僝功。"帝曰："吁！静言庸违，象恭滔天。"帝曰：

“咨！四岳，汤汤洪水方割，荡荡怀山襄陵，浩浩滔天。下民其咨，有能俾乂？”佥曰“於！鲧哉。”帝曰：“吁！咈哉，方命圮族。”岳曰：“异哉！试可乃已。”帝曰：“往，钦哉！”九载，绩用弗成。

在这段对话中，帝尧先问：“谁能顺应天时被提升任用？”放齐推荐了尧的儿子丹朱，但尧认为丹朱说话虚妄，又好争辩，因而予以否定。帝尧又问：“谁善于处理政务？”驩兜以善于聚集人力而推荐了共工，而尧认为共工花言巧语、阳奉阴违，貌似谦恭而其实对天轻慢不敬，也予以否定。在关于治水的人选上，大家推荐了鲧，尧认为鲧常违背人意，不服从命令，危害族人，也不是理想的人选。但四岳曰：“异哉！试可乃已。”——提出了不同的意见，建议试用。最终尧听取了众人的意见试用鲧，结果证明鲧因“不知五行之道”，以堵塞的方法治理洪水，“九年，绩用不成”，并且导致了更大的洪水泛滥，“于是帝尧乃求人，更得舜”。又，在关于帝尧接班人的问题上，《史记·五帝本纪》载：

尧曰：“嗟！四岳：朕在位七十载，汝能庸命，践朕位？”……众皆言于尧曰：“有矜在民间，曰虞舜。”尧曰：“然，朕闻之，其何如？”岳曰：“盲者子。父顽，母嚚，弟傲，能和以孝，烝烝治，不至奸。”尧曰：“吾其试哉。”

舜因孝、悌而被推荐为尧的候选人。在确定了候选人后，正式任用之前，还要“历试诸难”（《尚书·尧典》），在试用中加以考察。《史记·五帝本纪》记载，尧对舜的试用考察是通过“妻之二女”以“观其德”，通过“和五典”以考察其政策水平，通过“遍入百官”“宾于四门”以考察其在同僚中的威信，通过“使舜入山林川泽”以考察其能力，考察的内容包括了德、威、能、绩诸方面。经过考察以后，尧将帝位让给舜；而舜也效法尧帝,后来又将帝位让于禹。这就是为后世所津津称道的禅让制。

(二)考核奖惩

三代之时,帝对已任用官员通过巡行进行考核,每五年对四方进行一次巡行,每三年对官员进行一次考核,考核的重点在政绩、功绩,三考以后根据情况决定奖惩。《尚书·舜典》载:

> 五载一巡守,群后四朝,敷奏以言,明试以功,车服以庸。……三载考绩,三考,黜陟幽明,庶绩咸熙。

《史记·五帝本纪》曰:

> 三岁一考功,三考绌陟,远近众功咸兴。

奖惩的内容除了上引文献中官职的"黜陟""车服以庸"的物质奖励外,还有罚金、鞭打、流放、杀头等。

三代之时,人类仍处于洪荒时期,虽然已经有了社会分工,但还非常粗略,谈不上专门的医学教育,医学教育是混同在乐、舞方面的教育中的,如《尚书·舜典》载,帝命夔"典乐,教胄子",夔于是"击石拊石,百兽率舞"。而舞蹈从古及今都是一种健身除疾的方式,因此也关乎医学。对此,《吕氏春秋·仲夏纪·古乐》中解释说:

> 昔陶唐氏之始,阴多滞伏而湛积,水道壅塞,不行其原,民气郁阏而滞著,筋骨瑟缩不达,故作为舞以宣导之。

《路史·前纪》卷九中也有类似的描绘:

> 阴康氏之时,水渍不疏,江不行其原,阴凝而易阙,人既郁于内,腠理滞著而多重腿,得所以利其关节者,乃制为之舞,教人引舞,以利道之。

三代之时也没有专门的医学人才选拔任用的记载。医疗任务往往是由帝王、百官或者巫者兼任的,如《太平御览》卷七二一引宋衷注云:"巫咸,尧臣也,以鸿术为帝尧之医。"或者说对医学人才的选拔任用反映在对百官的选拔任用制度中。

三、巫文化笼罩下的医学

关于医学的起源，有医源于劳动、医源于巫等种种说法。如上所见，不论是三皇时代还是尧舜禹时代，“皇”“帝”及其大臣都带有巫的色彩。因此，相对于医学起源于劳动来说，医学起源于巫的观点似乎更具体、更真实，也更有说服力。

（一）巫的产生

在人类社会的初期，由于人类认识水平的局限，人们对于宇宙间流星陨石、电闪雷鸣、春去冬来等诸多自然现象，不能做出科学合理的解释；更不了解人生死的原因，认为万物的背后有诸神支配着人间的一切，因而产生了万物有灵、灵魂不灭的观念。认为各种神灵对人的生死都起保佑或危害的作用，因而产生了广泛的祭祀和祈祷活动。这样就产生了巫。

氏族制度时期，由于财产集体共有，氏族首领代表了氏族成员的利益，因而巫史也往往由氏族首领充当，氏族首领也就是最大的巫者。随着氏族制度的衰落和贫富分化，私有财产出现，于是人人关心自己的利益，普遍去求神祈福，出现了《国语·楚语下》中所说的“民神杂糅，不可方物，夫人作享，家为巫史”——人人都可祭神、家家都有巫师的局面，严重地威胁了氏族贵族的特权。后来，产生了一批专以祈祷、占卜、诅咒为手段，以为人祈福去灾为目的的“驱鬼”“逐疫”的巫师。巫，《说文》曰：“巫，祝也。女能事无形，以舞降神者也。象人两褎舞形。与工同意。”

（二）巫医的产生

医学发展的历史告诉我们，人类的医疗活动首先起源于对外伤的认识与治疗。薛愚《中国药学史料》指出，原始社会的疾病，“‘外伤’是主要的，医学上的外科可能是首先产生的”①。而对于那些看不见、摸不着的致病因素，诸如外感风邪、内伤七情等引起的疾病，那时的人们还没有足够的认识。因此，一旦遇有诸如此类莫知所由的疾病，他们就往往认为是神灵降灾，鬼魂附体，这在殷墟卜辞中就有大量的反映，如甲骨文中常见“殷王之病是不是由于上帝降灾”“殷王的疾病是不是因为亡臣的鬼魂作祟引起的”之类的卜问。相应地，在治疗上也只有《伤寒论序》中所说的那样：“钦望巫祝，告穷归天。”

人类学家经常以人的婴儿期类比人类社会的早期。的确，在人类社会早期，一切都处于一片混沌状态，社会分工程度很低，这种情况也表现在巫的身上。最初的巫者职责范围很广，是掌管宗教、巫术、医药、天文历法、文字记录，从事星占、望气、占梦、卜筮的综合性人才。去疾治病也是巫的职责之一，最初的医生也就是由巫者充任、兼任的，也就是说巫者就是最早的医生。

巫人就是最早的医生，文献不乏其证。首先从文字看，汉字是表意体系的文字，是研究古代文化思想的活化石，能够透示出古代的思想文化。甲骨文[illegible]从医（医）从祝（兄），表明医、巫本为一体。“醫（医）”字由“匸”“矢”“殳”“酉”等部件构成，“匸”是盛物之器，“矢”即箭，“殳”为一种木械，矢、殳均可导致外伤，表明“醫（医）”之造字与外伤相关；“酉”即酒的古字，而酒为百药之长，是治病尤其是治疗外伤疾病的必需之物，也是巫者祭祀过程中祭神以及帮助自己的不可或缺之物。又如“醫”的另一个异体字作“毉”，从“巫”。《后汉书·郭玉传》提到过“毉”，《集韵》也说“医”或作“毉”。《广雅·释诂》更是直截了当地说：“医，巫也。”王念孙云：“医即巫也，巫与医皆所以除疾，故医

① 薛愚主编：《中国药学史料》，人民卫生出版社1984年版，第2页。

字或从巫作毉。”又，“巫”字从“工”，而古时医也称为工，如《说文》曰：“医：治病工也。”

其次，从文献的记载看，也可以证明巫就是最早的医生。《山海经·海内西经》中载有巫彭、巫抵、巫阳、巫履、巫凡、巫相等“神医”，他们能够手持不死之药，夹死者之尸，使死者获得重生。同书《大荒西经》还说：“大荒之中……有灵山，巫咸、巫即、巫朌、巫彭、巫姑、巫真、巫礼、巫抵、巫谢、巫罗十巫，从此升降，百药爰在。”其他如《世本·作篇》云：“巫咸作医。”《管子·权修》云：“好用巫医。”巫觋同时掌管医药的传说表明，在原始社会和文明社会早期相当长的一段历史时期内，医学一直是巫术的附庸，治病救人的工作一直由巫师把持着。

再次，考古发现也证明最初的医就是由巫者兼任。最有说服力的是河北藁城台西商代中期遗址中发现的一处墓葬，墓主为一约 45 岁的中年男性，随葬品中有不少铜、石、骨，靠近头部一侧有卜骨 3 块，而在脚边放一长方形漆匣，内有“石砭镰”等医疗用具，说明其生前具有巫、医双重身份，是一位巫医。

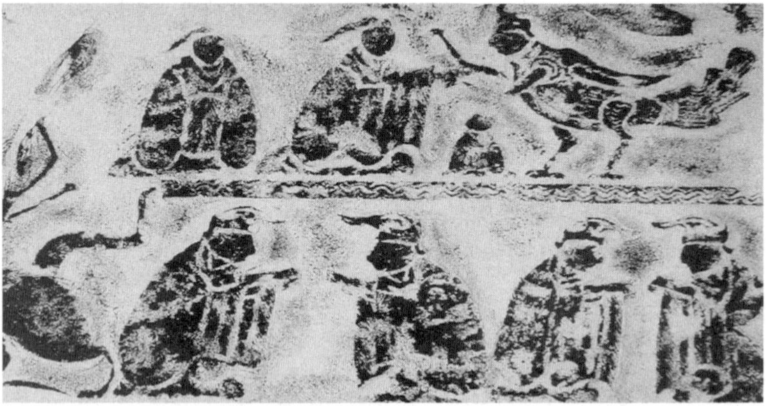

扁鹊针刺行医图（局部）

东汉画像石

（三）巫医之术

如上引甲骨文字𠤱所明，巫医以祝由、禁咒、气功等为治病的主要手段。文献记载中，这样一些巫术往往有非常神奇的治病效果。如《说苑·辨物》记载："吾闻上古之为医者曰苗父。苗父之为医也，以菅为席，以刍为狗，北面而祝，发十言耳。诸扶而来者，舉而来者，皆平复如故。""吾闻中古之为医者曰俞柎。俞柎之为医也，搦脑髓，束肓莫，炊灼九窍，而定经络，死人复为生人。"《韩诗外传》中也说："逾跗之为医也，榒木为脑，芷草为躯，吹窍定脑，死者复生。"

对于祝由等术为什么能够愈病，《素问·移精变气论篇》中有一段黄帝与岐伯之间的问答，道出了其中部分原因：

> 黄帝问曰："余闻古之治病，惟其移精变气，可祝由而已。今世治病，毒药治其内，针石治其外，或愈或不愈，何也？"
>
> 岐伯对曰："往古人居禽兽之间，动作以避寒，阴居以避暑，内无眷慕之累，外无伸官之形。此恬憺之世，邪不能深入也。故毒药不能治其内，针石不能治其外，故可移精祝由而已。当今之世不然，忧患缘其内，苦形伤其外，又失四时之从，逆寒暑之宜，贼风数至，虚邪朝夕，内至五藏骨髓，外伤空窍肌肤，所以小病必甚，大病必死，故祝由不能已也。"

岐伯认为，由于古今之人生活环境、体质、心理的不同，因而祝由之术效果不同，有其合理之处。除此之外，还当有以下几种原因。一是巫术治病效果来自心理暗示作用，通过巫术卸掉了精神负担，内心感到轻松，从而有可能引发一系列生理方面的良性变化。二是巫术效果可能来自巫师本人的气功。正因为巫术有这样一些特殊的治病作用，一直被许多后世医家尤其是道医所采用。据《旧唐书·职官志》载，直到唐代，皇家医院还专门设有"按摩咒禁博士"，一代名医孙思邈在其《千金翼方》中也专门列有《禁经》，并且认为禁咒、符印等巫术与汤药、针灸、导引一样，都是“救急之术”。巫术在民间有更多的信奉者，如清赵学敏《串雅·序》中述说的“走方医”治病术中，有以药物兼施祝祷的“禁”法，其用药也“旁涉玄禁，琐及游戏”，有很浓厚的巫术意味。也正因此，医学在相当长的时期内始终与巫保持着程度不同的联系。

（四）巫医的选拔与任用

上古巫医一体，虽然巫未必都是医，但医是由巫充任，因此对医的任用可以由对巫的任用见其一斑。

最早的巫师也就是氏族或集团的首领，集神权与政权于一身。前面述及的伏羲、神农、黄帝三皇，尧、舜、禹三帝，都有浓重的巫者色彩，其臣也有很多以巫的面目见于记载的，如巫咸、巫彭、岐伯等。

随着氏族的衰落，曾存在过一个《国语·楚语》中所说的“民神杂糅，不可方物，夫人作享，家为巫史”的阶段，这也就意味着有可能人人都是医生，家家都有医生，医生没有什么标准可言。经过颛顼、尧帝的“绝地天通”，巫的权力又被重新收回和垄断了，巫往往由氏族首领或后来的王担任。

甲骨文中常见王做巫的记载，又，关于商王与巫的关系，张光直先生说：“商朝占卜活动专门为商王的仪式和政治目的服务，一般在宫廷中进行，商王届时亲临监督。众多的臣子，包括具有巫师身分的神职人员都要参加。……商王有时亲自向卜官发问，但一般是通过一个作中介的‘贞人’提问，裂纹显示的卜兆则由‘占人’来解释，这个角色可由卜官代替，但常常由商王亲任。”①《吕氏春秋·顺民》中也载：“汤克夏而正天下。天大

① 张光直：《青铜挥麈》，上海文艺出版社2000年版，第281页。

旱，五年不收。汤乃以身祷于桑林……于是翦其发，𠪚其手，以身为牺牲，用祈福于上帝。”就是商王亲身为巫的一个具体例子。周代之时王与巫的关系也大致如此，如《史记·齐太公世家》中记载：“西伯将出猎，卜之……”“武王将伐纣，卜……”等。

如前所述，最初的巫者职责范围很广，去疾治病也是巫的职责之一，最初的医生就是由巫者充任、兼任的。而巫往往由氏族首领或后来的王担任，关于疾病的占问又是占问中的一个重要内容，因此这期间的氏族首领或后来的王往往也就是巫医。如商王武丁尤其好巫医，商代甲骨文中有关疾病的占问96%以上出现在武丁时期，可以说武丁是一位出色的政治家兼巫师、巫医。

如果说氏族首领或后来的王同时也是巫是一种普遍现象，那么像武丁这样可以说是巫医的王毕竟只是个例，与个人的偏好有关。随着社会的分工，巫开始逐渐由一些具有某一方面特长的知识分子来担任，他们经常伴随在帝、王左右，社会地位很高。从商代甲骨卜辞中“周以巫”“妥以巫”等各地向王庭选送巫师的记载来看，巫师的选拔、任用已有一定的制度，巫师已经成为当时社会中的一个专门的知识阶层。

同时，巫医也开始逐渐由一些相对来说具有医学特长的知识分子来担任。从商代甲骨占病卜辞来看，当时已有专门医师负责王室成员及其亲属的疾病诊治工作，如“土……疾夕告……小臣若”(《合集》05583)，“己巳卜，亘，贞王梦珏不隹禴小疾臣”(《合集》05598)，“贞我家旧老臣亡老我”(《合集》3522)，“疾正”(《合集》28106)等。大意是说商王有了疾病，梦见礼玉而循询医官“小疾臣”，还祈求“旧老疾臣”的保佑。其中的“小疾臣”“旧老疾臣”“疾正”可以认为是最早的巫医官。

(五)最早的医案

医案是关于疾病诊断、治疗的记录，也是历来对医生进行考核奖惩的主要依据。现在一般都把《周礼》中有关疾病诊治的记录视为最早的医案,但如果我们把甲骨卜辞纳入考察的范围,那么甲骨卜辞中关于疾病诊断、治疗的记录应该是我国历史上最早的医案。以下试举几例:

甲申卜,㱿,贞〔帚〕好娩妫。王固曰:其隹丁娩妫。其隹庚娩,弘吉。三旬㞢一日寅娩,不妫隹女。(《合集》14002)

这可以说是关于妇产的一份病案。卜辞大意是:妇好要生孩子,好吗?商王占曰:丁日那一天生,好;庚日那一天生,大吉;到了三旬又一天的甲寅日生孩子,不好,因为是女的。

贞𣎆其㞢疾。王固曰:𣎆其㞢疾。甶丙不庚,二旬㞢一日庚申丧𡆥。(《合集》13752)

这是一份关于商王宠臣𣎆由生病到病情恶化到死亡的病案。卜辞大意是:商王在𣎆病魔缠身至死的52天前的戊日为他占卜,言其有鬼魅附体,预言其51天后死亡。到了25天的乙巳再卜,商王认为他的病情不好,恐怕逃过丙日也逃不过庚日,果然在7天以后庚申日𣎆一命呜呼。

□申卜,贞𪓐𡆥〔凡〕㞢疾,旬㞢二日□未,𪓐允𡆥。百日㞢七旬𡿧,□寅𪓐亦㞢疾……夕𡿧,丙申疾。(《合集》13753)

这是一份关于商王宠臣𪓐由病变到死亡的病案。卜辞大意是:𪓐自出现骨病的病理反应病状,12天以后病情发作过一次,175天后再度发作,并急剧恶化,就在其后5天的乙未拖延至丙申之交的黎明时,𪓐终于被病魔夺去生命。①

---

① 张炜:《商代医学文化史略》,上海科学技术出版社2005年版,第119页。

第二节　医学考试制度雏形的形成

一、西周以前的学校教育

（一）学校的萌芽

原始社会末期，我国就有了学校的雏形。文献中记载的“成均”就是这种萌芽状态的学校之一。“成均”的本义是经过人为整齐、平坦宽阔的原始氏族部落居住区内的广场，陕西临潼姜寨遗址的母系氏族部落居住区中央、云南纳西族母系氏族居住区内，都有类似的遗迹。在成均受教的学生，可能是脱离直接物质生产劳动、专门进行学习的贵族子弟，成均的教学内容以乐教为主。如刘师培先生云：“古代教育之法，则有虞之学名曰成均。均字即韵字之古文，古代教民口耳相传，故重声教，而以声感人莫善于乐。观舜使后夔典乐，复命后夔教胄子，则乐师即属教师。”①成均的乐教传统流传后世，一直是后世教育的重要内容。

“成均”以外，还有“虞庠”之学，《礼记·王制》载：“有虞氏养国老于上庠，养庶老于下庠。”“庠”的本义是饲养家畜的地方，后来又变为储存谷物的仓库，《礼记·明堂位》载：“米廪，有虞氏之庠也。”故“虞庠”又名“米庠”。在原始社会中可能由老人负责看守仓库，并附带教育儿童和青年，因此米庠又成为养老、教育的场所，其教育内容侧重于敬老慈幼。在原始氏族部落中，氏族长者凭借自己丰富的生活经验、社会阅历，对下一代进行说教，无疑也是氏族社会最古朴的教育形式。

“成均”“虞庠”之学还不是后来专门意义上的学校，却是引

---

① 刘师培：《清儒得失论》，吉林出版集团股份有限公司 2017 年版，第 166 页。

导上古先民步入文明开化时代的重要途径,其中形成的某些传统,也被文明开化时代的中国古代教育所继承,并成为后世追述三代教育的理想化身。

(二)夏代的学校

在先秦文献中,有关夏代学校的记载并不多,《孟子·滕文公上》中说:"设为庠序学校以教之。庠者,养也。校者,教也。序者,射也。夏曰校,殷曰序,周曰庠。学则三代共之,皆所以明人伦也。"《说文解字》及《汉书·儒林传序》却说:"夏曰校,殷曰庠,周曰序。"《礼记·王制》中的记载较为详细:

> 凡养老,有虞氏以燕礼,夏后氏以飨礼,殷人以食礼,周人修而兼用之。五十养于乡,六十养于国,七十养于学……夏后氏养国老于东序,养庶老于西序;殷人养国老于右学,养庶老于左学;周人养国老于东胶,养庶老于虞庠,虞庠在国之西郊。

从这些文献记载来看,关于夏代学校的名称虽有不同,但都承认从夏朝起开始有学校,其内容除了"射"以外,养老敬老的教育也是主要内容。《孟子·滕文公上》中云:"序者,射也。"认为"序"就是"射"的意思。从文字学角度来解释,"序"从"广",金文的"序"字,像人在"广"中射箭的样子,以表示习射之所,可见军事教育是夏序的重要教育内容。《礼记·王制》中云:"夏后氏养国老于东序,养庶老于西序。"说明夏序除教射之外,还兼有养老敬老的功用。

"校"是夏代学校的又一名称。"校",《说文》解释道:"从木,交声。"其本义为用木头或竹子围成栏格的养马之所,后来逐渐演变成为习武和比武的场所,奴隶主贵族及其子弟在这里不仅受到内容相当广泛的军事训练,而且还要经过相当严格的各项考试。据考证,"校"的出现在时间上要比"序"晚一些,其教育意义则比“序”大一些。所以，夏朝的“校”实际上是一种发展比较完备的军体性质的教育机构。

夏代是我国文明时代的开端，奴隶制学校教育的萌芽是这个开端的重要标志之一，在教育发展史上具有深远意义。

（三）商代的学校

商朝的学校除了上述“庠”“序”“学”以外，又出现了“瞽宗”的学校形式，在教学内容、目的上都有所改变。

瞽宗是新见于商代的一种学校名称，《国语·周语下》中有曰：“古之神瞽，考中声而量之以制，度律均钟……”韦昭注其中的“神瞽”云：“古乐正，知天道者也，死以为乐祖，祭于瞽宗，谓之‘神瞽’。”说明瞽宗本是祭祀乐祖的神庙，后来演变为教学场所，《礼记·明堂位》云：“瞽宗，殷学也。”音乐也是其主要的教育内容。如《江陵项氏松滋县学记》中讲，殷人“以乐造士，故其学为瞽宗”。根据先秦文献的记载，商学瞽宗位于国都南郊明堂西门之外，因此也称为“西学”。

上述商代学校，其教育内容主要有习射、习礼、习乐、祭祀等。《尚书·多士》中云：“惟殷先人有典有册。”这些典册有可能作为教材使用。甲骨文字还表明，商代已进行读、写、算的教学，也已经出现教师，还有一些关于建学地点、上学日期的卜问。这些都说明商代的学校教育已经比较完备。

二、“学在官府”教育体制下的西周医学教育

（一）教育行政体制

“学在官府”是我国奴隶社会教育的重要特点，这与奴隶主贵族的政治专政有关。为了统治管理的需要，需制定法制规章；法制规章需有文字记录，汇集成书，这些都由官府亲自掌握。这种现象，史称“学术官守”，并由此而造成“学在官府”。正如章

学诚云：

有官斯有法，故法具于官；有法斯有书，故官守其书；有书斯有学，故师传其学；有学斯有业，故弟子习其业。官守学业皆出于一，而天下以同文为治，故私门无著述文字。①

同时也由于古代物质生产力水平低，宫室等建筑物不多，故凡祭礼、军礼、学礼以及养老、尊贤、习射、游艺，每每在同一宫室举行，而不能分门别类，分立机构。因此，政教不分、教育机构与行政机构合一，是西周"学在官府"的另一重要特征。在这种体制下，学校设在官府之中，官、师不分，官吏既是教育行政官员，也是管理者，还是教师。

1. 中央教育行政体制。

官、师不分首先体现在宫廷教育中。国之重臣太师、太保、太傅，同时也是帝王之师，他们多由王族的长老或国王的岳父担任。据《大戴礼记·保傅》载：

昔者周成王幼，在襁褓之中，召公为太保，周公为太傅，太公为太师。保，保其身体；傅，傅之德义；师，导之教训。此三公之职也。于是为置三少，皆上大夫也，曰少保、少傅、少师，是与太子宴者也。

可见西周国之三公也是学之三老。后来随着官制分化，师、保的职责逐渐偏重于教育，爵位也逐渐降低，而执政的辅宰之臣则别以卿士名之。西周时，在中央与教育行政关系最为密切的官员主要有：

(1)大司乐。是国学的主持者。《周礼·春官宗伯·大司乐》规定，大司乐为中大夫，设二人。其职责是："掌成均之法，

① 章学诚著，叶瑛校注：《文史通义校注》，中华书局1985年版，第951页。

以治建国之学政而合国之子弟焉。”郑玄注云:“大司乐,乐官之长。”

(2)师氏。《周礼·地官·师氏》记载,设师氏为中大夫,一人,主要职责是“以三德教国子”。郑玄注云:“国子,公卿大夫之子弟。”说明师氏教诲的对象主要是西周上层统治者子弟。

(3)保氏。《周礼·地官·保氏》载:“保氏,下大夫一人。”其职责是“掌谏王恶,而养国子以道”,以六艺、六仪教国子。

(4)乐师。下大夫爵位,西周时设四人。《礼记·文王世子》:“小乐正学干,大胥赞之;籥师学戈,籥师丞赞之。”郑玄注云:“四人皆乐官之属也。通职秋冬,亦学以羽籥。师乐正,乐师也。《周礼》乐师掌国学之政,教国子小舞;大胥掌学士之版,以待致诸子,春入学舍菜合舞,秋颁学合声。籥师掌教国子舞羽吹籥。”

2. 地方教育行政体制。

西周地方教育的特点主要是政教合一,即地方行政长官兼任社会教化之责,既为行政长官,亦是教育行政长官,其职责涉及选才、治民、兴教化等。

地方最高行政长官是大司徒,其属有小司徒、乡师、上士、中士、旅下士等,教化的内容主要是六礼、七教、八政、乡三物。《礼记·王制》载:

> 司徒修六礼以节民性,明七教以兴民德,齐八政以防淫,一道德以同俗,养耆老以致孝,恤孤独以逮不足。

“六礼”是指冠礼、婚礼、丧礼、祭礼、飨礼、相见礼,“七教”是指父子、兄弟、夫妇、君臣、长幼、朋友、宾客,“八政”是指饮食、衣服、事为、异别、度、量、数、制,乡三物即“六德”(知、仁、圣、义、忠、和)、“六行”(孝、友、睦、姻、任、恤)、“六艺”(礼、乐、射、御、书、数)。

大司徒如在自己辖区内治理不佳，教化不兴，则要受到惩罚。如《大戴礼记》云："地宜不殖，财物不蕃，万民饥寒，教训失道，风俗淫僻，百姓流亡，人民散败，曰危也。危则饬司徒。"

西周时期官、师不分的教育行政体制，说明以下几个问题：

（1）社会分工尚不明确，社会管理专门化尚不明显，一官兼数职的现象十分普遍。

（2）教育行政依附于普通行政，尚未形成专门的教育行政机构，教育事务往往与政治、教化密不可分。

（3）教师尚未成为独立的社会职业，但其受到很高的礼遇。如《礼记·学记》中说："能为长然后能为君，故师也者，所以学为君也。"又说："不臣于其臣者二：当其为尸，则弗臣也；当其为师，则弗臣也。大学之礼，虽诏于天子，无北面。"即使是天子、君主也不能以对臣下之礼对待教师。

（二）"学在官府"体制下的西周学校制度

西周的学校制度比较完备，在中央及地方均建有学校，而且已形成了一定的管理体制。

1. 中央官学。

西周中央官学称"国学"，又分为小学和大学，其教育对象仍然主要是王子、世子、贵胄子弟，并且在地方乡学与小学、大学之间建立了一定的升级关系。《春秋公羊传》何休注载：

> 十月事讫，父老教于校室。八岁者学小学，十五者学大学。其有秀者移于乡学，乡学之秀者移于庠，庠之秀者移于国学，学于小学。诸侯岁贡小学之秀者于天子，学于大学。

分析这段话可知，国学小学的学生来源并不限于王室子弟，也招收从地方层层选拔上来的优秀者，这些学生先学于"校室"（类似于家塾），再入"乡学"（乡之小学），再移于"庠"（乡一级的大学），最后才进入国学小学。据这段话还可推测，当时的小学除了国学中设立外，似乎还有几种小学：一是诸侯之小学，其优秀者可直接岁贡到国学之大学就读；二是乡之小学，其优秀者可入乡学，乃至入“庠”，入国学小学；三是关于此处提到的“庠”，据《礼记·王制》载：周人设有“虞庠”，“虞庠在国之西郊”，《文献通考·学校考》注云：“虞庠在国之西郊，小学也。”说明虞庠有国学小学的预备学校性质，可能是国学中小学之外的另一所小学。

西周的大学，大致有两类：“天子曰辟雍，诸侯曰泮宫。”诸侯所立大学称作“泮宫”，文献所载均无二致。而天子大学的建置，各家之说，纷议甚殊。从文献记载的情况看，主要是由于其所处地点、作用的不同，而有不同的名称。而所谓的“四代之学”“五学”又是对具体名称的不同概括，如东序为东学、瞽宗为西学、上庠为北学、成均为南学，称为“四学”；“四学”再加上中央太学的“辟雍”或“明堂”，构成“五学”。再进一步说，这些“大学”分言之，有四、五之称，合言之则为一，正如胡士莹所说：“周代大学，原只一所，其名有五者，犹之今日大学中有文哲学院、美术学院之设立……”①毛礼锐先生也认为：东、西、南、北学以明堂为中心，合在一起成为一个大学，并非有好几个独立的大学。②

2. 地方官学。

西周地方官学即“乡学”，指设在王都郊外乡一级行政区中的官学。乡学名称历代文献所称不一，后世学者也有不同见解。清人毛奇龄在《学校问》中认为，西周学制“至于乡以下，则有四

① 胡士莹：《周代教育之研究》，《史地学报》1924年第3卷第1、2期合刊。

② 毛礼锐：《虞夏商周学校传说初释》，《北京师范大学学报（社会科学版）》1961年第4期。

学”:“一曰乡校”“一曰州序”“一曰党庠”“一曰家塾”①。但不论如何称呼,西周地方存在官学是确实无疑的,甚至有的还保留到春秋末年。其设置很大程度上与距王城远近有关,乡内未必遍设,郊外甚至无学校可言,近郊者或许设置了几所学校。其作用主要是教化民众。

(三)大学管理制度

西周大学建立了初步的管理制度,包括招生与入学、考核与奖惩、视察与监督等。

1. 招生与入学。

周制大学,招生对象大致有三类:一为王太子、王子,群后之大子,卿大夫、元士之适子,这是由国学小学升级上来的;二为乡、遂大夫所举荐的人才,由司徒论定,选拔其中优秀者进入大学;三为诸侯所贡之士,方式是岁举。学生入学年龄一般在15岁以上,而各等级的贵族子弟又有不同。通常认为,15岁入大学的是王太子、王子,而公卿、大夫子弟则是18岁或20岁,甚至更大。学生入学之时,通常要行“释奠”之礼,以示敬学重道。这种仪式十分隆重,《礼记·文王世子》载:“凡始立学者,必释奠于先圣、先师,及行事,必以币。凡释奠者,必有合也,有国故则否。”

2. 考核与奖惩。

西周大学分阶段从道行和艺能两方面对学生进行考核,《礼记·学记》中载:

> 比年入学,中年考校。一年视离经辨志,三年视敬业乐群,五年视博习亲师,七年视论学取友,谓之小成。九年知

---

① 《中国学术名著提要·教育卷》,复旦大学出版社1996年版,第411页。

类通达，强立而不反，谓之大成。

其中优秀者可参与任官的选拔，《礼记·王制》记载：

大乐正论造士之秀者，以告于王，而升诸司马，曰进士。司马辨论官材，论进士之贤者，以告于王，而定其论。论定，然后官之；任官，然后爵之；位定，然后禄之。

对不能达到要求而又不听教导者，逐级上报周王，周王命公卿教诲，有时也亲自教诲。如仍不悔改，则屏之远方，终身不再录用。

乡学的考核由乡大夫主持，也以德艺为要求。一般是3年一次"大比"。表现优秀的学生，由乡大夫报送司徒，入国学；其优异者上报周王，由司马考核后，任官、定爵；而不听教导者，报于司徒，习礼以感化之。司徒对不服教化的人进行教育，对于屡教不改者，实行左乡与右乡"互教"之法，再不悔改，则移之郊，移之遂，俱用习礼手段教之，最后才"屏之远方，终身不齿"。注重感化与奖励，坚持先教后罚原则。

3. 视学与监督。

西周有较严格的视学制度，一年中周王定期视学四次。《玉海·学校篇》引《三礼义宗》曰："凡一年之中，养国老有四，皆用天子视学之时。"每次视学，有隆重的仪式。如天子视学前先须祭祖卜吉凶，视学时由三公九卿、诸侯大夫陪同，先祭奠先师、先圣，然后盛宴群老。一方面是为了"乞言修治"，征求治国之道；另一方面也可通过这些仪式明孝悌之义，起到教育贵族子弟的作用。

西周以前的学校教育，教育对象主要为上层贵族子弟，所教授的内容主要是道德礼仪方面，其目的也主要在于培养治理国家的人才，而未见专门人才如医学人才的培养。但其中有一些教学内容如"六礼""七教"等也是后世儒医的主要素养；其中的"数""乐"等方面的内容上承巫医，下启道医，是后世道医所具备的特征;教育对象中的上层贵族后来也有一些没落为“士”,有可能加入到医的行列;其中所呈现出的官师合一的特点,也表现在医生身上;学校教育在招生入学、考核奖惩等方面都有一系列制度,也为后世医学人才的培养与考试所借鉴。这些都是我们勾勒西周及以前教育情况的目的所在。

西周的“学在官府”的体制,是西周特定历史条件下的产物,是与西周的宗法家族制度密不可分的。学校管理的许多方面借用了政权力量和行政手段,这固然强化了学校管理,但也使学校容易忽视教育自身的力量而走向衙门化。但它毕竟完成了从原始教育向专门的学校教育的过渡,随着奴隶制社会的衰落,私学代替官学,“学在官府”便结束了它的历史使命。

三、医学教育与医生任用概况

如前所述,巫是历史上最早的医生。直到西周以前,巫仍然活跃在社会政治舞台上,在国家政治中发挥很重要的作用。医在很大可能上仍然是由巫兼任的,而未见专门的医学人才任用培养的记载。在人才的任用上,未见明文的制度记载,聘迎或自荐的情况比较突出,如殷商时的伊尹是比较有代表性的一例。

伊尹是殷商时期名臣,名挚,亦名阿衡。据晋皇甫谧《甲乙经序》说:“伊尹以亚圣之材,撰用《神农本草》以为汤液。”认为是伊尹撰《神农本草》并发明汤液。《吕氏春秋 · 孝行览》载伊尹和成汤的对话说:“凡味之本,水最为始,五味(酸、苦、甘、辛、咸),三材(水、木、火),九沸九变,火之为纪,时疾时徐,灭腥、去臊、除膻,必以其胜,无失其理。”从中可以看出,伊尹对汤液确有研究。从皇甫谧的说法看,“汤液”应是属于治病意义上的,也即药剂；从《吕氏春秋》的记载看，伊尹所调“汤液”好像只是饮食意义上的汤液。但无论如何，说伊尹属古代之医是可以的，因为药食同源，古代医生也有调食的职责。关于伊尹之入商，《史记·殷本纪》载：“阿衡欲奸汤而无由，乃为有莘氏媵臣，负鼎俎，以滋味说汤，致于王道。或曰：伊尹处士，汤使人聘迎之，五反然后肯往从汤，言素王及九主之事，汤举任以国政。”其中就是自荐与聘迎二说并存的。

巫人干政、巫医混杂的情况在周初没有多少改观，主要由巫人负责的卜筮仍然大行其道，《尚书·洪范》中卜、筮在“稽疑”中仍起举足轻重的作用。巫人直接参与医事活动，也是自然而然的。如徐春圃《古今医统》中称：“巫彭初作周医官，谓人惟五谷五药养其病，五声五色视其生，观之以九窍之变，参之以五脏之动，遂用五毒攻之，以药疗之。”所说的当是周初的情况。

根据《周礼》的有关记载显示，相对于传统医巫混杂的局面来说，大概到西周中后期，医与巫、祝之间已经有了相对明确的分业，医、巫、祝分属于天官、春官掌管。如《周礼·天官》载“医师掌医之政令”，《周礼·春官》载“司巫掌群巫之政令”“大祝掌六祝之辞”。又如巫中的男巫仍有“春招弭，以除疾病”的职责；在兽医科中除设医外，还设有“巫马”之职，《周礼·夏官·司马》有“巫马下士二人，医四人”，其职责在于“掌养疾马而乘治之，相医而药攻马疾”，疏曰：“巫知马祟，医知马病，故连类在此也。……巫言无祟，则是时气及损伤，付医治之。故二官同职也。”可见，巫之职责范围已仅限于“招弭”“马祟”，而且与医相比只起一种辅助作用。

四、最早的医事考核奖惩制度

周代之时，不仅医与巫已有相对明确的分业，而且在医事范

围内也有了较完备的制度,主要反映在以下几个方面:

(一)医学分科

周代医学的分科反映在以下四个层次上:首先反映在医与巫明显的分业,其次是临床医学与预防医学的分业,再次是临床医学内部分科,而在临床医学的疾、食、疡、兽医科下又有细化。

1. 临床医学与预防医学的分业。

临床医学与预防医学之官分别下属天官、秋官。“秋官”中设有“庶氏”“翦氏”“赤友氏”“蝈氏”“壶涿氏”等基层卫生防疫官员。《周礼·秋官》载:

> 庶氏:掌除毒蛊。以攻说禬之,嘉草攻之。凡驱蛊,则令之比之。
>
> 翦氏:掌除蠹物,以攻禜攻之,以莽草熏之。凡庶蛊之事。
>
> 赤友氏:掌除墙屋,以蜃炭攻之,以灰洒毒之。凡隙屋,除其狸虫。
>
> 蝈氏:掌去蛙黾,焚牡蘜,以灰洒之则死;以其烟被之,则凡水蛊无声。
>
> 壶涿氏:掌除水虫,以炮土之鼓驱之,以焚石投之。若欲杀其神,则以牡樟午贯象齿而沈之,则其神死,渊为陵。

在人员配备上皆设下士一人,徒二人。这些人员负责组织(令之比之)全国各地、不同季节、不同领域中的卫生防疫工作。在防疫技术上,也仍混杂着巫术。

2. 临床医学内部分科。

在临床医学的范围内,周代设有医师,兼有为王官治病和实施医事管理的职能,如《周礼·天官·冢宰》中说:“医师掌医之

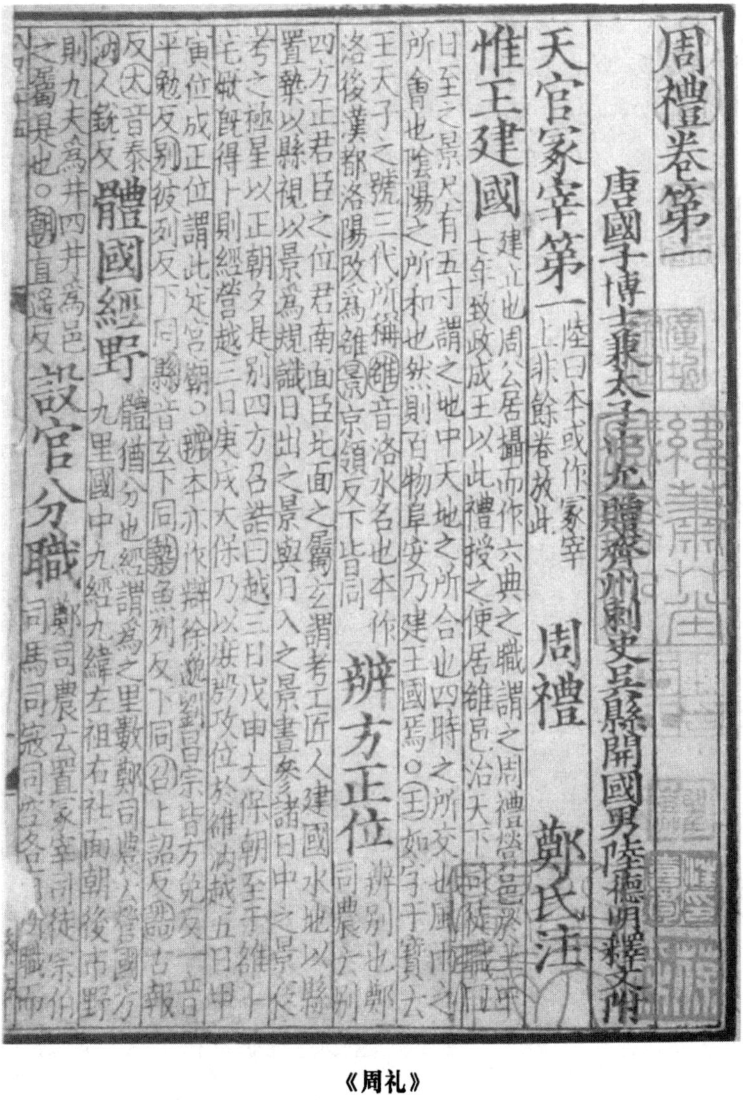

周禮卷第一
唐國子博士兼太子中允贈齊州刺史吳縣開國男陸德明釋文附
天官冢宰第一 陸曰本或作冢宰上非餘卷放此 周禮 鄭氏注
惟王建國 建立也周公居攝而作六典之職謂之周禮營邑於土中七年致政成王以此禮授之使居雒邑治天下司徒職曰日至之景尺有五寸謂之地中天地之所合也四時之所交也風雨之所會也陰陽之所和也然則百物阜安乃建王國焉○王如字于況反王天子之號三代所稱 雒音洛水名也本作洛後漢都洛陽改爲雒 景京領反下皆同
辨方正位 辨別也鄭司農云別四方正君臣之位君南面臣北面之屬玄謂考工匠人建國水地以縣置槷以縣視以景爲規識日出之景與日入之景晝參諸日中之景夜考之極星以正朝夕是別四方召誥曰越三日戊申大保朝至于雒卜宅厥既得卜則經營越三日庚戌大保乃以庶殷攻位於雒汭越五日甲寅位成正位謂此定宮廟○辨本亦作辯徐邈劉昌宗皆方免反一音平勉反別彼列反下同縣音玄下同槷魚列反下同召上詔反[illegible]古報反 大音泰 汭如銳反
體國經野 體猶分也經謂爲之里數鄭司農云營國方九里國中九經九緯左祖右社面朝後市野則九夫爲井四井爲邑之屬是也○朝直遙反
設官分職 鄭司農云置冢宰司徒宗伯司馬司寇司空各有所職而[illegible]

《周礼》

汉郑玄注，唐陆德明释文。宋建阳刻重言重意本。采自《北京大学图书馆藏善本书录》，北京大学出版社 1998 年版政令，聚毒药以共医事，凡邦之有疾病者、疕疡者造焉，则使医分而治之。”何兆雄《中国医德史》中说：“医师和疾医有分工，王臣官吏可以由医师治，而庶民只能由疾医治。”医师下分医为四科，即食医、疾医、疡医、兽医，其中食医相当于营养医生，疾医相当于内科医生，疡医相当于外科医生。不同科别之间已经有了较明确的分工，其服务对象各有侧重，“食医掌和王之六食、六饮、六膳、百羞、百酱、八珍之齐。……凡君子之食恒放焉”，其服务对象是帝王及上层贵族等，具体负责王室人员的饮食调配，同时也对上层贵族饮食进行指导。“疾医掌养万民之疾病。四时皆有疠疾……凡民之有疾病者，分而治之”，“疡医掌肿疡、溃疡、金疡、折疡之祝药、劀杀之剂。……凡有疡者，受其药焉”，治疗对象不分贵贱，重在人民。“兽医掌疗兽病，疗兽疡。……凡兽之有病者、有疡者，使疗之”。①

3. 临床门类科下再分科。

又据《周礼·夏官·司马》，兽医下还设“巫马下士二人，医四人，府一人，史二人，贾二人，徒二十人”，人员配备相当齐全，说明在食医、疾医、疡医、兽医的分科下，还有更进一步细致的医学分科。

另外，《周礼·天官》中还设“酒正”“酒人”“浆人”“凌人”“醢人”“醯人”“盐人”等部门及官员，他们辖下的职责都程度不同地关乎医药、防疫。例如：酒一直作为药物调配之剂，本身也是一种药物，周代官府酿制的酒中就有一种名为“醫”，应当就是专为医疗而制，因之制酒之人不可避免与“疾医”有着业务联系；而“浆人”“醢人”“醯人”“盐人”等职责在于饮食调制，当

① 《周礼注疏》，《十三经注疏》，中华书局 1980 年版，第 667～668 页。

然会与“食医”有着业务联系；“凌人”之职在于采冰、存冰，以防食物变质、尸体发臭等，也是卫生防疫的范围。

（二）医生分等

周代医师及四科配有上士、中士、下士不同技术等级的医生，“医师上士二人，下士四人，府二人，史二人，徒二十人……食医中士二人，疾医中士八人，疡医下士八人，兽医下士四人”①。根据其所配备的医生情况来看，其中只有医师中配有“上士”级的医生，人员配备也比较全面，这是由其为王官治病和兼有医事管理的职能所决定的；食医主要负责王室人员、上层贵族的饮食调配和指导，因此虽然人数较少，但其技术等级也较高；疾医因直接关系到人的生死，负责“掌养万民之疾病”，业务范围较广，因此医生人数较多，要求的技术等级也较高；疡医中只配有下士八人，兽医下士四人。说明在周代，对营养医生、内科医生的重视程度要比对外科医生、兽医高。

（三）管理制度

周代医生之官设在“天官”系列，由六卿之首的天官——冢宰直接统领，这就是袁枚《与薛寿鱼书》中所说的“周公使冢宰领之”，由此可见周时对医事之重视。冢宰之下设小宰、宰夫、医师，其中“小宰”是“冢宰”的副官，辅助“冢宰”处理政务；“宰夫”地位仅次于小宰，其职责除了“掌治朝之法，以正王及三公、六卿、大夫、群吏之位，掌其禁令。叙群吏之治，以待宾客之令、诸臣之复、万民之逆”②外，还掌管以下官员以及对他们的职责进行监督：

掌百官府之征令，辨其八职。一曰正，掌官法以治要；

① 《周礼注疏》，《十三经注疏》，中华书局1980年版，第641页。
② 《周礼注疏》，《十三经注疏》，中华书局1980年版，第655页。

二曰师，掌官成以治凡。三曰司，掌官法以治目；四曰旅，掌官常以治数；五曰府，掌官契以治藏；六曰史，掌官书以赞治；七曰胥，掌官叙以治叙；八曰徒，掌官令以征令。①

以上八方面的人员及其职责，形成了一套已经比较完善和系统的管理体制。其中的"师"是负责根据各种官员的职责，对其政绩进行总体上的考核、统计，类似于现在的组织、人事官员；"府"负责保管文书、物品，类似于现在的档案员、物资出纳；"史"负责文字记录，类似于现在的秘书；"徒"则是一般的办事人员，随时听从召唤和奔走，类似于现在的行政科员。这四个方面的人员，在医事管理系统中都有配置，而其职能也更具体化、专业化。"医师"充任具体负责医药事务管理的最高行政长官，其职责"掌医之政令，聚毒药以共医事。凡邦之有疾病者、有疕疡者造焉，则使医分而治之"。医师又分上士、下士二等，兼有治病业务与行政管理两方面的职责。府、史、徒等医师下面所配备的若干辅助人员，其职责则完全属于医政管理，如陈立夫《中华医药学史》中引王安石对此的解释说："医师聚毒药以供医事，故有府以藏，使医分治疾疡，稽其事，制其食；且有政令，故有史以书，有徒以役。诸医受政令于医师，听所使命。"由上引《周礼·夏官·司马》"兽医"科中尚且配有府、史、徒等人员来看，这样的人员配备也应存在于疾医、食医、疡医的科别中。另外，《礼记·王制》还载：

凡执技以事上者，祝、史、射、御、医、卜及百工。凡执技以事上者，不贰事，不移官，出乡不与士齿。

对其中的"不贰事，不移官"，郑玄注云："欲专其事，亦为不德。""出乡不与士齿"注云："贱也。于其乡中则齿亲亲也。"反映出

① 《周礼注疏》，《十三经注疏》，中华书局 1980 年版，第 655 页。

医虽已经相对独立，但与祝、卜等一样，属于“执技以事上者”的贱业，地位比较低下，受到种种管理方面的限制与约束。

(四)考核与奖惩

“天官”中的“宰夫”也是主管统计考核之官，据《周礼·天官·冢宰》的记载，其职能为：

掌治法以考百官府、群都、县鄙之治，乘其财用之出入。凡失财用物辟名者，以官刑诏冢宰而诛之，其足用、长财、善物者，赏之。

考核的内容包括中央各官府和全国各城、邑地方官的治理情况，核算他们的财物支出及收入。财物支出超出规定，或者是虚报账目的，根据刑法定罪上报冢宰加以惩罚；而节约财物、使财物增殖以及合理使用财物者，则给予一定的奖赏。又云：

岁终，则令群吏正岁会；月终，则令正月要；旬终，则令正日成，而以考其治。治不以时举者，以告而诛之。正岁，则以法警戒群吏，令修宫中之职事，书其能者与其良者，而以告于上。

要求在旬终、月终、年终都要进行成绩统计、逐级上报，根据成绩决定奖惩。医事考核奖惩制度也大略相同。要求疾医建立病案，记载治病经过，说明死亡原因，上报主管的行政长官——医师，此即“死终则各书其所以，而入于医师”。医师则考察医生的治病情况，根据治愈率，到年终来确定医生的俸禄和等级的迁降，即：

岁终则稽其医事，以制其食。十全为上，十失一次之，十失二次之，十失三次之，十失四为下。……死则计其数以进退之。①

① 《周礼注疏》，《十三经注疏》，中华书局1980年版，第666页。

综上所述,西周时代,我国医政制度已经发端,其医学分科、医生分等、组织领导、分工负责、考核奖罚等一系列医事制度已达到相当完备的程度,为秦汉医政提供了可资借鉴的经验,是中国医事制度和考试史上的一个里程碑。

第二章

春秋战国时期医学教育和考试制度的转型

从公元前9世纪到公元前8世纪,周王朝趋向式微。先是周厉王实行暴虐之政,任用巫祝实行专制,禁止平民的批评,使得国人造反;接着,周宣王又被姜氏之戎打败,不得不大量搜刮民财和壮丁,弄得人心惶惶;再接下去,镐京发生了大地震,泾水、渭水、洛水枯涸,岐山崩塌;最终无能而又刚愎自用的周幽王,被杀死于骊山,宣告了西周王朝的灭亡。第二年,太子宜臼在晋、郑、卫、秦等诸侯的拥立下即位,并把京城迁到了洛邑,东周王朝开始。东周王朝建立后的一个显著特点,就是诸侯渐渐变得比天子强大,天子龟缩在今天的洛阳一带,靠各国诸侯的扶持、救济和贡献,勉强维持其表面"天下共主"的象征意义,中国历史进入春秋战国时期。

第一节　医学教育与考试的相关背景

一、学术扩散与"士"阶层的出现

春秋以前,奴隶主垄断了物质生产资料,掌握着国家机器,也垄断了精神文化的生产，学术和教育为王官所把持，史称“学术官守”“学在官府”。人民无权享受教育，即所谓“礼不下庶人”。这时王位世代相传，官吏世卿世禄，只有王官和未来的王官，才有资格教，有资格学，庶人同学术无缘。

到春秋时期，政治、经济、社会发生了剧变，学术也开始挣脱了官守的藩篱，向民间扩散，与学术扩散相辅相成的是士阶层的崛起。

（一）学术扩散

西周的文教中心除了都城外，还有宋国和鲁国。宋国是殷臣微子的封邑，所以保留了大量的殷商文化；而鲁国是周公的封地，由于周公辅佐成王有功，又是西周礼乐的创建者，成王为了褒奖周公之德，所以赐鲁君以天子礼乐，给予设办四代大学的特权。所以鲁国不同于其他分封国，是西周在东方的文教重心。春秋初期这种情形仍没有显著变化。

周平王东迁洛邑，周王朝政治统治开始衰落，周王室开始沦为争霸诸侯“挟天子以令诸侯”的傀儡，最初各国诸侯向周天子强索土地人民者有之，但对王室保留的文化典籍尚不敢问津，但由于王室贫弱，不能养活重官，周王室垄断学术的现状很难维持，一些掌管文化典籍和拥有专门知识技术的王官百工，开始相继分散到各诸侯国。

学术扩散的第一阶段在春秋中、后期，共有两次，都是由王室内部斗争而引起的。第一次是周惠王与周襄王时期，因发生争夺王位的内讧，世代掌管周史的太史司马氏离开王室，投靠晋国，带去了大量的文化典籍。第二次是周景王与周敬王时期，周景王死，周敬王立，王子朝起兵争夺王位失败后，率召氏、毛氏、尹氏、南宫氏等旧贵族和百工，携带王室所藏文献典籍，逃奔楚国，这是东周文化最大的一次迁移。从此，楚国基本代替了东周王室的文化地位，与宋、鲁并列为三大文教中心，出现了《论语·季氏》中所说的“礼乐征伐自诸侯出”的局面。而与此相适应的是，鲁国孔子创立了儒家学派，宋国墨子建立了墨家学派，在楚国则形成了老子的道家学派。第一阶段的两次学术扩散范围比较有限，只不过使王室失去了控制学术的地位，使学术下移于诸侯公室，尚未摆脱奴隶主贵族垄断文化教育的格局。

学术扩散的第二阶段与士阶层的崛起有密切关系。在这一阶段，学术开始扩散到士阶层，并进而扩散到民间庶人。《左传·昭公十七年》记载，郯子来鲁国，孔子向其请教后说：“吾闻之，天子失官，学在四夷，犹信。”说明此时官府已失守学术，学术已流散于民间。史籍对此多有记载，如《墨子·贵义》中说墨子：“南游，使卫、关中，载书甚多。”《庄子·天下》篇中说：“惠施多方，其书五车。”《战国策·秦策一》中说苏秦出游：“乃夜发书，陈箧数十。”说明当时普通士人都已经能够看到、读到众多的文化典籍。

（二）士阶层的崛起

士作为一个社会阶层，在西周的社会等级序列中介于大夫与庶民之间，《国语·晋语四》云：“大夫食邑，士食田，庶人食力。”可见，其原来的社会地位并不高，与工、商、农并为四民，如《国语·齐语》云：“四民者，勿使杂处。……昔圣王之处士也，使就闲燕；处工，就官府；处商，就市井；处农，就田野。”

士有文士、武士之分。到了春秋时期，由于诸侯争霸，有许多复杂的内政、外交、军事问题需要解决，而靠贵族血统世袭门第是无法解决的，需要有足够的知识、能力和谋略之士，这就使士有了用武之地。这时的士多以政治家、军事家的身份出现。他们或作为政治思想家，用自己的一套理论去指导各国的政治、军事战略；或作为政治、军事实践家，制定具体的政策、措施，直接处理各种行政、军事事务；后来许多士又以教育为己任，聚徒讲学，培养弟子入仕各国。由政府专职人员到政治家、军事家、教育家，反映了士阶层身份的演变。

士的构成主要有三个来源。一是没落贵族子弟，他们一般都受过比较正规的贵族教育，熟悉各种典章制度，并且有操持各种礼仪的实际技能，但政治地位下降，经济贫困。如孔子是宋国贵族之后，但少“贫且贱”，“多能鄙事”，精通六艺，就是这一类士的代表。二是原周王室司礼乐的官员流落民间，如曾任周王室“守藏室之史”的老子，就是这一类士的典型。三是农、工、商等庶民等级上升而来的。《管子·小匡》中说“农之子常为农”，但“其秀才之能为士者，则足赖也”，说明“农”可入为“士”。又如木匠出身的墨子，在鲁向史角后人学礼后，游说于楚、齐、卫等国，曾仕宋，逐渐进入士阶层，其弟子众多，也大多出于庶民，且入仕显荣于天下者极多。

在士的构成中，没落贵族子弟与庶民上升的士是最基本的两大类。他们由于本身政治、经济地位的急剧变化，政治欲望最为强烈，社会基础也最为广泛，在动荡不安的政局中，逐渐成为一种举足轻重的社会力量。礼贤下士成为当时各国的时尚，有的君主对士行宾主之礼，有的君主更是以名士为师。士不仅仅影响了当时的政局，动摇了世卿世禄的不平等制度，更主要的是他们将奴隶主的学术文化加以传播、扩散，形成了各种思潮、流派，为中国文化的发展奠定了坚实的基础。

二、官学的衰落与私学的兴起

与学术下移、士的崛起并行的是官学的衰落与私学的兴起。西周官学的衰败与春秋私学的产生同样有其深刻的经济、政治、社会根源。从政治上看，春秋私学取代西周官学，是地主阶级知识分子向奴隶主阶级夺取教育大权的结果；从经济上说，是西周生产资料国有制到春秋时期私有制的结果；从社会因素看，是学术的扩散和士阶层崛起的结果。

（一）西周官学的衰落

按文献记载，西周官学较为完备，大而言之，有“国学”与“乡学”两类，“国学”又有大学与小学两级。西周末年，这种官学系统已形同虚设。随着周天子“共主”权力的丧失，一些“公室”也失去了生存的条件，“国学”也无法再继续维持下去，天子所设官学几乎消失殆尽，原先的国学教师亦纷纷流落他乡。例如，《论语·微子》篇中云：“太师挚适齐，亚饭干适楚，三饭缭适蔡，四饭缺适秦，鼓方叔入于河……”意思是说：乐官之长挚去了齐国，二级乐师干去了楚国，三级乐师缭去了蔡国，四级乐师缺去了秦国，打鼓的方叔移居黄河之滨……原先在西周国学中司礼乐的官员，四分五散，流落民间，自然是因为官学已经解体。

诸侯所设国学（即泮宫）及地方官学（即乡学）在春秋时亦很少见。黄绍箕在《中国教育史》中说：

> 周室东迁，王纲解纽，学、校、庠、序废坠无闻，而春秋二百四十年中诸侯学校之制见于经传者，亦只鲁僖公之立泮宫（注：《毛诗·庠官序》）、郑子产之不毁乡校（注：《左传·襄公三十一年》）二事。

西周官学废弛是事实，但并未完全消失，也并非仅如黄绍箕先生所举两例。史料表明，在春秋战国时期，一些诸侯国中仍存在官学，但名称显然已不同于西周官学。虽然衰落中的官学已非原来意义上的官学，其主要职能也不是具体的教学，而是起社会教化的作用，即使是具体教学，也并不是那么的正规。但这正是那些流落诸侯的王官寄身之所，也是私学所由兴的土壤。

(二)春秋私学的兴起

官学衰落的同时,是私学的兴起。孔子"天子失官,学在四夷"的话,表明官学已崩溃,私学已开始出现。当然,由王官之学到私学兴起,是不可能一蹴而就的,其间必有一个发展的过程。

春秋时期,由于"学在官府"的局面被打破,一批王朝或诸侯国的文化官员流落民间。他们中的一部分人最有可能是私学的首创者,他们促成了由官学向私学转变的进程。例如,被孔子称为"邦有道则仕,邦无道则可卷而怀之"的"君子"——卫人蘧伯玉,相传孔子到卫国时曾向他请教,看来就是一位由官学转入私学的人物。与孔子政见对立的少正卯也曾创办私学,王充《论衡》中说:"少正卯在鲁,与孔子并,孔子之门,三盈三虚,唯颜渊不去,颜渊独知孔子圣也。"

《荀子·宥坐》载,孔子在鲁摄相,上任七日就诛杀少正卯,并列举了他的罪状:

> 一曰心达而险,二曰行辟而坚,三曰言伪而辩,四曰记丑而博,五曰顺非而泽。此五者有一于人,则不得免于君子之诛,而少正卯兼有之。故居处足以聚徒成群,言谈足以饰邪营众,强足以反是独立,此小人之桀雄也,不可不诛也。

由王充所说的"孔子之门,三盈三虚",除颜渊外的其他弟子都曾改换门庭看,当时私学的竞争非常激烈。《荀子·宥坐》篇中孔子所列举的少正卯的罪状,换个角度看也是才能、能力的表现。此外,据《庄子》《吕氏春秋》《说苑》《淮南子》《列子》等文献记载,与孔子同时的詹何、王骀、壶丘子林等,都曾聚徒讲学。

但是,春秋时期影响最大的私学仍然是孔子创办的儒家私学和墨子创办的墨家私学。《史记·孔子世家》记载,孔子弟子之数“盖三千焉，身通六艺者七十有二人”。孔子创办私学，是教育史上的一件大事，是学术平民化的开端。墨子办私学略晚于孔子，《淮南子·要略》中说墨子曾“学儒者之业，受孔子之术”，后来创立了墨家学派，成了继孔子之后的又一个私学大师。《吕氏春秋·当染》中说，孔墨之“从属弥众，弟子弥丰，充满天下”，足可见其盛况。

总之，从严格意义上说，私学的首创者应是包括孔子在内的孔子时代的一批教育家，而孔子则是最早创办私学的群体中的杰出代表。私学不仅在学生人数上规模可观，而且在招生对象、传授内容、教学方法、经费来源与支出上都有一定的成规。

第二节　医学教育与考试的转型

随着官学衰落、学术下移，士阶层出现、私学兴起，诸侯国的争霸，战争频仍，人员大量伤亡，儒医、道医、军医相继萌生，在医学经验不断积累的基础上，产生了后世医学教育与考试的范本——《黄帝内经》，医学教育、传承与医生的任用都发生了一些新变化。

一、军医、儒医、道医的萌芽

（一）军医的萌芽

《周易·序卦》有云：“饮食必有讼……讼必有众起。”随着私有观念和阶级社会的产生，为争夺物质生活资料，产生了战争。甲骨卜辞有“……惟刀疾”（《怀》1655）的记载。甲骨文中“疾”字是人腋下中矢的形状，《说文》中的“疾”字是人受箭伤睡在板上的形状。“醫”字从矢、从殳，“矢”为箭，“殳”是一种兵械。这都说明古代医疗以外创伤为主要对象,战争是造成这种外创伤的主要原因。当古代奴隶制国家形成和随之出现常备军的时候,军医组织就产生了。甲骨卜辞“贞[令]菁氏多马[衙]𠂤”(《合集》5712),可能是军医的最早记载。

春秋战国时期军队中的医疗组织究竟如何,没有详细的记载,仅在史书中有些零星的资料。如吕望《六韬》中曾提到军中有“方士三人,立百药,以治金疮,以痊万病”,说明周初是以方士主持军中的医药事业。《周礼·天官·冢宰》中说“疡医,掌肿疡、溃疡、金疡、折疡之祝药、劀杀之齐”,而战争中所受木兵器或铜、铁等冷兵器的创伤是造成金疡与折伤的主要原因之一,因此疡医也当在战争之时充军医之职。《周礼·夏官·司马》中载周时设专为马治病的“巫马下士二人,医四人”,这些兽医在战时也应是充做军医的。

春秋战国时期,战争频繁,军队中的防病治病成为决定战争胜负的重要因素,如《孙子兵法·行军》中也说过:“军无百疾,是谓必胜。”战争造成众多人员的死亡和创伤,防病治病、救死扶伤任务艰巨,军医及相应的救护组织自然也不可或缺。《墨子·迎敌祠》中曾提到军中有巫医和方技,说“举巫医卜有所长,具药宫之,善为舍”;在《号令》篇中还说,在与敌人作战时,要求当地富户应腾出部分房屋作为军用,将重伤的士兵安置于临时组成的病房中去疗养,给以医药和酒肉,并派员巡视,病愈即造册上报,以便重行归队。

春秋战国时代的诸侯将帅,为了取得战争的胜利,也常问疾送药以鼓舞士气,有时甚至亲自充当医生的角色,如《国语·越语》说勾践:“葬死者,问伤者,养生者。”《吴越春秋·勾践伐吴外传》中曾提到越王勾践在伐吴前,向士卒誓师说:“士有疾病不能随军从兵者,吾予其医药,给其糜粥,与之同食。”

（二）儒医的萌芽

"儒"，《说文》解释为"术士之称"；章太炎《原儒》认为"儒"在古文字中本来是写作"需"的，而"需"则是求雨的巫觋；胡适《说儒》则认定儒是"殷民族的教士"，以"治丧相礼"为职业；近来又有人从《周易·需卦》的卦辞中考证，"需"是"术士所操之术的动作行为"①，也有人考证，"儒"的起源与早期掌管教育和仪式的乐官有关。②

从"儒"字的考证上看，或认为"儒"为巫、术士，或认为与乐官有关。而巫就是早期的医，医就是术士，乐又与巫密不可分，因此最早的儒医可能就是由巫脱胎而来的。儒家的创始人孔子也曾经说过，他自己就和巫觋有很深的关系。马王堆汉墓帛书《易传·要》篇中引孔子的话说："吾与史巫同涂而殊归也。"为什么与史巫同途？据孔子解释，巫是"赞而不达于数"，史是"数而不达于德"，而儒则是"求其德而已""观其德义耳也"而"后其祝卜矣"。因此说"巫医同源"也就是说"儒医同源"，后世有很多医家持此观点，如李梴《医学入门·外集·习医规格》中说："盖医出于儒。"林亿《新校正〈黄帝针灸甲乙经〉序》中也说："斯医者，虽曰方技，其实儒者之事乎！"倪维德《原机启微》中说："医为儒者一事，不知何代而两途之。"

"儒医"之称首见于南宋洪迈的《夷坚志·甲志》卷二《谢与权医》。其中说："有蕲人谢与权，世为儒医。"至于何谓儒医，谢氏是否为历史上第一个儒医，则语焉未详。稍后于洪迈的俞文豹在其《吹剑录外集》中亦提及"儒医"，俞氏揭露当时"太医

① 傅剑平：《周易需卦探源》，《中国文化》第七辑，香港中华书局1992年版。

② 阎步克：《乐师与"儒"之文化起源》，《北京大学学报（哲学社会科学版）》1995年第5期。

局”对“生员”的考试舞弊之风，主张“其公试省试，考官则临时委朝士及监司太守举儒医，取朝旨点差，庶几人知习学，不至以庸医杀人”。俞氏在此将“儒医”与“庸医”对举，将“儒医”视为“庸医”的对立面，但亦未予以界定。综观宋代以后所谓“儒医”，实有广、狭两义。广义乃指具有一定文化知识素养而非道、非佛的医者；狭义则指宗儒、习儒的医者和习医、业医的儒者。

“儒医”之称出现时间虽然较晚，但是“儒医”现象应该早已存在。但是春秋战国时期，巫的地位下降，而医尚未完全走出巫术丛林，医术仍被视为小道，医者称治病工，医与巫卜、星相、乐师、百工并列，社会地位低下，难登大雅之堂，因此不见史料记载。随着百家争鸣，儒学成为显学，社会影响日益扩大，人们开始以儒医为荣，至汉初，公孙光向阳庆之子推荐当时的名医淳于意，称“其人圣儒”，这是最早的将医与儒挂钩的文献记载。自汉武帝时实行尊崇儒术的政策，越来越多的儒者游艺于医，如东汉和帝时的太医丞郭玉，“仁爱不矜，虽贫贱厮养，必尽心力”；东汉末年的著名医家张仲景，于汉灵帝时举孝廉，以医术尽忠、行孝、爱人；与张氏大致同时的华佗“游学徐土，兼通数经”，都已经具备了后世儒医的风范。尽管如此，在相当长的时间内，这些事实上的儒医仍自居儒者，而不愿以儒医、医者自居，这主要还是由于医属于贱业、医者社会地位不高的原因，如华佗“本作士人，以医见业，意常自悔”，就典型地代表和反映了这一心理。这也正是自宋代才出现“儒医”一词的原因。

儒医一般经过了儒家思想的长期熏陶，从而形成特定的政治思想、道德观念、知识结构、思维走势、生活方式、为人风范等，“儒医”之称实际上寄寓了古代医者考核和选拔的标准。总结儒医的特征与标准，会有助于我们对千余年来中国医学教育与选拔医生的标准的形成过程，有更为深入的理解。儒医一般具备以下几方面的特点：

1. 通习典籍，博极医药之源。

与社会上的一般医工、草泽医或走方医、铃医相比，儒医的文化水平较高。他们具有丰厚的经、史、子、集即文、史、哲知识素养和很强的阅读、理解能力。故其习医途径可以有二：既可从师，亦可自学。不论从师或自学，均由研读前人医药著作开始。而一般医工、草泽医则不然，他们文化水平很低，无力研读医药著作，只能通过父子、师徒授受医技，有其明显的局限性。正如明代名医缪希雍在其《本草经疏》卷一《祝医五则》中指出：

> 凡为医师，当先读书。凡欲读书，当先识字。……故昔称太医，今曰儒医。太医者，读书穷理，本之身心，验之事物，战战兢兢，求中于道。造次之际，罔敢或肆者也。外此则俗工耳，不可以言医矣。

强调医者必须具备一定的文化素养，指出这是“儒医”与“俗工”的重要区别之一。历代儒医挟其深厚的文化根底而习医，能够通过“读书”而“穷理”，其中有不少自学成医者。儒医不仅博览医药著作，而且还继续研读儒家经典，其中有的人乃为寻机应试或重新出仕，这也是儒医与非儒医的重要区别之一。

2. 深究本源，探求疾病之道。

一般医工、草泽医，尤其是走方医、铃医，其为人治病，只求简、便、验，但“大率知所以，而不知其所以然，鲜有通贯者”①。儒医则熟读圣贤之书，重视理性思维，凡事求理，不但要知其然，而且还要知其所以然，讲究融会贯通，把握一般规律。如皇甫谧《针灸甲乙经·序》中所说：“其论皆经理识本，非徒诊病而已。”

---

① 赵学敏：《串雅》，光绪十四年榆园刊本。

3. 惯用儒理，阐发医学之秘。

儒医习惯于用儒理喻医理，诊病愈疾，总结治验，往往引儒书、儒理以为据，将具体的医理归结和提升到儒学基本原则、思想的高度。如唐初孙思邈融通儒、道、佛，并非纯儒，但其著作中儒家思想亦不少见。他总结为医临证的体会说："胆欲大而心欲小，智欲圆而行欲方。《诗》曰：'如临深渊，如履薄冰'，谓'小心'也；'赳赳武夫，公侯干城'，谓'大胆'也；'不为利回，不为义疚'，行之'方'也；'见机而作，不俟终日'，智之'圆'也。"（《旧唐书·孙思邈传》）在这段论说中，孙氏引述《诗经》《左传》《易传》等儒家经典，阐明诊病、治病过程中应"小心""大胆""行方""智圆"，非常贴切。又如元代名医朱震亨，他通过"参之以太极之理，《易》《礼记》《通书》《正蒙》诸书之义，贯穿《内经》之言"①阐发医理。总之，儒医以"明儒理"为"知医理"的前提。

4. 笃行仁义，恪守儒士之志。

儒家的核心思想是"仁"，"仁"的主旨在于对众生的人文关怀与爱护。如《论语·颜渊》篇中载："樊迟问仁，子曰：'爱人'。"历代儒医皆以诊病施药践履仁义思想，通过行医而事亲、敬长、忠君、慈幼，泛爱百姓，如张仲景《伤寒论·序》中劝诫人们"留神医药，精究方术"，以便"上以疗君亲之疾，下以救贫贱之厄，中以保身长全"，由"爱身知己"进而"爱人知人"。也正因此，历代医著之名称，不少标以"仁""儒"之字或体现"仁义"之意者。

5. 论病及政，伺机出仕。

儒者的初衷首先在于出仕为官，希望通过在政治上推行

① 戴良：《九灵山房集》卷十。

"仁政"、实现"兼治天下"的理想。但当仕途不顺,无缘从政治上推行"仁"道之时,则退而求其次,志于道、据于德、依于仁、游于艺,把医术作为实践、体现"仁"道的具体技艺,如宋代范仲淹认为:不为良相,即为良医。① 元代医家朱震亨说:"士苟精一艺,以推及物之仁,虽不仕于时,犹仕也。"②但其中很多人仍未忘怀于仕途,在行医治病中也不忘发表政见,或伺机进入仕途,如朱震亨"好论古今得失,慨然有天下之忧。世之名公卿多折节下之,翁为直陈治道,无所顾忌"③;许叔微先是省试落第,后来转攻医药,复又参加科举考试,终以第六名登进士第,此后历任徽州、杭州教官,集贤院学士,故后世称之为"许学士"。

(三)道医的萌芽

古代史志和医药著作中并不见"道医"之称,我们所说的"道医"是对奉行道家思想与道教教义的医者的概称。

道医的产生有其多方面复杂的原因,大体上可以说:巫文化是其生发的文化氛围,老、庄之学为其理论渊薮,巫师、方士是其组织基础。

1. 巫文化的文化氛围。

与儒一样,道也与巫有着千丝万缕的联系,巫文化是道家产生的文化基础。对此,闻一多先生早就说过:"我常疑心这哲学或玄学的道家思想必有一个前身,而这个前身很可能是某种富有神秘思想的原始宗教,或更具体点讲,一种巫教。"④西周春秋以前,中国巫术还处于比较原始的阶段。战国时期,巫师们开始

① 吴曾:《能改斋漫录》卷十三。

②③ 戴良:《九灵山房集》卷十。

④ 闻一多:《道教的精神》,《闻一多全集》(一),生活·读书·新知三联书店1982年版,第143页。

用一种中国人特有的理论指导巫术实践，开始依据这一理论致力于巫术的系统化和规范化，从而使中国巫术从整体上呈现出一种与众不同的民族特色。这种给中国巫术带来重大影响的理论就是阴阳五行学说。阴阳五行本是源于日常生活经验的朴素概念，没有先验、幻想、怪诞、神秘的成分。但从战国时期开始，原始的阴阳五行观念与天人合一、天人感应学说结合起来，成为一种带有浓重神秘色彩的宇宙观和方法论，其中五行观的变化尤其显著。以邹衍为代表的阴阳家，在五行之间建立起相生相克的关系，同时又按五行划分所有的事物，构筑起一套秩序井然的世界体系，对阴阳五行观的神秘化起了很大推动作用，对巫术产生了巨大影响。术士普遍认同和接受阴阳五行，巫术实践表现出共同的趋向，如开始用阴阳五行解释巫术行为，巫术施行中越来越讲究法度和规范。

2. 老庄之学的理论渊薮。

道家与儒家大致同时形成，并且都是先秦的显学，但二者旨趣不同。就其对待生命的态度而言，道家学说比较接近医药学。春秋末年的老子把虚无之“道”视作世界的本原和规律，认为万物因“道”而生，作为万物之一的人，应该效法自然，通过无为而有为。这种哲学用于养生防病，则主张隐身避祸，淡泊名利，不以物累，知足知止，去奢去泰，见素抱朴，少私寡欲，爱惜和保养自己的精神和生命活力，而不应使之受损或浪费。认为只有如此，才能巩固和保持深厚的生命根基。战国时代的庄子及其后学，继承、发挥了老子的道法自然的思想，从天下一气的观点出发，把人的生死看作气之聚散，提出了“齐生死”的命题，尤其是描绘了“不逆寡，不雄成，不谟士。……登高不栗，入水不濡，入火不热”“其寝不梦，其觉无忧，其食不甘，其息深深。真人之息以踵”“不知悦生，不知恶死。其出不䜣，其入不距”等“真人”

“神人”“至人”的境界，表现出明显的神仙论倾向，诱发了后来之人登真成仙的梦想，在将“道”引向登真成仙之“术”的过程中起了重要的作用。老庄道家思想理论因而被后来的道中人物、道医奉为圭臬。

3. 方士的组织基础。

从文献记载的情况看，方士在战国至西汉时期活动频繁，其中尤以当时的齐国、燕国为盛，如《史记·封禅书》中记其盛况云：

> 自齐威、宣之时……而宋毋忌、正伯侨、充尚、羡门高最后皆燕人，为方仙道，形解销化，依于鬼神之事。……自威、宣、燕昭使人入海求蓬莱、方丈、瀛洲。此三神山者，其傅在勃海中，去人不远，患且至，则船风引而去。盖尝有至者，诸仙人及不死之药皆在焉。其物禽兽尽白，而黄金银为宫阙。未至，望之如云；及到，三神山反居水下。临之，风辄引去，终莫能至云。世主莫不甘心焉。

方士由巫演变而来，只不过在演变过程中又有了新的特点，正如李申先生所说：“因此后世的方术并不等于原始的巫术，把后来才产生的方术视作对原始巫术的继承，乃是一种表面的、肤浅的观察。”“后世的方术和巫术又确是属于同一类社会现象，它们也具有同样的目的和手段。因而，后世的方术也就是巫术。我们之所以要强调它是方术，一是沿用传统名称，二是要指明它在施术手段上的发展和变化。”①而医、巫又同源，医源于巫，所以由巫演变而来的方士之中有很多人其实就是当时掌握着一定医药知识的医人，正如顾颉刚先生所说：“鼓吹神仙说的叫做方士，想是

① 李申：《道教本论(黄老、道家即道教论)》，上海文化出版社 2001 年版，第 104 页。

因为他们懂得神奇的方术,或藏着许多药方,所以有此称号。"①事实上也的确如此。这一时期见于史载的医者如文挚、长桑君、扁鹊等都带有巫术、方士的色彩。只不过是较彻底地脱尽巫术色彩的方士后来称为医,而仍保留较多巫术色彩的方士后来则涌入了以道家思想为宗的道教之中,正如李申先生所说:"后起的方术……只是在它施术屡败、道教也退出政治舞台且对重返政治舞台无望的情况下,以成仙术为代表的方术才大量涌入道教。"②这一部分人也就是后来所说的道医。

古代史志和医药著作中虽未见"道医"之名,但如上所述,道医之实已在先秦萌芽,如宋毋忌、正伯侨、充尚、羡门子高等"仙医",以至于文挚、长桑君、扁鹊等,实际上就是道医的先驱。汉魏以后,道医历代有之,如西汉末年刘向撰写的《列仙传》中的崔文才,是学黄老而习医者;朱磺、黄阮丘等是道士为医者。晋代葛洪本人即属道医,其所著的《神仙传》中的沈建、沈羲、马鸣生、王遥、壶公、董奉、封君达等也是道医。南朝陶弘景,北朝徐謇,隋唐时期的杨上善、孙思邈、王冰,宋代王怀隐,金代刘完素,元代丘处机,明代王珪,清代傅山等,他们或由学老庄、黄老而习医,或原本为医而引道论医,都属于道医之列。

道医在治病方法上除了继承巫术中的禁咒、祝祷、祈禳、画符等方法以外,还用药物治病,如《抱朴子·杂应》中说:"是故古之初为道者,莫不兼修医术,以救近祸焉。"这也正是道医区别于巫医之所在。

① 顾颉刚:《汉代学术史略》,东方出版社 2005 年版,第 11 页。

② 李申:《道教本论(黄老、道家即道教论)》,上海文化出版社 2001 年版,第 104~105 页。

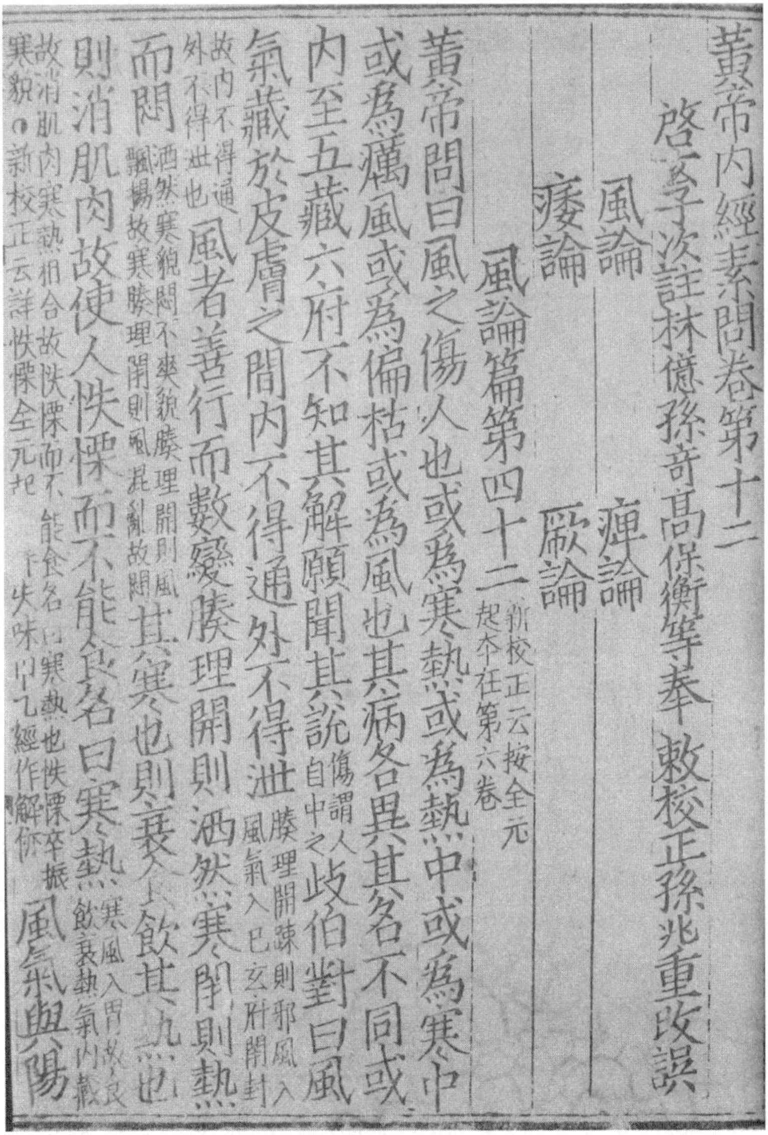
黄帝内經素問卷第十二
啓玄子次注林億孫奇高保衡等奉勑校正孫兆重改誤
風論 痹論
痿論 厥論
風論篇第四十二 新校正云按全元起本在第六卷
黄帝問曰風之傷人也或為寒熱或為熱中或為寒中或為癘風或為偏枯或為風也其病各異其名不同或內至五藏六府不知其解願聞其說 傷謂人自中之 岐伯對曰風氣藏於皮膚之間內不得通外不得泄 腠理開疎則邪風入風氣入已玄府閉封故內不得通外不得泄也 風者善行而數變腠理開則洒然寒閉則熱而悶 洒然寒貌悶不爽貌腠理開則風飄揚故寒腠理閉則風混亂故悶 其寒也則衰食飲其熱也則消肌肉故使人怢慄而不能食名曰寒熱 寒風入胃故食飲衰熱氣內藏故消肌肉寒熱相合故怢慄而不能食名曰寒熱也怢慄卒振寒貌 新校正云詳怢慄全元起本作失味甲乙經作解㑊 風氣與陽

《黄帝内经 · 素问》

唐王冰注，宋林亿等校正，孙兆改误。金刻本。采自《中国国家图书馆古籍珍品图录》，北京图书馆出版社 1999 年版

二、后世医学教育与考试的经典——《黄帝内经》

春秋战国时期诸子蜂起，百家争鸣，是我国历史上学术思想空前活跃的一个时期。如果说在争鸣的初期，各家“蜂出并作，各引一端，崇其所善”（《汉书·艺文志》），那么至战国中后期各家“舍短取长，则可以通万方之略”（《汉书·艺文志》），出现了各种学术思想交汇融合的趋势，这种学术气氛也渗透到了医学领域中。同时，医学在经过长期的实践经验积累之后，也已具备了从实践上升到理论的条件，医学家各据师承、著书立说，写成医学论著。在这种背景下，产生了医药学的经典著作《黄帝内经》。

《黄帝内经》包括《素问》和《灵枢》两部分内容，《灵枢》又有《针经》《九卷》等多种别称。《素问》《灵枢》每部九卷，总共十八卷，皇甫谧《甲乙经·序》中说：“按《七略·艺文志》，《黄帝内经》十八卷，今有《针经》九卷、《素问》九卷，二九十八卷，即《内经》也。”

关于《黄帝内经》的成书年代，有很多不同的意见，有学者认为确为黄帝、岐伯君臣所作，如晋皇甫谧说：“《素问》《九卷》皆黄帝、岐伯遗事也。”有学者认为是春秋战国时人所为，如宋邵雍曰：“《素问》《阴符》，七国时书也。”明方以智曰：“《灵枢》《素问》皆周末笔。”还有学者认为成书于西汉者，如清郎瑛曰：“宋聂吉甫云：既非三代以前文，又非东都以后语，断然以为淮南王之作。予意《鸿烈解》中内篇文义实似之矣。”①现代研究认为，《黄帝内经》非一人一时所为，而是经过战国至西汉，由不同医家、学者撰述、编辑、整理而成，但其主体部分、核心内容在战

① 郎瑛：《七修类稿》，上海书店出版社2001年版，第157页。

国时期已经存在。

《黄帝内经》全面总结了秦汉时期及其以前的医学成就，是我国一部早期的医学理论总集，在内容上已经相当齐备，主要有五个方面：强调整体观念，运用阴阳五行学说，重视脏腑经络学说、辨证论治和治未病思想。

（一）整体观念

《黄帝内经》的整体观念体现在：人与自然是一个整体，人与社会环境是一个整体，人本身也是一个整体。始终强调机体内环境的统一协调性。内而五脏六腑，外而孔窍毫毛，无不处于一个统一体中。整体有病，局部应之；局部有病，牵动整体。《黄帝内经》这一指导思想，构成了中医利用色、脉、声、形的变化以辨识疾病的正确诊断方法。中医的许多整体疗法，如内病外治，外病内治；上病下取，下病上取；冬病夏治，夏病冬治以及因时、因地、因人制宜等，都是从这一整体观念出发制定的。《黄帝内经》所体现的整体观念，是中医理论的精华之一。

（二）阴阳五行学说

《黄帝内经》运用阴阳五行学说，来论述脏腑经络、病因病机、诊法治则、药物性味等医理。如人体机构上，认为"人生有形，不离阴阳"；生理上，"阳化气，阴成形"；病理上，"阴胜则阳病，阳胜则阴病"；药物气味上，"阳为气，阴为味"；疾病诊治上，"察色按脉，先别阴阳"，"阳病治阴，阴病治阳，定其血气，各守其乡"等。

《黄帝内经》运用五行学说主要是解释人体机构、组织器官之间相互资生和相互制约的关系。在正常情况下，用以说明人体通过脏腑功能之间的生克制化，维持平衡，既不大过，也无不及，发挥它们之间的协调作用；在异常情况下，则说明脏腑之间的相乘、相侮，母病及子，子病及母等病理关系，诊断上的色诊和治疗上的协调脏腑功能，如“培土抑水”“培土生金”“滋水降火”等。

（三）脏腑经络学说

脏腑经络学说是《黄帝内经》中的重点内容。脏腑学说以肝、心、脾、肺、肾五脏为核心，配合机体中胆、胃、大肠、小肠、三焦、膀胱六腑和筋、脉、肉、皮、骨五体，来说明人体的生理功能和病理变化。

《黄帝内经》中的经络学说已形成完整的内连脏腑、外络肢节、构成气血通路的十二经脉，手三阳、足三阳，手三阴、足三阴，和冲任督带等经络系统。脏象经络学说是中医学中的独特内容，对指导中医实践有着特别重要的地位。

（四）辨证论治思想

《黄帝内经》中以阴阳五行、天人相应等为说理工具，以脏象、经络、营卫气血的生理功能及其病理变化为基础，用“以常衡变，揆度奇恒”的方法，通过“四诊”获得资料，经过分析、判断之后，了解疾病的原因、发病机制，提出了寒热、补泻、上下、逆从等治法。强调“令其条达，而致和平”，“以平为期”，“无盛盛，无虚虚”，“必伏其所主，而先其所因”，用药上“无使过之，伤其正也”等。《黄帝内经》中的辨证论治理论，经过后世历代医家的补充，不断完善，成为中医学的重要特色之一。

（五）预防思想

包括未病先防和既病防变两个方面。未病先防强调“不治已病，治未病”，如精神调节上强调“恬淡虚无，真气从之，精神内守”，身体锻炼上强调“法于阴阳”“和于术数”，生活规律上强调“食饮有节，起居有常，不妄作劳”和注意顺四时、适寒暑等。既病防变强调早期诊断，早期治疗，如认为“上工救其萌牙……下工救其已成，救其已败”等。强调抓住治疗时机，力争早期诊断，早期治疗，防止病势加重，危及生命。

《黄帝内经》成书以后，被历代医家奉为圭臬，并成为以后医学理论教育的教科书和医学考试的范本之一。特别是隋唐以后，经过官方的整理和推荐，最终确立了《黄帝内经》(包括《素问》和《灵枢》)在国家医学教育与考试体系中不可替代的学术地位。

三、医学传承模式与任医考核的标准

西周时期已经产生了医、巫、祝的分业制度。春秋战国时期，随着百家争鸣、思想解放，人的理性认识提高，无神论思想萌芽，越来越多的有识之士力辟鬼神、巫术、祭祀、祈祷等，把鬼神排斥出致病因素之列，如《左传·昭公元年》载医和论晋侯之疾曰："非鬼非食，惑以丧志。"《左传·昭公元年》中载子产论晋侯之疾曰："若君身，则亦出入饮食哀乐之事也，山川星辰之神，又何为焉？侨闻之，君子有四时：朝以听政，昼以访问，夕以修令，夜以安身。于是乎节宣其气，勿使有所壅闭湫底，以露其体，兹心不爽，而昏乱百度。今无乃壹之，则生疾矣。"这种思想进一步推进了医、巫、祝的分业制度，根据《左传》记载，战国时期各国都已实行了医、巫、祝的分业制度，如晋国有卜人(闵公元年)、巫(成公十年)、医(僖公三十年)；齐国有医(襄公二十一年)、巫(文公十年)；鲁国有卜士(桓公六年)、巫(僖公二十一年)、祝史(昭公十七年)等。总之，春秋战国时期，医基本上已从巫术中独立出来，形成了一种专门的职业。

(一)官医与民间医生的并存

西周医事制度中，官医与民间医生的界限尚不明确。到春秋战国时期，宫廷医生与民间医生的界限已比较明确。宫廷医生主要负责诸侯王族及大臣的医疗保健，有时作为国与国之间的使者受到邀请，到别的诸侯国为其显贵治病，因而也都受到较高的礼遇，如《左传·成公十年》载："公（晋景公）疾病，求医于秦，秦伯使医缓为之。"晋侯称其为"良医也"，最后"厚为之礼而归之"。《左传·昭公元年》也载："晋侯求医于秦，秦伯使医和视之。"晋国大臣赵孟也称赞他是良医，"厚其礼而归之"。从文献资料显示看，这一时期秦国的医生似乎很有名望，因而被邀请的记载很多，这大概与当时秦国实行招揽人才的政策有关。稍后，在宫廷内还出现了整日在皇帝左右侍奉的医生即侍医，如荆轲刺秦王时，曾以药囊掷击荆轲的夏无且就是秦王的侍医。执掌医药政令的医官由西周时的医师演变为战国时的太医令，《史记·扁鹊仓公列传》有载："秦太医令李醯自知伎不如扁鹊也，使人刺杀之。"

春秋战国时期，人们信奉"良禽择木而栖，良臣择主而事"，人才流动非常频繁，这也反映在医生职业中。一方面，有医学特长者可能通过他人的引荐或如毛遂式的自荐而成为君王的侍医、官医、宫廷医生。另一方面，一些原来的官医也可能成了自由职业者，如《韩非子·内储说上》载，战国时卫国的卫嗣君有一位胥靡身份的医生，私自逃亡到了梁国，为襄王后治病，卫君知道后，想用五十金赎回，往返五次梁王都不肯，后来卫君决定用一个名叫左氏的都邑去交换他。可见，医生的身价、地位较之以前都大大提高，可谓"价值连城"。这也是战国时期战乱导致医生缺乏的一种反映。

春秋战国时期，民间也已出现了专职医生，如长桑君、扁鹊等，周游列国，主要在民间行医，但诸侯贵族有病，他们也前往赴治，其足迹遍及战国时期的各个国家。如《史记·扁鹊仓公列传》的记载中说扁鹊"为医或在齐，或在赵"，"过邯郸，闻贵妇人，即为带下医；过雒阳，闻周人爱老人，即为耳目痹医；来入咸阳,闻秦人爱小儿,即为小儿医”。也曾为当时晋国的大夫赵简子、虢国的太子、齐桓侯等人诊治疾病。这些医生有时是自报家门,主动上门为贵族治病;有时是属于被召前往。如《史记·扁鹊仓公列传》中载:“其后扁鹊过虢。虢太子死……扁鹊曰:……‘言臣齐勃海秦越人也,家在于郑,未尝得望精光侍谒于前也。闻太子不幸而死,臣能生之。’”“扁鹊过齐,齐桓侯客之。入朝见,曰:君有疾在腠理,不治将深。”这是属于自报家门,主动上门。又载:“简子疾,五日不知人,大夫皆惧,于是召扁鹊。”“后五日,桓侯体病,使人召扁鹊。”这是属于被召前往。像扁鹊这样出入诸侯与民间,也许原本就是官医而后来流落于民间,已不再像西周时“疾医”那样隶属医师管理,而成为自由职业者。又如《吕氏春秋·至忠》载:“齐王疾痏,使人之宋迎文挚。”文挚用激怒法治好了齐闵王的病,齐闵王的病虽然治好,但由于激怒了齐闵王而遭杀身之祸,被烹而死。

(二)医学传承与教育的新特点

春秋战国时期,随着官医的流落民间和民间专职医生的出现,医学教育与传承出现了一些新特点。

1. 医学传承模式。

医学传承的模式,如果依据传者与承者之间的关系,可以细分为君臣传承、师徒传承、父子传承等,但也可以从老师、学生的关系上都称之为师徒传承,正如《礼记·学记》中说:“当其为师,则弗臣也。”《吕氏春秋·劝学》中说:“事师之犹事父也。”

关于师徒传授的说法很早,相传上古名医僦贷季已经是上古医家岐伯的祖师了。《素问·移精变气论》中载:

> 岐伯曰:色脉者,上帝之所贵也,先师之所传也。上古使僦贷季理色脉而通神明,合之金木水火土,四时八风六合,不离其常,变化相移,以观其妙,以知其要,欲知其要,则

色脉是矣。

《路史》中也记载岐伯曾对黄帝说："我于僦贷季理色脉，已二世矣。"而在《内经》中，岐伯、少俞、少师、伯高等又是黄帝的老师。《黄帝内经》一书的《素问》《灵枢》两部分，前者中有很大的篇幅是以黄帝问、岐伯答的形式而成的，后者有很大的篇幅是以黄帝问而少俞、少师、伯高等答的形式而成的。而黄帝又是雷公等人之师，《内经》中也常见雷公等人向黄帝请教和黄帝垂教的内容。这样岐伯、少俞、少师、伯高与黄帝，黄帝与雷公之间都是一种师承关系。

黄帝为帝、岐伯等为臣，但黄帝又是一个学生的角色，而岐伯等是老师的角色。以臣为师是道家所独有的一种师承关系，这在道家文献中常见。如《庄子·在宥》篇中载黄帝见广成子于空洞之山，《徐无鬼》篇中载黄帝问小童于襄城之野，特别是在被认为最早的黄老文献《黄帝四经》中，更多的文章由帝问臣答的形式写成，如《观》《姓争》《成法》《顺道》篇中的黄帝问力黑，《果童》篇中的黄帝问果童，《五政》篇中的黄帝问阉冉，《正乱》篇中的黄帝问太山稽。对此，《黄帝四经·称》中还总括道：

帝者臣，名臣，其实师也；王者臣，名臣，其实友也；朝（霸）者臣，名臣也，其实[宾也。危者]臣，名臣也，其实庸也；亡者臣，名臣也，其实虏也。

同为黄老著作的《鹖冠子·博选》篇中亦云：

故帝者与师处，王者与友处，亡主与徒处。

总之，帝以臣为师，视君、臣关系为师友关系，实是黄老道家谦虚守柔的南面之术的一种反映。

《黄帝内经》中所记载的医学传授仪式也相当神圣、神秘而严格。如《素问·灵兰秘典论》：

黄帝曰：余闻精光之道，大圣之业，而宣明大道，非斋戒择吉日,不敢受也。黄帝乃择吉日良兆,而藏灵兰之室,以传保焉。

又如《素问·三部九候论》中,黄帝求教于岐伯时有曰:

余愿闻要道,以属子孙,传之后世,著之骨髓,藏之肝肺,歃血而受,不敢妄泄。

《灵枢·禁服》中记载得更为详细:

雷公问于黄帝曰:细子得受业……细子恐其散于后世,绝于子孙,敢问约之奈何?黄帝曰:善乎哉问也!此先师之所禁,坐私传之也,割臂歃血之盟也。子若欲得之,何不斋乎?雷公再拜而起曰:请闻命于是也。乃斋宿三日而请曰:敢问今日正阳,细子愿以受盟。黄帝乃与俱入斋室,割臂歃血。黄帝亲祝曰:今日正阳,歃血传方。有敢背此言者,反受其殃。雷公再拜曰:细子受之。黄帝乃左握其手,右授之书,曰:慎之!慎之!吾为子言之。

这种神圣、神秘而严格的传道方式与后来以道家为理论之宗的道教传道方式非常相似。总之,上述臣为师、帝为生的独特的师生关系以及这种神圣、神秘而严格的传道方式,也从一个侧面反映和说明了《黄帝内经》实际上是一部黄老著作。

如果说上述君臣之间的师生关系是后人所托,医学传承方式中带有较浓重的神秘色彩,那么《史记》中所载春秋战国时期长桑君与扁鹊的师徒相传以及扁鹊对其弟子子阳、子豹等的医学传授,师承关系的脉络就比较清晰可信,可以说是一种比较典型的师徒传承了。《史记·扁鹊仓公列传》中载:

扁鹊者,勃海郡郑人也,姓秦氏,名越人。少时为人舍长。舍客长桑君过,扁鹊独奇之,常谨遇之。长桑君亦知扁鹊非常人也,出入十余年,乃呼扁鹊私坐,闲与语曰:"我有禁方,年老,欲传与公,公毋泄。"扁鹊曰:"敬诺。"乃出其怀中药予扁鹊："饮是以上池之水，三十日当知物矣。"乃悉取其禁方书尽与扁鹊。

长桑君传医术于扁鹊，扁鹊又有自己的学生、徒弟。《史记·扁鹊仓公列传》记载，扁鹊为虢太子治病时，"使弟子子阳厉针砥石，以取外三阳五会"，"使子豹为五分之熨，以八减之齐和煮之，以更熨两胁下"。子阳、子豹皆为扁鹊的"弟子"也即学生。如此，长桑君——扁鹊——子阳、子豹之间构成了明晰的师徒传授。同时从中也可看出，长桑君与扁鹊之间的传授仍带有神秘、庄重的色彩，并且医道传授中这种神秘、庄重的方式在以后很长时间内为人们所遵循。

医师将其掌握的医学知识和经验作为家庭谋生的本领，仅仅传授给儿子，儿子再传授给儿子，称为"家传"。这类关系中的徒弟有时也来自同宗同族的弟子，故也称为"祖传"，这是医学传承中的另一种重要方式，《礼记·曲礼》中有"医不三世，不服其药"的说法，尽管对于其中的"三世"有不同的理解，未必是指三代家传，但三代家传在事实上的存在是不可否认的。

2. 传授对象的选择。

医学教育与传授有其特殊性，不可能像普通教育那样"有教无类"。因此，古人在对医学传人的选择和教授中非常慎重，选择什么标准的人作为医学知识的传授对象，《内经》中笼而统之地谓"其人"。这一标准乍看比较笼统、宽泛，但实际上非常严格苛刻，包括很多的内涵层次，具体来说有四个方面。

其一，得其人乃传。"其人"是指志同道合，在智力、毅力、品德各方面都适合的人。无论学习什么，首先作为求学者来说应该有强烈的意愿志向，医学更是如此，无须多言。更由于医道高深玄妙，需要在智力上有良好的先天禀赋和悟性，故《素问·上古天真论》中开篇即称赞：

昔在黄帝，生而神灵，弱而能言，幼而徇齐，长而敦敏……

《素问·气穴论》中也说：

圣人易语，良马易御。

这些实际上都暗示了习医者应具备良好的先天禀赋和悟性。的确，整体观是中医的主要特色，意会是中医的主要思维方式。因此，习医者、业医者需要具有较好的悟性和意会能力，这在中医脉象诊断和针刺技术中尤其重要，正如《灵枢·官能》中云：

黄帝问于岐伯曰：余闻九针于夫子，众多矣不可胜数，余推而论之，以为一纪。余司诵之，子听其理，非则语余，请正其道，令可久传后世无患，得其人乃传，非其人勿言。

学习医学不是一蹴而就的事情，只有良好的先天禀赋和悟性还不够，还要有恒心和毅力，否则半途而废，也不能担当继承发扬医学事业的重任，甚至会贻害医学事业，对此《内经》中也多有告诫和警示，如《素问·征四失论》中指出：

受师不卒，妄作杂术，谬言为道，更名自功，妄用砭石，后遗身咎……

又如《素问·方盛衰论》中指出：

受师不卒，使术不明，不察逆从，是为妄行，持雌失雄，弃阴附阳，不知并合，诊故不明，传之后世，反论自章。

治病救人之术，直接关系到人的寿夭安危，除了需要精湛的技术，还要有高尚的品德。如所传之人不当，则不能继承发扬光大师业，如《灵枢·官能》中所说：

不得其人，其功不成，其师无名。

甚至还出现"妄作杂术，谬言为道，更名自功""使术不明……反论自章"的情况，败坏医学、为师者的名声，这不仅是"受师不卒"的毅力问题，也涉及品德问题。总之，古人以立功、立德、立言为人生价值目标，这也为医学传授选人者所恪守。

其二，得其人必传。医道传授固然需要慎重，但一旦遇到合适的人而不传授，也于医学事业有损，这是为师者的失职，要负"失道"的责任。在这方面，《内经》中有一些很有趣的黄帝与岐伯的问答情节。如《素问·气交变大论》中载：

> 黄帝问曰：五运更治……可得闻乎？岐伯稽首再拜对曰：昭乎哉问也！是明道也。此上帝所贵，先师传之，臣虽不敏，往闻其旨。帝曰：余闻得其人不教，是谓失道，传非其人，慢泄天宝。余诚菲德，未足以受至道；然而众子哀其不终，愿夫子保于无穷，流于无极，余司其事，则而行之，奈何？

又如《灵枢·阴阳二十五人》中载：

> 黄帝问曰：……愿闻二十五人之形，血气之所生，别而以候，从外知内何如？……黄帝避席遵循而却曰：余闻之得其人弗教，是谓重失，得而泄之，天将厌之，余愿得而明之，金柜藏之，不敢扬之。

在这两段问答之中，黄帝向岐伯请教医道，但岐伯故作高深，不肯直说，结果被黄帝责以"失道""重失"，在黄帝的这种"高压"下，岐伯不得不说。

其三，因其人而传。如上所述，人有禀赋上的差异，又如《灵枢·禁服》中所说："士之才力，或有厚薄，智虑褊浅。"所以在传授上也根据学生的天赋、性格和特长等因人而异，因材施教，各展其长，各尽其能。对此，《灵枢·官能》篇中有集中、精到的论述：

> 雷公问于黄帝曰：针论曰：得其人乃传，非其人勿言，何以知其可传？黄帝曰：各得其人，任之其能，故能明其事。雷公曰：愿闻官能奈何？黄帝曰：明目者，可使视色；聪耳者，可使听音；捷疾辞语者，可使传论；语徐而安静，手巧而

心审谛者，可使行针艾，理血气而调诸逆顺，察阴阳而兼诸方；缓节柔筋而心和调者，可使导引行气；疾毒言语轻人者，可使唾痈咒病；爪苦手毒，为事善伤者，可使按积抑痹。各得其能，方乃可行，其名乃彰。……故曰：得其人乃言，非其人勿传，此之谓也。

其中列举了对于学生因材施教的七类具体方法：视力好的，教他望诊之法；听力好的，教他闻诊之法；善于言谈的，可以从事医道传授的讲解；沉着安静、心细手巧的，可教其运用针艾方药；心平气和、筋骨舒缓、关节灵活的，可教其导引行气；语言刻薄的，可以使他从事唾咒的巫术治病之法；手指有力而凶狠的，可教其行按摩推拿等。这些方法实为中医师承教育史上的创举，对于我们今天的医学教育是非常宝贵的经验。

其四，非其人不传。“非其人”与“其人”相对而言，也就是在志向、智力、品行各方面皆不适宜的人。“非其人”与“其人”在《内经》中常并提，除上引之外，又如《素问·金匮真言论》中载岐伯语：“非其人勿教，非其真勿授，是谓得道。”唐王冰《黄帝内经素问注·序》中在述及《内经》一书的沿革、传授时也说：“虽复年移代革，而授学犹存。惧非其人，而时有所隐，故第七一卷，师氏藏之，今之奉行，惟八卷尔。”尤其是王冰《黄帝内经素问注·序》中的一个“惧”字，更见古代医学传授之慎重。

3. 传承的内容与方法。

由于历史条件和医学本身等因素所决定，此一时期医学传授的内容与方法上也有明显的特点。

其一，不仅传授医学知识，也传授与医学相关的知识；既重视医学知识的师承，也提倡博采众家之长，即“览观杂学”；在“览观杂学”的基础上，还要用“约”在方法上加以归纳概括以“知要”。如《素问·气交变大论》中引《上经》语曰：

上知天文，下知地理，中知人事，可以长久，此之谓也。

其中所说的“天文”“地理”“人事”都是学习医学不可缺少的相关知识。又如《素问·示从容论》中说：

黄帝燕坐，召雷公而问之曰：汝受术诵书者，若能览观杂学，及于比类，通合道理，为余言子所长。五藏六府，胆胃大小肠，脾胞膀胱，脑髓涕唾，哭泣悲哀，水所从行，此皆人之所生，治之过失，子务明之，可以十全，即不能知，为世所怨。

其中所说的“杂学”是指除师说之外的其他医学流派的学术思想、医疗经验。之所以如此，是因为可以对师说没有论及或叙说疏略的内容进行完善。继承师说的原则性与汲取众家之长的灵活性辩证、统一地结合，成为这一时期学术发展的特点，《内经》中引书之多，其中所提及的相互探讨医学人数之众，就足以证明这一点。这也是战国末期百家由争鸣到融合的一种反映。又如《灵枢·禁服》中载：

黄帝曰：夫约方者，犹约囊也，囊满而弗约，则输泄，方成弗约，则神与弗俱。雷公曰：愿为下材者，勿满而约之。黄帝曰：未满而知约之以为工，不可以为天下师。

又如《灵枢·九针十二原》中云：

节之交，三百六十五会，知其要者，一言而终，不知其要，流散无穷。

也就是说，知识积累到一定的程度，必须进行归纳总结，掌握其关键、要领。否则，知识会因为零散而流失，或难以得心应手地灵活运用。因此，要求对所学知识“约之”“束之”“浑束为一”以“知要”。博学与知要二者相反又相成，其中博学是知要的基础，知要又是博学的进一步概括和深化。通过知要，借助于类推和演绎等方法，达到执简驭繁、言一知百的境界。

其二，学生个人诵读、领悟与老师的讲解、启发相结合，理论知识学习、传授与实用技术学习、传授相结合。在理论学习与传授中，需要经过诵、解、别、明、彰几个阶段。如《素问·著至教论》中云：

> 黄帝坐明堂，召雷公而问之曰：子知医之道乎？雷公对曰：诵而颇能解，解而未能别，别而未能明，明而未能彰，足以治群僚，不足至侯王。……雷公曰：请受道，讽诵用解。……雷公曰：三阳莫当，请闻其解。……雷公曰：阳言不别，阴言不理，请起受解，以为至道。

其中所说的“诵”就是对经典反复诵读，“解”就是对不易懂的医理请师傅解答，“别”就是对其内容分类归纳，“明”就是把医学道理明白于心胸。徒弟从老师那里受得医学理论，通过“诵”“解”“别”“明”等几个阶段而达到“彰”，“彰”就是将其运用于临床而能获得明显的疗效。这也就是说理论学习与临床技术相结合，也即《素问·示从容论》中所说的“受术诵书”，并且明白学习理论的最终目的是在临床中加以运用。《内经》之中有很多这种学习、传授方法的记录，如《素问·阴阳类论》中录：

> 雷公曰：请问短期。黄帝不应。雷公复问，黄帝曰：在经论中。雷公曰：请问短期。黄帝曰：冬三月之病，病合于阳者，至春正月，脉有死征，皆归于春……

在这个片段中，对于雷公以学生的身份提出的问题，老师身份的黄帝第一次不予回答，要求学生自己思考；第二次答如非答，黄帝要求学生自己去查书；见学生仍未能自己得出答案，然后才予以解答。又如《素问·示从容论》全篇可以说就是一个当时教学场景的生动记录，其中载：

> 帝曰：子别试通五藏之过，六府之所不和，针石之败，毒药所宜，汤液滋味，具言其状，悉言以对，请问不知。

雷公曰：肝虚、肾虚、脾虚皆令人体重烦冤，当投毒药、刺灸、砭石、汤液，或已或不已，愿闻其解。

帝曰：公何年之长，而问之少，余真问以自谬也。吾问子窈冥，子言上下篇以对，何也？夫脾虚浮似肺，肾小浮似脾，肝急沈散似肾，此皆工之所时乱也，然从容得之。若夫三藏土木水参居，此童子之所知，问之何也？

在这段问答对话中，黄帝要求雷公在已有知识的基础上，提出更深刻的问题。对于雷公提出的问题，黄帝觉得太幼稚，没有深度，于是对其进行了一连串的批评与诘问，语气相当严厉。这也就是说，老师在教授过程中，希望学生在已有知识的基础上能够提出更进一步的问题。之后雷公按此要求提出问题，黄帝才循循善诱地予以解答。可谓深得“不愤不启，不悱不发”（《论语·述而》）的教学心理。

其三，经典理论学习与现实实践尤其是与自身的实践紧密结合。《内经》中一再强调经典理论学习与现实实践的结合。如《素问·气交变大论》中黄帝语曰：

余闻之，善言天者，必应于人，善言古者，必验于今，善言气者，必彰于物……

又如《素问·举痛论》载黄帝语云：

余闻善言天者，必有验于人；善言古者，必有合于今；善言人者，必有厌于己。如此，则道不惑而要数极，所谓明也。

其中“善言天者，必应于人，善言古者，必验于今”源出《荀子》，《内经》引之意在强调实践对于理论、经验检验的重要性，并进一步结合医理加以阐述。尤其应该指出的是，《内经》中强调与自身的实践紧密结合，如《素问·八正神明论》中载岐伯语云：

法往古者，先知针经也，验于来今者，先知日之寒温，月之虚盛，以候气之浮沈，而调之于身，观其立有验也。

由于古代老师所带徒弟、弟子的数量毕竟有限，师徒关系中的“师”往往是业医中的医生，而“徒”也须随师临证，兼及助手的工作，这决定了医学师徒传承中理论与实践紧密结合的教育方法，因而也更便于针对学生们各自不同的特点因材施教，各尽其能。如上引《灵枢·官能》“各得其人，任之其能，故能明其事。雷公曰：愿闻官能奈何？黄帝曰：明目者，可使视色……”一段中所说，将因材施教、各尽其能的原则应用到极致。

战国时期产生了师徒传承的医学教育制度。自此以后，师徒相传作为中国医药知识传承中的重要形式一直流传至今。在没有专门的医学校开设之前，师徒传承是医学教育与传承的一种主流形式；在医学专门学校产生以后，也仍然与学校教育并行并存，是历代医学教育、人才培养的一种别具特色的重要补充。

（三）任医用药标准

东周时医与巫分业，医专用药治病。由于当时医成为一种专门职业不久，人们对医学仍然存在半信半疑的心理，《史记·扁鹊仓公列传》中所说的“信巫不信医”就反映了人们的这种心态，因而人们对医药采取一种谨慎的态度。同时，由于周王朝瓦解和各国纷争，人才流动频繁，统一的价值观念趋向多元化，这一时期的任医与用药，有多种渠道，呈现出多向标准，但基本上是建立在经验之上的。

1.“三世”标准。

《礼记·曲礼下》在关于任医与服药上有“医不三世，不服其药”的记载。关于此语，有两种不同的理解：一是认为“三世”指经过祖、父、子三世业医，如此“医不三世，不服其药”就是说：没有经过三代传授的医生，不可以服用他的药物；一是认为“三世”是指《黄帝针灸》《神农本草》《素女脉诀》为代表的传说中的三个时代的医学之书，如此“医不三世，不服其药”就是说：作为医生,没有研读过三世之书,不可以服用他的药物。

前种观点以郑玄为代表,如《礼记正义》郑玄注云:“慎物齐也。”《礼记集说》陈澔注引吕氏亦云:“医三世,治人多,用物熟矣,功已试而无疑,然后服之,亦谨疾之道也。”但后世之人多持后种观点。如孔颖达《礼记正义》疏云:

> 凡人病疾,盖以筋血不调,故服药以治之。其药不慎于物,必无其征,故宜戒之,择其父子相承至三世也,是慎物调齐也。……三世者,一曰《黄帝针灸》,二曰《神农本草》,三曰《素女脉诀》,又云《夫子脉诀》。若不习此三世之书,不得服食其药。然郑云“慎物齐也”,则非谓本草、针经、脉诀,于理不当,其义非也。①

又如宋代宋濂《赠医师葛某序》中云:

> 古之医师,必通于三世之书。所谓三世者,一曰《针灸》,二曰《神农本草》,三曰《素女脉诀》。……非是三者,不可以言医,故记《礼》者有云“医不三世,不服其药”也。传经者既明载其说,复斥其非,而以父子相承三世为言,何其惑与!夫医之为道,必志虑渊微,机颖明发,然后可与于斯,虽其父不能必传其子也。

清代医家黄凯钧《友渔斋医话》中也针对这两种说法辩论道:

> 《礼记》云:医不三世,不服其药。后注者多以世业之谓,非也。医必父而子,子而孙,如是其业则精,始服其药,若传至曾、元,更为名医矣。其间贤者不待言,其不肖者若何?因其世业,而安心服其药,设为所误,生死攸关,虽愚者不为也。

又说:

---

① 《礼记正义》,《十三经注疏》,中华书局1980年版,第1268页。

凡医者必读上古《神农本草》《黄帝素问灵枢经》及仲景《伤寒论》三世之书，方为有本之学，从而服药，庶无误人。三世者，三世之书也。汉儒谓《神农本草》《黄帝素问》《元女脉诀》为三世之书。

对于以上两种不同的观点，我们认为宋濂“虽其父不能必传其子也”、黄凯钧“凡医者必读上古《神农本草》《黄帝素问灵枢经》及仲景《伤寒论》三世之书，方为有本之学”之论固然是真知灼见，却未必符合当时的实际情况。

其一，众所公认，汉代以前还没有建立起完整、系统的医学教育体系、医学人才选拔和考核制度，医生大多靠自学成才，医学知识以父子相传、师徒相传为主要传承方式，国家任用医生多征之于民间，对医生水平的考察也往往以医生治病用药的实际效果为主要依据。父子相传之医也以治病用药的实际经验传授为主，符合当时社会的实际情况。《礼记》“医不三世，不服其药”之语与《汉书·艺文志》中的“有病不治，常得中医”一样，都带有民间谚语的性质，都应是民间建立在经验之上的对医生任用标准的一种反映。

其二，认为“三世”为《黄帝针灸》《神农本草》《素女脉诀》者，无疑是以相信黄帝、神农、素女其人的真实存在为前提。所谓的“《黄帝针灸》《神农本草》《素女脉诀》”的“三世”之书，在成书年代上虽然都难以确考，但大致都不出战国至秦汉之间，这也是众所公认的。战国至秦汉之间，诸子百家为增强自己学说的影响而托古之名的风气甚浓，《黄帝针灸》《神农本草》《素女脉诀》三书分别冠以“黄帝”“神农”“素女”之名，无疑也是这一时期崇古、托古之风影响下的结果，而绝非真的是什么“黄帝”“神农”“素女”之人、之作。正如顾颉刚先生所说：“这立言的诸子……他们只是拉了一个当时认为最古老而且最有力的人作为自己的学说的保护者而已。黄帝是怎样一个人物,或只是天上的五色帝之一,或者有别的背景,均不可知;但他的传说普及于学术界是战国末年的事,其发展直到西汉,则是一个极明显的事实。所以我们如果研究黄帝,切勿以为所研究的是夏以前的史,而应当看做战国秦汉史,因为他的传说只是战国、秦、汉间的思想学术的反映,只是表现了战国、秦、汉间的文化。"①从这个角度上来说,认为"三世"为《黄帝针灸》《神农本草》《素女脉诀》也是站不住脚的。

其三,如上已述,秦汉以前医学知识以父子相传、师徒相传为主。常识也告诉我们,印刷术没有发明之前,知识多靠口耳相传,即便是著之于竹帛,也多由社会上层的少数人把持,不可能广泛流传,医学知识与文献也是如此。即使《黄帝针灸》《神农本草》《素女脉诀》之书真的存在过,也不是一般业医者能够看得到的。在这种情况下,要求业医者通《黄帝针灸》《神农本草》《素女脉诀》三世之书,不其难乎？进一步说,如果《黄帝针灸》《神农本草》《素女脉诀》真的是黄帝、神农等所代表的"三代"之书,则去古更远,要求业医者通《黄帝针灸》《神农本草》《素女脉诀》三世之书,更是难上加难。又如上述,"医不三世,不服其药"有可能是民间谚语对任医标准的一种反映。如果"三世"为"《黄帝针灸》《神农本草》《素女脉诀》",前提是民间百姓须知晓《黄帝针灸》《神农本草》《素女脉诀》之书,这恐怕也很难说得通。

其四,《礼记·曲礼下》"医不三世,不服其药"上还有"君有疾饮药,臣先尝之。亲有疾饮药,子先尝之"之语,说的实际上是以人体做实验验证药物的药性,注重和强调的也是实际经验。

---

① 顾颉刚:《秦汉的方士与儒生》,北京出版社 2012 年版,第 38 页。

从上下文具体语境、语意相贯通的角度上来看，应该说郑玄“慎物齐也”之注、陈澔引吕氏“医三世，治人多，用物熟矣，功已试而无疑，然后服之，亦谨疾之道也”之注也是符合“医不三世，不服其药”原义的。

其五，黄凯钧以《伤寒论》替代《素女脉诀》、以“《神农本草》《黄帝素问灵枢经》及仲景《伤寒论》”为“三世”之书，其穿凿附会之心更是显露无遗。因为《礼记》成书于西汉，而张仲景及其《伤寒论》已是东汉之人、之作。

综上，《礼记》“医不三世，不服其药”之“三世”当以“父子相承至三世”为诂，其本意在于强调医生治病用药实际经验的传承。宋濂“虽其父不能必传其子也”、黄凯钧“凡医者必读上古《神农本草》、《黄帝素问灵枢经》及仲景《伤寒论》三世之书，方为有本之学”之论，虽未必符合当时的实际情况，但对于医学教育来说也是真知灼见，值得我们深思。

2. “三折肱”标准。

《左传·定公十三年》载齐大夫高彊“三折肱知为良医”之语，关于此语也有两种不同的理解：一种理解是说，多次折断手臂后，自己就能懂得医治折臂的方法，也就是俗语中所说的“久病成医”。古又有“九折臂”的说法，其义同于“三折肱”，如屈原《九章·惜诵》中云：“九折臂而成医兮，吾至今而知其信然。”后常以“三折肱”“九折臂”比喻对某事阅历多，经验丰富，也是医学治疗经验的代名词。《孔丛子·嘉言》载：

> 宰我使于齐而反，见夫子曰：“梁丘据遇虺毒，三旬而后疗，朝齐君。齐君会大夫众宾而庆焉，弟子与在宾列。大夫众宾并复献攻疗之方，弟子谓之曰：‘夫所以献方，将为病也，今梁丘子已疗矣，而诸夫子乃复献方，方将安施？意欲梁丘大夫复有虺害，当用之乎？’众座默然无辞。弟子此

言何如?”夫子曰:“汝说非也,夫三折肱为良医,梁丘子遇𤺺毒而获疗,诸有与之同疾者,必问所以已之之方焉。众人为此,故各言其方,欲售之,以已人疾也。凡言其方者,称其良也,且以参据所以已之之方优劣耳。”

而清代医家黄凯钧在《友渔斋医话》中对“三折肱”也提出了另一种看法:

《左传》云:“三折肱知为良医也。”从未有人注及三折肱之意。予谓古之医者自备药笼,至病家诊治后,向笼取药,或君臣未配,或轻重失宜,取而复置,置而复取,总以郑重为事,此为三折肱也。

按此解释,“三折肱”之意在于“以慎重为事”,在诊治疾病、药物配伍时能够反复斟酌、小心谨慎、郑重其事的医生,才称得上是良医。而这的确也是后世判别医生优劣的标准之一,如孙思邈《大医精诚》中有云:

夫大医之体……省病诊疾,至意深心;详察形候,纤毫勿失;处判针药,无得参差。虽曰病宜速救,要须临事不惑,唯当审谛覃思,不得于性命之上,率尔自逞俊快,邀射名誉,甚不仁矣!

又如张介宾《病家两要说》中指出:

夫任医如任将,皆安危之所关,察之之方,岂无其道?第欲以慎重与否观其仁……

以上两条任医明文记载,既是人们对以前长期任医经验的总结,又会对人们以后的任医产生影响,事实上已经积淀为一种任医的客观标准。

3. 个人经验标准。

是说用任医用药之人一定要目睹其验,根据个人的感觉任用医生和服用药物。如《论语·述而》中说孔子有“斋、战、疾”

三慎,“疾”是其中之一,鲁国上卿季康子曾送孔子一服药,孔子说:“丘未达,不敢尝。”——由于自己不熟悉其药性,所以不服用。可见当时对药物的性味和副作用还没有充分的认识与把握,医生用药,病人服药,都带有一定的危险性,因此《礼记·曲礼下》中规定:“君有疾饮药,臣先尝之;亲有疾饮药,子先尝之。”在确信没有危害时再给君父服用,以免君父遭遇危险。这实际上也是用身边亲近的人来验证药效。

(四)医生等级的标准

在《内经》中“工”就是指医生,如果未加一定的限定词的话,“工”泛指掌握一般治病技术的医生;而一旦在“工”前加上、中、下、良、粗等,则标明了医生的不同医术等级,也是任用标准上的一种判定。其中上工、中工、下工,尤其上工、下工二者之间往往同时列举对较,而良工相当于中工以上者,粗工则相当于下工。另外还有相当于上工或更高层次的“圣人”之称。《内经》中判定“工”的不同等级的标准有以下几个方面。

其一,是否具有广博的知识,包括天地阴阳、四时经纪、人事变化之道。这是成为圣人、上工的必备条件。如《素问·四气调神大论》中云:

> 故阴阳四时者,万物之终始也,死生之本也;逆之则灾害生,从之则苛疾不起,是谓得道。道者,圣人行之,愚者佩之。

又如《素问·疏五过论》中云:

> 圣人之治病也,必知天地阴阳,四时经纪,五藏六府,雌雄表里,刺灸砭石,毒药所主,从容人事,以明经道,贵贱贫富,各异品理,问年少长,勇怯之理,审于分部,知病本始,八正九候,诊必副矣。

其二,是否具有脏腑、经脉、针灸、药物等基础医学理论知识。这是成为一个医生的最基本条件，当然也成为圣人、上工的必要条件，也是上工与下工的区别所在。如《灵枢·官针》中云：

故用针者，不知年之所加，气之盛衰，虚实之所起，不可以为工也。

又如《灵枢·经别》中云：

夫十二经脉者，人之所以生，病之所以成，人之所以治，病之所以起，学之所始，工之所止也。粗之所易，上之所难也。

其三，是否具备全面的临床诊断技术、治病技术，并且在临床治疗中能够随机应变、灵活运用知识技术。如《灵枢·邪气藏府病形》：

见其色，知其病，命曰明；按其脉，知其病，命曰神；问其病，知其处，命曰工。……故知一则为工，知二则为神，知三则神且明矣。……脉急者，尺之皮肤亦急；脉缓者，尺之皮肤亦缓；脉小者，尺之皮肤亦减而少气；脉大者，尺之皮肤亦贲而起；脉滑者，尺之皮肤亦滑；脉涩者，尺之皮肤亦涩。凡此变者，有微有甚。故善调尺者，不待于寸，善调脉者，不待于色。能参合而行之者，可以为上工，上工十全九；行二者，为中工，中工十全七；行一者，为下工，下工十全六。

又如《灵枢·卫气失常》中云：

黄帝曰：取之奈何？伯高曰：夫病变化，浮沉深浅，不可胜穷，各在其处，病间者浅之，甚者深之，间者小之，甚者众之，随变而调气，故曰上工。

其四，能否发现疾病的先期征兆并进行治疗。能够由标知本、见微得过、及时预防和治疗“未病”的医生为“上工”，否则就是“中工”“下工”。如《素问·八正神明论》中说：

上工救其萌牙，必先见三部九候之气，尽调不败而救之，故曰上工。下工救其已成，救其已败。

《灵枢·逆顺》中说：

黄帝曰：候其可刺奈何？伯高曰：上工，刺其未生者也；其次，刺其未盛者也；其次，刺其已衰者也。下工，刺其方袭者也；与其形之盛者也；与其病之与脉相逆者也。故曰：方其盛也，勿敢毁伤，刺其已衰，事必大昌。故曰：上工治未病，不治已病，此之谓也。

《难经·用针补泻》中也说：

经言上工治未病，中工治已病者，何谓也？然。所谓治未病者，见肝之病，则知肝当传之与脾，故先实其脾气，无令得受肝之邪，故曰治未病焉。中工治已病者，见肝之病，不晓相传，但一心治肝，故曰治已病也。

在中医学史上，扁鹊以及后来的张仲景、华佗、朱丹溪、孙思邈等都是这样一些能够"治未病"的高手，这也正是他们成为"上工"或"圣人"的原因所在。

第三章

秦汉时期的医学考试制度

公元前221年，秦灭六国，统一了中国，建立了中央集权的君主专制国家。秦始皇在统一中国后，采取了一系列措施。如废除分封制，建立了郡县制，统一货币，统一度量衡，统一文字，统一车轨，修筑驰道，发展交通等，使各种法令制度进一步完善，促进了经济和科学文化的发展。但是，秦王朝对农民的横征暴敛、残酷压迫和严厉的思想统治，极力推崇法家思想，“焚书坑儒”，终致民怨沸腾，于公元前209年爆发了农民大起义。两年后，秦王朝覆灭。

公元前206年，刘邦做了汉王。经过5年的楚汉战争，项羽兵败自刎。公元前202年，刘邦称帝于长安，国号汉，史称西汉。汉承秦制，初期采取休养生息的政策，提倡农桑，轻徭薄赋，社会趋向稳定，封建经济得到恢复和发展。汉文帝、汉景帝时出现初步的兴盛景象，史称“文景之治”。汉武帝时，又采取了一系列加强中央封建集权的措施，并开辟“丝绸之路”，加强经济文化交流，促进了封建经济的进一步繁荣。西汉末年，土地兼并日益严重，阶级矛盾激化，结果爆发了绿林、赤眉起义，西汉帝国终于灭亡。汉宗室刘秀窃取农民起义的成果，于25年称帝，定都洛阳，史称东汉。东汉初期，对封建社会关系进行了一些调整，有利于生产力的解放，治理黄河，兴修水利，减轻徭役，农业生产得到恢复，疆域也得到了拓展。东汉后期，豪强地主势力膨胀，土地兼并日趋严重，加上宦官、外戚集团争权夺利的斗争，最终导致184年的黄巾军起义，东汉政权逐渐瓦解。其间，出现了群雄并起，逐鹿中原的局面，各割据的军事集团经过20余年战争，最后形成魏、蜀、吴三国鼎立的局面。

第一节　秦朝的医学与医事制度

从现存史料分析，我国古代医制的第一个重要阶段当是春秋战国至秦王朝时期，其中秦的医制对后世起了重大影响。春秋时代，秦的医学事业在诸侯中尤称发达。战国时期，秦医仍很兴盛，在《庄子》《尸子》《韩非子》均可见到褒扬秦医的记述。韩非子曾引用当时流行的一句谚语：“秦医善除。”秦之良医辈出，医缓、医和、医竘即为其代表人物。秦始皇焚书，医书不在烧禁之列，这可能与秦医发达的传统有关。在医学事业兴盛的基础上，秦形成了较为系统的官医制度。

一、秦朝的医事制度与医药卫生职官

（一）秦时的医药卫生职官

春秋战国时期，秦国后来居上，先建立了奴隶制的国家，继而进行变法，进行封建制的改革。政治经济的发展与文化的进步，促进了医事制度的建立与医学技术的发展。秦国涌现了许多杰出医家，他们无论在理论或临床实践方面都达到了当时的先进水平，受到列国人士的普遍赞誉。秦统一中国后，仅历二世即为汉所代。但秦朝的医事制度与医学人才的管理考核方法，基本承袭了春秋战国时期秦国医药学的传统，许多制度因秦统

一中国而固定下来。故在此节中许多材料上溯及春秋战国时期的秦国文献，以备参稽。

1. 太医令。

春秋战国时期的秦国即有太医令之设。扁鹊见秦武王之事，见载于《战国策》。司马迁在《史记·扁鹊仓公列传》中则言："秦太医令李醯自知伎不如扁鹊也，使人刺杀之。"由此可见至迟在秦武王（公元前310年至公元前307年在位）时，已经设此职官。史载秦武王二年"初置丞相"，使秦之中央统治机构更趋完善，或许在这时候健全了中央医政机构。《通典·职官七》载："秦有太医令丞，亦主医药，属少府。"少府为九卿之一，在少府下设有六丞，太医令丞为其中之一。秦始皇时，其上朝常有"侍医"捧药囊奉侍，以备急需。太医不但负责中央官员的疾病诊治，而且掌管地方郡县的医疗事宜。当时各地都设有医长，对太常、太医丞负责。药府中的药长主持药物之事，设有药藏府储存药物。20世纪末，在西安市北郊相家巷村发掘出数以千枚计的秦封泥中，即有"泰（太）医丞印"①。

秦"泰（太）医丞印"

20世纪末，在西安市北郊相家巷村发掘出数千枚秦封泥，其中有"泰（太）医丞印"。采自《书法》2001年第10期

① 傅嘉仪：《西安新发现秦封泥》，《书法》2001年第10期。

2. 尚书令丞中有关卫生保健职官。

《通典·职官八》:“秦置六尚,谓尚冠、尚衣、尚食、尚沐、尚席、尚书。”衣、食、住、寝、沐浴等有关卫生保健事项之料理,有人专职其事,给国君服务。

3. 侍医。

《战国策·燕策》及《史记》均载有秦之“侍医”。秦始皇有侍医夏无且。《史记·刺客列传》载,荆轲受燕太子丹之托,刺杀秦王,以奉献秦亡臣樊於期人头和燕国地图为掩护,晋见秦王。秦王发图,穷图而匕首现,荆轲左手抓秦王之袖,右手持匕首刺之,秦王惊起而袖断,拔剑不出,环柱避走,荆轲追逐,以手相搏;危急之时,侍医夏无且以其所奉药囊提击荆轲,使秦王得以抽出手来拔剑,斩断荆轲左股,荆轲手投匕首不中,秦王连续剑击,轲被八创,进而杀之。事过后论功行赏,秦王赐夏无且黄金二百镒,并说:“无且爱我,乃以药囊提荆轲也。”

4. 专职医生。

秦有专职医生,并有以其擅长分工施诊的专科医生。战国时秦国名医医缓、医和为名噪诸侯之国手,而医竘则擅长外科。在秦统一后也一直保持了在医学领域的传统优势。

5. 地方职官卫生司事。

秦在统一中国前即有郡、县之设,郡有郡守,县有令史,其所司职责中有统管医药卫生的事宜。南郡守腾在始皇十六年为南阳假守,以后又为内史,始皇二十年又被任为南郡守。他将秦国律令带到所辖区域贯彻,在其发布的文书中,即曾向所属官员指出:“古者,民各有乡俗,其所利及好恶不同,或不便于民,害于邦。是以圣王作为法度,以矫端民心,去其邪僻,除其恶俗……”并在《为吏之道》中,告诫下属要关心“老弱癃(癃)病,衣食饥寒”①。

遇有涉及法医或有关疾病诊疗处理方面的案例,令史负有进行调查处理的责任,而且从立案到现场检查、讯问等均订有爰书程式,记录在案。《睡虎地秦墓竹简·封诊式》中在这方面列举了许多案例。如:

“经死爰书”:某里典甲说:他这个里有一叫伍丙的人,在他的房子里自经身死,不知何故,特来报告。即刻命某令史前往侦查。

某令史爰书的内容是与牢隶臣,里典甲,伍丙之妻、女等去现场调查经过和所见情形,从现场环境到死者姿态,包括舌头是否伸出、是否有屎溺遗污、尸体有无可疑伤痕、其旁有无可疑刀器等均有细致描述。最后还指出“自杀者必先有故,问其同居,以答其故”②。

随同验案之“牢隶臣”这类人,是从犯罪奴隶中挑选出具有一定技巧的男人在监牢里服役者,帮助官吏察看案情。如案子涉及女性,则有女性的“隶妾”协助工作。例如“出子爰书”一案,某妻甲怀孕六月,与同里丙女子打架,丙将甲摔倒,致甲回家后流产。甲捧其流产胚胎告状。于是令史即前往拘留丙某,检查胚胎性别、头发和胞衣情况,并且又命随同前去的生过几个孩子的“隶妾”去检查受害者甲某的阴部出血及伤势情况等。这里所谓的“隶妾”,就是被挑选出来有一定技巧的犯罪的女性奴隶到监牢服役。

秦律中之《均工》规定:“隶臣有巧可以为工者,勿以为人仆养。”③上述案例提示就是这样做的。

---

① 《南郡守腾》,《秦集史》,中华书局1982年版,第305~307页。
② 贾静涛:《中国古代法医学史》,群众出版社1984年版,第20页。
③ 《法律志》,《秦集史》,中华书局1982年版,第797页。

又，秦之县以下为乡、亭。亭有亭长，其下有两卒，一为亭父，职责是执掌“开闭扫除”，即负责清洁卫生。

6. 能对麻风病做出诊断的基层医官。

在地方上，官医除为各级官吏诊治疾病外，还协助地方法律机构调查传染病。《睡虎地秦墓竹简》中记载，里典怀疑该里人士伍丙患有疠病（麻风病），于是令医丁诊之，医生通过观察病人无眉、鼻梁断、两脚不能正常行走、手无汗毛和声音嘶哑等症状，确诊其为疠病患者。《睡虎地秦墓竹简·封诊式》“疠爰书”：

> 某里典甲诣里人士五（伍）丙，告曰：“疑厲（疠），来诣。”讯丙，辞曰：“以三岁时病疕，麋（眉）突，不可智（知）其可（何）病，毋（无）它坐。”令医丁诊之，丁言曰：“丙毋（无）麋（眉），艮本绝，鼻腔坏。刺其鼻不疐（嚏）。肘厀（膝）□□□到□两足下奇（踦），溃一所。其手毋胈。令濞（号），其音气败。厲（疠）殹（也）。”①

说得很清楚，病人丙某三岁时患头部秃疮，眉秃，不知是什么病，也没生过其他疾病。里典派令医丁诊视，医丁说病人没有眉毛，鼻柱消失，鼻腔损坏，刺激鼻腔不打喷嚏，肘膝两足不能行，有一处溃疡；手部也没有毳毛，叫病人呼号，音气败落。检查结果，诊断是“疠病”，即后世所称的麻风病。所谓医丁就是姓丁的医生。这个案例很有意义。可以说，这是我国医史上迄今所见文献中最早的关于一个名叫伍丙的麻风病患者的完整病例，医丁则是最早见诸文献的能对麻风做出诊断的地方医生。这一案例还说明，秦的医学水平不但表现在高

① 睡虎地秦墓竹简整理小组：《睡虎地秦墓竹简》，文物出版社 1978 年版，第 263~264 页。

一层次的名医辈出，还表现在具有一大批有相当水平的基层医生身上。

7. 法医。

《睡虎地秦墓竹简·封诊式》提供了有关法医方面的珍贵记载。从所载"贼死""经死""出子"等治狱爰书程式和所述案例以及"法律答问"有关资料可以看出：秦的县一级基层政权中，令史就具有相当的法医知识，可以从事这方面的检验。文中虽不像处理麻风患者那样明确记载命令"医丁"去检查"疠"者，只记载为"令史某往诊"，说明进行调查审讯以及现场勘察检验是令史职责之一部分，还没有明确记载有专门从事法医业务的医生，随同前去的"隶臣"或"隶妾"也只是具有一定"伎巧"的刑徒，去帮助进行搬尸、验尸等事，但即使这样，也难能可贵。在进行检查、讯问以后规定必须写出详细记录和报告——爰书。如"贼死""经死"等案例，对出事地点的环境、验尸所见之细微情节、遗留物等皆有细致记述，申诉人及旁证人的陈述和口供都有详细记录，是世界法医学史上最早的检验报告。从案情发生到审讯、调查、检验等过程，有一套相当健全的制度。

（二）对医生的惩罚

《史记·秦始皇本纪》载：

> 秦法：不得兼方，不验，辄死。①

据张守节《正义》的解释是："令民之有方伎不得兼两齐，试不验，辄赐死。言法酷。"照这样解释，医者不得兼用两剂；治病没有效果，动辄就处之以死。"赐死"，似乎是给帝王诊病，不验即

① 《史记·秦始皇本纪》，影印本《二十五史》，上海古籍出版社、上海书店 1986 年版，第 31 页。

赐死。这种不分青红皂白、视医生性命如草芥的酷法，是不得人心的。至于荆轲刺秦王，侍医夏无且以其所奉药囊掷击荆轲，使始皇得救，从而获得始皇帝黄金二百镒（每镒合 20 两，一说 24 两）的赏赐，则是另外一码事了。

总之，中国医学史上，虽然早在《周礼》中即有关于医药卫生职官及医事制度的记载，但缺乏足以征信的史实。春秋战国时期秦国逐渐建立起来一套医政制度和医事职官，则提供了这方面的实际经验。在秦始皇统一中国后，这些措施中有很多被沿用下来，并为以后各朝医政制度的建立提供了借鉴。如太医令之制、侍医之设、外来入境人员的交通检疫等。对麻风病的认识和诊断检查技术，法医技术及经验积累等，在我国医学史上都是具有开创性意义的。

（三）秦朝有关医事的其他律令

云梦秦简入土于公元前 217 年。其中记载修城的民工患病，只由主管的官吏酌情给以口粮，而无医疗待遇，倘若小隶臣病死，由主人处理。如果不是因病而死，应将检验文书呈报官府论处。凡官府要买的奴隶，必须经过令史对其进行体检后，无病者方可论价买之。看守官府的残疾人逃亡而被捕获，与因公致残的人逃亡而被捕者，同样由官府予以处罚。

秦始皇时，曾"收天下书不中用者尽去之"①。公元前 213 年，秦始皇下令焚书，使中国文化遭到巨大损失。但又明文规定"医药卜筮种树之书"②不在焚烧之列，使得医药书籍得到一定保护。

---

①② 《史记·秦始皇本纪》，影印本《二十五史》，上海古籍出版社、上海书店 1986 年版，第 31、31 页。

二、秦始皇对“术士”的信任及“焚书坑儒”对医学的影响

（一）秦始皇对“求仙人不死之药”的热衷和对“术士”的信任

据《史记·秦始皇本纪》记载，秦始皇为了使自己成为“与天地久长”的“真人”，热衷于寻求长生不死的仙药。秦始皇二十八年（前219年），“遣徐市发童男女数千人，入海求仙人”。秦始皇三十二年（前215年），“始皇之碣石，使燕人卢生求羡门、高誓”（“羡门”“高誓”皆为古仙人——引者）。同年，“使韩终、侯公、石生求仙人不死之药”。

秦始皇热衷于成仙不死之说，所以非常器重鼓吹神仙的方士。方士的本领大致有二：其一是熟悉占卜星相等神奇的方术；其二是收藏了很多秘传药方，并有采药和炼丹的本领。从以上两点来看，方士们具有两重性。一方面，他们用神仙之说去迎合统治者贪生怕死的心理，和巫觋的手段是相同的；另一方面，他们收藏秘方，并入山采药，炼制仙丹，对后世方剂学、药物学以及制药化学的发展客观上都起到了促进作用。

（二）秦始皇“召集文学方术之士，以兴太平”对医药学发展的影响

据《史记·秦始皇本纪》记载，秦始皇在公元前212年“坑杀儒生”之前曾说：

> 吾前收天下书不中用者尽去之。悉召文学方术士甚众，欲以兴太平，方士欲练以求奇药。

所谓“方术之士”包括了“医药”“种树”等多种技术人才。因为春秋战国时代各国都有一些高明的医生，特别是秦国，一向为名医汇聚之地。秦统一之后将这些医药人才召集起来，对医疗经验进行交流和总结，对医学文献进行整理和编纂，对医药学

术的发展都有促进作用。

（三）秦始皇"焚书坑儒"对医药学发展的影响

据《史记·秦始皇本纪》记载，秦始皇三十二年（前215年）丞相李斯建议：

> 非秦记皆烧之。非博士官所职，天下敢有藏《诗》、《书》、百家语者，悉诣守、尉杂烧之。……所不去者，医药卜筮种树之书。

秦始皇采纳了李斯的建议，颁布了焚书法令。秦始皇三十五年（前212年），秦始皇下令在咸阳活埋了不满秦政的儒生和方士460余人，这就是"焚书坑儒"。虽然"医药之书"不在焚禁之列，但是，由于我国医学的基础理论与古代哲学思想有着千丝万缕的联系，所以焚书肯定使医学理论的发展受到很大的影响。

方士儒生们处在"偶语《诗》《书》者，弃市"的严峻形势下，一部分人可能会选择"医药、卜筮、种树"的道路，因为这种做法既符合统治者的需要，也是他们比较理想的谋生手段。他们"改行"从事"医药"，壮大了医药队伍的力量。

第二节　汉代教育制度与医生的选拔任用

一、汉代官学、私学并存的教育格局

（一）汉代官学的建立及其发展

汉代的官学制度，奠定了以后中国封建官学发展的基本格局。中央官学有太学、宫邸学和鸿都门学；地方官学则主要是郡国学校。

1. 太学。

始建于汉武帝元朔五年(前124年)。汉武帝根据董仲舒"兴太学,置明师,以养天下之士"①的建议,在长安城外设立太学,置五经博士。平帝时,王莽辅政,于元始四年(4年)大建太学校舍。到东汉武帝时,又"起太学博士舍、内外讲堂,诸生横巷,为海内所集"②。

两汉太学隶属于太常,太常为九卿之首,"掌宗庙礼仪","博士及诸陵县皆属焉",秩中二千石。太学置博士为教官,博士之长西汉曰博士仆射,东汉改称博士祭酒,秩六百石。武帝时博士5人,宣帝时增至14人。博士除掌教博士弟子,"国有疑事"仍应"掌承问对",并兼有"奉使"及巡视地方政教等事宜,太学博士主要由朝廷以征聘、举荐或考试的办法选取。太学博士规定年龄须在50岁以上。太学的学生称博士弟子,其补选办法有二:一是"太常择民年十八已上仪状端正者,补博士弟子";二是"郡国县官有好文学,敬长上,肃政教,顺乡里,出入不悖"者,补选诸太常为受业弟子。

汉代太学并无一定的修业年限,毕业考试,按成绩高低分别授予一定的官职,其方法主要是"设科射策",大致相当于现在的抽签考试。中第者一般授予文学掌故、太子舍人、郎中、郡国文学等闲散之职,以后再补为中央或地方的实职官吏。武帝时规定:

> 一岁皆辄试,能通一艺以上,补文学掌故缺;其高弟可

① 《汉书·董仲舒传》,影印本《二十五史》,上海古籍出版社、上海书店1986年版,第236页。

② 《后汉书·翟酺列传》,影印本《二十五史》,上海古籍出版社、上海书店1986年版,第8页。

以为郎中者，太常籍奏。即有秀才异等，辄以名闻。其不事学若下材及不能通一艺，辄罢之，而请诸不称者罚。①

平帝时改岁试为甲、乙、丙三科，甲科 40 人为郎中，乙科 20 人为太子舍人，丙科 40 人补文学掌故。② 桓帝建和年间考试分四等。永寿年间又改“岁试”为“二岁一试”制，即每两年考试一次、录取任用名额不限，以通经多少作为录用、升迁的标准，不及格者可以补考。

2. 宫邸学。

汉代的宫邸学有两种类型：一是为贵族子弟开设的贵胄学校，即四姓小侯学。始创于东汉明帝永平九年（66 年）。四姓指外戚樊氏、阴氏、郭氏、马氏四家，小侯是因四姓都不是列侯。初设时，置五年经师，以《孝经》为主，兼习《尚书》《论语》等儒家经典。后来，其他贵族子弟也可以入学修业。二是宫廷教育。据《后汉书·皇后纪》载，邓太后入宫后曾从曹大家受经书、天文等；临朝后博选儒家五十余人校定五经、诸子传记、百家艺术，同时创设宫廷学校，对皇宫女子与宫中妇女进行经学及仪礼教育。开展宫廷教育，实为汉代邓太后始创，其进步意义及对后世的影响非同一般，实为汉代官学的一大特色。

3. 鸿都门学。

创建于东汉灵帝光和元年（178 年）二月，因校址设在洛阳鸿都门而得名。学生皆由州、郡三公荐举“能为尺牍、辞赋及工书鸟篆者”，经考试合格方可入学，史料称曾招“至千人”。以尺牍、小说、辞赋与书画为主要学习内容，学生一般为无身份地主

① 《史记·儒林列传》，影印本《二十五史》，上海古籍出版社、上海书店 1986 年版，第 341 页。

② 《汉书·儒林列传》，影印本《二十五史》，上海古籍出版社、上海书店 1986 年版，第 333 页。

及其子弟,其出路较之太学生更为优越:“或出为刺史、太守,入为尚书、侍中,乃有封侯赐爵者。”①从教育制度上看,鸿都门学是我国也是世界上第一所文学、艺术专科学院,开唐代专科学校之先声;打破了封建官学儒家经典教育的界限,而代之以文学艺术;以辞赋取士,表现了对人的才华个性的重视,成为后来文学取士之导源;以尺牍、辞赋、小说、书画为教学内容,极大地丰富了封建官学的学科内容,促进了文学艺术的繁荣与发展,其价值与影响远超过其存在本身。

4. 郡国学校。

汉代的郡国学校,指以行政区划“郡国”为范围的地方官学。汉武帝曾诏立郡国学校,但未能普遍推行,然作为封建地方官学,却由此始。至平帝元始三年(3年),颁布地方官学制度,郡国学校普遍设立。

(二)汉代私学的昌盛

中国古代私人教学或私学教育有着悠久的历史。春秋末期,孔、墨两家冲破“学在官府”的限制,首开私人讲学之风;战国时,百家争鸣,私学更盛。秦代禁私学,但禁而不绝。汉代私学发展则更加繁荣。

汉初私学伊始,即承绪战国时期“百家争鸣”之遗风,显示出各学派之间相互吸收、融合的趋势。汉武帝时,官学制度确立,但私学继续发展,成为官学的补充。究其原因有三:一是中央官学仅有太学,直到平帝元始三年才建立起地方官学系统,其间地方教化全赖私学;二是官学数量、名额有限,难以满足众多读书人的入学要求,而私学无论在数量与容纳学生人数上均胜

---

① 《后汉书·蔡邕列传》,影印本《二十五史》,上海古籍出版社、上海书店1986年版,第217页。

于官学；三是一些学者名儒私家教授的影响。据《史记》与《后汉书》等文献记载，其时私学达四十余家之多，教授弟子少则数百人，多达万人之众。东汉私学昌盛，规模甚于官学。

汉代私学大体可分三个阶段：

第一阶段，启蒙教育。汉代启蒙教育的场所主要是书馆，教师称书师。例如，王充"八岁出于书馆，书馆小僮百人以上"（《论衡·自纪》）。

第二阶段，经书学习。经过书馆修业之后，进入乡塾，学于塾师，开始读经书《尔雅》《孝经》《论语》《尚书》等，要求对经书粗知大义，不求有精深理解。这时，"诵读"是主要方式，属诵读阶段，如顺帝"始入小学，诵《孝经》章句"。

第三阶段，专经传授与研习。汉代无论官学和私学都以儒家经典为主要内容，进行经学教育。然私学传授更具特色，老师均为一代大师或通数经的著名学者，如董仲舒、韦贤、蔡邕、马融、郑玄等，其规模极大，受业弟子众多。东汉专经研习阶段的私学，已形成稳定的组织形式，多取名"精庐"或"精舍"，对后世书院制度的建立与发展有极大影响。

总之，私学作为汉初文化教育发展的主体，对搜集、整理和传播古代文化典籍颇有贡献，并与官学相互补充，汉初私学保留与继承"百家争鸣"遗风，促使各学派融合，发扬了古文学派名物训诂的优良学风与传统，并最终促进了今、古经学的统一。私学教育的形成体系，还为后世学术文化社会化开辟了道路。

综观汉代官学与私学并存的教育格局，一直与汉代的学术文化密切相关，相互促进。武帝太学开后世官学体制之先河，鸿都门学为后来专科教育之导源，辞赋取士即隋唐科举制度诗歌选拔之前奏。

二、汉代选士制度与医生的选拔任用

(一)两汉的选士制度——察举制

两汉的察举制是在西周选举制的基础上发展起来的。所谓察举,即考察后予以荐举之意。其制肇基于汉高祖,初步形成于汉文帝,定制于汉武帝,察举的科目可分两大类:一为经常性举行的科目,称作常科。一般是每年定时由州郡长官按规定的名额、标准向朝廷荐举人才。另一类为特定科目,是皇帝根据需要临时指定的特别选士科目,称特科。常科有孝廉、茂才(秀才)两科。孝廉即察举孝子、廉吏,是两汉最重要的常科。统治者通过察举孝廉,在社会上造成了"在家为孝子,出仕为忠臣"的舆论和风尚。茂才(秀才)主要选拔奇才异能之士,被举者多为有特异才能和有非常之功的现任官吏。特科主要有贤良方正和明经等科。贤良方正主要选拔博学通经、明达政务者,其目的在于广开直言之路,以匡正吏治过失。其方式主要是由皇帝亲自策问,即提出问题,令应试者口头或书面作答,分别高下,授以官职。策问兼有考察被举者的才学及征求士人政见的双重职能。

两汉察举制适应了统一的封建国家对人才的需求,对封建教育与考试制度也产生了重大影响。其一,发展了人才考核的方法。一系列的选举法规的制定,使察举选士有法可依,并建立起赏罚严明的察举责任制,选举得人与否,荐举者要负法律责任,"不举孝、不奉诏,当以不敬论;不察廉,不胜任也,当免"。相反,若选举得人,不仅被举者可由此擢拔,连荐主也因此可受嘉奖、升迁。其二,荐举与考试相结合,全面衡量人才。两汉选拔人才,以荐举为主,辅以考试。察举是否得人,还要经过考核,以试其实,然后才决定量才录用。无论是诏举贤良,还是岁举孝廉、茂才,均须经过中央复试,这便有利于更加全面地衡量选拔的人才,既可在一定程度上减少举而不实,又不至于仅凭一纸试卷决定取舍,而忽略平时的品行才学。

(二)两汉时期的医事制度

西汉时期,太医令是地位最高的医官。当时,太医令有太常与少府的区别,以太常太医令和少府太医令为主干,西汉中央政府的医职形成了两个系统。少府太医令属职有太医监、侍医、女医、乳医、尚方和本草待诏。其中,太医监权力颇大,昭帝时权臣上官桀妻父便任用其心腹充国为太医监。侍医有两种称谓,即侍医和医待诏。《汉书·王嘉传》称伍宏为侍医,同书《董贤传》则作“伍宏以医待诏”。女医专门服务于皇后、公主等皇室女性成员。成帝时,女医淳于衍入宫侍皇后疾。颜师古注《汉书·霍光传》说,乳医是治疗“产乳之疾者”。可见此职专司产科方面疾患。尚方和本草待诏系御药系统的职官,二者的区别是:尚方是固定医职,负责为皇宫保管和收集医药;而本草待诏则系临时设置,专为皇帝采集延年益寿的“仙药”。

汉“太医丞印”

厚1厘米,宽2.5厘米,通高3厘米,重59克。现藏故宫博物院

太常太医令内部的分工有两大类:负责诊治疾病的太医和主持药物方剂的药府。太医不仅负责中央官吏的疾病诊治,且掌管地方郡县的医疗事宜。当时各郡治均设医长,对太医负责。

在药府系统中，药长主持医事，并由药藏府储存药物。因此，考察西汉太医，首先应辩明其属哪一系统，否则难免混讹。

诸侯王国医制基本仿照中央而略有不同，设有太医令、丞，太医，侍医，尚方等。如《史记·扁鹊仓公列传》记载："齐王侍医遂病，自练五石服之。"遂即是齐王的侍医，与仓公同时，仓公曾为之诊病。此外还有典医丞、医工长等不见于中央医制的医职。典医丞的职责不可确考。在汉代，医工泛指一般医者，但在诸侯王国中，医工则专门服务于诸侯王。河北满城中山靖王刘胜墓曾出土刻有"医工"字样的铜盆，这当是服务于刘胜的医工所专用的医疗器皿。医工长总管众医工，其职责略同于中央的太医监。

新莽时期设有太医尚方。《汉书·王莽传》载"翟义党王孙庆捕得，莽使太医、尚方与巧屠共刳剥之，量度五藏，以竹筳导其脉，知所终始，云可以治病"。

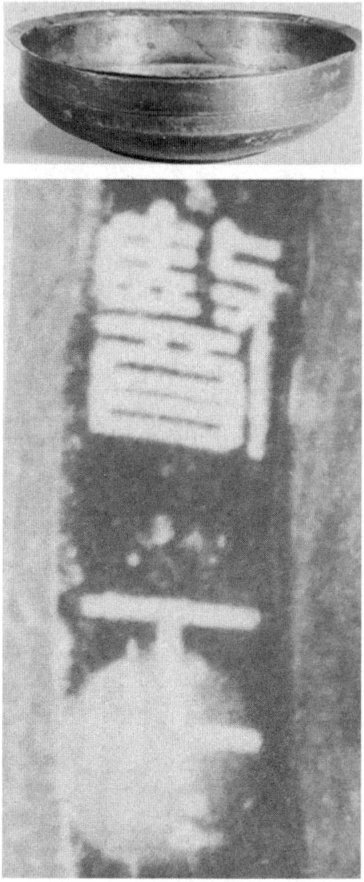

"医工"铜盆

河北满城汉墓出土。铜盆口沿有"医工"铭文。现藏河北博物院

东汉时期中央政府内的两套医制发生了变化。太常所属的太医令丞被删汰，仅在少府中设立太医令丞。名医郭玉曾为此

官,《后汉书·方术列传》载:“郭玉者,广汉雒人也……和帝时,为太医丞,多有效验。”少府之下有太医令一人,秩六百石,“掌诸医”。太医令下除设有专门负责诊治疾病的员医工 293 人,员吏 19 人外,还有药丞、方丞各一人:“药丞主药,方丞主药方。”侍医的分工更为细密,增设了三种药职:中宫药长、尝药监和尝药太官。中宫药长为皇族患者调配药剂。尝药监和尝药太官的设置则是“君有疾,饮药,臣先尝之”的封建伦理观念的实践。东汉朝廷明确规定:在皇帝、太后病重时尝药监等要先行尝药,而且要超过应服药量的十分之二,以确保患者安全。太医令所需药物由各地贡献,如应劭在《贡药物表》载:“谨遣五官孙艾贡茯苓十斤,紫芝六枝,鹿茸五斤、五味一斗,计吏发行,辄复表贡。”(《太平御览》卷九八四)。

由此可见,东汉太医药府中的藏药由上计吏负责贡献。而汉制,“岁尽遣吏上计”,说明郡国每年年终要向太医令贡送一次药品。此外,如皇族成员因病缺少某种药物,太医令则要及时差人去购买。如顺帝时皇太子有疾,太医令便遣人“下郡县出珍药”。

汉“大医司马印”

边长2.3厘米。藏天津艺术博物馆。采自《中华医学文物图集》,四川人民出版社 2001 年版

汉“药臧府印”

汉代药臧府是太医属官。采自《范氏集古印谱》

在中央官职中均配有数额不等的属医，掌管该职中官吏的医疗事宜：廷尉，一人官医；卫尉，一人官医；太仆，一人官医；大鸿胪，五人官医；中正，一人官医；大司农，一人官医；少府，一人官医。同时，掖庭承担起部分女医职责。《后汉书·百官志》载：掖庭令属下有暴室丞，"主中妇人疾病者，就此室治"。

东汉地方官医体制大体沿袭西汉，但有两点不同，一是增设了医曹吏一职，二是地方官医不再隶属中央官医系统，改由地方官医管理。

汉代的医疗机构已逐渐形成。西汉时的"乳舍"，相当于产院。据《太平御览》记载：

> 汝南周霸，字翁仲，为太尉掾。妇于乳舍生女，自毒无男。时屠妇比卧得男，因相与私货易，裨钱数万。

汝南、颍川均为汉代州郡，而更大一些的州郡及都市也可能设有乳舍，并且住院的产妇中有屠夫之妻，说明产院并不专为统治阶层而设。

汉代为了控制流民，在疫病大流行期间曾设立过临时医院。"郡国大旱，蝗……民疾疫者，舍空邸第，为置医药。"①元嘉元年(151年)京师疫病流行，朝廷派光禄大夫与太医巡视疫情。在社会动荡、政权不稳的情况下，这些临时防治疫病的组织也难以设置。

(三)医学的传授形式与内容

师徒传承是中国医学传承的一种重要方式，在两汉期间传承线索也更明晰，如仓公师徒之间的传承，郭玉师徒之间的传承，张仲景师徒之间的传承，华佗师徒之间的传承。

---

① 《汉书·平帝纪》，影印本《二十五史》，上海古籍出版社、上海书店1986年版，第33页。

关于仓公师徒之间传承的情况,《史记·扁鹊仓公列传》中记载:

> 太仓公者……少而喜医方术。高后八年,更受师同郡元里公乘阳庆。庆年七十余,无子,使意尽去其故方,更悉以禁方予之,传黄帝、扁鹊之脉书,五色诊病,知人死生,决嫌疑,定可治,及药论,甚精。受之三年,为人治病,决死生多验。

其后因"左右行游诸侯,不以家为家,或不为人治病,病家多怨之者"而被告发,西传至长安,应文帝诏问而自述曰受术于公孙光、杨中倩。又云:

> 临菑人宋邑,邑学,臣意教以五诊,岁余。济北王遣太医高期、王禹学,臣意教以经脉高下及奇络结,当论俞所居,及气当上下出入,邪逆顺,以宜镵石,定砭灸处,岁余。菑川王时遣太仓马长冯信正方,臣意教以案法逆顺,论药法,定五味及和齐汤法。高永侯家丞杜信,喜脉,来学,臣意教以上下经脉五诊,二岁余。临菑召里唐安来学,臣意教以五诊上下经脉,奇咳,四时应阴阳重,未成,除为齐王侍医。

如此,公乘阳庆、公孙光、杨中倩与仓公,仓公与宋邑、高期、王禹、冯信、杜信、唐安之间皆是明晰的师徒关系。

关于郭玉师徒之间传承的情况,《后汉书·方术列传》中记载:

> 郭玉者,广汉雒人也。初,有老父不知何出,常渔钓于涪水,因号涪翁。乞食人间,见有疾者,时下针石,辄应时而效。乃著《针经》《诊脉法》传于世。弟子程高寻求积年,翁乃授之。高亦隐迹不仕。玉少师事高,学方诊六微之技,阴阳隐侧之术。和帝时,为太医丞,多有效应。

如此,涪翁、程高、郭玉之间也构成师徒关系。

关于张仲景师徒之间传承的情况,《襄阳府志》中记载:

张机,字仲景,南阳棘阳人,学医于同郡张伯祖,尽得其传。灵帝时,举孝廉,官至长沙太守。少时与同郡何颙,客游洛阳。颙谓人曰:仲景之术,精于伯祖。①

如此,仲景之医是上承张伯祖。

关于华佗师徒之间传承的情况,《三国志·魏书·方技传》中载:

华佗字元化,沛国谯人也,一名旉。游学徐土,兼通数经……佗临死,出一卷书与狱吏,曰:"此可以活人。"吏畏法不受,佗亦不强,索火烧之……广陵吴普、彭城樊阿皆从佗学。普依准佗治,多所全济。佗语普曰:"人体欲得劳动,但不当使极耳……吾有一术,名五禽之戏……"普施行之,年九十余,耳目聪明,齿牙完坚。阿善针术……阿从佗求可服食益于人者,佗授以漆叶青黏散。

又,《佗别传》载:

吴普从佗学,微得其方。魏明帝呼之使为禽戏,普以年老,手足不能相及,粗以其法语诸医。②

又,《古今医统》载:

李当之,华佗弟子,少通医经,得佗之传,尤为精工。③

如此,华佗与吴普、樊阿、李当之间构成师徒关系。至于所传授的医学内容,于上引文献中可见其一斑。

(四)汉代医生的选拔任用

1. 官医与民医。

汉代的医生,可分为官医与民间医生。官医的服务对象重

---

①②③ 据《古今图书集成·医部全录》第十二册,人民卫生出版社1991年版,第97、105、104页。

点是官僚统治阶层,从中央到地方形成了一个有组织的医疗系统。民间以师带徒传授医学的教育形式有一定发展,但官办的医学教育尚未形成,官医主要从民间医药人士中选用①,有的可能为临时延聘。而且,征召选拔官医制度在汉代始终没有完善起来。两汉时征召民医只有二次,如永光元年(前 43 年)曾选举从官,其中也包括医师。② 汉平帝元始五年(5 年),特别提出征召通晓本草的学者:

> 征天下通知逸经、古记、天文、历算、钟律、小学、《史篇》、方术、《本草》及以《五经》《论语》《孝经》《尔雅》教授者……遣诣京师。至者数千人。③

另外,朝廷还常召见民间医生,咨询有关医药及疗效等情况。对于为帝王治愈疾病的医生,则往往赐以重金,如"上(刘邦)击布时,为流矢所中,行道疾。疾甚,吕后迎良医……遂不使治疾,赐黄金五十斤,罢之"④。但是,作为偶然现象的征召民间高水平医生为官医,无法保证把全国优秀的民医大量选入官府。

有时则裁减官医,如西汉时就令"侯神方士使者副佐、本草待诏七十余人皆归家"⑤。官医除了主要为统治者服务外,有些还被指派去为军中士卒、一般平民甚至为刑徒、囚犯诊病。例

---

① 《汉书·王贡两龚鲍传》,影印本《二十五史》,上海古籍出版社、上海书店 1986 年版,第 285 页。

② 马端临:《文献通考·选举九》,浙江古籍出版社 1988 年版。

③ 《汉书·平帝纪》,影印本《二十五史》,上海古籍出版社、上海书店 1986 年版,第 34 页。

④ 《汉书·高帝纪》,影印本《二十五史》,上海古籍出版社、上海书店 1986 年版,第 12 页。

⑤ 《汉书·郊祀志》,影印本《二十五史》,上海古籍出版社、上海书店 1986 年版,第 124 页。

如，东汉时京兆尹陈龟派官医为平民治病；东汉时会稽发生大疫，督邮钟离意派官医“经给医药，所部多蒙全济”①；孔融在《肉刑论》中说当时“置南甄宫使者，主养病徒”；桓帝建和三年诏称：“徒在作部，疾病致医药。”②

2. 察举制对汉代医生选拔任用的影响。

秦和西汉前期，由于察举制的实行，太医令一职尚能安排通晓医技之人充任。西汉中期以后，察举制在实施过程中，逐渐产生了许多弊端。选举大权通常由世家权门把持，选非其人的现象屡屡发生，到东汉时更是逐渐蜕变为官宦结党营私的工具。又由于察举制主要靠选举，主观性较强，很难做到公平竞争，以名取人、沽名钓誉之风盛行。在官场中裙带关系等不良风习严重影响下，许多医职都由不学无术、不晓医技之人滥竽充数。如汉宣帝时，上官桀妻父任用其心腹充国为太医监，但此人对医理毫无知识。东汉前期，第五伦以“举孝廉，补淮阳国医工长”，而在此前，他担任长安督铸钱掾，并不通医术。东汉后期，张奉通过权臣门路当上了太医令，他非但不明医道，而且终日交游饮酒，“与人饮酒，辄掣引衣裳，发露形体……乱其舄履，使小大差踦”，是地地道道的浪荡公子。而在非常时期，权贵近臣则亲典领医药，而把原来的医制系统撇在一边。如昭帝寝疾，以杜延年“典领方药”。杜延年能任此职，一是因为他官属御职，二是由于其家族世代显宦，三是他“本大将军霍光吏”。但他亦不明医理。显然，医官不通晓医术和医事，是难以搞好医政的。

两汉时期，也有熟悉医技的民医仕宦从政，却是干一些与医

① 《后汉书·钟离意列传》，影印本《二十五史》，上海古籍出版社、上海书店 1986 年版，第 167 页。

② 《后汉书·桓帝纪》，影印本《二十五史》，上海古籍出版社、上海书店 1986 年版，第 27 页。

政医事无关的事务。如西汉医者周仁先任太中大夫,后又转为郎中令。

(五)汉代的方士与医药

战国时期道家的养生学说与方法,至秦汉时期,由于秦皇汉武对于得道成仙的痴迷,神仙、服石、炼丹、房中术一时大行其道,社会上形成了自称持有长生之药或特殊法术的“方术之士”,同时也出现了一批修行成道的“神仙”。于是,这方面的著作大量出现,和一般医药学著作并传。如《汉书·艺文志》“方技”部分,包括了医经、经方、房中、神仙4类,其中医经7家216卷,经方11家274卷,房中8家186卷,神仙10家205卷。前两类和后两类总数大体相埒。《汉书·艺文志·方技略》称:“方技者,皆生生之具,王官之一守也。太古有岐伯、俞拊,中世有扁鹊、秦和,盖论病以及国,原诊以知政。汉兴有仓公。”①可见汉代无论学者还是官方,都把医药、房中、养生看作是方士之技、方士之术。而医家有时也直接被称为“方士”。《内经·素问·至真要大论》:“帝曰:……经言盛者写(泻)之,虚者补之,余锡以方士,而方士用之,尚未能十全。”此处所言“方士”即医生。房中养生、神仙服饵与医经、经方一样,逐渐成为中医学不可分割的一个组成部分,道家关于生命、精、气、神以及养生、炼丹的理论,在历代医籍中多有反映。

汉代道家神仙方术的兴盛,与帝王对方士的优遇密不可分。据《史记·封禅书》记载,汉武帝时,由方士主持炼丹、炼金兼主治病方药。方士栾大自言尝往来海上,见安期生、羡门等仙人,可制不死之药,得到武帝信任,元鼎四年封其为乐通侯,食二千

① 《汉书·艺文志》,影印本《二十五史》,上海古籍出版社、上海书店1986年版,第532页。

户，赐甲第，并以卫长公主妻之，一时“贵震天下，而海上燕齐之间，莫不扼捥而自言有禁方，能神仙矣”①。汉武帝的求仙生涯长达半个世纪，直到衰暮之年，才似有所悟：“向时愚惑，为方士所欺。天下岂有仙人，尽妖妄耳。节食服药，差可少病而已。”《汉书·郊祀志》载汉建始二年（前31年）已有“本草待诏”官职。《汉书·平帝纪》载元始五年（5年）“征天下通知逸经、古记、天文、历算、钟律、小学、《史篇》、方术、《本草》……教授……遣诣京师”②。“本草待诏”也就是被诏的本草官。这些人大多兼有方术和医药的双重知识。一方面，他们从长期的炼丹过程中获得有关化学制药、金属冶炼甚至铸剑方面的知识；另一方面，对长生不老的追求也使他们孜孜于医药、针灸、导引按摩以及音乐、美术方面的研究和实践，而作为性医学和性养生学的房中术，也是他们研究的重要内容。这些内容与当时不断增加和丰富的医药学知识一起，构成了《神农本草经》的基本框架。《神农本草经》的成书，与汉代本草官对神仙方术精华的吸收有关，这是没有什么疑问的。《神农本草经》的内容有两大部分，一是治病，二是延年。其分类方法也体现了汉代道家神仙方术一派的时尚。养性延命成仙的思想是构建三品分类体系的基本指导思想。在365味药物中，约有160余味有“延年”“不老”“神仙”之功用。

《汉书·游侠传》记载：楼护“少随父为医长安，出入贵戚家。护诵医经、本草、方术数十万言，长者咸爱重之”③。楼护，

① 《史记·封禅书》，影印本《二十五史》，上海古籍出版社、上海书店1986年版，第176页。

② 《汉书·平帝纪》，影印本《二十五史》，上海古籍出版社、上海书店1986年版，第398页。

③ 《汉书·游侠传》，影印本《二十五史》，上海古籍出版社、上海书店1986年版，第708页。

字君卿，西汉时齐人，其父为世医。他先随父习医，后学经传，曾为京兆吏，数年之后，声誉颇佳。王莽专政时，封息乡侯，列于九卿。上述文献说明，本草与医经、方术一起，已经成为汉代医家学者研读的重要内容。

第三节 后世医学教育与考试经典的成书

——《神农本草经》《伤寒杂病论》

秦汉是中国药物与方剂及其学术体系奠基的时期。在大量临床实践经验积累的基础上，药物与方剂所涉及的领域大大开拓。以《神农本草经》和《伤寒杂病论》中的方药及其理论最有代表性。它们分别被后世誉为"本草学经典"和"医方之祖"，对秦汉以前的方药及其学术理论是一个阶段性总结，对以后的药物方剂的发展产生了深远的影响，也成为后世医学教育与考试的经典，历两千年而不衰。

一、本草学教学与考试的经典——《神农本草经》

《神农本草经》简称《本经》或《本草经》，是我国现存最早的药物学专著。《汉书·艺文志》不载，首见于阮孝绪的《七录》。《神农本草经》的成书时代，有不同的说法，或认为是"神农"所作，或认为是黄帝、岐伯时作，如《帝王世纪》说："黄帝使岐伯尝味草本，定《本草经》，造医方以疗众疾。"有人认为是商周时伊尹所作，如《甲乙经·序》："伊尹以亚圣之才，撰用《神农本草》，以为汤液。"神农、黄帝乃至岐伯如前所述是神话人物，其时尚未有文字，因此神农、黄帝、岐伯作《本草经》之说不可信。众多说法中比较公允的是：《神农本草经》非一人一时所作，其内容大概战国以前已经存在，至战国时相继著录成书，后历经秦汉医家加以搜集补充，至东汉末方最后加工整理而成。如梁陶弘景《本草经集注序》说：

旧说皆称《神农本经》，余以为信然。……但轩辕以前，文字未传。……至于药性所主，当以识识相因，不尔，何由得闻。至于桐、雷，乃著在于编简。此书应与《素问》同类，但后多更修饰之尔。秦皇所焚，医方、卜术不预，故犹得全录。而遭汉献迁徙，晋怀奔迸，文籍焚靡，十不遗一。今之所存，有此四卷，是其本经。所出郡县，乃后汉时制。疑仲景、元化等所记。

尚志钧先生认为，《神农本草经》出于汉代的本草官之手。① 这些本草官即《汉书·平帝记》中的"本草待诏"。从当时"至者数千人"的记载推算，他们少则2000人，多则9000人，若以最低数2000人计算，则被诏的13科中，每科就有150余人。其中"本草待诏"的数目也不会太少。人数之所以增多，盖与当时统治者相信方士炼丹、炼黄金、采不死之药、寻求治病延年之方有关。自汉武帝时，方士进入宫中，以官职任之，方士即变为职称，专门从事主持方药的工作（炼丹、炼黄金、治病）。后将治病的方药从方士中分离出来，另立本草官担任之，则本草就成了职称的名词，其地位与方士同。当被罢免或被诏时，均与方士同时进退。因此，方士和本草在当时都是官职的名称。前者从事炼丹、炼黄金、寻求长生不死之药，后者从事方药制备工作。由于本草官和方士官同在朝中共事，又同是主方药，则本草官所写本草书，一定会受到过去方士所写的神仙著作内

---

① 尚志钧：《〈神农本草经〉出于汉代本草官之手》，《中医文献杂志》1994年第2期。

容的影响。

汉代被诏的本草官,他们在长期从事药物和合的工作中,获得药性知识;从经方中获得了较多的药物治疗知识;从神仙著作中获得了部分药物养生知识。他们把这三部分知识糅合为一体,以药物为纲,撰写成本草专书。书成后,为了取信于世人,不得不托名神农、子仪等先秦人物,从而取得上级官员的信任,就能更好地获得"本草待诏"的机会。①

《神农本草经》为先秦至秦汉药物学的集大成之作,它反映了东汉以前药物的学术经验及其成就。

(一)创设药物分类法

《本经》问世以前,药物知识和用药经验已有相当积累,随着药物种类的日益增多,迫切需要对药物进行分类。《本经》首创上、中、下三品分类法。

三品分类法是基于当时人们对药物性能、功效和临床应用而得出的,对促进药物学的发展产生过积极的影响,陶弘景在《神农本草经集注》中指出:

> 上品药性,亦皆能遣疾,但其势力和厚,不为仓卒之效……中品药性,治病之辞渐深,轻身之说稍薄,于服之者,祛患当速,而延龄为缓……下品药性,专主攻击,毒烈之气,倾损中和,不可恒服,疾愈即止。

在三品分类的体系中,每品中都包含着以药物自然属性分类的思想,每类中又可划分为若干小类。对汉代及其以前按"草木虫石谷"的"五药"分类法有所发展,对陶弘景依自然属性进行药物分类的系统提出,有着启发作用,并且为陶弘景诸病通

---

① 尚志钧:《〈神农本草经〉与古代方士间的历史关联》,《皖南医学院学报》1997年第3期。

用药分类法的形成提供了可资借鉴的经验。

(二)系统地提出了关于药物的基本理论

主要包括以下几个方面:

1. 发展了君臣佐使药物配伍的学说。

《本经》云:"药有君臣佐使,以相宣摄。合和者,宜用一君、二臣、五佐,又可一君'三臣'九佐也。"君药即主药,在方中起主导作用,臣、佐、使逐级配合主药的作用。

2. 提出反映药物各种相互关系的七情合和学说。

《本经》云:"(药)有单行者,有相须者,有相使者,有相畏者,有相恶者,有相反者,有相杀者。凡此七情,和合视之,当用相须、相使者良,勿用相恶、相反者。若有毒宜制,可用相畏、相杀者,不尔,勿合用也。"

3. 发展了关于药物的四气五味理论。

指出了关于药物性味、采集时间、干药收藏、道地药材、生熟炮炙、真伪鉴别、宜新宜陈等知识,提出了有关药物的采集炮炙、加工等理论。

4. 发展了药物制剂学说。

这些论述对药物的制剂起着重要的启迪作用。

(三)阐述了临床用药的基本指导思想

《本经》指出:"凡欲治病,先察其源,先候病机,五藏未虚,六府未竭,血脉未乱,精神未散,食药必活。若病已成,可得半愈。病势已过,命将难全。"把药物与临床治疗紧密联系起来,进行考察,以免妄药。并指出药物并非万能,贵在于可治之时尽早防治。"若毒药治病,先起如黍粟,病去即止,不去倍之,不去十之,取去为度。"在使用有毒性的药物时,其用量应根据病情,宜从小剂量开始,若不愈再审慎地逐渐加量,以愈为度。

（四）正确分析和科学记载了大量药物的功效

如《本经》所载：人参“主补五藏，安精神，定魂魄、止惊悸，除邪气，明目，开心益智”。菊华（花）“主治风头，头眩肿痛，目欲脱，泪出，皮肤死肌，恶风，湿痹”。黄芩“主治诸热，黄疸……逐水，下血闭，恶疮、疽蚀，火疡”。黄连“主治热气，目痛……明目，肠澼，腹痛，下痢，妇人阴中肿痛”。当归主治“温疟寒热洗洗在皮肤中，妇人漏下绝子，诸恶疮疡”。海藻“主治瘿瘤气，颈下核，破散结气……”等。这些理论与用药经验，在长期临床实践中证明是正确的，被历代医药学家所遵循，其中许多药物之药理作用已为现代科学研究所证实，如人参补益、麻黄定喘、黄连止痢、海藻治瘿等，至今仍是常用的有效药物。

（五）记述了炼丹术及丹药、石药等方面的用药知识与经验

中国炼丹术起源于先秦，至秦汉时期更加兴盛，特别是东汉时期炼丹士与道教联盟，为魏晋时期炼丹活动打下了基础。《神农本草经》中所记载的炼丹原料有曾青、空青、石胆、朴消、消石、石流黄、铅丹、石钟乳等及其提炼物。炼丹者的主观期望是使贱金属矿物变为贵金属，实际上却对于药物化学的发展多有贡献。

（六）唐代以后《神农本草经》成为国家医学教育本草学考试的范本

《神农本草经》是东汉以前的药物知识总结，对后世药物学的发展，具有奠基作用。魏晋以后，历代诸家的本草学著作，都是在该书基础上的发展。《神农本草经》成为历代医学教育的教科书和医学考试的范本。在唐太医署的课程设置和医学考试中，《神农本草经》均占有重要地位。

二、方剂与临证考试的经典——《伤寒杂病论》

《伤寒杂病论》为东汉末年张机撰。张机,字仲景,南郡涅阳人,约生活于150~219年,年轻时曾经跟同郡张伯祖学医,经刻苦钻研与实践,医术远过于其师。

(一)《伤寒杂病论》构建了辨证论治思想体系

本书是一部阐述多种外感疾病及杂病辨治的专书,继承了《内经》等古典医籍的基本理论,结合当时医家及作者自己的临床经验,提出了包括理法方药在内的辨证论治原则,使中医学的基本理论与临床实践紧密结合起来,成为我国第一部理法方药比较完善、理论联系实际的重要典籍。

(二)方剂学的成就是《伤寒杂病论》的主要贡献之一

汉代是方剂学大发展的时期,《汉书·艺文志·方技略》记有经方11家、274卷,但魏晋以后已亡佚。东汉末年成书的《伤寒杂病论》,必然对秦汉以来医家遗方及同时代各家的方剂进行了广泛择取。它以六经辨证和脏腑辨证为准则,灵活地运用于外感伤寒与内伤杂病的治疗中。

据统计,《伤寒论》部分收载方剂113首(其中禹余粮丸有名无方,故实为112首),《金匮要略》收载方剂262首,除去二书重复者,实得269首。《伤寒论》中的方剂可分为12类,如桂枝汤类19方、麻黄汤类6方、葛根汤类3方、柴胡汤类6方、栀子汤类7方、承气汤类12方、泻心汤类11方、白虎汤类3方、五苓散类4方、四逆汤类11方、理中汤类9方、杂类22方。《金匮要略》部分中方剂较《伤寒论》更为丰富,如其分痰饮为4种:痰饮、悬饮、溢饮、支饮,分析其病机,辨别其寒热,选用方剂达16种,涉及药物30多种。

从对《伤寒杂病论》中方剂的分析来看,该书对方剂的配伍关系和加减变化，已相当严格，达到很高的水平，例如，用于治疗伤寒病太阳经表实证的麻黄汤，药只四味，但配伍法度严谨，选药精审恰当。再者，注意依据不同情况而加减变化，例如用于治疗中风表虚证的桂枝汤，由它加减变化而成的方剂达19种。方剂的加减变化也极有法度，体现了有常有变的遣方用药原则。

（三）方证结合、因证立法、以法系方、据方用药

如"心下有痰饮，胸胁支满，目眩，苓桂术甘汤主之"。痰饮为饮邪留于心下，阻碍虚阳所致，方中用茯苓健脾淡渗，桂枝温阳化气，白术运脾燥湿，甘草调和脾胃，共奏健脾渗湿、温化痰饮之效，而所依之法，则在于"病痰饮者当以温药和之"。理法方药，契合得当。

在剂型方面，《伤寒杂病论》记述的剂型远远超过了前代各类医书的记载，有汤剂、丸剂、散剂、酒剂、洗剂、浴剂、熏剂、滴耳剂、灌鼻剂、软膏剂、肛门栓剂、阴道栓剂等。针对不同病情采用适当的剂型，有助于疗效的提高。

《伤寒杂病论》是中医学辨证论治体系的奠基之作。该书在仲景之后，经晋太医令王叔和整理编次，方得传世，一直是医生手中的秘籍。隋唐之后，基本上没有《伤寒杂病论》的完整传本。五代时荆南国节度使高继冲于宋开宝年间（968～975年），将其长期保存的《伤寒论》进献宋朝。北宋嘉祐二年（1057年）国家成立校正医书局，校定仲景书时，将伤寒部分的不同传本分别整理成《伤寒论》和《金匮玉函经》，将其杂病、妇人病和食禁部分整理成《金匮要略方论》，并出版刊行。《伤寒杂病论》的方剂一直为后世医家所袭用，并尊为"经方"。

（四）宋代以后《伤寒论》正式列入国家医学考试科目

宋神宗年间，地方医学规定，"除合习医书外，兼习张仲景

伤寒方书"①。宋代"太医学"将《伤寒论》列入正式的学习和考试科目。② 自此,《伤寒论》和《金匮要略方论》成为后世医学教育中的教材和官方医学考试的范本,并一直持续至今。

① 徐松辑:《宋会要辑稿·职官三十六》,中华书局 1957 年版,第 3128 页。

② 徐松辑:《宋会要辑稿·崇儒三》,中华书局 1957 年版,第 2213 页。

第四章

三国两晋南北朝时期的医学教育与考试

三国两晋南北朝时期,从 220 年曹丕代汉,到 589 年隋灭陈,重新统一中国,共 369 年。中国历史在这一时期,基本上处于战乱与封建割据的分裂状态。

尽管各封建王朝更迭十分频繁,但士族操纵国家政治的实质依然不变。这一现象,直接影响到了三国两晋南北朝时期各封建王朝的国家机构、政治制度,也涉及了各王朝官制及官吏管理制度的各个角落。经过豪强之间剧烈的兼并战争,最终形成了以曹操、孙权、刘备为首的三股最大的割据势力,分别建立了魏、吴、蜀三足鼎立的封建政权,历史上称作"三国"。

280 年,晋武帝司马炎灭吴,统一中国,建立了晋朝,史称西晋。由于西晋统治阶级内部在政治上争权夺利,引发了"八王之乱"。各族人民趁西晋统治集团内部相互争斗、政权削弱之际,纷纷起义。内迁的匈奴、鲜卑、羯、氐、羌等少数民族也纷纷起兵。316 年,西晋为匈奴贵族建立的汉所灭,五胡十六国逐鹿中原。从 291 年"八王之乱",到 439 年北魏统一北方,前后 150

年间，是黄河流域这一中国经济文化中心地区几乎遭到彻底破坏的最黑暗时期。

317年，司马睿在建康（今江苏南京）重新建立起偏安一隅的晋政权，史称东晋。420年，东晋大将刘裕废东晋，建立宋朝。此后，南方经历了宋、齐、梁、陈四朝，称为"南朝"。鲜卑拓跋氏统一北方混乱的各国，建立起北魏王朝。后又分为东、西魏，西魏又为北齐、北周所取代。史称"北朝"。直到581年，杨坚建立隋朝，取代北周政权并在589年灭陈王朝，才结束了从西晋末年后近200年的分裂割据局面，重新统一中国。

第一节　多元教育格局的形成

三国两晋南北朝的教育体制较之汉代有着长足的发展。由于门阀政治影响，西晋时期于太学之外另创国子学，北魏时期又立四门学，这样，汉代所通行的儒学教育单一格局被多元格局所取代。而且，随着尊崇儒术文教政策的解体，朝廷许多部门公开办学以培养专门人才，促使专科教育兴起，形成了多渠道办学和多学科并举的格局。加上少数民族政权为加速封建化而更为重视地方教育，导致了地方官学制度的正式确立。官学教育格局的这些变化，推动了教育行政体制的变革，催化了北齐教育行政机构——国子寺的产生，为隋唐教育体制的完备奠定了基础。

一、文教政策的调整

随着汉王朝的解体，尊崇儒术的文教政策发生了动摇，统治阶级面临着教育发展方向的重新选择。

三国两晋南北朝文教政策总的趋势，是由尊崇儒术的单一格局走向多思潮并存的多元格局。首先，由于民族文化和地域文化的差异,各割据政权采取了与国情相适应的文教政策,从而呈现出多元特征。其次,玄学的流行,佛教的兴盛,道教的生长,突破了儒学唯我独尊的格局,形成了儒、佛、玄、道并存的局面。又由于三国两晋南北朝的不同时期、不同地区对这些思潮的态度和认识不尽相同,也带来了各政权文教政策的差异性。再次,各个时期文化的相互交融程度有异,导致了文教政策的层次差异。同是"汉化"政策,十六国政权与北魏就处在不同层次;同是儒、佛、道并存,南朝和北朝的看法就有差异。这种多元格局的形成,表明整个三国两晋南北朝对教育发展方向的选择始终是处于反思探索状态中的。

东汉政权的垮台,直接影响到尊崇儒术思想文化结构的解体。三国鼎立局面的形成,又为社会思潮的多元并存留下了更大的活动空间。《三国志·魏书·杜畿传》中说:"今之学者师商、韩而上法术,竞以儒家为迂阔,不周世用。"①《晋书·傅玄传》:"近者魏武好法术,而天下贵刑名;魏文慕通达,而天下贱守节。其后纲维不摄,而虚无放诞之论盈于朝野。"②《宋书·傅隆传》:"自魏氏膺命,主爱雕虫,家弃章句,人重异术。"③足可见当时思想活跃的景况。

这些思潮的流行直接影响了三国早期当权者的教育观。虽然曹操、刘备、诸葛亮、孙权等人身处戎马倥偬、干戈未已之时,无暇顾及教育,他们所关心的是如何运用法治手段来整顿社会,

① 《三国志·魏书·杜畿传》,影印本《二十五史》,上海古籍出版社、上海书店 1986 年版,第 1125 页。

② 《晋书·傅玄传》,影印本《二十五史》,上海古籍出版社、上海书店 1986 年版,第 1396 页。

③ 《宋书·傅隆传》,影印本《二十五史》,上海古籍出版社、上海书店 1986 年版,第 1805 页。

加强国力,而治国终归离不开教育。

东汉建安八年(203 年)七月,曹操发布了设立地方学官的命令。曹魏黄初二年(221 年),魏文帝诏令全国,恢复尊孔。黄初三年(222 年),魏文帝在察举诏令中明确了“儒通经术,吏达文法,到皆试用”的原则,通经又成为入仕的途径。黄初五年(224 年)四月,立太学,制五经课试之法,基本确立了以经学养士贡士的方针。

针对两汉教育所导致的名实不符、上下乖张的弊端,诸葛亮主张去文就质,主张借法治的力量来推行教化。“治人之道,谓道之风化,陈示所以也。故经云:‘陈之以德义而民与行,示之以好恶而民知禁。’”①史家评曰:“科教严明,赏罚必信,无恶不惩,无善不显,至于吏不容奸,人怀自厉,道不拾遗,强不侵弱,风化肃然也。”②

孙权非常重视教育,鼓励人们读书:“富贵荣显,更能折节好学,耽悦书传,轻财尚义,所行可迹,并作国士,不亦休乎!”③《三国志·吴书·三嗣主传》记载,东吴景帝于永安元年(258 年)发布了一个办学诏令,再次强调了崇儒兴学的文教方针。

西晋国祚不长,动乱不息。东晋偏安江南,教育也不景气。西晋前期的学校教育“未足比隆三代,固亦擅美一时”④,有过一度辉煌的记录;后一时期则运极道消,“宪章弛废,名教颓毁”,其间虽有学者力图挽回颓势,然终无成效。社会思潮的多元化

---

① 《诸葛亮集·便宜十六策·治人》,中华书局 1960 年版,第 64 页。

② 《三国志·蜀书·诸葛亮传》,影印本《二十五史》,上海古籍出版社、上海书店 1986 年版,第 1176 页。

③ 《三国志·吴书·吕蒙传》注引《江表传》,影印本《二十五史》,上海古籍出版社、上海书店 1986 年版,第 1220 页。

④ 《晋书·儒林传序》,影印本《二十五史》,上海古籍出版社、上海书店 1986 年版,第 1518 页。

促成了东晋文教政策的失控。东晋时期先后有过三次兴学动议,但都未能奏效。

南朝统治者为利用儒家礼制,巩固统治地位,采取了一系列措施:宋文帝亲自撰写了《礼论》,南齐于永明三年(485年)专设了修礼局,南梁将这一机构并入尚书仪曹。

十六国的文教政策以“汉化”为指针,使当时因战乱而流落各地的汉族士人得以施展才华。汉族士人与统治者通力合作,将先进的教育制度传播到偏远的地区,使教育普及面大大拓展。

北魏统治集团确立了“兴文”的总方针,努力吸取汉族封建文化,使拓跋氏政权逐步革除部落陋习,朝着国家化的方向发展。孝文帝以其雄才大略展示出一个出类拔萃的政治家的胆魄。他迁都洛阳,就是要借助中原文化的根基,使拓跋氏走上汉化的道路。他还实施了禁鲜卑语、改鲜卑复姓、禁胡服、改官制、改定律令等一系列改革措施,极大地促进了鲜卑、汉民族的融合,推动了社会的进步。北周在苏绰《六条诏书》的倡导下实行有力改革,最终巩固了汉化的成果。

纵观三国两晋南北朝文教政策,其历程错综复杂,各封建政权的做法差异较大,效果也参差不齐,各时期的表现也不一致,忽左忽右,说明当时的人们对封建教育发展方向开始了新的思考和选择。

二、儒学教育多元格局的形成

魏国首开太学,完善了太学的考试制度,强化了学生的管理,提高了师资队伍的质量。魏黄初年,刘劭设计了一套“五经课试法”,把学校教育与文官考试任用结合起来,以提高教育管理的控制能力。规定以通五经为太学教育的最高目标,年级越高,通经越多,所授官位也就越高。这一思路使太学教育管理目标更为具体化,按年级递进的管理框架初现端倪。

西晋继续对太学进行整顿。《宋书·礼志一》中说:晋武帝泰始八年,有司奏:太学生七千余人,才任四品,听留。诏:"已试经者留之,其余遣还郡国。大臣子弟堪受教者,令人学。""咸宁二年,起国子学。"①"国子学"的命名,突出了贵族子弟的教育特权,使封建教育体制由单一格局发展成为太学与国子学并行的双轨制。这是封建教育走向多元格局的开始。

南北朝时期太学学官的地位待遇远远不如国子学。南朝梁朝廷职官分为十八班,品秩以数高为贵。其国子祭酒高居第十三班,国子博士则位居第九班,而太学博士只列第三班。南朝陈与北魏的朝廷职官都为九品,品秩以数低为贵。南陈的太学博士与国子助教平级,为八品,比国子博士低了四级。北魏国子学学官的品秩多有提升,而太学学官的品秩反而下降。南北朝两学学官地位的差别,说明了太学在中央官学系统中的地位大大降低。

与两晋南朝教育体制不同,北魏孝文帝时创办了皇宗学,孝文帝太和二十年(496年)创办了四门小学。这些学校都是以学习儒家经典为宗旨,其差别是生员的门第资格。这虽然体现了封建教育等级制,但毕竟满足了地主阶级各阶层的教育需要,维护了封建统治。这是三国两晋南北朝儒学教育体制多元格局形成的根本原因。

三、专科教育的兴起

三国两晋南北朝教育体制的发展,冲破了"尊崇儒术"的藩篱,先后涌现了史学、文学、律学、书学、医学、算学、玄学、道学等

---

① 《宋书·志第四·礼一》,影印本《二十五史》,上海古籍出版社、上海书店1986年版,第1667页。

专科教育学校。尽管当时专科教育在形式、内容、规模上都还未形成完备的制度,开办的时间也不长,但多学科教育的格局确实是形成了。

汉魏之际,人们为了探求政治、军事、外交、思想、文化等各方面出现的新问题,广泛地涉足新的学科,借助先秦名、法、道、兵、儒等家的思想,寻找政治改革的方法,形成了多思潮、多学科的学术氛围。在探讨过程中,文学、史学、律学、书学等开始成为独立的学科。

南朝时期,人们开始从各个角度反思三国两晋200年动乱的原因、门阀政治的利弊、人生的价值、学术的优劣等问题。儒学、佛学、玄学、道教受到了普遍的重视,礼学、史学、文学、律学、家谱学、武学等,也随之成为热门学科而备受青睐。这时期人们的探求已经进入一个总结与提高的阶段。如沈约写《宋书》,其中的《礼志》《律历志》《乐志》等,追溯了由魏至宋的发展过程,体现了人们对三国两晋历史全过程的再认识。范晔的《后汉书》"欲因事就卷内发论,以正一代得失"①。刘勰的《文心雕龙》、钟嵘的《诗品》,都是在对三国两晋文学理论累积基础上形成的总结性专著。这一趋势,表明了专门学科的成熟。

三国两晋南北朝专科教育的发展历程,大致呈现了两个高潮时期。一个高潮时期是在三国两晋之际,这是学术思想活跃、社会动荡剧烈的时期,产生了魏明帝创办的崇文馆和律学、西晋的书学。但由于这时许多学科刚刚趋于独立,司马氏集团又极力推行儒家名教,所以专科教育没能得到进一步的发展。另一个高潮时期是在南朝,各学科发展相对来说要成熟完备多了,专

---

① 《宋书·范晔传》,影印本《二十五史》,上海古籍出版社、上海书店1986年版,第1834页。

科教育在私学中也取得了成功，要求开办专科教育的呼声日益强烈。宋人周朗建议教育内容应包括读经、修武、通史，并主张开设医学教育。南齐人孔稚珪建议在国子学中设置律学专科。这些要求反映了社会发展的迫切需要，专科教育在这时有了新的发展。其中比较有名的是宋文帝办的儒、玄、史、文四馆，宋明帝办的总明观有道、儒、文、史、阴阳五科（后因阴阳无人而废），梁武帝办的五馆实际上也是儒学教育的专科化——一个多学科的教育格局开始出现。

第二节　医学教育的概况

三国两晋南北朝时期，由于专科教育的兴起，医学教育也逐渐引起了包括统治阶级在内的人们的重视。在此以前，政府登用太医，多由民间选送。在汉代即采取选举制，从民间选取良医为统治阶级服务。汉元帝永光元年（前43年）曾选举从官，其中即包括医师。汉平帝元始五年（5年）曾令天下选取精通方药的人。医学教育形式主要是父子相传或师徒授受。如三国时名医吴普、樊阿、李当之等是著名医学家华佗的弟子。家世相传，最有名者莫过于南北时期东海徐氏。徐氏世守医业，代代有名。然而，其时国家仍没有设立专门的医学教育机关。

到了三国两晋南北朝时期，医学教育已初露端倪。《唐六典》载："晋代以上手医子弟代习者，令助教部教之。"[1]说明早在晋代已有医官教习之设，这是我国医学教育事业的开端。东晋时，皇家已设置药园，从事生药人才的培养，但史书中未见有详细的记载。

---

① 袁文兴、潘寅生主编：《唐六典全译》，甘肃人民出版社1997年版，第430页。

刘宋元嘉二十年(443 年),太医令秦承祖奏置医学,开我国正式由政府设置医学教育的先河。《唐六典》卷十四"医博士"注中说:南朝宋元嘉二十年(443 年),太医令秦承祖奏置医学,以广教生徒。这个教育机构至元嘉三十年(453 年)文帝逝世才遣散。《魏书·官氏志》中记载,北魏官职中有太医博士之设,列从第七品下;有太医助教之设,列第九品中。① 有博士且有助教,肯定是为推行医学教育而设。后来,周朗于泰始五年(469 年)奏请恢复医学。他因见到当时由于针药失修,医生水平很低,不能治病,使得老百姓有病相信鬼神而不相信医生,以致死亡过半,建议应由太医训练男女师资,派遣吏徒学业。② 可是明帝时诸王作乱,不久萧道成又杀废帝自立,至 478 年亡于萧齐,根本无暇顾及于此,所以终宋之世没有再行设立。

至后魏创立太医博士和太医助教等职务,实亦效法刘宋,并且当时曾将这一制度传入朝鲜。以后隋唐医学教育的兴盛,也以此为先导。

三国两晋南北朝时期,医学知识是比较普及的。当时士人盛行吃寒石散,并以"行散"为时髦,这是需要懂点医学知识的,否则便有发病亡命的危险。而且门阀士族为了保持家业的隆盛,特别提倡孝道,而作为晚辈懂点医学知识是行孝道的必备条件。至于为远离动乱而避地山林的士人,更需要掌握一些消灾防病的医学知识。加之当时战争频繁,医学人才更是朝廷急需之才。在这种情势下,医学教育便有了发展。据《魏书·术艺传》载:崔彧"少尝诣青州,逢隐逸沙门,教以《素问》九卷及《甲

① 《魏书·官氏志》,影印本《二十五史》,上海古籍出版社、上海书店 1986 年版,第 2501 页。

② 《宋书·周朗传》,影印本《二十五史》,上海古籍出版社、上海书店 1986 年版,第 1866 页。

乙》，遂善医术”[①]；李修的父亲李亮“少学医术，未能精究。世祖时，奔刘义隆于彭城，又就沙门僧坦研习众方，略尽其术，针灸授药，莫不有效”[②]。而与李亮同学的还有王显的父亲王安道，“少与李亮同师，俱学医药”。吕思勉先生在《两晋南北朝史》中评论道：“盖时道佛虽互相排，然其术则初非彼此不相知；抑二家为行其教计，于医药等便民之术，亦多所研习也。”[③]说明在当时的社会背景下，人们已十分注意对医药知识的学习了。

北魏宣武帝时发布了一个开办医学的诏令。《魏书·世宗纪》载，永平三年(510年)诏曰：

> 可敕太常于闲敞之处，别立一馆，使京畿内外疾病之徒，咸令居处。严敕医署，分师疗治，考其能否，而行赏罚。虽龄数有期，修短分定，然三疾不同，或赖针石，庶秦扁之言，理验今日。又经方浩博，流传处广，应病投药，卒难穷究。更令有司，集诸医工，寻篇推简，务存精要，取三十余卷，以班九服，郡县备写，布下乡邑，使知救患之术耳。[④]

可见其要旨在推行医学教育。首先，它“敕太常于闲敞之处，别立一馆”。太常乃是当时兼管教育的长官，命他立医馆当然主要是行教育之职。其次，设立医馆的目的是“严敕医署，分师疗治，考其能否，而行赏罚”，主要是考核检查医师能否。这显然是对在学医师的要求。再次，“更令有司，集诸医工，寻篇

① 《魏书·术艺传》，影印本《二十五史》，上海古籍出版社、上海书店1986年版，第2392页。

② 《魏书·术艺传》，影印本《二十五史》，上海古籍出版社、上海书店1986年版，第2392页。

③ 吕思勉：《两晋南北朝史》，天津社会科学院出版社2019年版，第433页。

④ 《魏书·世宗纪》，影印本《二十五史》，上海古籍出版社、上海书店1986年版，第2194页。

推简，务存精要，取三十余卷，以班九服，郡县备写，布下乡邑，使知救患之术耳”。这是强调对社会广泛实施医学教育。

虽然史书对当时医学教育没有更多的记载，但从以后各封建王朝，尤其是隋、唐医学教育十分发达这一点看，三国两晋南北朝时期在医学教育方面的发展程度，以及教育规模和教育投入，应当不仅仅是上述提到的这些。

第三节　医药卫生组织及医官的考核任用

三国两晋南北朝时期连年的战争，封建政权的频繁更迭，虽然给人们带来了深重的灾难，但同时也促进了多民族的融合，使医学上的交流更为广泛。由于时局动荡不安，史书记载都较简略，有关医事制度及医药卫生活动的记载更为零散。

《三国志·魏书·武帝纪》载：“（建安）二十三年春，正月，汉太医令吉本与少府耿纪、司直韦晃等反。”①《张辽传》：“辽还屯雍丘，得疾。帝遣侍中刘晔将太医视疾。”②史籍中显然记载不系统，但这些散在的记述，已经能够让我们了解到太医的职业和太医令这种官职，虽在乱世仍不可或缺。

晋初以太医隶宗正。《晋书·职官志》：“宗正，统皇族宗人图牒，又统太医令史，又有司牧掾员。”③属官有太医令、丞。曾编次整理《伤寒论》和撰著《脉经》的名医王叔和即曾任太医令之职，皇甫谧《甲乙经》序中云：“近代太医令王叔和撰次仲景选

① 《三国志·魏书·武帝纪》，影印本《二十五史》，上海古籍出版社、上海书店1986年版，第1073页。

② 《三国志·魏书·张辽传》，影印本《二十五史》，上海古籍出版社、上海书店1986年版，第1128页。

③ 《晋书·职官志》，影印本《二十五史》，上海古籍出版社、上海书店1986年版，第1328页。

论甚精，指事施用。”甘宗伯《名医传》中亦云：“晋王叔和，高平人，为太医令。”《晋书·舆服志》：“次大辇，中道，太官令丞在左，太医令丞在右。”①令为七品官，为铜印墨绶，进贤一梁冠，绛朝服。南渡以后，到哀帝时省并太常，太医隶属于门下省，下有太医、殿中太医等。《晋书·石勒载记》：“于是置太医、尚方、御府诸令。”②说明两晋时医与药的管理还没有明确的分工，但已经有了医寺的记载：“又有百工医寺，死亡绝没，家户空尽，差代无所。”③至于诸王国，则设置典医丞一人。

晋代医生常常救助病人，接受病人在家中治疗。《晋书·孝友传》载：颜含兄畿，在咸宁中得病，就医自疗，遂死于医家。④《卫瓘传》记载：瓘与子恒、岳、裔及孙等九人同遇害，而恒二子璪、玠在医家得免。⑤《魏书》言李亮，四方疾苦，不远千里往从之。亮大为听事，以舍病人。时有死者，则就而棺殡，亲往吊视。⑥“史言此，意以著亮之仁厚，其实为舍以舍病者，恐当时医家类然也。”⑦《太平御览》中载晋朝刘德“官至太医校尉”，《资治

---

① 《晋书·职官志》，影印本《二十五史》，上海古籍出版社、上海书店1986年版，第1330页。

② 《晋书·石勒载记上》，影印本《二十五史》，上海古籍出版社、上海书店1986年版，第1561页。

③ 《晋书·王羲之传》，影印本《二十五史》，上海古籍出版社、上海书店1986年版，第1488页。

④ 《晋书·孝友传》，影印本《二十五史》，上海古籍出版社、上海书店1986年版，第1510页。

⑤ 《晋书·卫瓘传》，影印本《二十五史》，上海古籍出版社、上海书店1986年版，第1366页。

⑥ 《魏书·术艺传》，影印本《二十五史》，上海古籍出版社、上海书店1986年版。

⑦ 吕思勉：《两晋南北朝史》，天津社会科学院出版社2019年版，第434页。

通鉴·晋纪》中记有武帝时程据为太医司马，至惠帝时为太医令。《晋书·刘曜传》中说刘曜身受重创，为石勒所擒，“使金疮医李永疗之”①。太医校尉，太医司马和金疮医应该是当时的随军医生。

刘宋时设太医署，隶属于侍中，有太医令一人、丞一人。《宋书·礼志》中说：太医令为铜印、墨绶、朝服、进贤一梁冠，太医丞为铜印、朝服一梁冠；殿中司马及守陵者、殿中太医司马，为铜印、墨绶、给四时朝服、武冠。此外还有太医、御医和行病帅（官品第五，置人无定数，如宫官）、医工、医药权衡等。“公车司马、太史、太医、太官、御府、内省令、太子诸署令、仆、门大夫、陵令，铜印，墨绶。朝服，进贤一梁冠。”②“奉使京师及诸国；谒者及礼乐、卫士、医工、永巷、祀礼长各一人。”③“元康中，裴頠以为医方民命之急，而称两不与古同，为害特重，宜因此改治权衡。不见省。”④诸王国也沿用晋制设置典医丞。

刘宋时对于人民的医药卫生事业比较重视。《宋书·文帝本纪》：元嘉四年（427 年）五月，京师疾疫，遣使存问，给医药。死者若无家属，赐以棺器。二十四年（447 年）六月，京邑疫疠，使郡县及营署部司，普加履行，给以医药。二十八年（451 年），四月，都下疾疫，使巡视给医药。⑤《宋书·孝武帝本纪》：大明

---

① 《晋书·刘曜传》，影印本《二十五史》，上海古籍出版社、上海书店 1986 年版，第 1558 页。

② 《宋书·志第八·礼五》，影印本《二十五史》，上海古籍出版社、上海书店 1986 年版，第 1667 页。

③ 《宋书·百官志》，影印本《二十五史》，上海古籍出版社、上海书店 1986 年版，第 1769 页。

④ 《宋书·历志》，影印本《二十五史》，上海古籍出版社、上海书店 1986 年版，第 1654 页。

⑤ 《宋书·文帝本纪》，影印本《二十五史》，上海古籍出版社、上海书店 1986 年版，第 1639 页。

元年(457 年)四月,京邑疾疫,遣使按行,赐给医药。死而无收敛者,官为敛埋。大明四年(460 年)四月诏曰:“都邑节气未调,疫疠尤众,言念民瘼,情有矜伤。可遣使存问,并给医药;其死亡者,随宜恤赡。”①从每次都派遣医生巡回治疗,并令郡县和营署部司普加顾恤来看,刘宋时期的统治者已经对社会医疗卫生事业和人民的健康状况有了比较清醒的认识。

南齐承袭宋制,御医亦称御师。据《南齐书·百官志》:设太医令一人,丞一人(属领军)。六品保学医二人(属太常)。②另外还有太医、司马药师、典药吏等。当时文惠太子与竟陵王萧子良等因信仰佛教,设立六疾馆以养穷病之人。永明九年(491年)都下大水,吴兴最盛,萧子良开仓放赈,并在其宅第北面立廨收养贫穷病人,给以医药。

《通志·职官略》载:“齐、梁、陈、隋,有奚官令,掌宫人疾病医药罪罚丧葬等事。唐,置二人。”

梁门下省置侍中给事、黄门侍郎各四人,掌侍从左右,傧相威仪,尽规献纳,纠正违阙,监合御药,封玺书。侍郎高功者,加侍中祭酒,与侍郎高功者一人,对掌禁令,公车、太官、太医等令,骅骝厩丞。下设太医令(班第十一),又太医二丞中之药藏丞为三品。可见这时医药管理有了进一步的分工。此外还有太医正,但不见于《百官志》,当是太医令属官,大概是天监以后设置。到隋朝大业中,在太医署设太医正 10 人,也是承袭了梁制。尚药自梁、陈以后都由太医兼职。梁武帝笃信佛教,于天监十六年(517 年)敕令太医不得以生类(即有生命的动物)为药,并于

---

① 《宋书·孝武帝本纪》,影印本《二十五史》,上海古籍出版社、上海书店 1986 年版,第 1644 页。

② 《南齐书·百官志》,影印本《二十五史》,上海古籍出版社、上海书店 1986 年版,第 1944 页。

普通二年(521 年)诏置独孤园以恤孤幼。

《隋书·百官志》载梁在詹事府下已有中药藏局的设立,中药藏丞为三品,是为太子服务的医官。

陈代卫生制度,史书中缺乏记载。《册府元龟》载:尚药自梁以降,皆太医兼职。陈如梁制。《南史》宜室诸王中记有"典药吏"一职。《隋书·百官志》载:齐、梁、陈均有奚官令主宫人医药等事。①

北魏太医令复隶太常,掌管医药。而门下省又有尚药局与侍御师(即御医),与汉代的少府属官别置太医令的制度相似。以后历代多承袭这一制度。道武帝天兴三年(400 年),置仙人博士官,典煮炼百药。自太祖至高祖初,其内外百官屡有减置,或事出当时,不为常目,旧令亡失,无所依据。太和中,高祖诏议群寮议定百官,著于令,设尝药监(从五品下)、太医博士(从七品下)、太医助教(从九品中)。②

此外还有侍御师、尚药典御、中尚药典御和司药丞等。据《魏书·王显传》载:"显少历本州从事,虽以医术自通,而明敏有决断才用。……召补侍御师、尚书仪曹郎。……累迁游击将军,拜廷尉少卿,仍在侍御,营进御药。"③胡三省《通鉴注》:"医师侍御左右,因以官名。后魏之制,太医令属太常,掌医药;而门下省别有尚药局侍御师,盖今之御医也。"

献文帝皇兴四年(470 年)诏令天下病人由所在地方官司派

① 《隋书·百官志》,影印本《二十五史》,上海古籍出版社、上海书店 1986 年版,第 3347 页。

② 《魏书·官氏志》,影印本《二十五史》,上海古籍出版社、上海书店 1986 年版,第 2501 页。

③ 《魏书·王显传》,影印本《二十五史》,上海古籍出版社、上海书店 1986 年版,第 2392 页。

遣医生到家诊视，所需药物凭医生处方给予。“朕思百姓病苦，民多非命，明发不寐，疚心疾首。是以广集良医，远采名药，欲以救护兆民。可宣告天下，民有病者，所在官司遣医就家诊视，所须药物，任医量给之。”①

太和二十一年（497年），又令将司州、洛阳两地贫穷无靠且患疾病的老人别坊居住，备有药物，并由医师四人担任治疗。永平元年（508年），诏令太常设馆，使京畿内外有疾病的人都住在里面，严敕太医署派遣医师治疗，并考核其治疗成绩加以赏罚；明确规定了对医师的考核要按照其治疗情况，从而减少了随意性。

从以上史实来看，北魏对于人民的医药救助似较前代广泛而普遍，不仅选择精要医方颁布全国，医治疾病，还要使人们都知道医治的方法，推广医药知识，维护人民的健康。延昌元年（512年），“肆州地震陷裂，死伤甚多，言念毁没，有酸怀抱。亡者不可复追，生病之徒宜加疗救。可遣太医、折伤医，并给所须之药，就治之”②。至于将官在军中患病，则多派遣太医令或太医前往治疗。如《魏书》载裴骏患病，世宗遣太医令驰驿就视，并赐御药。

北齐继承北魏制度。《六典通考》载：“北齐门下省统尚药局，典御二人……侍御师四人、尚药监四，总御药之事；又集书省统三局，有中尚药局典御二人、丞二人、中谒者仆射二人，总知中官医药之事。藏局监、丞各二人，侍医四人。”③《北齐书·杨愔

① 《魏书·显祖纪》，影印本《二十五史》，上海古籍出版社、上海书店1986年版，第2187页。

② 《魏书·世宗纪》，影印本《二十五史》，上海古籍出版社、上海书店1986年版，第2194页。

③ 阎镇珩：《六典通考》，江苏广陵古籍刻印社1990年版，第316页。

传》:“使薛孤延、康买执子默于尚药局。”①又于长秋寺下设奚官署,有令及丞。此外,还设有暴室局丞。门下坊设药藏局,有监(正六品下)、丞(正八品下)各二人,侍医(正七品下)四人。②

由以上职官设置可知,这时对医药管理已有更明确的分工。此外,内厩局尚有马医二人。根据《通典》及《文献通考》所载官品如下:

尚药典御(正五品)　　中尚药典御(从五品)

太子侍医(正七品)　　尚药丞及中尚药丞(从七品)

太子药藏丞(正八品)　　太医(正九品)

医师(从九品)

北周设有“正四命……大医、小医、小计部等下大夫……正三命……小医、医正、疡医……等上士……典牝、典牡、兽医等上士”。又“正二命……医正、疡医……每地中士”,“正一命……食医……正医、疡医……等下士”③。

梁太医正姚僧垣,于西魏陷荆州时被俘,宇文觉篡魏后,遂为北周侍医。武帝宇文邕伐齐,僧垣与其子最担任医疗工作。于军次治愈武帝睢目症(眼睑下垂)有功,于大象二年(580年)除太医下大夫,封长寿县公。及静帝嗣位,迁上开府仪同大将军。另据《六典通考》载:“后周太医、小医下大夫、医正上士、中士,主药、食医、医正并下士,医生三百人。”④

从上述可以看出,三国两晋南北朝时期中央医官机构较前

① 《北齐书·杨愔传》,影印本《二十五史》,上海古籍出版社、上海书店1986年版,第2556页。

② 《隋书·百官志》,影印本《二十五史》,上海古籍出版社、上海书店1986年版,第3347页。

③ 杜佑:《通典》,中华书局1988年版,第1067~1071页。

④ 阎镇珩:《六典通考》,江苏广陵古籍刻印社1990年版,第316页。

更为细密，特别是北周，不仅已细分为太医、兽医等七类，各类又再分阶，形成了自上而下的等级系统。这对医官医绩的考核管理和促进业务水平的提高，都是极为有利的。至于地方医事制度，除梁有“郡县属吏亦有医职”的记载外，其他均无据可考。

第五章

隋唐五代时期的医学教育与考试

589年,隋朝建立。中国结束了自东汉以来长达四百余年的动乱,出现了统一的封建集权制的国家。

隋代后期,租赋徭役不断加重,社会矛盾日趋尖锐。尤其是炀帝时期,繁重的徭役、残暴的酷刑、沉重的赋税,加之对高丽战争的失败,迫使各地人民纷纷揭竿起义,从而导致隋朝大厦将倾。这时,出身于关陇贵族的李渊、李世民父子乘机起兵,于618年攻入长安,废除恭帝,建立了唐朝。到624年,唐陆续镇压了其他地方割据势力和农民起义军,统一全国。唐朝历20帝290年。

唐初,特别是唐太宗李世民继位后,对隋朝失政以至于“民不堪命,卒土分崩”,并最终导致隋政权覆亡的教训,深有感触。唐太宗多次告诫太子和诸王:“舟所以比人君,水所以比黎庶,水能载舟,亦能覆舟。”①提倡“去奢省费,轻徭薄赋,选用廉吏,

① 吴兢:《贞观政要集校》,中华书局2009年版,第213页。

使民衣食有余”①。由于实行了一系列比较开明的措施，社会趋于安定，经济得以恢复，科技也有较大发展，这就是历史上所谓的“贞观之治”。唐中期以后，统治集团日益腐朽，造成人口逃亡，按人丁征收的租庸调税制无法推行。人口的逃亡又使兵源受到影响。募兵制代替府兵制后，京师仍没有足够的卫戍力量，军事上削弱了中央的统治，地方割据势力恶性膨胀。“安史之乱”的暴发，成为唐朝由盛而衰的转折点。唐朝后期，贵族、官僚、大地主势力膨胀，政治日益腐朽，藩镇割据，宦官专权，朋党纷争，经济崩溃，社会动荡不安。尤其是黄巢领导的农民大起义，沉重地打击了唐王朝的统治。

唐朝于907年被推翻。此后，中国历史进入了五代十国时期。所谓五代，是指在中原地区相继出现的五个朝代，即后梁、后唐、后晋、后汉、后周；所谓十国，是指南方存在的吴、吴越、南唐、楚、闽、南汉、前蜀、后蜀、荆南和在北方的北汉等小国。960年，后周禁军统帅赵匡胤通过兵变夺取政权，建立了北宋王朝，并通过一系列兼并战争，结束了五代十国的分裂割据局面。

第一节 隋代的医学考试制度

隋代国祚很短，统治的时间不到30年。但隋在中古士族政治衰落之时，在大一统的皇权复兴与发展上起了承前启后的作用。隋文帝和隋炀帝相继采取措施在政治、经济、文化、科技、教育制度等方面进行了大量的改革。虽然由于战乱等原因，这些改革并未完成，但是这些措施对以后历代封建王朝尤其是唐王朝的兴起产生了深远影响。在《读通鉴论》中，王夫之就感叹：

① 《资治通鉴》卷一九二《武德九年》，中华书局1956年版，第6026页。

"隋一天下……以启唐二百余年承平之运。"

一、隋代的考试制度

(一)隋代科举考试制度的开创

隋王朝的建立,结束了长达几百年的分裂,建立起一个政治高度统一,军事力量强大的统一的中央集权的多民族封建王朝。封建经济发展和豪门士族地主势力日益削弱,而寒门庶族地主有了更高的经济地位和更大的力量。同时,由于全国的统一和中央集权制的确立,封建国家机器日益完备,需要大批适合当时政治需要的各级官吏。隋朝统治者为了治国安邦,渴望因材授职,求得裨益于"政事之方"的有用之人。在这种形势下,原有的九品中正制已经不适应社会的需要,科举制度登上了历史舞台。

隋朝建立之初,也实行过九品中正制,随着门阀势力的下降和寒门势力的上升,"高门华阀有世及之荣,庶姓寒人无寸进之路"的九品中正制已经不利于中央集权的加强。隋文帝为了压抑门阀势力,开皇九年废除了九品中正制,收回地方辟举权,把选举人才和任免官员的权力集中到中央尚书省的吏部,由吏部尚书和侍郎直接掌管各级官吏的铨选。《文献通考·选举十二》记:"自隋时,海内一命之官,并出于朝廷,州郡无复有辟署之事。"唐人刘佚说:"隋氏罢中正,举选不本乡曲,故里闾无豪族,井邑无衣冠,人不土著,萃处京畿……五服之内,政决王朝,一命拜免,必归吏部。"①九品中正制的废除,标志着士族制度在组织上正式走向崩溃。

隋文帝开皇二年正月即下诏由各处推举贤良。开皇七年

① 杜佑:《通典》,中华书局 1988 年版,第 417 页。

(587年),又下诏“制诸州岁贡三人”①,命各州每年向朝廷荐举三人做官。开皇十八年(598年),命“京官五品以上、总管、刺史,以志行修谨、清平干济二科举人”②。可见这时隋朝已经开始向科举取士过渡。隋炀帝大业三年(607年)诏令“文武有职事者,五品已上,宜依令十科举人”③,并明确提出了十科举人的科目:孝悌有闻、德行敦厚、节仪可称、操履清洁、强毅正直、执宪不挠、学业优敏、文才美秀、才堪将略、膂力骁壮。大业五年(609年)又将十科减为四科,分科考试选拔士人的旨意越来越明确。其中仍有“文才美秀”科,即进士科。进士科以考试策问为主。虽然此时尚属科举的开创阶段,有关考试的一切还很不完备。但已揭开了选举和考试史上的新篇章。学术界通常把隋炀帝创设进士科作为科举考试制度正式产生的标志。

最早谈到隋炀帝建立进士科的是唐武则天时左补阙薛登。《旧唐书·薛登传》记载他于天授三年(692年)论述选举弊端时指出:“炀帝嗣兴,又变前法,置进士等科。于是后生之徒,复相放效,因陋就寡,赴速邀时,辑缀小文,名之策学。”④《旧唐书·杨绾传》:“近炀帝始置进士之科,当时犹试策而已。”⑤此后,许多文献均有类似记载。如《文献通考·选举考一》卷二十八记载:“炀帝始建进士科。”《大唐新语·厘革》说:“后汉令郡国举孝廉。魏、晋、宋、齐互有改易。隋炀帝改置明、进二科。”

①② 《隋书·高祖纪》,影印本《二十五史》,上海古籍出版社、上海书店1986年版,第3254、3256页。

③ 《隋书·炀帝纪》,影印本《二十五史》,上海古籍出版社、上海书店1986年版,第3259页。

④ 《旧唐书·薛登传》,影印本《二十五史》,上海古籍出版社、上海书店1986年版,第3854页。

⑤ 《旧唐书·杨绾传》,影印本《二十五史》,上海古籍出版社、上海书店1986年版,第3889页。

五代人王定保在其科举研究专著《唐摭言》卷一《述进士篇》中说："若列之于科目，则俊、秀盛于汉魏；而进士，隋大业中所置也。"同卷《散序进士》又说："进士科始于隋大业中，盛于贞观、永徽之际。"

所谓科举制度，是指采取分科考试的办法，选拔人才、官吏的一种制度。这一制度是国家设科公开招考，士人"怀牒自进"自由报考，以考试为中心选拔官吏。虽然隋代的进士科尚未完善，但它毕竟是科举制产生和发展漫长过程的肇基，预示着中国选举考试史上一个新时代——科举时代的到来。它肇基于隋，确立于唐，中经宋、元、明，一直到清末被废除，在中国历史上存在了1300年，对中国古代的政治和文化教育产生了重大影响。

科举考试取士的特点是录取标准专凭试卷，专重资才，而不是由地方察举。科举考试有了相对稳定的客观标准，轻门第，重才学，任人唯贤，确实是中国古代选士制度上的一个进步。两汉、魏晋南北朝时期的察举和九品中正制，虽也含有考试，但是以推荐察举为主，而隋以后的科举则以考试为主。

科举制度对于统治者来说，是笼络才俊的一种有效手段；有利于提高行政官吏的知识水平与行政功效，促进文官政治的建立；有利于促进社会的平等竞争，有利于选拔人才；对于普及文化、提高全民族的文化素质来说，它无疑是推动了历史的巨大进步。科举考试制度成了支撑官僚政治的有力杠杆，同时又是隋唐以后中国封建社会文化教育的有效指挥棒。由于封建王朝的更迭，旧贵族不断地沉沦为平民，以至于"旧时王谢堂前燕，飞入寻常百姓家"！而下层的活跃分子则"朝为田舍郎，暮登天子堂"，他们发出了强烈的心声："将相本无种，男儿当自强！"这些不仅阻止政治的世袭化，同时也促进了各阶层活跃分子的上进，使优秀的人通过多层次的连续竞争，脱颖而出，掌执朝衡。即《神童诗》所谓“满朝朱紫贵，尽是读书人”。

另外，隋代也曾设“秀才科”。秀才科与常贡者不同。凡是考中秀才者，必须是文才杰出、对策高第的人。但由于朝廷本来就没有求才的诚意，社会上应诏赴试之人很少，而见于史传的著名秀才就更是寥寥无几。《隋书·文学传》批评说：“有隋总一寰宇，得人为盛，秀异之贡，不过十数。”[①]

（二）隋代的制科

隋文帝为了强化专制皇权，抑制世族大姓的习惯势力，即位之初，就把选拔官品的权力集中到自己的手里，一再下诏举行特科，拔取各类人才。《隋书·高祖纪》载：开皇二年（582年）正月，“诏举贤良”[②]。五年（585年）四月，诏“征山东马荣伯等六儒”[③]。开皇十八年（598年）七月，“诏京官五品已上，总管、刺史，以志行修谨、清平干济二科举人”[④]。命令五品以上的在京官员及地方的高级长官（刺史）和最高长官（总管），考察和荐举以志行修谨、清平干济二科举人。

隋炀帝即位之初，正是隋王朝社会经济繁荣的全盛时期，在任人选官方面有所改革。于是，在大业三年（607年）四月下诏：

> 夫孝悌有闻，人伦之本；德行敦厚，立身之基。或节义可称，或操履清洁，所以激贪厉俗，有益风化。强毅正直，执宪不挠，学业优敏，文才美秀，并为廊庙之用，实乃瑚琏之资。才堪将略，则拔之以御侮；力有骁壮，则任之以爪牙。

---

① 《隋书·文学传》，影印本《二十五史》，上海古籍出版社、上海书店1986年版，第3455页。

②③④ 《隋书·高祖纪》，影印本《二十五史》，上海古籍出版社、上海书店1986年版，第3253、3254、3256页。

爰及一艺可取，亦宜采录；若众善毕举，与时无弃。以此求理，庶几非远。文武有职事者，五品已上，宜依令十科举人。有一于此，不必求备。朕当待以不次，随才升用。其见任九品已上官者，不在举送之限。①

这种十科取士的办法，使魏晋以来等级森严的门阀制度受到巨大的冲击。大业五年(709 年)六月，"诏诸郡学业该通、才艺优洽，膂力骁壮、超绝等伦，在官勤奋、堪理政事，立性正直、不避强御四科举人"②。把十科举人归并为四科，基本上与东汉的四科相似。

二、教育制度

(一)学校教育制度

隋朝统治者对于教育制度的改革主要体现在：中央建立了比较系统的经学教育体系，初步建立了职业教育体系和实科教育体系，对唐和唐以后封建王朝的教育制度有着重要的启示意义。

隋文帝初年很重视学校教育，定国子寺(大业三年改称为国子监)，设祭酒一人，专门掌管教育事业，统领各官学，这是我国历史上专门设立教育行政机关和设置专门教育长官之始。继汉代鸿都门学之后，隋朝的专科教育有了新的发展，在中央除设有国子学、太学、四门学外，还初次创立了书、算、律三学。隋代各学都设有博士、生员，有的还设有助教。当时的官学规模已经达到相当可观的程度。隋代学校学习和实践的内容都以儒学为主，而学校讲儒诵经的盛况已达到空前未有的地步。"齐、鲁、赵、魏，学者尤多，负笈追师，不远千里，讲诵之声，道路不绝。中

①② 《隋书·炀帝纪》，影印本《二十五史》，上海古籍出版社、上海书店 1986 年版，第 3259、3259 页。

州儒雅之盛,自汉、魏以来,一时而已。”①

到了文帝晚年,官学教育已表现出十分不景气的现象。炀帝即位之后,曾一度复兴学校教育并整饬学校功课,随着政治上的腐败与社会动荡,学校教育实际上徒有虚名,“师徒怠散”,“空有建学之名,而无弘道之实”②。

1. 经学教育制度。

隋朝的经学教育并不是完全独立的,它是国家礼制的组成部分,隶属于太常寺。太常寺置卿 1 人,少卿 1 人,太常博士 4 人,协律郎 2 人,奉礼郎 16 人。统辖郊社、太庙、诸陵、太祝、衣冠、太乐、清商、鼓吹、医、太卜和廪牺等 11 署,兼管国子寺。

国子寺设祭酒 1 人,从三品。大业三年(607 年),置国子司业 1 人,从四品,丞 3 人,从六品。主簿 1 人,录事 1 人。有国子学、太学、四门学、书学、算学五所学校,其中,国子学、太学和四门学为经学教育学校,书学和算学为实科学校。隋文帝仁寿元年,罢国子学,唯立太学一所,置博士 5 人,学生 72 人。隋炀帝即位后,对隋文帝制度多所改革,大业三年(607 年),改国子寺为国子监。③

国子学:国子学始设于晋武帝咸宁二年(267 年),教师有博士和助教。北齐又置国子寺。“隋初,国子隶太常,置博士五人;大业三年,置国子监博士一人,正五品”,“国子助教五人,从七品下;大业三年减置一人”④。据考开皇时学生定额为 140

① 《隋书·儒林传》,影印本《二十五史》,上海古籍出版社、上海书店 1986 年版,第 3452 页。

② 《隋书·儒林传》,影印本《二十五史》,上海古籍出版社、上海书店 1986 年版,第 3452 页。

③ 李国钧、王炳照总主编:《中国教育制度通史》(第二卷),山东教育出版社 2000 年版,第 241 页。

④ 袁文兴、潘寅生主编:《唐六典全译》,甘肃人民出版社 1997 年版,第 555 页。

人，大业后无定额。

太学：最早由汉武帝接受董仲舒、公孙弘等人的建议而设立。东晋元帝设太学博士。“隋初置太学博士五人。仁寿元年罢国子，唯立太学，置博士五人，从五品；大业三年减置二人，降为从六品。”太学博士总领教育事务。另有太学助教，“隋初，太学助教五人，正九品下（上），大业三年减为二人”①。学生定额，开皇时为 260 人，大业时定为 500 人。

四门学：北魏孝文帝大和二十年（495 年）始置。“隋置五人，从八品上。”“四门助教五人，从九品下。”② 所收学生为 360 人。

2. 实科教育制度。

隋代始创实科教育，主要由书学、算学、律学和医学组成。这些实科教育并非由一个部门专门主管，而是分别由相关的政府机构分管。其中书学和算学隶属于国子寺，律学隶属于大理寺，医学隶属于太常寺。

隋代始置书学制度、算学制度。《隋书·百官志》载，设“博士二人”，《唐六典》载为 1 人。③ 博士主持教学工作。分别称为书学博士、算学博士，官职为从九品下。书学学生定额为 40 人，算学学生定额为 80 人。

隋朝的律学隶属于大理寺，“隋大理寺属官有律博士八人，正九品上”④。有些学者认为其有职业教育性质，也有一些学者认为律学就属于实科教育类型。其地位略高于算学和书学博士。

医学教育是重要组成部分，对后世医学教育和考试产生了

---

①②③④　袁文兴、潘寅生主编：《唐六典全译》，甘肃人民出版社 1997 年版，第 557、558、560、560 页。

重要影响，详见后述。

在这四种实科教育中，都未设助教辅助教学活动，由此也可推测，虽然实科教育已然创立，但在整个教育体系中所占地位不是很重要。

3. 职业教育管理制度。

隋代的职业教育管理由国家职能部门担任，包括秘书省的太史曹，内侍省的掖局，太常寺、太卜署等，都有职业教育功能。这些部门所培养的学生，是国家的专门人才，毕业后基本在本部门和相关的部门从事专业工作。其中太仆寺设有“兽医博士员一百二十人”①。

（二）私学教育制度

隋朝建立后，支持、发展文化教育，中央官学教育发展很快。但是，私学教育以其重视师承、教育内容灵活多样、提倡个人领悟等特点，起着官学教育无法替代的作用，仍然占据社会教育的主流地位。终隋一代，私学教育一直是最重要的教学形式。隋主要有家学和私人讲学两种私学教育制度。另外，还存在着由官学教师开设的私学这样一种制度。官学教师并不受官学教育制度的束缚，他们在保证正常的教学工作之外，也招收一些学生，传道授业。

三、医事制度和医学教育

隋文帝对国家典章制度作了大刀阔斧的重大改革，医事管理制度也更为完善。隋代的医事制度，主要建立有三个系统，一是为帝王服务的尚药局和食医；二是为太子服务的药藏局和掌医；三是百官医疗兼医学教育机构的太医署及地方医疗机构。

---

① 《隋书·百官志》，影印本《二十五史》，上海古籍出版社、上海书店 1986 年版，第 3350 页。

隋朝医官分工很细，颇具规模。这些医官分别归属门下省、太子门下坊、太常寺、太仆寺。门下省统药局、尚食局，负责宫廷医疗保健事宜；太子门下坊统太子局，专门为东宫服务；太常寺统太医署，为最重要的医事管理和医学教育机构；太仆寺统兽医，为御厩服务。

（一）尚药局

南朝梁代为了加强宫廷药品管理，始在太医署中设尚药局，其主管称为奉御。自梁、陈后由太医署中的太医兼职。北齐时为了直接服务于皇帝、皇族的就医用药，尚药局从太医署中独立出来改归门下省管理，长官尚药典御的官秩为正五品。

隋沿北齐之制，文帝时（589～604年）尚药局仍属门下省，"尚药局，典御二人，侍御医、直长各四人，医师四十人"①。炀帝大业时，尚药局改归殿内省，典御又改名为奉御，又增加"司医四人"，"医佐八人"②。另据《唐六典》所载，隋代尚设有"医佐八人"，"主药四人"，"药童二十四人"，"按摩师一百二十人"③。这实际上就是政府主办的皇家医院。

尚药局的最高行政长官典（奉）御由精通医药的专家担任，他掌管为帝王合和御药及诊候方脉事，要亲自诊断并立法处方，还要亲自尝药。直长是奉御的助手。"奉御掌合和御药及诊候之事；直长为之贰。……凡和药宜用一君、三臣、九佐……凡合和御药，与殿中监视分、剂，药成，先尝而进焉。"④侍御医的职责为诊候调和，"侍御医掌诊候调和"⑤，即经常在皇帝身边侍奉并观察病情，调和御药。司医则协助御医分疗众疾。主药、药童掌

① 《隋书·百官志》，影印本《二十五史》，上海古籍出版社、上海书店1986年版，第3350页。

②③④⑤ 袁文兴、潘寅生主编：《唐六典全译》，甘肃人民出版社，1997年版，第338、338、338、338页。

刮削捣筛等加工药物。按摩师、咒禁师所掌同太医。食医掌“和齐所宜”,即掌膳食四时五味配合之宜。

在王公等官奏请皇帝同意后,尚药局医官也为王公大臣以下官员诊疗。这些医药人员的选拔与考试程序,尚未见明确的记载。

(二)药藏局

药藏局是为皇太子医疗保健服务的机关。南梁在詹事府下已有“中药藏局”的设置,到北齐时,已在门下坊设有药藏局,设监、丞各二人,正六品下;另有侍医四人。清黄本骥在《历代职官表》中说:“隋、唐官职更有规定之太子宫属,号称东宫官,与皇室各官相配。……其东宫事务官则以詹事府为总汇,而置左春坊以比门下省,右春坊以比中书省……”隋门下坊设药藏局监、丞2人、侍医4人。监为正七品下,丞为正九品下。

药监掌和医药,丞为之助理。皇太子有疾,由侍医诊候议方。

(三)隋代的国家医疗机关兼教育机构——太医署

隋统一全国后,不但继续沿袭着家传和师徒传授的优良传统,更在前代基础上,先后建立和完善了太医署,作为医学教育的专门主管机构,教授学生各种医术,开创和发展了学校式的医学教育。

隋代医学教育属太常寺统领,有太医令、丞,主药、医师、药园师、医博士、助教、按摩博士、咒禁博士等。隋炀帝时又增医监、医正。太医令掌诸医疗之法,并掌管该署之政令,丞则为其助理。医师、医正主要为人诊疗疾病。诸博士及助教除医疗外,主要是以医术教授学生。

隋太医署由三批人员组成,即行政人员、医疗人员和教学人员,如博士、助教等。

1. 行政管理人员。

太医署的行政长官为“太医令，掌诸医疗之法”。另设丞为其助手，“丞为之贰”①。此外还设有医监及医正，协助令、丞管理行政及教学。医正既疗人疾病，又协助管理学生的医疗实习。在《隋书》中没有记载品位。

表 5-1 隋太医署行政人员表

	令	丞	医监	医正	合计
文帝	2	1(2)	-	-	3(4)
炀帝	2	1(2)	5	10	18(19)

注：括号中为《唐六典》中的人数，其余为《隋书》中的人数。

2. 医药教学人员。

医学方面博士、助教设置始于魏晋，北魏太医署已设置太医博士(从七品下)，太医助教(第九品中)。此时医学教育已带有学校教育的性质。南北朝时尚有一定发展，后魏实际上已举办了医学校，至刘宋时，医学校之性质已较为明显。但其设置、规模、制度等较少有文献记述。

隋太医署医学教育分为医学教育和药学教育两部分，并有分科施教的开端，设四个科系，分为医师科、按摩科和祝禁科、药学科，四科教育初步成形，为唐代的医、针、按摩、咒禁四科教学体制的建立奠定了基础。

据《隋书·百官志》载，医学科有博士 2 人、助教 2 人掌医，医师 200 人，医学生 120 人。医博士主管教授学生诊病和治疗方法。《唐六典》所载无助教。此时的针灸并未独立分科，由医博士承担这方面的教学任务。

① 袁文兴、潘寅生主编：《唐六典全译》，甘肃人民出版社 1997 年版，第 430 页。

按摩科按摩博士 2 人,按摩师 120 人,按摩生 100 人。按摩博士主要教授学生经络和穴位的按摩方法。隋代在按摩医生的培养方面特别突出,其编制在整个封建社会绝无仅有。这可由隋大业太医博士巢元方奉诏撰的《诸病源候论》这部医学理论专著得以管窥,这部书虽然并不论述疾病的医疗方法和技术,却详述了许多疾病的按摩导引等医疗技术和方法。

关于祝禁科,据《隋书·百官志》记载:高祖授命门下省设咒禁博士 2 人。《唐六典》载为 1 人。咒禁博士主要以民间各种驱邪却病的手势、步法、身法及咒语教授学生。通过咒禁博士的设置,祝禁科医生的地位得到了提升。唐代因袭,到了宋代亦未能免除。

药学教育方面有主药 2 人,药园师 2 人及药园生若干,主要教授学生辨别各种药材的产地、良莠、药性以及种植方法。

隋代所设医学校之师生最多时达 580 多人,可知当时学院式医学教育已得到统治者高度重视。

太医署的教师不仅担负着繁重的教学任务,还经常施医送药至民间,进行防病治病工作。

第二节　科举制度在唐代的进一步规范完善

在科举制度上唐承隋制,并使之进一步规范和完善。清代著名学者张之洞总结中国历代取士制度时指出,“取士之法,自汉至隋为一类,自唐至明为一类……汉魏至隋选举为主,而亦间用考试,如董、晁、郗、杜之对策是也。唐宋至明,考试为主,而而(亦)参用选举……”①即隋代以前是以荐举为主,考试为辅;唐

① 张之洞:《张文襄公奏议·变通政治人才为先遵旨筹议折》。

代以后则是以考试为主,荐举为辅。

一、唐代选士制度的改革与科举制度的确立

唐朝是中国历史上最强盛的王朝之一,社会政治、经济、文化发达,可谓中国封建社会的黄金时代。唐代在隋朝科举取士的基础上,不断制定新的办法,促进科举制度的发展与完善。

唐朝开国之初,高祖李渊就发布过许多与科举有关的诏令。《唐摭言》卷一《统序科第》载高祖武德四年(621 年)四月诏曰:

> 诸州学士及早有明经及秀才、俊士、进士,明于理体,为乡里所称者,委本县考试,州长重覆,取其合格,每年十月,随物入贡。

该诏书明确规定了“诸州学士”及“乡里所称者”,须经县、州考试,合格者于每年十月贡于朝廷应试,采用了汉以来明经、秀才、俊士等科目的考试审核制。

武德五年(622 年)三月荐举诏则指出:

> 择善任能,救民之要术,推贤进士,奉上之良规。自古哲王,弘风阐化,设官分职,唯才是与。然而岩穴幽居,草莱僻陋,被褐怀珠,无因自达。实资选众之举,固藉左右之容。……末叶浇伪,名实相乖,举非其人,滥居班秩。……招选之道,宜革前弊,惩劝之方,式加恒典。苟有才艺,所贵适时,洁己登朝,无嫌自进。宜令京官五品以上及诸州总管、刺史各举一人。其有志行可录,才用未申,亦听自举,具陈艺能。①

在这一诏令中,确立了士人“怀牒自进”自由报考的办法,

① 宋敏求编:《唐大诏令集》,商务印书馆 1959 年版,第 518 页。

即所谓“自举”或“自进”。这标志着国家设科公开招考,士人自由报考,于是以考试为中心选拔官员的科举制度诞生。

实际上,唐初选拔官吏存在着科举、杂色入流和以门资入仕等多种途径。据《旧唐书·职官志》记载:

有唐已来,出身入仕者,著令有秀才、明经、进士、明法、书算。其次以流外入流。若以门资入仕,则先授亲勋翊卫,六番随文武简入选例。又有斋郎、品子、勋官及五等封爵、屯官之属,亦有番第,许同拣选。

唐朝科举制度的实行,确实从中小地主阶层及其他寒门庶族中选拔了一些政治人才,扩大了专制中央集权的统治基础。逐步完善的科举制度也使更多的地主士人将科举视为入仕与闻达的主要途径。他们幻想着十载寒窗,一举成名,因而规规矩矩地“两耳不闻窗外事,一心只读圣贤书”。《唐摭言》载,唐太宗李世民私幸端门,看到新进士们弹冠相庆,缀行而出,不禁喜道:“天下英雄尽入吾彀中矣。”彀中,箭能射及的范围。换言之,即来自全国的进士们都为皇帝所牢笼和使用了。科举制度是笼络封建知识分子,使他们心甘情愿为封建王朝服务的重要手段。成千上万的士子往往是心甘情愿“入彀”,老死而无悔。唐武宗会昌年间考取进士的赵嘏诗云:“太宗皇帝真长策,赚得英雄尽白头。”可谓阅历之言。

唐朝参加科举的考生,有三种来源。一种是各地学馆的学生,叫“生徒”,每年经学馆考试合格后,可以直接送尚书省参加考试。再一种是不在学馆的考生,自己向所在州县报考,叫“乡贡”。考中以后,再去尚书省参加考试,叫“省试”。还有一种是由皇帝特别下诏召集某些知名之士举行考试的科目,叫作“制科”。制科考试的日期和项目,都临时决定,考取后可以得到较高的官职,是专门网罗所谓非常人才的一种手段,但是制科出身在当时并不被看作是正途。

武则天当政以后，为了笼络人心，巩固统治地位，一方面大开荐举之门，令各级官吏及百姓可以荐举自己升迁或做官。如天授元年（690 年）命官至各道分巡，搜录人才。还亲自接见了被举荐士子，让其试做某官，称为“试官”。另一方面，完善科举制度，多次下令举行制科考试，通过制举，“文策高者特授以美官，其次与出身”①。对于出身低微的士子来说，这是获官或取得入仕资格的一条便捷途径。在职官员也可通过制科迅速擢升。《朝野佥载》中记述说：“乾封（高宗年号）以前选人，每年不越数千；垂拱（武则天年号）以后，每岁常至五万。”通过荐举、制科等各种途径入仕的队伍迅速膨胀，致使“补阙连车载，拾遗平斗量；杷推侍御史，腕脱校书郎”②。此外，武则天还创立武举科。科举殿试的先例也是武则天于载初元年（689 年）开创的。

开元、天宝时期（713～756 年）参加科举的人更多，“开元天宝之中，一岁贡举，凡有数千”③。“大率二十人中方收一人，故没齿而不登科者甚众。”④这还是指经过州县和国子监选拔后送到尚书省参加考试者，在各地和国子监参加预选考试的人更多。《封氏闻见记》卷三《贡举》记载：“玄宗时，士子殷盛，每岁进士到省者常不减千余人。”⑤由于科举出身的高官日渐增加，因此，科举深深地根植于士人的精神土壤之中，埋头读书，以寻闻达之路的人与日俱增。

科举制虽脱胎于察举制，却是一个不同于察举制的新的选

①③ 杜佑：《通典》，中华书局 1988 年版，第 357、455 页。

② 《唐会要》卷六十七，中华书局 1960 年版，第 1181 页。

④ 杜佑：《通典》，中华书局 1988 年版，第 420 页。

⑤ 封演：《封氏闻见记・贡举》，辽宁教育出版社 1998 年版，第 8 页。

举制度①，主要体现在：一是自由报考的制度，即士子“投牒自进”，这是科举制与历代选官制度的本质区别。在察举制和九品中正制中，士子都是被动地等待举荐入选。察举常被称为乡举里选。即便隋代的分科举人，虽然也有考试一项，但要经过各级官吏的举荐才能投考。二是以考试的优劣为取舍的主要依据，即陆游《老学庵笔记》卷五所说的“一切以程文为去留”。报考员额没有限定，录取名额却相当有限。科举考试是竞争性的差额考试，通过考试从“无常数”的参试者中擢拔有限的名额。由于其怀牒自进的开放性，初始参试者必定远远超过最终录取名额。三是有标准化的衡量人才的尺度，从选人的标准看，科举是一种以具体、严格且可以明确把握的文化知识作为考试内容的公开招考选拔人才的制度，有标准化的衡量人才的尺度进行择优录取。而察举制的选人标准是多元的，如德行、名望、吏能、经术等。四是科举制度与学校教育合为一体。唐代科举是“乡贡”与“生徒”同应省试。唐宋之际，科举与学校间聚散分合不定，但最终于明代科举与学校合一，即所谓“科举必由学校”，形成了“学校——科举”一条龙的选拔格局，士人必须先入地方学校为生员，或入国子监为监生，再通过乡试、会试、殿试而入仕。而察举时代，则为学校选士与察举选士两轨并行之势。

不过，科举制毕竟从察举制脱胎而来，两者还是有许多相似之处。察举与科举均系由朝廷主持，在全国范围内自下而上地进行，各级地方政府做组织协调工作。科举制承袭了汉代察举制的科目体系。比如，二者都有经常性科目和非经常性科目，即有常科与特科之分。唐代沿用了汉代创设的科目，有秀才科

① 李国钧、王炳照总主编：《中国教育制度通史》（第二卷），山东教育出版社2000年版，第433页。

(元封五年创)、明经科(西汉中后期创)、明法(元始二年创)、孝廉(元光元年创,明清之际称举人为孝廉,而汉魏间亦将贡于朝廷的孝廉称做"进士")及特科贤良方正(文帝二年创)等。科举制中常科之时务策试或殿试,借鉴了汉代察举贤良对策的考试办法,而科举制中制科从形式和内容上完全承袭了汉代的特举。

由察举制脱胎而成的科举制度至唐代基本成熟,标志着中国历史上的一个新时代——科举时代的到来。科举制度成了支撑中国官僚政治的有力杠杆,同时又是封建时代文化教育的有效指挥棒。而代表豪门世族利益的九品中正制,如东流之水,一去不返。朝廷对考试录取权和使用权的垄断,巩固了中央集权;通过以"四书五经"、忠君爱国为主要内容的考试,控制了知识分子的思想,并将封建君主集权政治的基石直接铺筑到社会的底层。科举考试成了维持发达的君主官僚政治体制最成功有效的措施,也促进了盛唐文化的繁荣。

综上所述,可以看出唐代虽自始至终采取多渠道选士,但科举出身入仕的庶族地主阶级知识分子不断取代门荫入仕、功臣贵戚和士族子弟,科举制度逐渐成为选士最重要的途径。唐代可以说是科举制的确立和奠基期,宋以后各代科举皆在唐科举的基础上发展而来,虽有不少发展变化,但从考试内容、形式、场次乃至相关的科第习俗皆沿袭或演变于唐制,各种具体的考试条规大部分可以在唐代找到雏形。科举制度经风历雨,几经改革,又数历停罢,作为中国自唐以后封建社会选士的主渠道,延续了1300年。

二、科举考试管理制度的规范化

1. 报考条件　科举考试为国家大典,对所举送的参试人选都有严格的要求。

唐代初期,规定下列人员不得参加科举考试:其一为曾经触犯过大唐法令的人;其二为工商子弟;其三为州县小吏。直到开元末年,仍保持了"工商之家,不得予于士"的规定。"凡贡举非其人者,废举者,校试不以实者,皆有罚。"①当举不举和所举非才,贡举者要受处分。如《唐律》中规定:贡举非其人(指德行乖僻,不如举状者),及应贡举而不贡举者(指才堪利用,蔽而不言者),一人徒一年,二人加一等,罪止徒三等。

唐代后期,由于每年入官人数增多,报考的资格逐渐加严。宪宗元和二年(807年)敕:自今以后,州府所贡举之士,如"迹涉疏狂,兼亏礼教,或曾任州府小吏,有一事不合清流者,虽薄有辞艺,并不得申送"(《唐会要》卷七十六)。又,开成元年(836年)中书门下省奏:今日以后,举人于礼部纳家状后,须五人相保,被举之士若有"缺孝悌之行,资朋党之势,迹由邪径,言涉多端者"等劣迹被告发后,本人被免除考试资格,连保的五人在三年内亦不得就贡举。

2. 报考程序　应举者,皆须于本籍报名。

报名后先要由县进行考试,然后再由州府进行考试,合格者始给予解状,送尚书省。举子投牒取解,考试合格后,每年十月入贡。所谓"牒"就是应试者的家状证明,包括籍贯、父祖、年龄、相貌等。到省后的手续和集阅的内容,包括疏名列到、结款通保等。疏名列到即所谓书写"到状"。《新唐书·选举志》记载:"既至省,皆疏名列到,结款通保及所居,始由户部集阅,而关于考功员外郎试之。"除签名报到外,还应交纳有关文状,如文解、家状。家状包括:乡贯及三代名讳及本人体貌特征,官贵子弟还要写明诸亲等第。还为考生出具填写的样板,"选曹每

① 《新唐书·选举志》,影印本《二十五史》,上海古籍出版社、上海书店1986年版,第4254页。

年皆先立版榜，悬之南院。选人所通文书，皆依版样。一字有违，即被驳落”（《封氏闻见记·铨曹》）。不仅文书要齐备，而且文字也不得有差错。结款通保，即举子五人连保。《唐国史补》中说：“将试，各相保任，谓之合保。”其目的在于对应举者的人品德行进行担保。

有无籍记，即有无举子户籍的记载。《封氏闻见记·制科》：“旧举人应及第，开检无籍者不得与第。”举人交纳文状后，即由户部或礼部进行审核，审查结果出驳榜公布。“礼部驳榜者，十一月出。粗驳者，谓有状无解；无状细驳，谓书其行止之过。”粗驳主要是文状是否完备的审查结果，细驳则是对人品德行的审查结论。凡不合格者，均被驳放，剥夺其考试资格。

3. 作弊与监考　隋唐科举制是在两汉魏晋的“察举制”和“九品中正制”取士制度的基础上产生的，不免带有旧制度的“胎记”。

受“察举制”和“九品中正制”选士制度的影响，唐朝士子应试前，要将自己的诗文集呈送给达官贵人和社会名流，求得他们的品题和赏识，这叫“行卷”。“行卷”一次还不行，怕“贵人多忘事”，所以在临考前夕，还要再呈送一次，这叫“温卷”。达官名流对某个士子的诗文表示赞赏，就向主考官打招呼，这叫“推荐”，也称“公荐”，表示出乎公心，为国求贤。主考官收到诸多的推荐信后，把推荐者排一个队，谁的官位高，谁的名气大，然后对照所推荐的诗文，加以评比衡量，心中就有了一个“底”。做好这些摸底工作后，就可以公开考试了。考官把考卷收齐后，再请一两个确有威望的学者来评卷，参考推荐书，初步排出录取名单，这叫“通卷”。最后，主考官根据“通卷”名单，反复斟酌审核和订正，就叫“通榜”；然后呈报当局批准，发榜公布。

《通典》卷十七所录薛谦光（薛登）描述了唐代士人“觅举”的风尚：

夫觅者，自求之称，非人知我之谓也。察辞度材，则人品可见矣。故选曹授职，喧嚣于礼闱；州郡贡士，诤讼于陛闼。谤议纷纭，浸成风俗。①

觅举即毛遂自荐，求得机会参加科举。

行卷、推荐、通榜、发榜几个步骤，其本意是想把科举搞得完善些。采取场内考试和场外推荐调查摸底结合的办法，既保留、借鉴了“察举制”“九品中正制”的长处，又发挥了“考试制”的优势，应该说是比较合理的。

但是行卷、推荐、通榜、发榜的程序化、合法化，也为后来的徇私舞弊开了方便之门。尤其是唐朝中后期以后，随着吏治的逐渐腐败，请托之风奔竞猖獗，行卷、推荐等方式演变成了科场作弊的手段，请托、通关节、私荐、场外议定等现象屡见不鲜：“造请权要，谓之关节；激扬声价，谓之还往……匿名造谤，谓之无名子……挟藏入试，谓之书策。”因此，及第人员常有预定、内定的现象，所谓“贵者以势托，富者以财托，情故者以情托”，其中权贵利用职权行私舞弊之举最为典型。

此外，还屡有考官泄露试题、冒名顶替等事件发生。《旧唐书》记载：龙朔年间，董思恭“知考功举事，坐预泄问目，配流岭表而死”。又，“宣宗大中九年(855 年)三月，试宏词举人，漏泄题目，为御史台所劾，侍郎裴谂改国子祭酒，郎中周敬复罚两月俸料，考试官刑部郎中唐枝出为处州刺史，监察御史冯颛罚一月俸料。其登科十人并落下”。尽管科举考试制度不断加强，但也无法防范门阀贵族的徇私舞弊，以至于后来科举成为朋党之争的工具。

为防止考生、考官舞弊，昭示考试面前人人平等的原则，唐

① 杜佑：《通典》，中华书局 1988 年版，第 410 页。

朝初步建立了考场规则、防弊措施,如高宗上元二年(675年)采用了“别头”试的回避制度,就是主考官的亲属移往别处的指定机构考试。参加考试的主考官亲属被称为“别头举人”。“别头”制在防止考官任人唯亲,体现公平竞争的精神方面,起到了一定的作用。不时有举人因系贵胄子弟,虽有才艺,主司不敢选取,而奏请皇帝,皇帝则往往另命官复试。但此举也使考官亲族参试多方受限,故屡屡有人上疏奏罢“别头举人”,但没有成功,至宋时成为定制。

考试期间实行锁院制,考场设有治安巡查人员,士子须经过严格搜身、盘查,以防夹带和弄虚作假。唐宪宗时建立了“棘围截遮法”,即在试院的围墙上遍插棘枝,以防止传递作弊,因此后来也称贡院为“棘围”“棘院”。

为防止主考人员以情选人,武后当政之初,“以吏部选人多不实,乃令试日自糊其名,暗考以定等第”。至天册万岁元年(695年)停罢。玄宗开元十五年(727年)再度实行。虽说“糊名考试”在唐代并未形成定制,却成为后世糊名弥封的滥觞。

三、考试科目

所谓科举,又称“科第”或“科选”。唐朝科举考试的科目很多,主要分为常科与制科两种。据《通典·选举三》所载,常科的招考办法是:

> 大唐贡士之法,多循隋制。上郡岁三人,中郡二人,下郡一人,有才能者无常数。其常贡之科,有秀才,有明经,有进士,有明法,有书,有算。自京师郡县,皆有学焉。(并具《学篇》。)每岁仲冬,郡县馆监课试其成者,长吏会属僚,设宾主,陈俎豆,备管弦,牲用少牢,行乡饮酒礼,歌《鹿鸣》之诗,征耆艾,叙少长而观焉。既饯,而与计偕。其不在馆学

而举者，谓之乡贡。旧令诸郡虽一、二、三人之限，而实无常数。到尚书省，始由户部集阅，而关于考功课试，可者为第。

又，《新唐书·选举志》载：

每岁仲冬，州、县、馆、监举其成者送之尚书省；而举选不繇馆、学者，谓之乡贡，皆怀牒自列于州、县。

常科即所谓"常贡之科"，秀才、明经、俊士、进士、明法（法律科）、明字（文字科）、明算（算学科）等科，皆"岁举之常选也"①。此外，还有道举（玄学科）、童子（童子科，十岁以下能通一经）、一史（考《史记》）、三史（考《史记》和《汉书》《后汉书》）、开元礼（通习开元时代的礼仪）、三礼（通习《礼记》《仪礼》《周礼》）、三传（考《左传》《公羊传》《穀梁传》）等特设的科目。

唐朝科举考试的科目虽多，但最受重视的是明经、进士两科。"进士"之名，始见于《礼记·王制》："大乐正论造士之秀者，以告于王，而升诸司马，曰进士。"②意为将进而用之士。唐人苏鹗《苏氏演义》卷上说："进士者，可进受爵禄者也。"唐代文学家欧阳詹说："进士者，岂不言其可以仕进而能裨助政化，始自下而升上，终自上而利下者也？近代亦曰举人，实古今举贤进能之科也。"唐朝宰相多半是进士出身，所以进士科更受到特别重视。进士科也最难考，一百人中不过取一两名，所以，人们把考取进士比作"登龙门"。

各科考试的内容各有不同。譬如，明经要考帖经，就是从经书中提出一句，命考生把上下文默写出来；要考墨义，就是把经文连注疏全写出来。进士要考时务策。要求士子熟读"四书五经"，科举制成了思想统治的工具。但唐朝设立"算术科"，说明当时科举除经书外还注重实用，不像后来各朝专攻经书，越来越

① 《新唐书·选举志》，影印本《二十五史》，上海古籍出版社、上海书店 1986 年版，第 4254 页。

② 《礼记正义》，《十三经注疏》，中华书局 1980 年版，第 1342 页。

脱离实际，到了明清时又钻进了“八股文”的死胡同。

第三节 唐代医学教育事业的发展

一、医学事业的发展背景

唐代是中国历史上一个光辉灿烂的历史时期。经济发展，文化繁荣，科技进步，思想多元化。

在意识形态方面，由于统治者的需要与提倡，儒、道、佛三教都有较大发展。儒学是统治者始终尊为正统的治国之本，唐太宗继位后，尊孔子为“先圣”，颜渊为“先师”，儒学出现“古今未之有也”的局面。佛教自汉代传入中国，至隋唐又有了新的发展。玄奘西游带回大量佛经进行翻译，唐太宗和高宗亲自写了《大唐三藏圣教序》和《大唐三藏圣教序记》，以宣传佛教。道教始创于东汉，尊老子为教主，唐高祖托附老子为先祖，使道教的地位有了很大提高。经过儒、道、佛孰先孰后的争论，唐代形成了儒、道、佛并尊的局面。

儒、道、佛的发展对医学和医学家也产生了重要影响，许多医学著作中可以看到这种时代烙印。佛经中若干医学思想和医疗经验，道家的养生学说等曾为隋唐医家广泛吸取。部分帝王热衷于炼丹饵药，炼丹术得到了进一步发展，出现了不少炼丹家和炼丹著述。1970 年 10 月，在西安南郊何家村出土的唐代医药文物中，有银制石榴罐四个、研药器玛瑙臼一个、玉杵一个等，为我们提供了唐代炼丹工具的实物。炼丹服饵导致严重病痛，甚至死亡，唐代有六位皇帝死于服食丹药（《廿二史札记·唐诸帝多饵丹药》）。炼丹术的发展客观上为古代化学、药物学的发展积累了有价值的科学资料，有些关于制药和化学的知识及技术已相当成熟。

在经济方面，隋唐初期推行了有利于发展农业生产的均田制、租庸调制及与民休养生息、奖励农耕的措施，特别是唐初还注意了兵役、徭役的征发不夺农时，为社会的稳定和经济的恢复发展提供了有利的条件。在农业上，推广使用先进生产工具，兴修水利，人口和垦田面积增加。隋代开通的大运河促进了南北经济文化的交流，南北朝以来中原地区先进生产技术的不断传播，长江流域出现了许多新的经济区域。唐代农业经太宗、武后时期的恢复，到开元时期，粮食产量明显增加，甚至出现了仓粮陈腐、谷贱伤农的现象，如玄宗开元二年的敕文中有“天下诸州，今年稍熟，谷价全贱，或虑伤农”（《册府元龟》卷五〇二）之语。

唐代的手工业无论在分工精细，技术改进，或是在产品种类、生产规模方面，都超过了前代。唐政府设有手工业管理机构，制定了管理及培训制度，促进了工艺技术水平的提高，并出现了较大规模的作坊。造纸手工业已遍及全国，唐时安徽宣州（今泾县）一带所造书法绘画之“宣纸”，列为贡品。人类文明史上划时代的发明——雕版印刷术在隋唐之际问世，由于其工艺简单，费用低廉，印刷便捷，迅速推广开来。如《新集备急灸经》就注有“京中李家于东市印”的字样。印刷术还相继传入亚洲各国和欧洲，促进了世界文化的传播。

商品贸易有了长足发展，出现了一些著名的商业城市和对外贸易港口，如长安、洛阳、扬州、广州等。长安是全国政治、经济、文化交流的中心，城内集聚着几十万人，其中除皇室、贵族、官僚、地主、商人与手工业者外，还有朝鲜、日本、天竺、中亚细亚、波斯和大食的使者、留学生、商人、僧侣等。唐代的统一使通过丝绸之路同中亚、南亚、伊朗、阿拉伯乃至欧洲的交流更为频繁;唐中期以后,海上贸易也日益发达,政府在广州设立"市舶司"以管理对外贸易。输出的主要商品是丝绸、瓷器、药材,输入的主要为香料、胡椒、珍珠、宝石、象牙、犀角等。造船技术和天文航海技术的进步,促进了航海事业的发达。

唐代不但在中国封建社会中是文化艺术的黄金时代,也是当时世界上文学艺术发展的高峰时期。"诗仙"李白和"诗圣"杜甫为代表的一批伟大诗人的千古绝唱已成为我们的宝贵财富。唐代绘画、书法、雕塑、音乐都有很高的成就,龙门石窟、敦煌莫高窟的壁画和雕塑作品显示出劳动人民的智慧和卓越创造才能。敦煌莫高窟壁画和雕塑洞窟中,唐窟约占一半,反映了唐代丰富多彩的社会生活,其中包括了反映医药卫生的宝贵壁画。

与此相应,唐代的医学教育也比较发达,医药事业有了很大的进步。唐初有人将民间验方刻于洛阳龙门山上的北齐师道兴造像之下,便于邻近和来往旅客应急之用。唐朝统治者还曾多次颁布医方本草于诸州府。天宝十五载(756 年),朝廷命各郡县将《广济方》择要写在大板上,立于乡村要道之旁,宣传和普及医药卫生知识。在医学文献的整理编注方面,杨上善、王冰对《内经》进行了分类编纂和注解,为后世保存和研究古典医籍做出了贡献。

在对疾病的认识和病源的探讨方面,达到了较高的水平。出现了我国第一部病因证候学著作——巢元方《诸病源候论》,我国第一部临床百科全书《千金要方》,世界上第一部国家药典《新修本草》等巨著也在唐代辑成。医药学术和疾病防治的研究,趋向深入细致。对每一类疾病和每一证候的病因、病理、临床表现在更深的层次中提高了认识,治疗的针对性更强,也更为有效。临床医学出现专科分宗发展的趋势。如在内科方面,对脚气病的病因及防治,《本草拾遗》《千金翼方》中都有深刻的认识。在妇产科方面,唐末昝殷《经效产宝》,为现存较早的妇产科专书。儿科方面,唐"太医署"的医科中专设有"少小"科,《千金翼方》中对小儿的发育、护理、卫生等已有详细论述,还出现了我国现存最早的儿科专著《颅囟经》。外科方面,《诸病源候论》记载了肠吻合术、血管结扎术、创伤异物的清除等。《仙授理伤续断秘方》是我国现存最早的一部伤科专书,反映了隋唐时期治疗骨伤科疾病的先进水平。唐"太医署"中的针科、按摩科则是针灸、按摩独成一科的滥觞。

国家的统一、中外交通的发达、民族文化的融合,促进了医药知识的交流和传播,不仅对国外及我国许多少数民族医药知识兼收并蓄,并给祖国医学注入了新的血液,在唐代医学著作中就有明显的印度医学的影响。文成、金城二公主进藏带去百工技艺(包括医药)。藏医学经典《四部医典》问世,丰富了祖国医药学内容。而日、朝留学生的来华,中国医学对日、朝医学的形成和发展也有不可低估的作用。

在政治、经济、文化发达的同时,教育与科举制度得到不断的发展与完善。在科举制度的影响下,医学教育与医学人才的教育、考试、选拔与考核也不断制定新的办法,有一些不同于其他朝代的新特点。

二、国家医学教育

唐代的教育事业是比较发达的。唐中央官学分六学二馆,六学由国子监管辖,其中设有国子学、太学、四门学、律学、书学、算学。二馆即门下省管辖的弘文馆和东宫管辖的崇文馆。

国子监是主要的教育管理机构。唐武德初年,因袭隋制设国子寺,隶属太常寺。贞观初,改名国子监,从太常寺分离出来而成为独立的教育部门。唐高宗龙朔二年(662 年),国子监改名司成馆,祭酒为大司成,司业为少司成,咸亨中复旧。武则天光宅元年(684 年),国子监改为成均监,祭酒称成均祭酒。垂拱中,司业增为 2 人。唐中宗于神龙元年(705 年)改回国子监。开元时,国子监设祭酒 1 人,从三品;司业 2 人,从四品下。祭酒和司业是国子监的最高长官,其主要职能是:掌儒学教育的训导及政令的贯彻实施;管理其所辖诸学;为地方经学教育的稽式;向礼部输送业成之士,参加科举考试,完成国家赋予的养士教育任务。

唐代的国家教育,可分为经学、实科、职业三大门类。以儒学为主要内容的经学教育是唐代官学教育的主体,实科教育由国子监的律、书、算三学和太常寺的太医署组成。职业教育则主要包括天文历法教育、兽医教育和卜筮教育等。[①] 国家医学教育主要由太医署负责。今据《中国教育制度通史》(第二卷)“唐代中央官学系目表”改订如下:

表 5-2 唐代中央官学系目表

<table>
<tr><th rowspan="2">隶属关系</th><th rowspan="2">学校</th><th colspan="2">教师额</th><th rowspan="2">学生额</th><th rowspan="2">招生对象</th><th rowspan="2">学习内容</th></tr>
<tr><th>博士</th><th>助教</th></tr>
<tr><td rowspan="2">国子监</td><td>国子学</td><td>2</td><td>2</td><td>300</td><td>文武三品以上子孙,若从二品以上曾孙,勋官二品县公、京官四品带三品勋封之子。</td><td rowspan="2">分《周礼》《仪礼》《礼记》《毛诗》《春秋左氏传》五专业,兼习《周易》《尚书》《春秋公羊传》《春秋穀梁传》。《孝经》《论语》皆须兼通。暇习隶书,读《国语》《说文》《字林》《三苍》《尔雅》。</td></tr>
<tr><td>太学</td><td>3</td><td>3</td><td>500</td><td>文武官五品以上子孙,职事官五品期亲,若三品曾孙,勋官三品以上有封之子。</td></tr>
</table>

① 李国钧、王炳照总主编:《中国教育制度通史》(第二卷),山东教育出版社 2000 年版,第 306 页。

（续）

隶属关系	学校	教师额		学生额	招生对象	学习内容
		博士	助教			
国子监	四门学	3	3	1300	500人为勋官三品以上无封，四品有封，文武七品以上子；800人为庶人之俊异者（即俊士）。	间习时务策。
国子监	书学	2		30	八品以下子及庶人之通其学者。	《石经》《说文》《字林》为专业，余字书亦兼习之。
国子监	算学	2		30	同上	分为两种专业：(1)《九章算术》《海岛算经》《孙子算经》《五曹算经》《张丘建算经》《夏侯阳算经》《周髀算经》《五经算术》；(2)《缀术》《缉古》。兼习《记遗》《三等数》。
国子监	律学	1	1	50	同上	以律令为专业，兼习格式法令。
国子监	广文馆	4	2	无定额	准备参加进士考试者。	进士科所试内容。
门下省	弘文馆	学士无定额		30	皇宗缌麻以上亲，皇太后、皇后大功以上亲，散官一品，同中书门下三品，同中书门下平章事，六尚书，功臣身食实封者，京官职事正三品供奉官三品子孙，京官职事从三品，中书黄门侍郎子。	学书法、兼经史，如国子学。
东宫	崇文馆	学士2人		20	同上	如国子学。

（续）

隶属关系	学校		教师额		学生额	招生对象	学习内容
			博士	助教			
尚书省祠部	崇玄学		博士	助教	两都各 100		《道德经》《庄子》《列子》《文子》等。
			1	1			
太医署	医学	医科	1	1	40		公共课:《明堂》《素问》《黄帝针经》《本草》《甲乙》《脉经》。分业教习:分为体疗、疮肿、少小、耳目口齿、角法五专业。
		针科	1	1	20		公共课:同上。专业课:《素问》《黄帝针经》《明堂脉诀》《神针》及九针之法(镵针、圆针、鍉针、锋针、铍针、圆利针、毫针、长针、大针)。
		按摩	1		15		公共课:同上。专业课:消息导引之法,治损伤折跌之法。
		咒禁	1		10		咒禁方法。
		药园师工			16		药物种植、鉴别、采集、炮制、贮存等。

1. 教育机构。

我国医学教育至唐代已相当完善。太医署是唐代的最高医学教育管理机构,规模宏大,学制健全,考核严格,在中国古代医学教育史上具有重要地位。

唐太医署归执掌邦国礼乐郊庙社稷之事的太常寺管理。据《旧唐书·职官志》记载,太医署的人员组成是:

太医署:令二人(从七品下),丞二人(从八品下),府二人,史四人,主药八人,药童二十四人;医监四人(从八品下)，医正八人(从九品下)，药园师二人，药园生八人，掌固四人。太医令掌医疗之法。丞为之贰。其属有四，曰医师、针师、按摩师、禁咒师，皆有博士以教之。①

其中太医署令2人，掌管学校的全面工作，丞2人，负责协助太医署令工作。另有府2人、史2人、医监4人、医正8人、掌固4人等，则各自主管教务、文书、档案和庶务等工作。

太医署分医学为四科，即医科、针科、按摩和咒禁科，另有药园一所。据《唐六典》卷十四载，在医科之下又"分而为业，一曰体疗，二曰疮肿，三曰少小，四曰耳目口齿，五曰角法"，大体相当于内科、外科、儿科、五官科和外治法科。其注曰："诸医生既读诸经，乃分业教习。率二十人以十一人学体疗，三人学疮肿，三人学少小，二人学耳目口齿，一人学角法。体疗者，七年成；少小及疮肿，五年；耳目口齿之疾并角法，二年成。"②

2. 师资队伍。

太医署的教师队伍，职称、职责分工明确。关于师资设置，《旧唐书·职官志》载：

医博士一人(正八品上)，助教一人(从九品下)，医师二十人，医工一百人，医生四十人，典药二人。博士掌以医术教授诸生。

据《旧唐书》的记载，医科设医博士1人，医助教1人，医师20人，医工100人。医博士为医科教师之长，医助教帮助医博士教学。由于太医署在当时除负责教授医学生外，为了培养学生临床治疗的实际能力，还设有医师、医工等120人，辅佐博士、助教进

① 《旧唐书·职官志》，影印本《二十五史》，上海古籍出版社、上海书店1986年版，第3703页。

② 袁文兴、潘寅生主编：《唐六典全译》，甘肃人民出版社1997年版，第431页。

行临床教学，治疗病人和指导学生实习。其他如针科、按摩科等，也均有博士、助教、师、工等。总计医学生 40 人，针学生 20 人，按摩学生 16 人，咒禁科学生 10 人，药科学生 8 人。而其他史书的记载，各有出入，如《唐六典》中有典学（管抄录课业）10 人，而新旧唐书均未载典学一职。其他教职员工和学生总数，文献记录互有差异。兹据龚纯《中国历代卫生组织及医学教育》的统计，列表如下：

表 5-3　唐太医署医学部师生员工人数表

职别	医			针			按摩			咒禁			合计		
	(1)	(2)	(3)	(1)	(2)	(3)	(1)	(2)	(3)	(1)	(2)	(3)	(1)	(2)	(3)
博士	1	2	1	1	1	1	1	1	1	1	1	1	4	5	4
助教	2	1	1	1	1	1	—	—	—	—	—	—	2	2	2
师	20	20	20	10	10	10	4	4	4	2	2	2	36	36	36
工	100	100	100	20	20	20	16	16	56	8	8	8	144	144	184
生	40	40	40	20	20	20	30	15	30	10	10	10	100	85	100
典学	2	—	—	—	—	—	—	—	—	—	—	—	2	—	—
合计	165	163	162	52	52	52	51	36	91	21	21	21	288	272	326

注：(1)《唐六典》，(2)《旧唐书》，(3)《新唐书》。

3. 入学资格。

学生入学资格存在着封建等级观念。《唐六典》曾明确指出："其考试、登用如国子监之法。"①国子监学生来源，入国子学要求三品以上官僚子弟，太学要五品以上官僚子弟，四门要七品以上官僚子弟，其他如律、书、算学的学生，则可招收八品以下及庶民百姓子弟入学。允许庶民子弟考取属于应用科学的天文、历算等学科，与封建时代将科学技术视为儒家学说的附庸，认为"德成而上，艺成而下"，"形而上者谓之道，形而下者谓之器"，"君子谋道"等思想影响是分不开的。

① 袁文兴、潘寅生主编：《唐六典全译》，甘肃人民出版社 1997 年版，第 430 页。

医药学教育虽然规定了“如国子监法”，但实际上并不一定比律、书、算更受重视，其学生很少来自官僚子弟。药学生还要从事药物的栽培和加工，体力劳动占了很大成分，因此《名医别录》才有“取庶人十六以上，二十以下充药园生，业成补药师”的记载。学生入学的礼节与教师的束脩，甚至也要由皇帝正式发布命令，如：“神龙二年九月敕：学生在学，各以长幼为序，初入学，皆行束脩之礼，礼于师。……其束脩三分入博士，二分助教。”①“凡学生有不率师教者，则举而免之”，“诸生先读经文通熟，然后授文讲义，每旬放一日休假”，若考不及格者“酌量决罚”。②

4. 教学科目、教学内容与修业年限。

唐太医署的教学，有三个方面的特点，一是强调基础课程，二是重视分科理论学习和专科技术，三是注意实际临床和操作技术的培养。

基础课，即不论是学习哪一科的医师都必须学习的科目。包括《明堂》《素问》《黄帝针经》《本草》《甲乙经》《脉经》。这些科目基本上囊括了中医学的基础理论、药物学、针灸学及脉学方面的知识。《唐六典》卷十四对学习的具体要求有明确记述：

> 诸医、针生，读《本草》者，即令识药形，而知药性；读《明堂》者，即令验图识其孔穴；读《脉诀》者，即令递相诊候，使知四时浮沉涩滑之状；读《素问》《黄帝针经》《甲乙》《脉经》，皆使精熟。

在基础课程考试合格的基础上，再分科学习本行专业知识。这就是所谓“诸医生既读诸经，乃分业教习”的规定。③

① 《唐会要》卷三十五，中华书局1960年版，第634页。

② 《唐会要》卷六十六，中华书局1960年版，第1161页。

③ 袁文兴、潘寅生主编：《唐六典全译》，甘肃人民出版社1997年版，第431页。

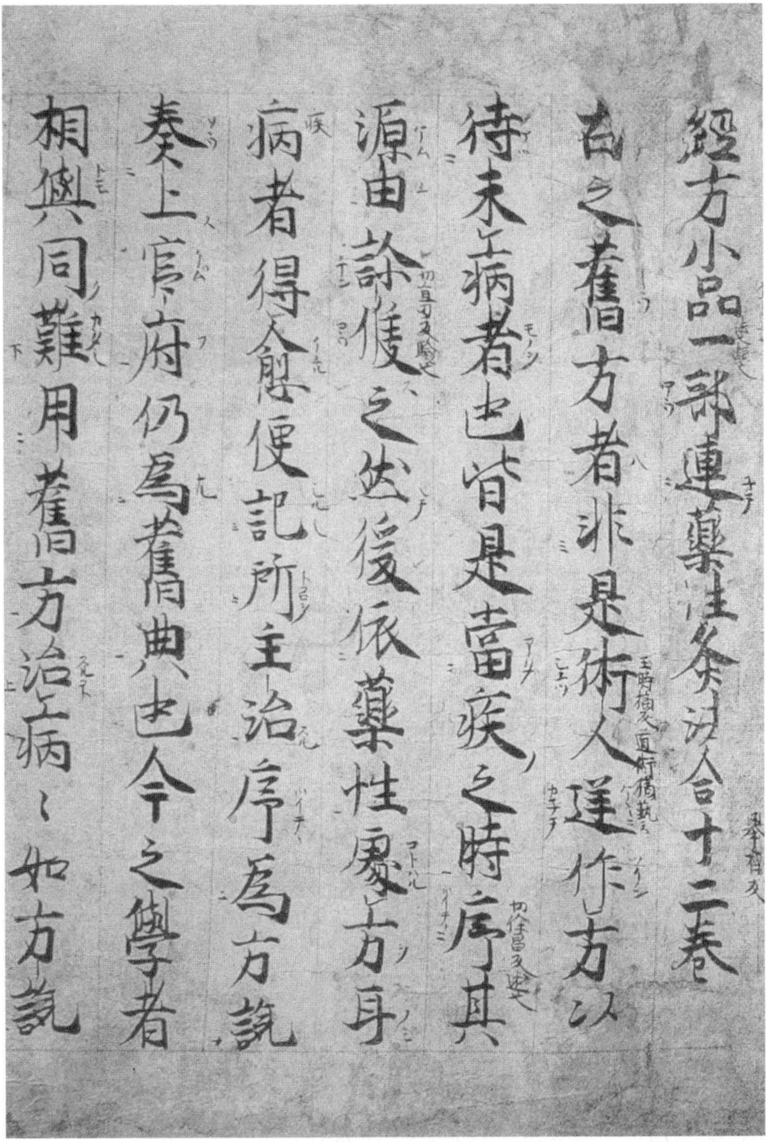

《经方小品》(残卷)书影

《经方小品》即《小品方》，为唐代的医学教科书之一。日本东洋医学综合研究所 1992 年影印尊经阁文库藏古钞卷子本

(1)医师科。是唐代太医署教学的重点。

据《旧唐书·职官志》载：

医博士一人(正八品上)，助教一人(从九品下)，医师二十人，医工一百人，医生四十人，典药二人。博士掌以医术教授诸生。

其实，上述职务人数在不同朝代也略有变动。如博士1人，正八品上。助教，从九品上，武德中为2人，贞观中减至1人。博士和助教负责以医术教授学生，医师和医工则帮助博士、助教，并对外门诊，而且要以其医愈病人数目来确定考课。

医师科下又分为5个专业：即体疗、疮肿、少小、耳目口齿、角法。其中体疗相当于内科，疮肿相当于外科、少小则是小儿科，耳目口齿即五官科。“角法”一词，出于晋代葛洪的《肘后方》，因古代用兽角制成的杯罐作为拔罐的工具而得名，故角法即拔罐疗法。40名医师科学生以20人为一组，共分两组，每组以11人学体疗，3人学疮肿，3人学少小，2人学耳目口齿，1人学角法。范行准认为，唐代医学科目中口齿科的设立，与当时蔗糖大量输入都市和制精糖法的输入，使龋齿患者增多，有着密切关系。①

教法规定读《明堂》者，要使之验图识孔穴；读《脉诀》者，要通过递相诊候，懂得四时浮沉涩滑之状；读《素问》等，须达到精深熟悉的程度。临床课则要求识药性，知四时脉象与浮沉涩滑之状，验图知穴位。

体疗专业须修习7年，少小及疮肿修习5年，耳目口齿和角法修习年限均为2年。

根据其分科又各另有专科教材看，医科中之内、外、儿、五官

① 范行准：《中国医学史略》，中医古籍出版社1986年版，第86页。

等科也应有专科教材，可惜有关文献均未予以记述。

(2)针师科。关于针师科的设置，《旧唐书·职官志》载：

> 针博士一人(从八品下)，针助教一人(从九品下)，针师十人，针工二十人，针生二十人。针博士掌教针生以经脉孔穴，使识浮沉涩滑之候，又以九针为补泻之法(其针名有九，应病用之也)。

从上述规定看，针博士品级稍次于医博士，为从八品上。针助教1人，为从九品下。并且专门设置针师以辅佐针博士和助教的教学工作。

针科教学的教科书在《唐六典》中有明确规定：除了各科医生都要学习的《本草》《甲乙》等内容之外，"针生习《素问》、《黄帝针经》、《明堂》、《脉诀》，兼习《流注》、《偃侧》等图，《赤乌(乌)神针》等经。业成者，试《素问》四条，《黄帝针经》、《明堂》、《脉诀》各二条"①。规定的这些兼习课目，均系五、六世纪医学家的著作，距唐代医学之教学活动不过百年左右，证明唐代医学的教育思想很重视新经验的总结并及时引入教学体系当中。如刘宋秦承祖的《偃侧图》及佚名的《明堂流注图》、张子存的《赤乌神针经》等，都是唐代培养针灸医生必须学习的书籍，甚至连学习的书本在考试时应占多大比例也绳之以典章。② 临床课则以九针为器械，因病而施，察五脏之有余不足，然后用针，或补或泻。修业时间最长为九年。

此外，《唐六典》强调医科教学如国子监法，还规定"凡针生习业者，教之如医生之法"，即要求针科教学如医生之法，说明

---

① 袁文兴、潘寅生主编：《唐六典全译》，甘肃人民出版社1997年版，第431页。

② 李经纬：《中国医学之辉煌：李经纬文集》，中国中医药出版社1998年版，第23页。

当时的教学要求是十分严格的。很有意义的是《唐六典》这样的书，把针科教学的一些十分具体的专业内容，也通过注文的形式，予以载录。如关于“九针”，即有如下详细说明：“一曰镵针，取法于布（巾）针，长一寸六分，大其头，锐其末，令不得深入，主热在皮肤者。二曰圆针，取法于絮针，长一寸六分，主疗分间气。三曰鍉针，取法于黍粟之锐，长二寸半，主邪气出入。四曰锋针，取法于絮针，长一寸六分，刃三隅，主决痈出血。五曰剑（铍）针，取法于剑，令其末如剑锋，广二分半，长四寸，主决大痈肿。六曰圆利针，取法于牦，直圆锐，长一寸六分，主取四支痈、暴痹。七曰毫针，取法于毫毛，长一寸六分，主寒热痹在胳（络）者。八曰长针，取法于綦针，长七寸，主取深邪远痹。九曰火（大）针，取法于锋，长四寸，主取火（大）气不出关节。凡此九针，以法九州九野之分，九针之形及所主疾病，毕矣。”至于治疗之时，则要求“先察五脏有余不足而补泻之”。并具体论述曰：“人心藏神，肺藏气，肝藏血，脾藏肉，肾藏志，内连骨髓，外通津液，以四支、九窍、十六节、三百六十五部。必先知其病之所在。”①正所谓不厌其详，有很强的可操作性。

（3）按摩科。关于按摩科的设置，据《旧唐书·职官志》载：

> 按摩博士一人（从九品下），按摩师四人，按摩工十六人，按摩生十五人。按摩博士掌教按摩生消息导引之法。

据考，按摩博士之设，隋时 20 人，唐初因之，贞观时减为 1 人，但其品级比医博士低一品三级，为从九品下。按摩师 4 人，按摩工 16 人，辅助博士进行按摩之教导。其下不再分科，有学生 15 人。修业时间最长为九年。

---

① 袁文兴、潘寅生主编：《唐六典全译》，甘肃人民出版社 1997 年版，第 431 页。

与隋朝相比,按摩教学在唐初被大大削弱了,如将隋所设按摩博士20人减为1人,将按摩师120人,减为4人,另增设按摩工16人,按摩生也由隋之100人减为15人,使唐初太医署之按摩专业的生员工比隋消减了百分之八十五,这可能与当时推行精简的政策有关。①

关于按摩生的专业教学内容,《唐六典》按摩博士条注文云:"崔实《政论》云:'熊经鸟伸,延年之术。'故华佗有六(五)禽之戏,魏文有五槌之锻。《仙经》云:'户枢不朽,流水不腐。'谓欲使骨节调利,血脉宣通,即其事也。"②说明按摩教学除《素问》《脉经》《本草》之外,专业学习的内容主要是导引、按摩等技术。《唐六典》卷十四载:

> 按摩博士掌教按摩生以消息导引之法,以除人八疾:一曰风,二曰寒、三曰暑、四曰湿、五曰饥、六曰饱、七曰劳、八曰逸。凡人支、节、府、藏积而疾生,导而宣之,使内疾不留,外邪不入。若损伤折跌者,以法正之。

一方面是通过消息导引术治疗除风、寒、暑、湿、饥、饱、劳、逸等八疾,使人骨节调利,血脉宣通,另一方面是以法治疗损伤折跌类疾患。可见当时的按摩科,除包括了今日推拿按摩的范围外,还包括正骨科在内。

(4)咒禁科。咒禁科古代亦称祝由科,其设置与唐代佛道二教的盛行有关。据《唐六典》记载,咒禁有两种,一为道禁,出于山居方术之士(道教),二为禁咒,出于释氏(佛教)。就连唐代大医孙思邈在其《千金翼方》中,也专列"禁经"两卷22篇,并

---

① 李经纬:《中国医学之辉煌:李经纬文集》,中国中医药出版社1998年版,第23页。

② 袁文兴、潘寅生主编:《唐六典全译》,甘肃人民出版社1997年版,第431页。

说:“斯之一法,体是神秘,详其辞采,不近人情,故不可推而晓也。但按法施行,功效出于意表。”清代医家陆以湉《冷庐杂识》也说:“禁咒治病,自古有之,往往文义不甚雅驯,而获效甚奇,殆不可以理测。”据《旧唐书·职官志》载:

咒禁博士一人(从九品下),咒禁师二人,咒禁工八人,咒禁生十人。咒禁博士掌教咒禁生以咒禁,除邪魅之为厉者。①

他们要学习袚除邪魅为目标的咒禁方法,计有五法:存思、禹步、营目、掌决、手印。教学时,先禁食荤血,斋戒于坛场,然后讲授。修业时间最长为九年。内容以迷信成分居多,但对气功、心理疗法等仍有一定的参考意义。

另外,陈延之《小品方》(又名《经方小品》)于南朝宋、齐间行世以后,至隋唐时尤为医家重视。如苏敬云:“近来诸医多宗《小品》。”(《外台秘要》卷十八)有学者认为《小品方》也是唐朝律令规定的学医必读书之一。该书传到日本后,文武天皇大宝元年(701年)颁行律令,也把《小品方》与《伤寒论》并列为医学生五种读本之一。②

(5)药学。隋唐时期的医学教育,医学与药学已经分开,但仍统一由太医署掌管。太医署所设的药园,不但独立培训药学人才,而且承担医科及针灸、按摩等各科学生学习《本草》时辨药形、识药性的实习任务。

《新唐书·百官志》:

京师以良田为园,庶人十六以上为药园生,业成者为

① 《旧唐书·职官志》,影印本《二十五史》,上海古籍出版社、上海书店1986年版,第3703页。

② 陈延之著,祝新年辑校:《小品方新辑》,上海中医学院出版社1993年版,第4页。

师。凡药，辨其所出，择其良者进焉。①

《旧唐书·职官志》：

太医署……药园师二人，药园生八人。②

京师置药园1座，择良田3顷，用以栽培种植药材的同时，也进行教学。由药园师负责按季节栽培种植和采集诸药。药园生8人，招收年满16岁的“庶人”。他们的职责也很明确，“药园师以时种莳、收采诸药”。“凡药有阴阳配合，子母兄弟，根叶花实，草石骨肉之异，及有毒无毒，阴干曝干，采造时月，皆分别焉。”③就是说，药园师负责授课并指导药园生的实践活动，药园生在药园内边学理论边实践，掌握各类药物的种植方法和收采时间以及辨别药物气味作用和炮制贮纳的知识，熟习各种药材的产地、优劣、性能、形状等，修业时间最长为9年，业成后补药园师。注中还详列了《神农本草经》、《名医别录》及唐《新修本草》颁行后新增诸药，可以看出，唐代医药学教育对最新知识及时汲纳，对权威药典也极为重视。

为了保证统治阶层用药和医、药教学之需要，在京师置药园之外，“凡课药之州，置采药师一人”④。他们的职责也应当是“辨其所出，择其良者进焉”。孙思邈在论述道地药材之可用以进御者有133州，则唐代各州县的这些采药师应当是负责采办

① 《新唐书·百官志》，影印本《二十五史》，上海古籍出版社、上海书店1986年版，第4263页。

② 《旧唐书·职官志》，影印本《二十五史》，上海古籍出版社、上海书店1986年版，第3703页。

③ 袁文兴、潘寅生主编：《唐六典全译》，甘肃人民出版社1997年版，第430页。

④ 《新唐书·百官志》，影印本《二十五史》，上海古籍出版社、上海书店1986年版，第4263页。

各地道地药材以供进上的，他们共同构成了一个全国性药材采办网。这些采药师，多由药园生毕业后充用。

太医署除各科教学和医疗外，教师还从事古典医籍的缮写复制和校释等工作。贞观、永徽及开元年间，唐朝廷曾多次“降敕于秘书省、昭文馆、礼部、国子监、太常寺及诸司并官及百姓等，就借缮写之”。太常寺是太医署的行政领导机构，国家藏书中，子部中医药书籍的缮写校正，很可能由太医署承担，《新唐书》记有医家类著作155部、4277卷，可能多出于他们之手。唐代秘书省设有校书郎8人，《唐六典》作者在回顾其渊源时提到汉代“太医监李柱国校方术”的史实。虽然没有记述唐代校正医书是由太医署承担的，但从命令太常寺缮写和举太医监校医书为例，似可佐证太医署参与医书的缮写和校正。当时8名校书郎和4名正字可能会与太医署有密切的关系。

分析上述内容，可以看出，唐太医署中师生之比约为2∶1，这个比例说明唐太医署医学教育师资配备是相当可观的，学生的学习条件也是很优裕的。而在太医署中行政人员只占总人数的不到7%，这些人担负了整个太医署的行政及教学管理工作，工作效率也是比较高的。另外，选择学生时严格的条件，也保证了学生学习时的端正心态，使《内经》“非其人勿传”之戒落到实处。

另外，在教学内容上，唐朝首次将道德教育制度化，以《孝经》和《论语》作为道德教育的基本教材，并作为科举取士的必考内容，无论是在校就读的学生，还是参加科举考试的士子，皆须修习。此外，唐高宗、唐玄宗开元末及德宗时，《老子》亦曾被列为道德教育教材。《孝经》和《论语》是儒家思想的道德伦理规范，是汉代以来中国封建社会的精神支柱，以此两经为道德教材，表明唐代统治者始终坚持着崇圣尊儒的文教政策。《老子》

作为道德教育教材，一方面反映了李唐王朝攀附老子的心态，另一方面也反映了唐代政治伦理观的儒道合一。

表 5-4 医学课程设置

类别		课目			修习年限
		专修课		临床课	
医师科	体疗	内科	《本草》《明堂》《脉诀》《素问》《黄帝针经》《甲乙》《脉经》	识药形药性，知四时脉象浮沉涩滑之状，验图知穴位	7 年
	疮肿	外科			5 年
	少小	小儿科			5 年
	耳目口齿	五官科			2 年
	角法	外治科			2 年
针师科		《素问》《黄帝针经》《明堂》《脉诀》《赤乌神针经》	兼习《流注》《偃侧》等图	以九针为器械，察五脏之有余和不足，然后用针或补或泻	在学时间最长为 9 年
按摩科		消息导引法 正骨法		除八疾（风寒暑湿饥饱劳逸），调利骨节，宣通血脉；损伤折跌治法	同上
咒禁科		咒禁五法（存思、禹步、营目、掌决、手印）		祓除邪魅之为厉者	同上
药园局		《名医别录》《本草》（《唐本草》）	各种药材的产地、良劣、性能、形状及培植技术	防病治病	同上

5. 附：职业教育——兽医。

唐代的兽医培养属于职业教育。司天台、太仆寺、太乐署、太常礼院等，均是唐代职业教育部门，它们既是政府机关，也是科研单位,同时又是教育机构。兽医教育由太仆寺管辖。太仆寺设丞4人,为从六品上。武德中置2人,高宗永徽中增为3人,开元初4人,领兽医博士、学生。兽医博士1人,学生100人,兽医600人。兽医生以庶人子弟为之,考试其业以录取,学成之后,补为兽医;艺业优者,进为博士。

三、地方医学教育

唐代不但重视中央医学教育,各地方政府也大力推行地方官办医学教育,并且提倡私办学校。地方医学教育一般规模均小,如京兆、河南、太原三府,有师生等20多人,其中医学博士1人,助教1人,学生20人。大都督府设医学博士1人,助教1人,学生15人。下都督府设医学博士1人,助教1人,学生20人。上、中、下州则基本与大、中、小都督府一致。诸县则仅有掌“医药之事”的官员,并无专门学校之设置。据《中国历代卫生组织与医学教育》的统计,列表如下(见表5-5)。

表5-5　唐代地方医学人员表

	医学博士	助教	医学生		
			《新唐书》	《唐六典》	《旧唐书》
京兆、河南太原府	1	1	20	20	30
大都督府	1	1	15	15	20
中都督府	1	1	15	15	20
下都督府	1	1	12	12	20
上州	1	1	15	15	20
中州	1	1	12	12	10
下州	1	0	11	10	10

唐代的皇帝还经常发布诏令对地方医学的设置加以关注。《唐会要》卷八十二《医术》载:

贞观三年九月十六日，设诸州治医学。至开元十一年七月五日，诏曰："远路僻州，医术全无，下人疾苦，将何恃赖！宜令天下诸州，各置职事医学博士一员，阶品同于录事，每州《本草》及《百一集验方》，与经史同贮。"至二十七年二月七日敕，十万户已上州置医生二十人，十万户以下置十二人，各于当界巡疗。

从文献记载分析，地方医学教育在公元八世纪以后并不景气。如开元元年(713 年)改医药博士为医学博士，诸州置助教，"写《本草》《百一集验方》藏之"①。不久医学博士、学生皆无，僻州少医缺药状况依然如故。十一年(723 年)再次下诏，二十七年(739 年)敕复置医生，掌州境巡疗。永泰元年(765 年)亦有复置医博士的诏令。②贞元十二年(796 年)三月十五日敕，历数了贞观初年诸州各置医博士的诏令、开元中兼置助教，简试医术之士，申明巡疗之法的诏令。但"比来有司补拟，虽存职员，艺非专精，少堪施用"。因而，"自今已后，诸州应阙医博士，宜令长史各自访求选试，取艺业优长，堪效用者，具以名闻"。③

地方医学教育表面上看虽然是掌管百姓医疗事务，实际上主要还是为州府官僚服务的。但把医学推广到全国范围内，无疑是唐代医学的一大进步，在封建社会尤为难得。如《唐六典》载："医学博士以百药救疗平人有疾者。下至执刀、白直、典狱、佐、使(史)，各有其职。州、县(府)之任备焉。"④《唐会要》又载，开元十一年七月五日诏曰："远路僻州，医学全无，下人疾

①② 《新唐书·百官志》，影印本《二十五史》，上海古籍出版社、上海书店 1986 年版，第 4268、4268 页。

③ 《唐会要》卷八十二，中华书局 1955 年版，第 1525 页。

④ 袁文兴、潘寅生主编：《唐六典全译》，甘肃人民出版社 1997 年版，第 739 页。

苦，将何恃赖！"这毕竟体现了朝廷关心民瘼的初衷和采取的实际措施："宜令天下诸州，各置职事医学博士一员，阶品同于录事，每州《本草》及《百一集验方》，与经史同贮。至二十七年，敕十万户以上州，置医生二十人，十万户以下州，置医生十二人。"根据上述史料可知，唐代规定每2~4万人有医生1~2人，而且要求地方医学教育部门的医生在自己所管区域巡回医疗。《旧唐书》强调"医药博士以百药救民疾病"，《新唐书》在叙述地方官制时也明确强调"掌州境巡疗"，"掌疗民疾"①等。所有这些均足以说明唐代的地方医学教育确有为群众服务的性质。只不过时断时续，时设时缺罢了。

唐代的医学教育，在我国古代医学教育史上，甚至古代世界医学教育史上，都处于很突出的地位，例如综合授课与分科授课的结合，中央教育与地方教育的结合，医学教育与药学教育的结合，理论教育与重视临床诊治技能与辨别认识药性教育的结合，选用古典医著与当代名著作为教材的结合等。同时，学校规章制度之严密，月、季、年和毕业考试之严格，人员编制之精，职责分工之明，按实际晋升的制度和灵活掌握，等等，均值得当代医学教育借鉴。

第四节　医药人才的考试任用与奖惩

一、科举考试与学校考试

医学考试仿照科举考试的有关制度，是唐代医药人才选拔的一大特点。唐高祖武德七年(624年)有了对于医学考试来说至关重要的两项规定，这就是"有以医术入仕者，同明经例处分

---

① 《新唐书·百官志》，影印本《二十五史》，上海古籍出版社、上海书店1986年版，第4269页。

(处置、安排)”和“医术请同明法选人”。

“明经”“明法”是唐代科举的两个重要科目,“明经”是经学考试的科目,以“四书五经”为主要内容;“明法”是为了培养选拔精通法律的人才,以各种法律知识为考试内容。在此,有必要先对唐代科举考试与学校的关系有所了解。兹据《中国教育制度通史》(第二卷)列表如下(见表5-6):

表5-6 唐代科举与学校关系图

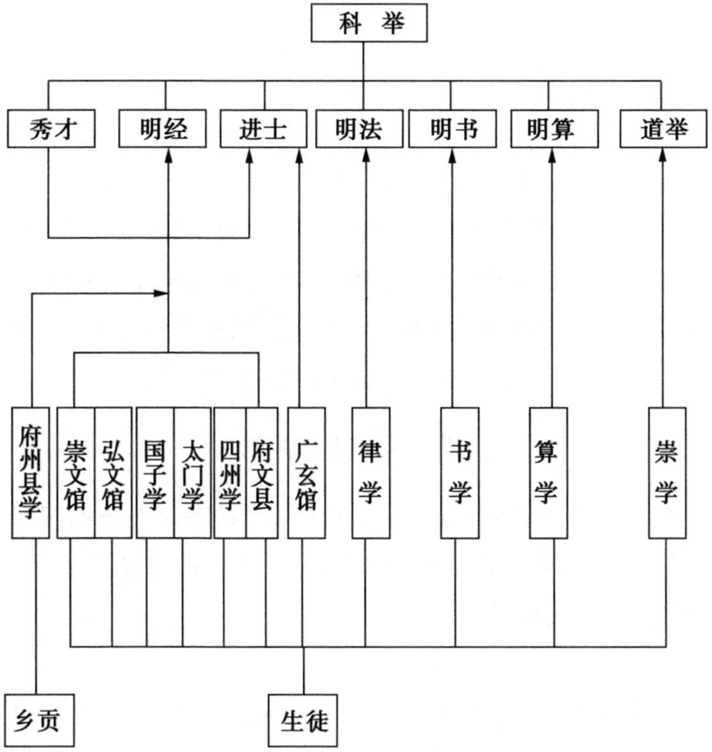

唐高祖武德七年(624年)规定考试、选用医生要仿照国子监制度,其具体内容见诸《唐六典》卷十四“太医署”条的记载:

太医令掌诸医疗之法,丞为之贰。其属有四:曰医师、针师、按摩师、咒禁师，皆有博士以教之。其考试、登用如国子监之法。

又据《唐会要》卷八十二《医术》：

乾元元年二月五日制：自今已后，有以医术入仕者，同明经例处分。至三年正月十日，右金吾长史王淑奏：医术请同明法选人。自今已后，各试医经方术策十道，《本草》二道，《脉经》二道，《素问》十道，张仲景《伤寒论》二道，诸杂经方义二道。通七以上留，已下放。又尚食药藏局，请同典膳局，太医署请同大乐署。

从以上记述可知，"明经"为唐代科举制度中的科目之一，与进士科并列，主要考试经义。《唐六典》卷三十《三府督护州县官吏》："凡贡举人有博学才识，强学待问，无失俊选者为秀才，通二经已上者为明经。""明法"也是唐代科举的一个科目，主要考试关于法令的知识，是为培养和选拔精通法律的专门人才而设。"同明经例""同明法选人"，即按照唐科举制度"明经科"和"明法科"的有关规定对医生进行选举和安置。

二、医学人才选拔的形式

在唐代的科举制度影响下，医学人才的考试与选举又可分为生徒、贡举、制举、待诏几种类型，这些类型在一定程度上反映出唐代科举制度的特点。

1. 生徒。

生徒即中央官学和地方官学的生员。政府法令规定，唐代官学中，要对生员进行定时定项、比较频繁的考试。"旬省月试，时考岁贡。以生徒及第多者，为博士考课上下。"①指导生徒

① 《唐会要》卷六十六，中华书局1960年版，第1159页。

及第情况作为考核学官的标准，学官也就十分重视与科举考试一致的学校考试。

唐代各级经学校的考试有旬试、岁终试和毕业试3种。

(1)旬试制度：旬试属考查测验性质，于旬假前一日进行。由博士主持，策问学生10天的学习情况，分读和讲两种方式，学生可任选其中一种。选择读经者，要读经文三千言，每一千言中试一帖，帖三言，共三帖九言，通二为及格。选择讲者，讲经文六千言，每二千言问大义一条，总三条，通二为及格。① 据《唐令拾遗》卷十一《学令》载，旬试的考查中，无论是选读还是选讲，“通一及全不通，斟量决罚”。

(2)岁终试制度：岁终试要考核学生一年的学习情况。在一年中所学的各门功课里问大义十条，通十为上，通六为中，通五为下。连续3年不及格者，罢归原籍。

(3)毕业试制度：毕业试也就是资格试，学生有通二经，四门学俊士通三经者，每年冬季上报监司。《唐六典》卷二十一《国子监》载：“凡六学生，每岁有业成上于监者，以其业与司业、祭酒试之。”考试方法皆按礼部各科举士情况模拟进行。报考明经者，要口试和帖经，先问大义10条，继答时务策3道。然后，报哪一经则帖其经文。报考进士、明法、明书等情况亦与明经相同。毕业试是一次模拟科举考试的考前练习，它是学生取得参加科举资格的毕业考试。及格者，由国子监上于尚书礼部。地方州县学生的毕业试由长史、丞等主持。乡贡则怀牒自列于州县，与学生共同参加资格试。通过这一关者，地方政府则为其举行“乡饮酒礼，会属僚，设宾主，陈俎豆，备管弦，牲用少牢，歌

① 《新唐书·选举志》，影印本《二十五史》，上海古籍出版社、上海书店1986年版，第4254页。

《鹿鸣》之诗，因与耆艾叙长少焉"[①]。

医学人才的考试、选拔虽仿明经、明法之例，但由于医学人才的特殊性，医学考试与其他学校不尽相同。如前所述，太医署的学制与考试是十分严格的。按《唐六典》规定：医科学生中之内科七年制，外科及小儿科五年制，五官科三年制。学生在学习期间严格考试，考试分为月试、季试和岁试。月试由博士主持，季试由太医令、丞主持，岁终试则由太常寺丞主持。若学生学业超群，医术超过老师，则可以破格录用，署为留校，听候替补。还规定了淘汰的原则：

> 博士月一试，太医令、丞季一试，太常丞年终总试。若业术过于见任官者，即听补替。其在学九年无成者，退从本色。[②]

除理论考试外，临床实践技能考试，也是医师考试的重要内容：

> 凡医师、医正、医工疗人疾病，以其痊多少而书之，以为考课。[③]

可见当时的考试既十分严格，又比较灵活，严格在月、季、年都要考试，且规定超过学习年限两年仍不能及格者就要除名；灵活表现在对品学兼优之学生可提前毕业任用，同时对一时不能完成学业者还给予两年的补考机会。

2. 贡举。

是指在地方官学学习者，先在州县考试及格，再到京师经过太常寺考试，考试合格后录用的选拔方式。如《唐会要》卷八十

---

① 《新唐书·选举志》，影印本《二十五史》，上海古籍出版社、上海书店 1986 年版，第 4254 页。

②③ 袁文兴、潘寅生主编：《唐六典全译》，甘肃人民出版社 1997 年版，第 430、430 页。

二《医术》载：

(唐肃宗乾元)三年正月十日,右金吾长史王淑奏:医术请同明法选人。自今已后,各试医经方术策十道,《本草》二道,《脉经》二道,《素问》十道,张仲景《伤寒论》二道,诸杂经方义二道,通七以上留,已下放。

在这里,详细规定了考试的科目与合格的标准:科目计有医经方术、《本草》《脉经》《素问》《伤寒论》以及诸杂经方义,共6科28题,通十之七以上者合格,留中,十之七以下者不合格,放免。

唐德宗李适贞元十二年(796年),鉴于旧置博士中个别人医技不精的状况,规定各州府应阙医博士令长史访求选试,取其医术精良的人,具名呈报。已有出身的人,即与正授医官,未有出身可令暂时权任,待经过四考之后,由州司奏闻,予以正授,不再由吏部选集。《唐会要》卷八十二《医术》：

(贞元十二年)三月十五日敕,贞观初诸州各置医博士,开元中兼置助教,简试医术之士,申明巡疗之法。比来有司补拟,虽存职员,艺非专精,少堪施用。缅思牧守,实为分忧,委之采择,当悉朕意。自今已后,诸州应阙医博士,宜令长史各自访求选试,取艺业优长,堪效用者,具以名闻。已出身入式,吏部更不须选集。

3. 制举。

制举在唐代科举中与"常科"并峙鼎立,自成体系,是唐代君主取士命官的重要形式,也是唐代士人入仕进身的重要渠道。"制举"即由天子特诏举行,通过帝王自行选择,以求非常之士,并授予相应的职官。医术特别优良的人,也可由此途径入仕。《新唐书》卷四十四《选举志上》对制举的设置,有较详明的记载：

所谓制举者，其来远矣。自汉以来，天子常称制诏道其所欲问而亲策之。唐兴，世崇儒学，虽其时君贤愚好恶不同，而乐善求贤之意未始少怠，故自京师外至州县，有司常选之士，以时而举。而天子又自诏四方德行、才能、文学之士，或高蹈幽隐与其不自达者，下至军谋将略、翘关拔山、绝艺奇伎莫不兼取。其为名目，随其人主临时所欲，而列为定科者，如贤良方正、直言极谏、博通坟典达于教化、军谋宏达堪任将率、详明政术可以理人之类，其名最著。而天子巡狩、行幸、封禅太山梁父，往往会见行在，其所以待之之礼甚优，而宏材伟论非常之人亦时出于其间，不为无得也。

其他文献关于唐代制举的记载，亦复不少。如《文献通考》卷三十三《选举考六》：

唐制，天子自诏曰制举，所以待非常之材。其制诏举人，不有常科，皆标其目而搜扬之。试之日，天子亲临观之。试已，糊其名于中考之文，策高者特授以美官，其次与出身。

又如《封氏闻见记》卷三《制科》：

国朝于常举取人之外，又有制科，搜扬拔擢，名目甚众。则天广收才彦，起家或拜中书舍人、员外郎，次拾遗，补阙。玄宗御极，特加精选，下无滞才。然制举出身，名望虽高，犹居进士之下。

而皇帝特诏的科目和要求，每每因时而变化。其名目之多，不胜枚举。有学者统计唐代制举的制目多达688个，试目294个。① 如《唐会要》卷七十六《制科举》载：

(唐睿宗)景云元年十二月制："四方选集，群才辐凑，操斧伐柯，求之不远。其有能习三经，通大义者；综一史，知

① 陈飞：《唐代试策考述》，中华书局2002年版，第263页。

本末者；通三教宗旨，究精微者；善六经文字，辨声象者；博雅曲度，和六律五音者；韬略学孙吴，识天时人事者；畅于辞气，聪于受领，善敷奏吐纳者，咸令所司，博采明试，朕亲择焉。”

唐玄宗开元二十二年(734年)三月诏，首次明确提出了将“道术医药举人”列入制科的要求。自此，医学人才也可由制举的途径入仕。《册府元龟》卷六三九《条制一》：

二十二年三月，诏曰：“博学多才、道术医药举人等，先令所司表荐，兼自闻达。敕限以满，须加考试。博学多才举人，限今年四月内集。道术医药举人，限闰三月内集。其博学科试，明三经两史已上，帖试稍通者，多才科试，经国商略大策三道，并试杂文三道，取其词气高者；道术医药举，取艺业优长，试练有效者，宜令所由依节限处分。”

虽有此种规定，但考诸医史，未见以道术医药举人制科出身的医官，而名医由皇帝征召赐封官职的记载却不少。如唐孙思邈，医术精良，学问渊博，精通庄老百家，兼好释典。据两《唐书》记载，隋文帝、唐太宗、唐高宗时，曾数度征召，赐以官职，但孙思邈都以老疾而固辞不受。

《新唐书·孙思邈传》：

孙思邈，京兆华原人。通百家说，善言老子、庄周。……隋文帝辅政，以国子博士召，不拜。……太宗初，召诣京师，年已老，而听视聪瞭，帝叹曰：“有道者！”欲官之，不受。显庆中，复召见，拜谏议大夫，固辞。上元元年，称疾还山。①

① 《新唐书·隐逸传》，影印本《二十五史》，上海古籍出版社、上海书店1986年版，第4722页。

从所授官职的职能看，孙氏之被数度征召，并非独以其医术高超，更因其知识渊博，“于阴阳、推步、医药无不善”，当时的许多文人名士如孟诜、卢照邻等，也均以师事之。另外，孙思邈寿百余岁，经历了齐梁隋唐诸朝代的更替，阅历极为丰富，可资政鉴，“魏徵等修齐、梁、陈、周、隋等五家史，屡咨所遗，其传最详”。这也是孙思邈屡被皇帝诏举的重要原因。太宗曾赐真人孙思邈颂，《全唐文》卷四载其文曰：“凿开径路，名魁大医。羽翼三圣，调和四时。降龙伏虎，拯衰救危。巍巍堂堂，百代大师。”

《太平广记》卷二一八载：高宗李治显庆四年（659年）曾任命孙氏为“承务郎，直长尚药局”。皇室尚药局的直长，正七品。品阶虽比太医署的首长太医令（从八品）高，却是尚药奉御的次官，从事为皇室和合御药等医药业务。此间，并不以其崇高声望寻求“出身之道”，也不巧言令色取悦当局。

4. 待诏。

待诏一职，出现于西汉。原是指各类因才技应召而未有正官，须待皇帝诏命者。《汉书·哀帝纪》：“（建平二年）待诏夏贺良等言赤精子之谶。”注引应劭曰：“诸以材技征召，未有正官，故曰待诏。”这是关于汉之待诏的较完整的解释。汉代的待诏名目繁多，有待诏公车、待诏黄门、待诏金马门等，待诏的人物亦各色各样，有经生、文士、善格五者，知音善鼓琴者、相工、医师、方技等。①

后来，“待诏”逐渐演变成官名。史书记载两汉时征召民医有两次：一次是汉元帝永光元年（前43年）曾选举从官，其中也

① 杨鸿年：《汉魏制度丛考》，武汉大学出版社1985年版，第124～129页。

包括医师;①另一次是汉平帝元始五年(5年)特别提出征召通晓本草的学者,即"本草待诏"②。标志着本草学家已进入宫廷。

唐朝建立,亦仿效汉制设置待诏。《新唐书》卷四十六《百官一》记载:"唐制,乘舆所在,必有文词、经学之士,下至卜、医、伎术之流,皆直于别院,以备宴见。"《旧唐书》卷四十三《职官二》记载:天子在大明宫、兴庆宫、西内、东都、华清宫皆有待诏之所,"其待诏者,有词学、经术、合炼、僧道、卜祝、术艺、书弈,各别院以廪之,日晚而退。其所重者词学"。则唐初之待诏是作为内廷供奉机构而存在的。因此,天子常居之处皆设待诏,而且待诏者种类很多,其中词学者最受重视。除词学后来从待诏者中分离以外,尚有经术、合炼、僧道、卜祝、术艺、书、弈等。待诏者于专门提供的院落中听候皇帝诏命。③ 这些待诏的别院,后来称为"翰林院"。

于翰林院供职者称"翰林待诏"。翰林一词,原意是文翰荟萃之所在。作为官职与官署的名称,则最早见于唐代。《旧唐书·职官二》"所重者词学"条下载:唐太宗时,"刘懿之刘祎之兄弟、周思茂、元万顷、范履冰,皆以文词召入待诏,常于北门候进止,时号北门学士"。玄宗继位,张说、陆坚、张九龄、徐安贞、张垍等,召入禁中,谓之翰林待诏。

宋代学者沈括《梦溪笔谈》卷一:

> 唐翰林院在禁中,乃人主燕居之所。玉堂、承明、金銮殿皆在其间。应供奉之人,自学士已下,工伎群官司隶籍其间者,皆称翰林,如今之翰林医官、翰林待诏之类是也。

---

① 马端临:《文献通考·选举九》,浙江古籍出版社1988年版。

② 《汉书·平帝纪》,影印本《二十五史》,上海古籍出版社、上海书店1986年版,第34页。

③ 毛蕾:《唐代翰林学士》,社会科学文献出版社2000年版,第8页。

唐太宗时，主要是一些名儒被召以草制、待诏，“常于北门候进止，时号北门学士”。唐玄宗时选用的文学士人称为“翰林供奉”，负责起草诏令，议论时事。开元二十六年(738年)，在翰林院之南另建学士院，专门负责掌管“内制”，这就是“翰林学士”。

原有翰林院自此一分为二：一为翰林学士院；一为翰林院，人称旧翰林院。二者虽然都有“翰林”之名，但性质大不相同。翰林学士院专以待文学之士，是在禁中起草诏命、参与机务的枢要部门；旧翰林院则杂处各种技能之人，是在内廷供奉君主的普通机构。医待诏即属于后者。

唐朝后期，由于藩镇割据、宦官专权，政局发生了一系列重大变化，皇帝与朝臣联合反对宦官的斗争以及朝臣内部的党争愈演愈烈。在这种情况下，号称“天子私人”的翰林学士得以在政治上发挥更大的作用。先是起草内制、参谋顾问，侵夺了中书的权力；继而参与机密，权力更重，唐德宗时有“内相”之称。唐宪宗时从翰林学士中进一步发展出“专受专对”的学士承旨，表明翰林学士参与中枢决策的地位得以确立。而与此同时，旧翰林院一直保存着其官称“翰林供奉”或“翰林待诏”“翰林待制”，后来又有“翰林天文”“翰林图画”等，不设学士，也不参与制诏的起草，始终只是一个主要供君主消遣的侍从机构。①

长期以来，由于缺乏对翰林待诏具体的研究，人们对翰林院的状况不甚了解，往往将翰林院与翰林学士画上等号。毛蕾《唐代翰林学士》对此进行了详细考证，指出唐代翰林待诏大体

---

① 杨果：《古代翰林制度及其对封建文化的影响》，《光明日报》1999年2月12日。

集中在书、画、棋、医术、阴阳五行、僧道六个方面。①

而翰林医官也最早出现于唐德宗李适当政之时，据宋高承《事物纪原》卷六载："贞元八年八月，令侍御医、尚药、直长、药藏郎，并留授翰林医官。"五代后唐时，以翰林医官掌校定医书等工作。这为后来宋代设置翰林医官院，奠定了重要的基础，并在中国医学史上产生了重要影响。

医待诏作为皇帝身边的特殊技能人员，所选均应是医术精湛之士。但实际情况并非如此，也有因投皇帝之好，以长生不老之术召入内廷者，特别是一些痴迷于神仙方术的皇帝当政时，这种现象就更加突出，甚至成为朝廷上下的焦点。唐代比较著名的事例是宪宗时的医待诏柳泌、僧大通的故事。柳泌本名杨仁力，"少习医术，言多诞妄"②。柳泌声称"能合长生药"，僧大通也自称"寿百五十岁，有不死药"。宪宗李纯深为神仙长寿之说所惑，"元和五年八月，上谓宰臣曰：神仙长生之说可信乎？李藩对曰：神仙之说……倘能深鉴流弊，斥远方士，则百福自生，坐臻永年"③。虽大臣多所劝谏，却无济于事。末年依然诏天下搜访奇士。据《册府元龟》卷九二二载：

> （皇甫镈、李道古）荐泌（即柳泌）及僧大通等皆待诏翰林。……宪宗颇奇之。因盛言天台多灵草，群仙所会，臣尝知之而力不能致，愿假郡县之权以求之。宪宗以为然，乃授台州刺史，赐服金紫。咸谏曰：方士不当假以州郡之政。宪宗怒曰：烦一郡之力而致神仙不死之事，臣下于吾何惜焉？

---

① 毛蕾：《唐代翰林学士》，社会科学文献出版社 2000 年版，第 159 页。

② 《旧唐书·皇甫镈传》附《柳泌传》，影印本《二十五史》，上海古籍出版社、上海书店 1986 年版，第 3927 页。

③ 《唐会要》卷五十二，中华书局 1960 年版，第 899 页。

由是不敢复谏。泌到州，驱吏人于山谷间声言采药，鞭挞惨急。岁余一无所得，惧诈发获罪，遂挈其家潜入山谷……

后来，皇甫镈、李道古"保明其能，又诏直翰林院，宪宗服泌药，日益躁渴，竟为所误"。

此外，还有田元佐、李元戢、董景珍相继以药术入于内廷，田元佐"言有秘方，能化百砾为黄金"。曾有起居舍人裴潾上疏谏曰："去年已来，诸处荐药术之士，有韦山甫、柳泌等。或更相称引，迄今荐送渐多。臣伏见以真仙有道之士，皆匿其名姓，无求于世，潜遁山林，灭影云壑，唯恐人见，唯恐人闻，岂有干谒公卿，自鬻其术？今者所奏，有夸炫其药术者，必非知道之士，咸为求利而来。自言飞炼为神，以诱权贵贿赂，大言怪论、惊听惑时，及其假伪败露，曾不耻于遁逃。如此情状，岂可深信其术、亲饵其药哉？"①指出柳泌等人"咸为求利而来""大言怪论，惊听惑时"的本质，建议"所有金石、炼药人及所荐之人皆先服一年，以考其真伪，则自然明验矣"②。宪宗览后却大发雷霆，贬裴为江陵县令。

三、医学人才考核与奖惩

唐统治者对医博士等的生活待遇和社会地位也表现了一定的关怀，除了提倡对师长的尊重礼仪外，还不时采取一些完善性措施，如提高太常博士的薪俸，表彰他们的辛劳。颁布过《贞元广利方》的唐德宗于贞元十九年（803 年）发布敕令："太常博士，其位虽卑，所任颇重，至于选择，不易得人，郊祀礼仪，朝廷典法，举措取则，职事实繁，所请俸料，宜准六品已下，常参官例

---

① 《唐会要》卷五十六，中华书局 1960 年版，第 964 页。

② 《旧唐书·裴潾传》，影印本《二十五史》，上海古籍出版社、上海书店 1986 年版，第 4012 页。

处分。”

对翰林医官的限额及俸禄也有规定。唐德宗曾发布停选医官药童敕曰："翰林医官及药童，自今已后，纵考满，并不得于所司选，其见选人亦宜停。”“其见任医术官，应非翰林供奉，不在加料钱限。”这些补充规定，逐渐完善了医官的俸禄制度，为形成后世较为完善的医生管理体系奠定了基础，积累了经验。

除选用医生的考试制度外，唐代还有对已录用医生进行考核的规定。考核的主要标准是临床治疗效果。据《旧唐书·职官志》对官吏考核的有关规定，考课之法有“四善”和“二十七最”：

> 凡考课之法，有四善：一曰德义有闻，二曰清慎明著，三曰公平可称，四曰恪勤匪懈。善状之外，有二十七最：其一曰献可替否，拾遗补阙，为近侍之最。其二曰铨衡人物，擢尽才良，为选司之最。其三曰扬清激浊，褒贬必当，为考校之最。其四曰礼制仪式，动合经典，为礼官之最。其五曰音律克谐，不失节奏，为乐官之最。……其十二曰训导有方，生徒充业，为学官之最。……其二十三曰占侯医卜，效验居多，为方术之最……①

其第二十三方术之最即“效验居多”，可以说是对于医官考核的最高要求。与此同时，还提出了考核等次的具体标准：

> 一最以上，有四善，为上上。一最以上，有三善，或无最而有四善，为上中。一最以上，有二善，或无最而有三善，为上下。一最以上，而有一善，或无最而有二善，为中上。一最以上，或无最而有一善，为中中。职事精理，善最不闻，为

① 《旧唐书·职官志》，影印本《二十五史》，上海古籍出版社、上海书店1986年版，第3697页。

中下。爱憎任情，处断乖理，为下上。背公向私，职务废阙，为下中。居官谄诈，贪浊有状，为下下。

隋唐五代时期，随着我国律学的发展，医政管理事业也初步呈现出了制度化、法律化趋势。有关医生道德、选任、考核、奖惩等方面的法律、制度相继产生，医生的社会职责初步得到明确，与病患者之间的关系初步理顺。医生已开始作为社会中的一个独立阶层，并以一定的法律依据与社会中其他阶层的人接触并履行自己的职责，因而其社会地位也就逐渐地稳定下来，相应地也出现了初步的法律规定。为帝王、太子、皇后等人治好病或献好药的医生，多被赠以钱物甚或官职，如唐"贞元二年九月，山人邓思齐献威灵仙草，出商州，能愈众疾，上于禁中试用，有效，令编附本草，授思齐太医丞"。而唐代对医生的惩处有若干法律规定，主要有以下方面：

1. 合御药有误医生处以绞罪，拣择不精处徒刑。

《唐律》规定："诸合和御药，误不如本方及封题误者，医绞。"①所谓不如本方，是指药量有出入，或调合方法不对。药合成后，其题封上注明药的性质、饵日等有错，医生都要被绞死。还规定"料理简择不精者，徒一年。未进御者，各减一等，监当官司，各减医一等"②。料理即是对药品的切削、捣筛、洗涤之类的工艺，拣择是药品去坏的留好的，在这些方面如有不当之处，也要徒二年，管理的官员比医生减一等罪。这是专门针对和合御药而定的法律。

2. 和合普通人药有误处徒刑。

和合御药有误要杀头，和合普通人药有误则也要判刑。《唐律》规定："诸医为人合药及题疏、针刺，误不如本方，杀人

---

①② 长孙无忌等：《唐律疏议》，中华书局 1983 年版，第 190、191 页。

者，徒二年半。其故不如本方，杀伤人者，以故杀伤论；虽不伤人，杖六十。即卖药不如本方，杀伤人者，亦如之。”①

3. 以药毒人者绞，买卖毒药未用者流放。

《唐律》规定：“诸以毒药药人及卖者，绞（谓堪以杀人者。虽毒药，可以疗病，买者将毒人，卖者不知情，不坐）。即卖买而未用者，流二千里。”②所谓“买卖未用”，当指毒杀人之药未用，买者为毒人，卖者也知情，只是未付诸实施，这种罪属行为罪，因此流放两千里。这一条是针对经营药物的医生而定的。对于这一类重要的法律条款，皇帝个人一般也不随意更改，而往往通过诏令的形式进行强化以维护法律的尊严。乾符四年（877 年）正月五日，唐僖宗曾命令对被禁囚徒减罪二等，但具体指明：“……持刃行劫，合造毒药，不在此限。”昭宗天复元年（901 年），在改元天复的敕中也明确指出：“……合造毒药谋故杀人及持杖行劫者……不在原免之限。”

4. 针对医生欺诈病人而制定法律。

譬如《唐律》规定，“诸医违方诈疗病，而取财物者，以盗论”。《唐律疏议》解释说：“医师违背本方，诈疗疾病，率情增损，以取财物者，计赃以盗论监临之与凡人各依本法。”③这是针对医生欺诈病人而定的法律。

5. 如果有人为避官役而诈病或诈伤，医生受命检验报告不实，或受雇为人伤残，都要负法律责任。

如“诸有诈病及死、伤，受使检验不实者，各依所欺减一等。若实病、死及伤，不以实验者，以故入人罪论”，“诸诈疾病，有所避者，杖一百。若故自伤残者，徒一年半。（有避、无避等。虽

---

① 长孙无忌等：《唐律疏议》，中华书局 1983 年版，第 483 页。
② 长孙无忌等：《唐律疏议》，中华书局 1983 年版，第 339 页。
③ 刘俊文笺解：《唐律疏议笺解》，中华书局 1996 年版，第 1754 页。

不足为疾残而临时避事者，皆是。）其受顾倩为人伤残者与同罪，以故致死者减斗杀罪一等”。[①] 要求医生治病收费和为官方诊断病患，都要以病情为根据，不能欺瞒或协同犯罪。

6. 医待诏及宫廷医官涉及人命大事，风险最大。

医待诏作为皇帝身边的特殊技能人员，也有以医待诏而谋求他用者。宣宗朝，曾有医人刘集，“医行闾阎间，颇通中禁”。因请求于盐铁补场官。时柳仲郢为盐铁转运使，上疏曰：“刘集之艺若精，可用为翰林医官，其次授州府医博士。委务铜盐……臣未敢奉诏。”宣宗即御笔批“刘集与绢百匹，放东回”[②]。

医待诏是一个充满诱惑也充满危险的职位。历史上的医待诏有备极宠荣者，但死于非命者也不乏其人。以唐代而言，元和十五年（820 年）正月，宪宗暴卒于中和殿。关于宪宗死因，《旧唐书·宪宗本纪》及两唐书《王守澄传》均指言为内官陈弘志等弑逆，对外但云药发暴崩。实际上有很多迹象表明，这件事情的背后，皇太子恒（即后来上台之穆宗）充当了很不光彩的角色，是弑杀其父的主谋。据史文记载，穆宗即位数日，即下令诛医待诏柳泌及僧大通，翰林医官董宏景、程准、山人李元戢、田佐元并流放岭南。柳泌等人夸玄药术，惑乱宪宗是实，然并于此时被诛杀流放，实际上是充当了宫廷内部一场血腥争斗的替罪羊。

懿宗时期，翰林医官韩宗召、康仲殷“因缘艺术，备荷宠荣”，受诏为懿宗与郭淑妃所生爱女同昌公主治病。然医治无效，同昌公主命归黄泉。懿宗悲惜异常，迁怒于韩宗召等，立命

---

① 刘俊文笺解：《唐律疏议笺解》，中华书局 1996 年版，第 1758、1751 页。

② 毛蕾：《唐代翰林学士》，社会科学文献出版社 2000 年版，第 159 页。

杀之，且株连亲族300余人，收捕下狱，致使牢狱为之爆满。宰相刘瞻上疏为韩等开脱，指出："想于诊候之时，无不尽其方术，亦欲病如沃雪，药暂通神。其奈祸福难移，竟成差跌。原其情状，亦可哀矜。"刘瞻尤其指出不应株连亲族，希望懿宗尽释系囚，转怒为喜。上疏的结果是懿宗大怒，刘瞻罢相，翰林学士郑畋等一批与刘瞻亲善的官员，皆遭贬黜。

四、意义与启示

唐代从中央到地方形成了比较完整的医学教育体系，在历史上已经达到相当完备的程度。科举制度影响下的唐代医学人才考试、选拔与考核"如国子监法"以及仿照"明经""明法"的规定，表明了唐代对医学人才的重视；医学教育中针对不同专业的不同学制及浮动学制，考试中旬试、月试、岁终试、毕业试的分段考试制度，既十分严格，又体现出很大的灵活性，较好地把握与符合了医学教育的特点；医学人才的选拔任用上呈现出生徒的考试选拔、制举、贡举、待诏等多样化的特点；医学人才的考核贯穿于教学、临床、医德等各个环节，有利于提高医学教学与医疗的质量；翰林医官的设置对五代后唐时以翰林医官掌校定医书、宋代设置翰林医官院等产生了直接影响。

总之，唐代医学教育、考试与人才选拔、考试的制度与方法，对后世产生了积极的影响，有很多方面仍值得在现代中医教育、考试以及人才选拔与考核中借鉴。

第五节　五代时期的科举与医学考试

由于隋唐时期科举制度的影响，五代时期尚有一些措施，通过科举选拔人才。如《册府元龟》卷六四五《科目》载梁太祖开平三年诏命，“其有卓荦不羁，沉潜用晦，负王霸之业，蕴经济之谋，究古今刑政之源，达礼乐质文之奥，机筹可以制度，经术可以辨疑……旋具奏闻，然后试其所长，待以不次”。《文献通考》卷三十《举士》记载了五代时期南唐先设科举，既而罢之的历史：

先公曰：“按《五代通录》，自梁开平至周显德未尝无科举，而偏方小国兵乱之际，往往废坠。如江南号为文雅最盛，然江文蔚、韩熙载皆后唐时中进士第，宋齐丘，冯延巳仕于南唐，皆白衣起家为秘书郎，然则南唐前此未尝设科举，科举昉于此时耳，顾以江文蔚一言罢之。如以文蔚之言，‘前朝进士公私相半’为讥，则文蔚固亦前朝进士也。然明年以徐铉建言，复置科举。暨我朝开宝中，唐之为国不一二年将亡，而犹命张佖典贡举，放进士，可悲也已！”

有些朝代还就考试的规章进行了某些修订，甚至专门就科考中的弊端进行了纠正。周世宗显德二年敕：“国家设贡举之司，求俊茂之士，务询文行，以中科名。比闻近年以来，多有滥进，或以年劳而得第，或因媒势以出身。今岁所放举人，试令看详，果见纰缪，须至去留。”对12名艺学未精者，“并宜黜落，且令苦学，以俟再来”，并处分了负责科考的礼部侍郎刘温叟。①

由于各政权篡乱相循，各种制度往往不能贯彻始终。正如马端临《文献通考·五代科目总记》“按语”所云：

---

① 马端临：《文献通考》卷三十，中华书局2011年版，第869～870页。

按：五代五十二年，其间惟梁与晋各停贡举者二年，则降敕以举子学业未精之故，至于朝代更易，干戈攘抢之岁，贡举固未尝废也。然每岁所取进士，其多者仅及唐盛时之半，土宇分割，人士流离，固无怪其然。但三礼、三传、学究、明经诸科，唐虽有之，然每科所取甚少，而五代自晋、汉以来明经诸科中选者，动以百人计。盖帖书、墨义，承平之时，士鄙其学而不习，国家亦贱其科而不取，故惟以攻诗赋中进士举者为贵。丧乱以来，文学废坠，为士者往往从事乎帖诵之末习，而举笔能文者固罕见之，国家亦姑以是为士子进取之涂，故其所取反数倍于盛唐之时也。国初，诸科取人亦多于进士，盖亦承五季之弊云。

在这样一个历史时期，医学本身的发展、医学考试以及医学人才的选拔也就无从谈起。虽然五代时期各朝关于科举的诏令甚多，但有关医学的文献甚少。五代后唐清泰三年，大臣和凝上奏请置医学事，算是颇具代表性的一例：

当贞观之朝，则广开医学。及开元之代，则亲制方书。爰在明朝，宜遵故事。方今暄熇在近，疫疠是虞，言念军民，宜加轸闵。其边远戍卒及贫下农人，既难息于苦辛，或偶萦于疾疹。地辟既无药物，家贫难召医师，遂至疾深，多罹物故，荷戈执耒，皆展力于当年，问疾赐医，宜覃恩于此日。其诸处屯戍兵士，令太医署修合伤寒、时气、疟痢等药，量事给付。大军主掌以给有病士卒之家。百姓亦准医疾，令和合药物，救其贫户。兼请依本朝州置医博士，令考寻医方，合和药物，以济部人。其御制《广济》《广利》等方书，亦请翰林医官重校定，颁行天下。(《册府元龟》卷五五三)

令太医署修合伤寒时气疟痢等药物，供给军队和贫困民众以防病治病，在各州置医博士，并命其考寻医方，合和药物，以济部人。末帝李从珂准和凝奏,以上措施便得以贯彻。这些颁方济药的措施,对医药知识的传播及医学教育的普及起到了积极作用,同时也在一定程度上满足了人民群众的医药需求。

第六章

两宋时期的医学教育与考试

960年,赵匡胤趁周世宗去世之机,发动兵变,灭了后周,建立宋朝,建都汴梁(今开封),史称北宋。北宋只完成了中原和南方的统一,在北方尚有辽政权,西北有西夏政权。1115年,完颜阿骨打又建立了金政权,发展壮大,遂于1125年灭辽,1127年灭北宋。宋之康王南渡,建都于临安(今杭州),史称南宋。此后南宋、金、西夏并立,直到13世纪相继为蒙古政权所灭。所谓两宋时期,即包括南北宋、辽、金、西夏。

北宋开国早期,有百余年的相对和平时期,使长期遭受战乱蹂躏的社会经济得到恢复。其后宋、辽、金之间虽有交战,但以局部战争居多,对整个社会的影响和破坏远较五代十国时小。所以两宋时期,农业和手工业生产有显著进步,科技文化有较大发展,当时我国造船技术居于世界前列,瓷器产品远销外洋,纺织、造纸、印刷等都很兴盛。由于对外贸易繁荣,宋代还在广州和泉州设市舶司,类似今日之海关,收取进口商品关税。

在医学发展史上,这个时期也是一个重要发展阶段。两宋历朝皇帝视医学为仁政之一,重医明医,徽宗皇帝甚至亲自撰写医著《圣济经》;文人亦以知医为时尚,名臣如苏颂、林亿、文彦博、范仲淹、苏轼、沈括等都精通医学或养生；著名医家宋代有陈言、王惟一、宋慈、唐慎微、陈自明等，金代更有杰出的刘完素、张从正、张元素、李东垣等人，各具特点，自成流派，使医学学术达到新的高度。这些成就，究其根源与北宋一系列发展医学的措施密不可分。例如创设不同职能的医政机构，广授医官；兴办医学教育，使学医成为入仕之一途，出现儒医；广设官营药局，施药济贫；以优惠政策征集医书验方，并多次大规模编集方书和本草等。此外，北宋嘉祐二年（1057 年）设立校正医书局，由儒臣和医家系统地整理点校了一批医学典籍，并利用当时成熟的印刷术颁行天下，这是一件不容忽视的重要事件，它为医学的普及提供了必要的基础，更是科学爆发式发展之前不可缺少的对现有知识的系统整理，成为孕育金元四大家的沃厚土壤。其意义颇为深远。

在医学考试方面，两宋也是一个承前启后的时期。这与宋代科举考试制度的完善密切相关。我国的科举考试到宋代基本定形，北宋正式在科举中增设殿试，形成科举考试的解试、会试、殿试三级考试体制；考试中普遍实行试卷弥封、誊录和锁试等制度，严格管理。这些措施对社会政治产生了积极的影响。在此背景下，宋代的医官选任、医学教育也都建立了一套完整规范的考试制度。

第一节　宋代的医政与医官

宋代政府历朝皇帝重视医学，宰辅大臣中知医的也不在少数，在他们的推动下，宋代的医政管理有许多创举。

一、医政机构

宋代的医政药政机构设置，远较唐以前为多，有主管医官行政的翰林医官院、专掌医学教育的太医局，还有各种供奉政府医药的机构,详见下表。

表 6-1　宋代国家医药机构表

名称	职能	医官	沿革	资料来源
尚药局	掌和剂诊候之事	有医师。崇宁编制有 88 人,其中医师 2 人、御医 4 人、医正 4 人、医佐 4 人。	原属殿中省六尚局之一,后并入医官院。徽宗崇宁二年(1103 年)复建,钦宗靖康元年(1126 年)罢。	
尚食局	掌膳馐之事	有食医 4 人,以辨饮食禁忌。	属殿中省六尚局之一,后并入御厨,崇宁二年复建,靖康元年罢。	《宋会要辑稿·职官一九》
御药院	供奉御药、宫廷礼仪、殿试、臣僚夏药等	以入内内侍充勾当官,典 8 人,药童 11 人。天圣年间有上御药及上御药供奉 9 人,另有奉御、医师、御药、医正、医佐、药童、药工等。	至道三年(997 年)置,崇宁二年至靖康元年,改名为内药局,将供御汤药职能转与尚药局,靖康后复旧。	
太医局	掌医学教育	有提举 1 人,判局 2 人,选知医事者为之,各科置教授 1 人;局生初以 120 人为额,神宗时增至 300 人。	庆历四年(1044 年)设,原属太常寺,熙宁九年(1076 年)分出。	《宋会要辑稿·职官二二》
翰林医官局	掌供奉医药及承诏视疗众疾*	医官初无定员,嘉祐二年定额 142 人,但最多时近一千人。	隶礼部,初名翰林医官院,元丰五年(1082 年)改局。	《宋会要辑稿·职官三六》
和剂局	掌修合汤药,应副诸局给卖	内设修合官一名,由近上医官内选差。南宋高宗绍兴年间,置监官文武各 1 员。后又设修合官 1 员。	北宋太府寺有修合卖药所,又称熟药所。崇宁二年(1103 年)将制药与买药分离,分设"两修合药所"和"五出卖药所",前者于政和四年改称医药和剂局。	《宋会要辑稿·职官二七》

(续)

名称	职能	医官	沿革	资料来源
惠民局	出卖药物		政和四年(1114年)由“五出卖药所”改为医药惠民局。南宋高宗绍兴十八年(1148年),熟药所改称太平惠民局。	《宋会要辑稿·职官二七》
收买药材所	采购药材	设辨验药材官一人,由翰林院于医官中选差。	隶属杂买务。	《宋会要辑稿·职官二七》

* 翰林医官局的详尽职责,据高宗绍兴九年所言:“所掌自祗候至和安大夫二十二阶医官宿直看验诸般差使,奏荐、封赠、磨勘、酬奖、升改服色、致仕、遗表、臣僚举试医人、注拟诸州驻泊、去失审实、叙理官资等。”①囊括除教育外的所有医学行政事务。

上表所列,还未包括诸多官方或民间设立的医疗单位,如安济坊、居养院、保寿粹和馆等,因其设置时有变动,而且不是有固定医官掌管,故在此不作讨论。

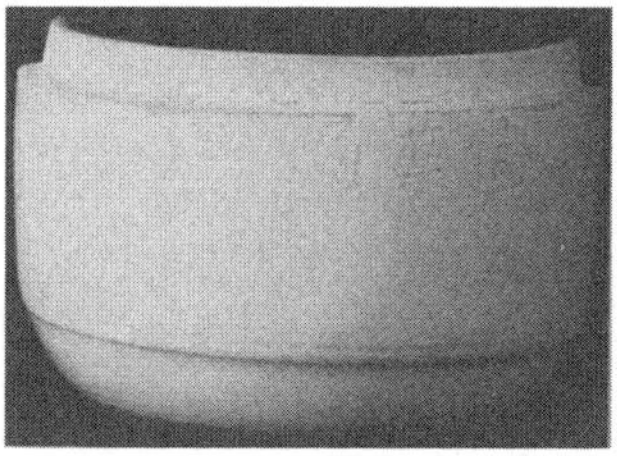

宋定窑“尚药局”瓷盒

盒身口沿自右向左横刻行书款“尚药局”,盒盖口沿亦横刻“尚药局”款。现藏河北省文物研究所。采自《中华医学文物图集》,四川人民出版社2001年版

二、医官制度

各种医政机构,容纳了大批医官。北宋初承唐制,设有翰林医官,并已有针对医官的考试,如太祖乾德二年(964年)“闰月己酉朔,校医官,黜其艺不精者二十二人”②。太

① 徐松辑:《宋会要辑稿·职官三六》,中华书局1957年版,第3123页。

② 《宋史·太祖本纪一》,中华书局1977年版,第1册,第16页。

祖、太宗时还有医博士等官名，如太宗淳化三年(992 年)，颁布《太平圣惠方》的诏令说:“应诸道州府各赐二本，仍本州选医术优长治疾有效者一人，给牒补充医博士，令专掌之，吏民愿传写者并听。先已有医博士即掌之，勿更收补。”①其后在发展中，有关医官的名额、官阶、俸禄和选任等各项制度都逐渐完善。

(一)医官员额

宋代医官由翰林医官局统管，其他内廷或朝中各部门供职的医官多由翰林医官局派出。所以从翰林医官局的名额即可大概了解当时的医官员数。翰林医官局定额各时期有所不同(见下表 6-2):

表 6-2 宋翰林医官院(局)定额变化表

时间	医官额	具体分配	资料来源
仁宗嘉祐	142 人以上	直院以下 142 人。	
神宗元丰	146 人以上	医官使副 4 人，直局至祗候 142 人，医效至祗候八阶不立额。	
徽宗政和四年(1114 年)	(元丰)原额各增一倍		
徽宗宣和	350 人	郎 30 员，大夫 20 员(即和安大夫至良医 20 员，和安郎至医官 30 员)，医效 7，医痊 10，医候至祗候(含医愈、医证、医诊)283，其中:大方脉兼风科 153，小方脉 24，针科 14，眼科 16，产科 16，疮肿兼伤折 14，金镞 32，口齿兼咽喉 12。	《宋会要辑稿·职官三六》
高宗绍兴	43 人	和安大夫至良医 5 员，和安郎至医官 4 员，医效 2 员，医痊 1 员;医愈至祗候:大方脉兼风科 15 员，小方脉 4，针科 2，眼科 2，产科 2，疮肿兼伤折 2，金镞 3，口齿兼咽喉 1。	
孝宗隆兴	88 人		

① 《宋大诏令集》卷二一九，中华书局 1962 年版，第 842 页。

表中所列仅是编制额数，而实际情况则时有出入。其中尤以徽宗时超编最多，反映了徽宗之重视医学。如政和四年的医官实际人数近 1000 人，其中医官以上(医官使)33 人，医正以上(副使)62 人，直局 20 人，太医丞 48 人，医官至祗候 732 人；宣和时和安大夫至翰林医官 117 人，直局至祗候 979 人。南宋时名额大为减少，高宗绍兴二年(1132 年)“定医官为八十五员，礼部请止以四十三员为额”①，削减近一半，至孝宗时才有所增加。

以上是中央机构的情况，至于地方，则各路、州、军均有“驻泊”的医学博士及医官。

宋代的地方行政，实行州(府、军、监)与县二级制，另外有作为朝廷派出机构监察辖区的路。路位居州、府、军、监之上，但不属行政区，州、府、军、监可以直接上奏朝廷而不必通过路。路的设置，宋太祖时为 10 路，到徽宗宣和时达 26 路。路一般设安抚司(又称帅司)、转运司、提点刑狱司、提点常平司等机构。州则是宋代主要的地方行政区，全国有 200 多个州，按地理位置、人口和经济等情况又有上、中、下等级别之分；府为政治、经济或军事上比州重要的地区，有 30 多个；军则是将军事或交通要道的地区单列而成，全国约 50 多个；监则是一些专属经济区域，如矿冶、铸钱、牧马和产盐等地区。宋代的县则共有 1100～1200 多个。

以上这些地方各级政府中，州级有派驻医官，后来徽宗兴办医学校时则普及到了县级。各地医官有的是由中央翰林医官局轮换派驻的，有的则由本地医学生通过考试获任。徽宗政和年间曾确定医官局医官派出之法及名额，时太医令裴宗

① 王应麟：《玉海》卷六十三，《文渊阁四库全书》原文电子版[M/CD]，武汉大学出版社 1997 年版。

元奏地方缺少医生,而在京无职事的医官有700余人,故拟定条例,通过考校向地方派出医官。各地按大小远近等情况定名额如下表:

表6-3　徽宗政和年间中央向地方派出医官名额表

地方	医官额	具体分配	资料来源
三京(指北京大名府、南京应天府、西京河南府)	7人	大方脉2人,小方脉、产、眼、针、疮各1人	《宋会要辑稿·职官二二》
帅府	6人	大方脉2人,小方脉、产、眼各1人*	
上州	4人	大方脉2人,小方脉、产各1人	
中州	3人	大方脉2人,小方脉1人	
下州	3人	大方脉2人,小方脉1人	
次远	2人	大方脉1人,小方脉1人	
远	2人	大方脉1人,小方脉1人	

*合计5人,比定额少1人。原文如此。

从表中可见宋代尤其重视儿科(小方脉),与大方脉(即内科)同为各州必备。

(二)医官官阶

宋代初期,医人授官并无专门的医阶系列,翰林医官多授予武官官阶,只有掌管翰林医官院的官员称翰林医官使与副使,是专门的医官名。宋神宗元丰年间大规模改定官制,但也没有设医阶。到宋徽宗时,出于对医学的重视以及配合当时医学教育改革的需要,遂于政和年间正式将医阶从武阶中分出,设立十四阶医阶。新设医阶与原武阶对照如下表:

表 6-4 政和医阶与旧武阶对照表①

新官阶（医阶）	旧官阶（武阶）
和安、成和、成安、成全大夫	军器库使
保和大夫	西绫锦使
保安大夫	榷易使
翰林良医	翰林医官使
和安、成和、成安、成全郎	军器库副使
保和郎	西绫锦副使
保安郎	榷易副使
翰林医正	翰林医官副使

品秩上，其中和安大夫、成和大夫、成安大夫为从六品，保和大夫、保安大夫、成全大夫、翰林良医为正七品，和安郎、成和郎、成安郎、成全郎、保和郎、保安郎、翰林医政为从七品。后来政和三年（1113 年）又增添了八阶，这样医官共有二十二阶。新增的有：翰林医效、翰林医痊，为从七品；翰林医愈、翰林医证、翰林医诊、翰林医候，为从八品；翰林医学，为从九品，另有翰林祗候则不入品。后来，政和六年（1116 年）进行过合并，定翰林医效、翰林医痊、翰林医愈、翰林医证、翰林医诊为医职，翰林医候、翰林医学、翰林祗候为医工。但到宣和二年（1120 年）九月十八日又诏："医职初官，两迁便至升朝，固依侥幸，遂添医证、医愈三阶。"②所谓"升朝"，即升朝官，是指在朝廷任职并能经常上朝参加朝会的中级以上官员，大约正八品以上即属升朝官。当时认

① 《宋史·志一二二·职官九》，中华书局 1977 年版，第 12 册，第 4059 页。

② 徐松辑：《宋会要辑稿·职官二二》，中华书局 1957 年版，第 2879 页。

为医阶太窄,容易升迁过快,所以又恢复了医证、医愈等中间等级。

(三)医官职责

医官品秩虽多,但宋代官制有官、职分离的特点,官阶仅表示其级别,类似于现代的职称。至于实职(相当于现代的职务)则是依特定任务或岗位而设。特定任务如政府临时选派医官出诊等,称为“选差”。岗位主要指当时各类医药机构中的职位,参见前面的医政机构表。医官奉“差”的情况,以朝廷医官而言,择其要者约有以下几方面:

1. 供奉皇家医药。

宋代在医官中选拔“诊御脉”医生,专门入宿禁宫以供内廷需要。宿直医官属于精中选精,医官要符合一定条件,并经考试才能入选,然后分班轮值。例如仁宗皇祐三年(1051年)十一月诏:“翰林医官自今选年四十以上无过犯者,以三十二人为额,仍分三番入宿院中。”①在内廷供职责任重大,自然风险较大,《医说》载有一例:

> 绶带李防御,京师人,初为入内医官,直嫔御阁。妃苦痰嗽,终夕不寐,面浮如盘。时方有甚宠,徽宗幸其阁,见之以为虑,驰遣呼李,李先数用药,诏令往内东门供状,若三日不效当诛。②

正值“李忧挠伎穷,与妻对泣”之时,无意中在街上卖药者手中购得几贴治痰嗽药,冒险一用,居然嗽止肿消,获赐厚赏,可谓侥幸。

除内廷外,诊视皇族疾病也是医官职责,由掌管皇族事务的

---

① 徐松辑:《宋会要辑稿·职官三六》,中华书局1957年版,第3120页。

② 张杲:《医说》,上海科学技术出版社1984年版,第405页。

大宗正司指派宿直。可能由于为皇族诊病不如入宿的荣誉和待遇高,而且有较大风险,所以医官应差的积极性欠缺,时有推托,以至于仁宗庆历六年(1046年),大宗正司要请旨:"乞下提举医官院所,指挥医官、医学祗候人,今后如有皇族宫院医治,不许告嘱奏免本院差遣。如有皇族下表到本司,乞行劾问。"①大宗正司的宿直医官也是定额轮值。南宋孝宗乾道五年(1169年),大宗正管理官员提出:"本司诸宫院元差宿直医官三员,近降指挥减罢,止差小方脉一员。今乞依绍兴府大宗正行司例,更存留大方脉一员。"②得到孝宗同意。

2. 诊视大臣。

大臣有病,固然可以自请医生,而皇帝亦常派医官诊视以示恩典,如司马光曾有《辞免医官札子》,称:"臣以病在朝假,伏蒙圣慈连日差中使押医官沈士安、朱有章、杨文蔚、陈易简等到臣家,各诊候留药。"③反映出皇帝对大臣健康的重视。

不过大臣蒙朝廷派医官诊视也不全是好事,有时医官是来验明病情是否属实的。宋真宗咸平二年(999年)曾诏:"文武官五日起居及国忌行香、横行参假,如有称疾,请令御史台密察实否,如托故,即牒差医官看验以闻。"④天禧四年(1020年)官员刘烨奏称:"九日恩赐臣并馆阁臣僚宜春苑御筵,止有十一人到苑,直史馆张复等一十五人不赴。乞今后每遇宴会,称疾不赴

① 徐松辑:《宋会要辑稿·职官三六》,中华书局1957年版,第3120页。

② 徐松辑:《宋会要辑稿·职官二〇》,中华书局1957年版,第2836页。

③ 司马光著,王根林点校:《司马光奏议》,山西人民出版社1986年版,第376页。

④ 徐松辑:《宋会要辑稿·仪制二》,中华书局1957年版,第1862页。

者，并差中使医官看验，如涉虚伪，严行朝典。”①南宋隆兴二年(1164年)二月，“大宗正司言：‘太常寺报到差南班宗室太庙行事官，本司置籍轮差，往往称疾请假。虑至期误事，遇有请假，欲从本司差以次官行事外，依原降指挥宣医。如见得托疾，从宣医官径申朝廷，乞赐行遣。’从之”②。类似这样的事件宋代多有记录。

3. 诊视学生。

《宋史》载：“熙宁初，诏用经术取士，广阔黉舍。分为三学，增置生徒，总二千八百人。隶籍有数，给食有等，库书有官，治疾有医。”③负责为三学诸生治病的，有太医局医学学生来做实习诊治，也有国子监专职医官。如宋徽宗时要求医学生为三学学生诊治时说，三学生员如不愿学生诊治，“用本监医人医治者听”④，可见学校有专职医务人员。此外宋代广为设立的书院也注重学生医疗，如金陵的明道书院，就设有医谕一职。“谕”本来是教职，但明道书院是儒学书院，地方志等资料中并未提到其兼教医学，所以医谕在此应该是承担学生的诊疗任务。宋代著名医学家陈自明就曾担任明道书院医谕。

4. 奉诏诊视兵民。

宋代重视民疾，逢灾祸或疫疠等情况，均选派医官携药为民诊治，史书多有记载。如太宗淳化三年，“诏以民多疾病，令

---

① 徐松辑：《宋会要辑稿·礼四五》，中华书局1957年版，第1452页。

② 徐松辑：《宋会要辑稿·职官二〇》，中华书局1957年版，第2836页。

③ 《宋史·志一一八·职官五》，中华书局1977年版，第12册，第3911页。

④ 徐松辑：《宋会要辑稿·崇儒三》，中华书局1957年版，第2214页。

太医局选良医十人,给钱五十千,为市药之宜,分遣于京城要害处。听都人之言病者,给以汤药,扶病而至者即诊视”①。仁宗天圣五年(1027 年)诏:“滑州修河兵夫,比多疾病,其令医官院遣医分治之,候罢役,较其全失之数以闻。”②南宋孝宗乾道五年(1169 年),以“盛暑细民缺药”,“令翰林院差医官四员,遍诣临安府城内外看诊,其合用药于和剂局置历支破,候秋凉日罢”③。

5. 从事医学教育。

宋太医局设有教授,“各科置教授一人”,都是从医官中择优选取。徽宗时各地还设有“医学教谕”之职,也是专门从事医学教育。有关医学教育的详细情况,可参阅后文。

6. 出使外国。

宋朝出使外国的使团中,也配备医官以负责出使官员的医疗。其制始于仁宗庆历年间,时国信使杨察上奏,说使臣“缘路无医”,“恐贻外国轻笑”,于是下诏医官院选差“入国医官”,并制定相应奖赏。④ 淳熙九年三月也有诏,说“奉使金国上节,内医官一名”,“自今令翰林医官局将在局大方脉医官依资定姓名申枢密院,轮差一名随逐前去”⑤。可见后来医官随行出使已成为制度。

以上是宋代医官和医政的大体情况,相对前朝而言,医政措施更为完善,医药机构更加齐全,并有一支稳定的医官队伍。这

---

①③　徐松辑:《宋会要辑稿·职官二二》,中华书局 1957 年版,第 2877、2879 页。

②　李焘:《续资治通鉴长编》卷一〇五,上海古籍出版社 1986 年版,第 941 页。

④⑤　徐松辑:《宋会要辑稿·职官三六》,中华书局 1957 年版,第 3120、3124 页。

些医官的来源,有良好的医学教育提供后备;其任用和选差,也有规范的考试及考核制度来管理。

第二节　北宋太医局的教育及考试

一、北宋太医局沿革

太医局是宋代的专职医学教育机构,始建于庆历四年(1044 年)。

(一)太医署与太医局

宋代开国之初,承唐制,设有太医及翰林医官。其时太医管理机构亦仿唐制称太医署,如太祖开宝四年(971 年)诏:“《周礼》有疾医,掌万民之病;又,汉置本草待诏,以方药侍医。朕每于行事,必法前王,思得巫咸之术,以实太医之署。其令郡国求访医术优长者,咸籍其名,仍量赐装钱,所在厨传给食,速遣诣阙。”①太宗淳化三年(992 年)也有诏令说:“令太医署选良医十人,分于京城要害处。听都人之言病者,给以汤药;扶疾而至者,即与诊视。”②但此时太医署并无医学教育职能,医生培训体系尚未建立,欲得高明医生,需要向民间征召。前面提到宋太祖已向民间征召良医。在宋太宗时,其礼部侍郎兼起居监察贾黄中中风猝死,令太宗深感良医太少,乃“大搜京城医工,凡通《神农本草》《黄帝难经》《素问》及善针灸药饵者,校其能否,以补翰林医学及医官院祗候”③。这些资料表明宋初尚未有正式的官立医学教育。

---

①② 《宋大诏令集》卷二一九,中华书局 1962 年版,第 842、842 页。

③ 江少虞:《宋朝事实类苑》卷四八《太宗校医人》,上海古籍出版社 1981 年版,第 637~638 页。

官办医学教育的举办，始于仁宗庆历年间。庆历三年(1043年)，时值范仲淹主政，他推行庆历新政，实施教育改革，采取了变革科举考试制度、设立州县学和振兴太学等一系列措施，史称“庆历兴学”。范仲淹的庆历新政当时受到极大阻力，许多措施均实行不久，一年多就失败了。但在这期间设立的太医局，却作为中央医学教育机构延续了下来。

素以“不为良相，则为良医”的名言为医家称颂的范仲淹，于庆历四年(1044年)上奏仁宗：

> 臣观《周礼》，有医师掌医之政令，岁终考其医事，以振其禄。是先王以医事为大，著于典册。我祖宗朝置天下医学博士，亦其意也。即未曾教授生徒。今京师生人百万，医者千数，率多道听，不经师授，其误伤人命者日日有之。臣欲乞出自圣意，特降敕命，委宣徽院选能讲说医书三五人为医师，于武成王庙讲说《素问》《难经》等文字，召京城习医生徒听学，并教脉候及修合药饵，其针灸亦别立科教授。经三年后，方可选试，高等者入翰林院充学生祗应。仍指挥今后不由师学，不得入翰林院。①

他的意图是要通过设立医学教育，以考选真正有水平的翰林医官。仁宗同意所奏，并于庆历四年三月二十五日下诏，让国子监于翰林院选讲说医书之人，按范仲淹奏章所言于武成王庙进行讲学。不料国子监声称：“武成王庙为儒者讲学之地，不宜令医官讲说对列。”②并提出根据唐代成例，太医应隶属太常寺，建议由太常寺组织讲学，国子监可提供所需书籍云云。这一推

---

① 范仲淹：《奏乞在京并诸道医学教授生徒》，《范文正奏议》卷下，原文电子版[M/CD]，武汉大学出版社1997年版。

② 徐松辑：《宋会要辑稿·职官二二》，中华书局1957年版，第2877页。

托反而催生了宋代太医局。稍后太常寺奏章便说道："近置太医局，领属本寺。"①太医局按范仲淹的建议，请到宫中尚药奉御孙用和、赵从古两位医师任教，暂时在鼓吹局招生讲学。鼓吹局即宫廷乐队所在之地，其奏乐演习难免影响授课。当年八月二十二日太常寺奏称："今招到诸科生徒已八十余人，其鼓吹局三间窄隘，兼处南郊，每日教乐，讲说不便，欲乞移就武成王庙。"②这次仁宗不再理会国子监的反对，批准改在武成王庙设学。时人评价太医局之设谓："国初设太医令，盖循汉唐之旧，而置局始于庆历之四年。当是时，治安之日久，圣人所以仁天下者，于是备举。"③

此后这种医学教育形式持续了下来。大约十多年后，仁宗嘉祐年间，大臣张方平认为这种医学教育培养人才已有成效，可以从中考试选拔翰林医官了。他说：

> 臣先判太常寺，曾详定本寺太医署比试条式。元条：诸科医人补充太医署学生者，听读方书，习学医道，候及三年，本寺奏乞差官考试，艺业精熟入高等者，具名闻奏，送翰林院安排。自庆历四年创立此制，差到尚药奉御孙用和、赵从古充医师，就武成王庙讲说医经，及今十余年，尝有一二百人听习。京城医人缘此颇有通方书者。考试之制竟不曾行，其翰林院夤缘滥进，实繁有徒。伏以京师大众所聚，人命所系，医药最切，医工庸谬，妄投汤药，误伤人命，岂可胜计？伏望圣慈，委枢密院申明太医署前制，每三年一次差官比试，选擢高业之人三数名，与于翰林院安排，则习医之流

---

①② 徐松辑：《宋会要辑稿·职官二二》，中华书局 1957 年版，第 2877、2877 页。

③ 留正：《增入名儒讲义皇宋中兴两朝圣政》卷五十一，影印本《续修四库全书》三四八，上海古籍出版社 1996 年版，第 604 页。

必加激劝。其医师岁月深者，特与酬奖，或加俸给，人知朝廷留意，各思励精，竞效所长，必有颖脱而出者，亦足助圣心爱人之大端也。①

张方平在此称“太医署”，说明此时的太医局，尚不是真正的独立机构，无固定的官方名称，张方平按旧例称呼。他提出了三年一次考试选任医官的建议，以保证翰林医官的质量。

张方平称在太医署听学的有“一二百人”，并非虚言。嘉祐五年(1060年)记载，当年的实际规模有学生161人。太常寺随后正式定下医学学生规模及入学考试制度，定学生以120人为额，在现有学生中考试选取，并规定“今后年十五以上方许投名充医生，虽在局听读及一周年，须候额内本科有缺，即选试收补”②。其时医学共分九科，分别是大方脉、风科、小方脉、产科、眼科、疮肿科、口齿咽喉科、金镞兼书禁科、金镞兼伤折科，每科各占一定比例的名额，其学习内容以及考试录取标准不同，这些都做了明确规定，详见后文。嘉祐六年(1061年)又诏各地州、军等仿在京医学教育设立地方医学教育。

(二)太医局的正式设局

宋神宗熙宁年间，在王安石主政之下，再次进行教育改革，史称“熙宁兴学”。这一次兴学中，太医局最大的改变是正式设官建制，并作为专门的医学教育机构，脱离太常寺而独立。

熙宁九年(1076年)三月，神宗下诏正式将太医局单列，由

---

① 张方平:《乞比试医人事》,《乐全集》卷二十五,《文渊阁四库全书》原文电子版[M/CD],武汉大学出版社1997年版。

② 徐松辑:《宋会要辑稿·职官二二》,中华书局1957年版,第2878页。

秀州华亭县主簿陈应之管勾。《宋史·职官志》称太医局创于熙宁九年,就是由于这一年太医局作为"局"级机构正式列入宋朝行政序列。是年五月,礼部修定太医局式,太医局设提举一人、判局二人。此前因武学兴办在先,占用了武成王庙,故熙宁四年(1071年)太常寺已将太医局迁至城西扁鹊庙,这时则将旧朝集院改建作为局舍。分科仍按九科,"每科置教授一员,选翰林医官以下及上等学生为之,亦许本局察举在外医人素有名实者以闻"①。学生名额则增至300人。后来神宗元丰五年(1082年)改定官制时,可能为便于管理,仍将太医局隶属太常寺,但太医局的机构、设官、分科以及学生人数等均未变,只是相当于从原来由太常寺代管变成太常寺的下属机构。此后太医局的制度基本未有太大变化,一直作为北宋的主要医学教育机构发挥着作用。

值得指出的是,熙宁九年太医局设立时,不少著作认为,当时实行了王安石所创的"三舍升试法"。征诸史料,此说恐有误会。其依据可能是《宋史·选举志》中的一段话:

> 医学,初隶太常寺,神宗时始置提举判局官及教授一人,学生三百人。设三科以教之,曰方脉科、针科、疡科。……崇宁间,改隶国子监……立上舍四十人,内舍六十,外舍二百。②

元代马端临《文献通考》卷四十二《医学》中有关宋代部分的内容基本同上,亦常被称引。

其实,《宋史》原文已明白无误地说,"医学"(宋徽宗崇宁时

---

① 杨仲良:《皇宋通鉴长编纪事本末》卷八十一,影印本《续修四库全书》三八七,上海古籍出版社1996年版,第34页。

② 《宋史·志一一〇·选举三》,中华书局1977年版,第11册,第3689页。

设立的机构,详下节)实行三舍法,而不是熙宁时的太医局。不过文中确实有混淆之处,如所谓“设三科以教之”,实际也是“医学”之制,而非太医局。《宋史·职官志》的“太医局”条说得很清楚,“太医局,有丞,有教授,有九科医生额三百人。……(熙宁九年置)”①,元丰时毕仲衍著《中书备对》也说“太医局九科,学生额三百人”②,并未改作三科。清代修《续文献通考》时,就指出这些“与马端临考所载绝不相符”③(《文献通考》无宋代太医局条目)。总之,现有关于宋代医学实施三舍法的资料,全部是关于崇宁“医学”的(详见本章第三节)。三舍法由王安石所创,其时只应用于太学系统,太医局不属此列。后者虽也是在王安石主政时独立建制,但不足以说明也实行了三舍法。记载北宋太医局制度最具体、最详尽的著作莫过于《宋会要辑稿》,其中只字未提三舍法。相反,倒是对崇宁时期的“医学”三舍法记载详备,正与《宋史·选举志》相符。

二、太医局的教育与考试

北宋太医局医学教育中的考试,主要有入学考试和在学期间的学习考试。

(一)入学考试制度

《宋史》载:礼部“掌天下祀典、道释、祠庙、医药之政令……初

① 《宋史·志一一〇·职官四》,中华书局1977年版,第12册,第3885页。

② 程迥:《医经正本书·本朝医政第二》,影印本《续修四库全书》一〇二八,上海古籍出版社1996年版,第172页。

③ 《钦定续文献通考》卷五十六,《文渊阁四库全书》原文电子版[M/CD],武汉大学出版社1997年版,第73页。

补医生,令有司试艺业,岁终校全失而赏罚之"①。医学考试由礼部所管太常寺负责。具体操作上,太医局内考试由太医局安排,医官选试则由翰林医官院主持。

自创设伊始,太医局就定位为高级的医学教育机构,对学生的医学基础是有一定要求的。庆历四年(1044 年)范仲淹提出创办医学教育时建议"召京城习医生徒听学",当时太医局初设,名额未定,招生尚未需考试。

到嘉祐五年(1060 年)制定太医局制度时,开始明确了入学考试的有关规定。当时太常寺定太医局学生额为 120 人,但实际在学的学生已有 161 人,遂以考试来定去留,被淘汰的 41 人需"守缺",即待 120 个名额中有缺时补入。此后对招生作了明确规定:"今后年十五以上方许投名充医生,虽在局听读及一周年,须候额内本科有阙,即选试收补。"②这实际是将太医局学习分为预科和局生两个阶段。其入学程序是,要求年龄在 15 岁以上者,可递交简历(即"家状")到太常寺,然后太常寺"召命官使臣或翰林医官医学一员保明,仍令三人以上结为一保",这样就可成为预科的医学生,参与听课学习,在太医局听读至少一周年以上,方可在局生有缺额时参与考试选拔。另外,入学生员要有保荐和结保。所谓保荐,即要求有现任官员作为担保人,如有差错则担保人要连坐;结保则是学生之间互相担保监督,一人有事保内均有责任。这二者本是宋代官员选拔与管理的制度之一,这里也用于太医局学生的遴选。至神宗熙宁时太医局单列,其入学制度仍相似,"愿充学生者,略试验收补,勿限员。常以春

---

① 《宋史·志一一六·职官三》,中华书局 1977 年版,第 12 册,第 3853~3854 页。

② 徐松辑:《宋会要辑稿·职官二二》,中华书局 1957 年版,第 2878 页。

试，取合格者，以三百人为额”①，即预科阶段不限人数，愿者均可来听课，如经考试成为正式局生，则朝廷“月给以禄”，相当于有稳定薪俸了。

在入学考试的内容方面，由于太医局有九科，不同科别的局生的考试科目及录取标准有所不同。嘉祐五年（1060年）提到：

> 自来考试，唯问《难经》《素问》《巢氏》《圣惠方》大义十道。今详《神农本草》于医经中最为切用，自来多不习读，欲乞自今后每遇考试，于问义十道中兼问《本草》大义三两道，如虽通他经，于《本草》全不通者，亦不预收补，仍令本局常切讲习。②

从中可知，入学考试时各科学生均要在《素问》等经典著作中问大义十道，作为共同考试科目，“内得五道者即本寺给牒补充本局学生”。从嘉祐五年起，增加《神农本草经》作为考试内容，占十道中的二至三道之多，且规定如全答不出，即使其他科目再好也不予录取。这主要是为了促使学生熟悉药性，是重视临床能力的表现。

各科考试中还要考各自专科内容。当时太医局提出：“眼、疮肿、口齿、针、书禁五科所习医（书）全少，比之大小方脉医书，颇为侥幸。欲乞今后对义及七通已上方为合格，其金镞、书禁、伤折并为一科。”③眼科等小科所考科目，较之大小方脉等少，相对较易，为保证公平录取，要提高合格标准，要求十道必须答对七道，才算合格。

---

① 李焘：《续资治通鉴长编》卷二七五，上海古籍出版社1985年版，第2589页。

②③ 徐松辑：《宋会要辑稿·职官二二》，中华书局1957年版，第2878、2878页。

嘉祐六年(1061年),又初步确定了地方医学的入学考试制度。宋仁宗下诏,令各地比照太医局例,“召习医生徒,以本州军投纳家状,召命官或医学博士助教一员保明,亦三人已上结为保,逐处选官管勾,令医学博士教习医书,后及一年委官比试经义,及五道者,本州给贴,补充学生,与免州县医行祗应。”地方医学教育的学生名额如下:“大郡以十人为额,内小方脉三人,小郡七人,内小方脉三人。”并颁布“试格”:“令于逐科所习医书内,共问义十道,以五道已上为合格。其试医生,大方脉:《难经》一部、《素问》一部,二十四卷;小方脉:《难经》一部、《巢氏》六卷、《太平圣惠方》一宗,共一十二卷。”①这里记载地方医学主要设内科(大方脉)和儿科(小方脉),与地方医官的配置相一致。

神宗元丰六年(1083年),知登州赵偁提出县级医学教育按人口决定医学生名额的建议:“乞诸县主客不及万户,补医学一人;万户以上二人;每及万户增一人,至五人止。除合习医书外,兼习张仲景《伤寒》方书,委本州差补试,依得解举人例,免丁赎罪。”②神宗同意,并让礼部立法,推行于全国各县。

哲宗元符年间再度完善地方医学制度:“元符格置医学博士、助教。京府及上、中等州,医学博士、助教各一人;下州医学博士一人。医生人数,京府节镇一十人,余州七人。试所习方书,试义十道。”③所言各州学生人数与前相同,还对博士、助教

① 徐松辑:《宋会要辑稿·职官二二》,中华书局1957年版,第2878页。

② 徐松辑:《宋会要辑稿·职官三六》,中华书局1957年版,第3128页。

③ 徐松辑:《宋会要辑稿·崇儒三》,中华书局1957年版,第2214页。

等教师的人数作了规定。

宋代太医局的学生,均由国家供养,而且将来有望成为医官,所以入学考试存在竞争。另外,由于太医局的入学考试已经是专业考试,能考中成为正式局生者,已经具有一定的医学知识,在局学习期间,他们已开始承担一些社区性的医疗服务。例如哲宗元祐八年(1093 年)五月,大臣范祖禹奏称京城发生疫症,虽已派出"医生"施药,但水平不高,导致"饮药者多死",请求由太医局另派学生,"委使臣同学生就病患之家,令学生诊切,使臣上历散药"。他指出:"太医局学生系已试中之人,久经治病;其医生是初入学之人,未曾试中。"①可见经过考试的局生水平较高,较受人们信任。

(二)日常考核情况

太医局局生在学习过程中,还要接受各种考试,来评定等级,以决定待遇或去留。一般而言,学习各门经书科目,可能要定期完成一些医官出题目的考核。而由于北宋太医局局生起点较高,能通过入学考试说明已经掌握基本医学理论,所以在太医局学习期间更重要的任务是提高诊病能力。现在看到的太医局生平时考试方式,是以临床实践考核为主,并遥奉《周礼》的制度,根据实践考核记录决定食禄等级。

太医局生的医疗实践,主要是给其他学校学生或军营士兵看病:

> 太学、律学、武学生、诸营将士疾病,轮差学生往治,各给印纸,令本学官及本营将校书其所诊疾状、病愈及死,经本局官押;或诊言不可治,即别差人往治,候愈或死,各书其

---

① 范祖禹:《范太史集》卷二四,《文渊阁四库全书》原文电子版[M/CD],武汉大学出版社 1997 年版。

状以为功过。岁终比较，为三等，上中书取旨，等第收补，上等月给钱十五千，毋过二十人；中等十千，毋过三十人；下等五千，毋过五十人。其失多者，本局量轻重行罚，或勒出局。其受军营钱物，以监临强乞取论，其诸学病人愿与者听受，毋得邀求。①

也就是说，局生的平时治验记录，既是其月钱多少的依据，亦是任职医官时的参考。其中所言月钱，大概类似现代的奖学金。领上、中、下三等月钱的人数，合起来只有100人，这意味着另外三分之二的学生可能只供食宿，没有月钱，其竞争压力之大可想而知，何况还有末位淘汰制，成绩太差将会被黜。

另外，太医局生有时也要到城中为平民看病，这同样也记录在案以定赏罚。据载："旧纪云：罢（此处疑有脱漏）太医局生，立此较功过法，每厢选医生二人，以治商旅穷独被疾者。"并将"会其全失而定赏罚"②。

太医局局生学习三年后，可以参加医官选试，依阙补入翰林医官院。

第三节　宋徽宗时期"医学"的教育和考试

一、"医学"的设立和沿革

《宋史·选举志》载：

医学，初隶太常寺，神宗时始置提举判局官及教授一

① 李焘：《续资治通鉴长编》卷二七五，中华书局2004年版，第6724页。

② 李焘：《续资治通鉴长编》卷二七五，中华书局2004年版，第6724页。

人，学生三百人。设三科以教之，曰方脉科、针科、疡科。……崇宁间，改隶国子监。①

这段话本意指中央“医学”这一机构，是继承此前太常寺太医署以及神宗所设的太医局的医学教育职能而来，但表述欠清，常令人误会是讲太医局，往往将中央“医学”的制度当成太医局的制度。

中央“医学”的初创时间是在宋徽宗崇宁年间。此时，正值北宋开展第三次大规模教育改革——“崇宁兴学”。这次兴学，规模更大，涉及面更广。崇宁元年(1102年)，尚书右仆射兼门下侍郎蔡京奏请兴学贡士，自此起朝廷先后颁布一系列兴学诏令，例如扩大太学，将元丰以来约2400人的规模扩大到3800人，在京城南门外另建一所校园(称辟雍)作为太学的外舍，容纳外舍生3000人，原来太学则设内舍生600人，上舍生200人。崇宁三年(1104年)宣布罢科举，下诏曰：

神考尝议以三舍取士，而罢州郡科举之令。其法始于畿甸，而未及行于郡国。其诏天下，除将来科场如故事外，并罢州郡发解及省试法，其取士并繇学校升贡。②

此后，取士皆由学校以三舍升贡。崇宁五年(1106年)，还对太学考试升降制度作出新的规定，主要内容有：将原来每月举行的“私试”改为每季试第二个月举行一次，将考试成绩与品行情况一起登记，年终选出积分较多，又没有严重违反校规的学生，予以校定，以积分多少为序，分为上、中、下三等。外舍十分之六、内舍十分之五的学生可以获得校定。另外，每年春季，全

① 《宋史·志一一〇·选举三》，中华书局1977年版，第11册，第3689页。

② 徐松辑：《宋会要辑稿·崇儒二》，中华书局1957年版，第2192页。

体太学生一起进行“公试”,合格成绩亦分上、中、下三等。凡公试和校定均为上等者称为“上等上舍生”,即予释褐授官;公试和校定一上一中或均为中等者,可直接参加三年一次的殿试;公试和校定一上一下或一中一下及均为下等者,补内舍生。外舍生如三年不能升入内舍,或两次公试不入等,并且受到三等以上的处罚,即除名退回本州;如已获得校定,可再参加一次公试,以入等与否决定是否除名退送。内舍生如学业与品行不好即降为外舍,降为外舍者,如果一次公试不入等,或者两次受到四等以上的处罚,也要予以除名退送。这些制度后来在“医学”中均有体现。

中央“医学”设立于崇宁二年(1103 年)。是年九月十五日,讲议司奏:

> 昨奉圣旨,令议医学。臣等窃考熙宁追遹三代,遂诏兴建太医局,教养生员,分治三学、诸军疾病,为惠甚博。然未及推行天下。继述其事,正在今日。所有医工,未有奖进之法,盖其流品不高,士人所耻,故无高识清流习尚其事。今欲别置医学,教养上医。①

因此,设立了中央“医学”,与太学等同级并列,共同从属于国家最高学政机构国子监,这大大提升了医学教育的地位。其“医学”学生应试得中后,其资格与其他三学学生是一样的,可以出任各级官职。此后的一段时间内,中央“医学”取代太医局成为主要的医科教育机构。

但是中央医学的设置时有反复,崇宁五年(1106 年)一度“书、画、算、医四学并罢”;大观元年(1107 年)二月乙亥“复置医学”②;大观四年又诏:“六艺皆圣人著作,乃者增学舍,置师弟

---

① 徐松辑:《宋会要辑稿·崇儒三》,中华书局 1957 年版,第 2213 页。

② 王应麟:《玉海》卷六十三,《文渊阁四库全书》原文电子版[M/CD],武汉大学出版社 1997 年版。

子而入流,命官縻有区别。其令医学生并入太医局……罢学官及人吏等。”①直到政和三年(1113 年)四月,“太医令裴宗元乞就太医局复置太医学,并依大观已行条例施行”②,这次复置后,中央医学制度才正式稳定下来,并开始实施三舍升试法,推行各地医学升贡制,一直延续到宣和二年(1120 年)“诏罢在京医、算学”而终。其后医学教育又恢复由太医局职掌。从中可以看到,在兴办中央“医学”的过程中,太医局是一直存在的,并未撤销,因为招养医学生的职能虽然划归“医学”,但医学教授的管理并未归入国子监,在专业教育方面应该仍是由太医局负责。例如崇宁二年诏书中提到:“今来太医局欲依《唐典》,近城置药园种莳。其医学生员亦当诸(诣)园辨识诸药。”③

中央“医学”实施的时间虽不长,但当时推行的一系列制度,尤其是政和三年至宣和二年、八年间的实践,可以说达到宋代重视医学教育的最高峰,对以后的太医局也产生了一定影响。

二、中央“医学”的制度与分科

宋徽宗时期设立的医学校,既有与太学并置的中央“医学”,后来又在全国州县设立地方“医学”,为了区别,文献中常将中央“医学”称为太医学,地方称为州县医学。

太医学成立之初,据讲议司拟订的方案说:“切考熙宁、元丰置局,以隶太常寺,今既别兴医学,教养上医,难以更隶太常寺。欲比三学,隶于国子监,仿三学之制,欲制博士四员,分科教

① 杨仲良:《皇宋通鉴长编纪事本末》卷一三五,影印本《续修四库全书》三八七,上海古籍出版社 1996 年版,第 426 页。

② 徐松辑:《宋会要辑稿 · 职官二二》,中华书局 1957 年版,第 2879 页。

③ 徐松辑:《宋会要辑稿 · 崇儒三》,中华书局 1957 年版,第 2214 页。

导,纠行规矩。欲立上舍四十人,内舍六十人,外舍二百人,逐斋长、谕各一人。今参酌修定,设三科通十三事。”[①]据此,太医学有如下特点:一是与太学、武学、律学并列,同属国子监(国子监与诸学的关系,大约类似于今之教育局与学校),也就是说,成为国家正规教育的组成部分,与原来太医局自办的专科教育相比,医学教育的地位大为提高。二是仿三学之制,实行了三舍法。太学、武学等自神宗以来就一直实施三舍法,医学既然与之并列,则制度自应一体。三是将太医局的九科按性质相近合成三个大科。因原来九科中就有两科相兼的,全部算上则共有十三科,故云“三科通十三事”。四是定学生名额为300人,在三舍中实施分斋教学。分斋教学法本是北宋著名教育家胡瑗所创,其实质就是分科教学,宋代太学就按经籍分诗斋、易斋等。同时分斋也指分班学习,每斋是一个学习和管理单位,如《宋史》云太学“凡八十斋,斋置长、谕各一人,掌表率斋生,凡戾规矩者,纠以斋规五等之罚,仍月考斋生行艺,著于籍”[②]。崇宁时的太学有百斋之多。太医学分斋数不详,后来南宋时的医学教育则分八斋。太学各学斋生一日的作息表是:“鼓之节昕,三昏,四讲,五食,六升堂,七还斋,八集,九学,门以昕鼓启、昏鼓阖。”[③]另外管理上有“斋规行罚各五等”,不但用于太学,也用于太医学,在升舍时要看曾经是否受罚。这五等斋规的具体内容现存文献未有记载,仅知其第一

① 徐松辑:《宋会要辑稿·崇儒三》,中华书局1957年版,第2213页。

② 《宋史·志一一八·职官五》,中华书局1977年版,第12册,第3911页。

③ 施宿:《会稽志·学校》,《文渊阁四库全书》原文电子版[M/MD],武汉大学出版社1997年版。

等是"谤讪朝政"①。

太医学的分科规定如下：

> 教诸生：一、十人通习大小方脉、一风科；一、针科（通习针、灸、口齿、咽喉、眼耳）；一、疡科（通习疮肿、伤折、金疮、书禁），其试补考察仿太学立法。一、三科各习七书，《黄帝素问》、《难经》、《巢氏病源》、《补本草》（即《嘉祐补注本草》）、《大小方》。内方脉科兼习王氏《脉经》、张仲景《伤寒论》，针科兼习《黄帝三部针灸经》《龙木论》，疡科兼习《黄帝三部针灸经》《千金翼方》。②

上述文字部分疑有错漏。按后来州县医学的制度，方脉科中还应有产科，另外《大小方》应作《千金方》。按现在的说法，即共分成大内科（方脉）、大外科（疡科）和针灸科，三科既有共同科目，也有针对不同专科的专业科目。所用教材都是历代医药经典书籍。

由于"崇宁兴学"改革官员选拔制度，在全国罢科举考试，"天下取士，悉由学校升贡"③，地方各级学校就成为向中央输送人才的基石。在儒学方面，崇宁元年（1102年）诏天下州县置学，立定县学生选考升州学、州学每三年贡太学的制度。各州学也统一实行三舍法。太医学仿太学体制，也在各地设县、州学两级医学，不过设置的时间则晚到政和五年（1115年），亦即是政和三年复置太医学之后的事。政和五年正月己丑，"令诸州县置医学，立

① 施宿：《会稽志·学校》，《文渊阁四库全书》原文电子版[M/MD]，武汉大学出版社1997年版。

② 徐松辑：《宋会要辑稿·崇儒三》，中华书局1957年版，第2213页。

③ 《宋史·志一〇八·选举一》，中华书局1977年版，第11册，第3622页。

贡额”①,“诸州县并置医学,各于学内别为斋教养,隶于州县学,开封府隶府学”②。宋代崇宁前各地虽有医学教授之设,掌行医学教育,但广泛的、正式的医学校,是从此时开始设立的。

州县医学,其医学分科与科目完全同于太医学,但另有一条规定,即学生要“兼治五经内一经”③。这里的“五经”是《诗》《书》《礼》《易》《春秋》之儒学五经,说明在地方医学教育中并非纯粹的专科教育,也要掌握基本的文化知识。医学教学内容方面,规定“医学教授讲一经(谓《素问》《难经》),其讲义逐月付县”④。亦即由州上的医学教授制定讲义,分发各县,以弥补县级教学力量的不足。

州级医学的三舍,是在普通州设外舍、内舍,路所在州才设上舍,由提举学事司掌管。提举学事司是徽宗崇宁二年(1103年)始设立的机构,“掌一路州县学政,岁巡所部以察师儒之优劣、生员之勤惰,而专举刺之事”⑤。该司本属儒学机构,但兼管医学事务,医学上舍就设在提举学事司所在州。一路之内,各州医学内舍的学生凡考入上舍的,均集中到提举学事司所在州就学。这是由于医学教育是专科教育,人数不多,每州能入上舍的更少,将各州上舍生员集中到提举学事司,既精简机构,也有利于集中资源,保证质量。

对地方医学的行政管理,当时规定:“医学应合干行事:本路,提举学事司;州,知通博士、教授;县,令左、学长并通管。”⑥

---

① 《宋史·徽宗本纪三》,中华书局 1977 年版,第 11 册,第 394 页。

②③④ 徐松辑:《宋会要辑稿·崇儒三》,中华书局 1957 年版,第 2216、2216、2216 页。

⑤ 《宋史·职官七》,中华书局 1977 年版,第 12 册,第 3971 页。

⑥ 徐松辑:《宋会要辑稿·崇儒三》,中华书局 1957 年版,第 2217 页。

即由地方官员兼管。其维持经费和学生待遇,参照州县儒学规定如下:“州给常平或系省田宅充养士费,县用地利所出及非系省钱。”“凡州县学生曾经公、私试者复其身,内舍免户役,上舍仍免借借如官户法。”①

三、“医学”的考试

(一)入学考试

太医学“其试补、考察仿太学立法”,所谓试补即入学考试,考察是指平时的考核。

入学考试也叫补试。太医学的补试制度如下:“一、补试一场:大义三道(内运气一道),假令病法一道。一、曾犯刑责经决人,不得补试。”②可见入学考试着重考查其现有医学基础,题目不多只有四道。

太医学的学生来源,部分可能来自原来的太医局生。不过以前太医局虽然名义上是最高医学学府,实际上一直以来只招京城学生。太医学则要成为真正的全国性医学教育中心,为此建立了各州县医学升贡制度,集中全国的优秀医学人才。只是建学之初,地方医学生刚刚入学,远未到升贡的时候,太医学于是先从儒学里通医的学生中选材。政和三年(1113年)闰四月九日敕:

> 建学之初,务欲广得儒医。窃见诸州有在学内、外舍生,素通医术,令诸州教授知通保明,申提举学司具姓名闻奏,下本处,尽依贡士法律,遣赴本学,就私试三场,如中选,元(原)外舍生即补内舍,内舍理为中等校定。其学生执公

① 《宋史·选举三》,中华书局1977年版,第12册,第3663页。

② 徐松辑:《宋会要辑稿·崇儒三》,中华书局1957年版,第2213页。

据入学日，即关公厨破本等食。[1]

这批人入学考试是采用三舍法的升试制度（儒学早已实行三舍升试法）。政和四年（1114 年）再次提出，“诸州内外舍通医术学生”，“许津遣贡赴太医学，与在京学生同试”。当时立下规定：“诸州贡到通医术内外舍生，附太医学补试。如试中，各依元（原）舍额注籍。若或试下，还本贯旧舍额。”[2]

州县医学的补试也各有制度。政和五年（1115 年）制定了《诸州县学及提举学事司试法》，其中云：

县学补试：《素问》义一道，《难经》义一道，运气义一道，假令病法一道，儒经义一道（谓五经内治一经）。州学岁升试，依县学补试道数。[3]

其中县级医学入学要求稍低，评卷时“县学补试以文理稍通并取”。县学学习未实行三舍法。州医学则由县学学生通过考试升入，其应试资格为在县学“及一季（谓上三月）不犯学规第二等罚者”，“令左保明，申州学赴岁升试，合格人补外舍”。考试的内容同县学补试。办学之初，为鼓励儒生通医者参加，规定“应曾系州学生及曾得解人，依条格合赴补试者，与免县学试”[4]。最后州学的内舍生再通过每年春季的考试，汇聚到提举学事司所在州的医学上舍。

（二）三舍升试

崇宁时蔡京在国子监下的各种学校全面推行王安石创立的三舍法，并且应用到地方各级学校。太医学和地方医学也不例外。前面提到，太医学三舍的规模是上舍 40 人，内舍 60 人，外

---

①②③ 徐松辑：《宋会要辑稿 · 崇儒三》，中华书局 1957 年版，第 2215、2215、2216 页。

④ 徐松辑：《宋会要辑稿 · 崇儒三》，中华书局 1957 年版，第 2216 页。

舍200人。地方医学的员额未见规定,但当时既然实行贡额制,各地应以本州应贡额为参考数来招收医学生。

管理方面,太医学提出:"契勘先承朝旨,本学生既依三舍法,其应缘事务并依太学、辟雍、国子监条法施行。内事有不同者从本学。"①说明其三舍的管理制度与太学基本一致,但有些医学教育方面特殊的事务,则可自定规例。

三舍法的主要特点是分级教学,以各种常设性的考试来决定舍别和升降。太医学三舍考试制度与太学三舍一样,即设公试与私试两种考试。私试每季一次,共分三场,每月考一场;公试每年一次,春季举行,考二场。方脉、针、疡三科的考试各有不同。每次考试评上、中、下三等成绩,以公、私试的综合结果来决定三舍的升降。

地方医学中,州医学实行三舍升降,参照太医学用公私试来决定:"一、应公私试,合格分数并月引试,分月关书考选,校定升降舍。"②州医学的公私试与该州儒学一起进行。有关太医学与地方医学考试的具体情况详见下表。

表6-5 宋徽宗时期太医学及地方医学考试情况表

各级医学	考试		题型	考试科目	资料来源
太医学	补试		大义三道(内运气一道)		《宋会要辑稿·崇儒三》
			假令病法一道		
	私试	第一场	三经大义五道	方脉科:《素问》《难经》《伤寒论》 针、疡科:《素问》《难经》《三部针灸经》	

①② 徐松辑:《宋会要辑稿·崇儒三》,中华书局1957年版,第2218、2216页。

(续)

<table>
<tr><th>各级医学</th><th colspan="2">考试</th><th>题型</th><th>考试科目</th><th>资料来源</th></tr>
<tr><td rowspan="8">太医学</td><td rowspan="3">私试</td><td rowspan="2">第二场</td><td>诸科脉证大义三道(针、疡科为小经大义三道)</td><td>针、疡科小经为:《病源》《龙木论》《千金翼方》</td><td rowspan="15">《宋会要辑稿·崇儒三》</td></tr>
<tr><td>运气大义二道</td><td>从《素问》出</td></tr>
<tr><td>第三场</td><td>假令病法三道</td><td></td></tr>
<tr><td rowspan="4">公试</td><td rowspan="2">第一场</td><td>三经大义三道</td><td></td></tr>
<tr><td>方脉科脉证大义二道,针、疡科小经大义二道</td><td>针、疡科为:《病源》《龙木论》《千金翼方》</td></tr>
<tr><td rowspan="2">第二场</td><td>假令病法二道</td><td></td></tr>
<tr><td>运气大义一道</td><td>从《素问》出</td></tr>
<tr><td rowspan="2">州、县医学</td><td colspan="2" rowspan="2">补试</td><td>经义四道</td><td>《素问》、《难经》、运气、儒经各一</td></tr>
<tr><td>假令病法一道</td><td></td></tr>
<tr><td rowspan="5">州医学外舍、内舍</td><td rowspan="5">私试</td><td rowspan="2">孟月</td><td>经义三道</td><td>《素问》《难经》</td></tr>
<tr><td>儒经义二道</td><td>五经内治一经</td></tr>
<tr><td rowspan="2">仲月</td><td>运气义一道</td><td>从《素问》出</td></tr>
<tr><td>处方义一道</td><td>于所习经方内出</td></tr>
<tr><td>季月</td><td>假令病法三道</td><td>方脉科:《千金翼方》、《外台》、《圣惠方》治杂病门
针科:《三部针灸经》、《千金翼》、《外台》、《圣惠方》治杂病及口齿咽喉门、《龙木论》
疡科:《三部针灸经》、《千金翼》、《外台》、《圣惠方》治疮疡门</td></tr>
</table>

（续）

各级医学	考试		题型	考试科目	资料来源
州医学外舍、内舍	公试	第一场	经义二道	《素问》《难经》	《宋会要辑稿·崇儒三》
			运气义一道	从《素问》出	
			儒经义二道	五经内治一经	
		第二场	处方义一道	于所习经方内出	
			假令病法二道	同私试	
试提举学事司医学上舍	第一场		经义三道	《素问》《难经》	
			儒经义两道	五经内治一经	
	第二场		运气义一道	从《素问》出	
			处方义二道	从所习经方内出题	
	第三场		假令病法三道	同州医学	

按上表，各种考试的命题都规定了明确范围。而考试的出题人，在太医学当然是本学博士，在地方则要求由当地医官或官员负责："出题考校，县委令佐；州、军委教授；仍逐路提举学事司选差本州见任官通医术能文者一员，开封府选开祥两县官兼权医学教授，并依正教授条法。"①可见有的州、军尚无医学教授，要由官员兼任医学出题人。后来又补充规定：

县学补试，除已有教谕处自合教谕出题考校。如未有上（疑衍）上舍出身人处，即合有出身人管勾学事令佐试补。州司已即时分门定夺，行下诸县，遵守去讫。②

不过宋代虽文人知医者多，仍不能保证每州均有通医术的官员，故政和五年六月又下诏：

医学选试，如无通医术文臣，许于本处医长、医职、医工

①② 徐松辑：《宋会要辑稿·崇儒三》，中华书局1957年版，第2216、2217页。

内，选差一员，同州县有出身官出题考校。如缺医长等，即选大处有出身管勾学事官管勾。①

又因各地医学刚刚创设，"窃恐天下州县未能一一谙晓奉行，兼所出题目或有异同"，为保证考试的质量，于是"逐路并置医学教谕一员，以今来本学上舍出身人差充，仍从提举学事司差往点对"②。即设医学教谕于提举学事司，总管一路内各州医学考试事务。在考试内容上也尽量统一，如前面提到州医学教授的讲义要逐月付县，这也保证了考试尽量公平。

学生成绩评定方面，将每次考试的成绩分上、中、下三等，记录在案，年终综合全年的情况作总评，供三舍升降参考。不过三舍的升降除看考试等第外，还与平时纪律挂钩。有关医学三舍升降的具体规定如下：

1. 太医学外舍升内舍。

条件是：

私试三次入上等；

或公、私试三次入(上)等；

或公、私试各有一次入上等，其余在中等已上，不犯第二等以上罚；

或无考察而试在上等。

其中注明："若阙多，就试人少，即以就试人为率，所取不得过三分之一，仍先取有考察。或皆无考察即以考试名次为先后。"③

2. 太医学内舍升上舍。

除同样计公、私试成绩外，另有一次专门考试，称舍试，其成绩分优平两个等级。升上舍的条件是：

---

①②③ 徐松辑：《宋会要辑稿·崇儒三》，中华书局1957年版，第2217、2217、2213页。

私试三人上等；

或公私试各一人上等；（以上二者即可免专门考试，直接升上舍。）

不犯学规而（舍试）试在优等；

如舍试试在平等，而医治入上等者，依试入优等法。

其中，“若阙多，就试人少，即以就试人为率，所取不得过三分之一，仍先取医治，次程文，若均，即以考试名次为先后”①。这一规定反映出宋代太医学制度的严格，宁可缺额，亦不放松标准。

3. 提举学事司州上舍升太医学。

各州学生如考入提举学事司所在州上舍，即已获得进京加入太医学的资格，可按“贡额”选送。《宋会要辑稿》记载：“以合格三等对校定三等，参定等第，奏贡赴太医学，与本学内舍同舍，依试依额升贡，赴太医学与本学内舍同试，依额取推恩之人。”②所谓合格三等是指考试成绩，校定三等是指平时纪律、品行等的综合评定，两者均分上、中、下三个级别，每个学生的两种成绩要综合排位，选优秀者升贡。这种录取方法综合性强，比一试定终身要来得科学。

各地上舍生进京后，可加入太医学内舍学习，等候参加升太医学上舍的考试，这也说明地方医学比太医学仅低半级，进太医学后并非要从外舍开始再逐级考上。这一点与太学不一样。太学要求：“士初贡至，皆入外学，经试补入上舍、内舍，始得进处太学。”③

另外，地方医学贡士参加太医学上舍考试，虽与太医学内舍

①② 徐松辑：《宋会要辑稿·崇儒三》，中华书局 1957 年版，第 2213、2218～2219 页。

③ 《宋史·志一一〇·选举三》，中华书局 1977 年版，第 11 册，第 3663 页。

生同试，但录取时是另有专门名额的。政和五年（1115年）医官曹孝忠奉旨制定太医学《贡士法》，对各地方贡士升太医学上舍的情况作了详细规定：

> 诸路贡士与本学内舍同试上舍，三岁其取下项合格人数升补上舍：以下（应为上）、中等一百人为额，上等阙于中等补，中等缺以下等升补，并附文士引见释褐；下等不该升补人，贡士补内舍，元（原）内舍与理考察；贡士不中选，听还本学外舍。①

即各路贡士考试，不合格退还本学；考为下等不中选，可以留在太医学内舍学习；考为上、中等的，前100人可进入上舍。这里的贡士入上舍名额100人，远远高于太医学本身上舍的40人名额，不过贡士是三年才一试，三届学生取100人亦不算多。

根据当时的制度，上舍试是三年才一试，但诸路贡士每年都有，非应试之年的贡士，入京后先在太医学内舍学习，以待试期。这一阶段的学习与太医学内舍生要求是一样的，同样要参加公私试并记录成绩。考试之年称为大比，当年的贡士就直接应试。考试成绩评定等第后，将100个录取名额分配给三届贡士，第一、二年贡士各取上等10人，中等20人，下等30人，第三年即应试当年贡士则取上等15人，中等25人，下等40人。三年的上、中等人数合起来正是100人。

不过，初期贡士不足，硬要取满100人就会降低标准，于是又有一个应试人数少时按比例录取的办法：

> 诸路贡士同本学内舍就试上舍，若不满二百人，即每十人取二人合格（零数及三人听取一人）。以合格人十分为

---

① 徐松辑：《宋会要辑稿·崇儒三》，中华书局1957年版，第2215页。

率，一分六厘为上等，二分四厘为中等，五分为下等，余分从多数（谓三等各有余分，就三余分中，等从数多之等取一人，若两等余分，各从其等而共理取一人者，听从优）。[1]

也就是说，太医学上舍虽有固定名额，但仅作为上限，实际录取则坚持按比例录取的原则，只录取应试人数的五分之一到三分之一，不强求满额。这使考试始终保持激烈的竞争，杜绝侥幸，确保质量。

到了政和八年（1118 年），尚书省认为："今来太医学于创立，百人推恩，其数太优。"[2]提出削减，定每年推恩额 10 人，则三年仅为 30 人，人数大幅减少。

4. 州医学的三舍升降。

州医学同样也以公、私试及有关学规作为升降的依据。其中州内舍生考提举学事司上舍另有一次专门的考试，其录取标准也是参照太医学的情况执行。县医学未实施三舍法。

（三）临床考核

太医局原来有局生为三学及诸军诊病，以定奖罚的制度，后来哲宗元祐年间为节省费用曾一度取消，到太医学时期则又恢复。崇宁三年，讲议司奏：

契勘熙宁九年诏旨，兴置太医局教养生员，分治三学诸军病患，岁终比较等第，支给食钱，激励生员，责其成效。元祐裁减浮费，遂行废罢。今来除别置医学，教养上医外，所有本局并合与复熙宁、元丰旧法。[3]

于是重新修订有关制度，交付太医局施行。可见有关医学

---

①② 徐松辑：《宋会要辑稿 · 崇儒三》，中华书局 1957 年版，第 2215、2219 页。

③ 徐松辑：《宋会要辑稿 · 职官三六》，中华书局 1957 年版，第 3121 页。

临床方面的事务,仍由太医局负责。

(四)医官升任

按当时太学试上舍生的办法是:"每春季,太学、辟雍生悉公试,同院混取,总五百七十四人。以四十七人为上等,即推恩释褐;一百四十人为中等,遇亲策士许入试;一百八十七人为下等,补内舍生。"①太医学上舍的人数比太学少,但制度类似,即进入太医学上舍就基本获得了选任医官的资格,可"赐医学出身,除七等选人阶官,依格注授差遣"②。具体授官则以考入上舍时的成绩作依据,考为上等者即可释褐授官;中等者获得殿试资格,留在上舍学习;下等者,诸路贡士可入太医学内舍就读,原为太医学内舍生的则记"考察"一次,以待来年。在上舍生之中,又分几等授官:"上舍生高出伦辈之人选充尚药局医师以次医职;上等从事郎,除医学博士、正、录;中等登仕郎,除医学正、录或外州大藩医学教授;下等将仕郎,除诸州军医学教授。"③其中除"高出伦辈"者即时授官外,其余三等要"依旧在学,满三季日,不犯学规第二等以上罚者,发遣赴吏部,依两学上舍法注受差遣"④。

此外,地方医学其"讲解假告给依差补职事及应干事件,并依诸州县学法"⑤,说明地方医差官职有缺可从医学学生中考任。不过,由于地方官员选任医学官员时常有徇私的情况,例如常以奏荐等形式授医职,不认真考试,使朝廷无从控制其质量,引致批评。政和三年(1113年),礼部尚书郑久中等上言:"本部注授外郡医长、医职、医工,系据试到高下等第,依格差注,其医

---

① 《宋史·志一一〇·选举三》,中华书局1977年版,第11册,第3665页。

②③④⑤ 徐松辑:《宋会要辑稿·职官三》,中华书局1957年版,第2214、2214、2215、2216页。

官应有诸般非泛恩泽等，并不许换授医正、医工差遣，所贵诸州军得实学之人。及罢任到部再试，若注授外郡医官，求嘱举辟再任，实占优轻窠阙，窃虑差注不行。今相度欲应注授医职、医工，并不许州军及诸官司奏辟，亦不许举留再任，所贵易为差注。”①将地方医职的授官权限收归中央，并要经过考试，禁止地方官员奏荐或保举留任。政和六年（1116 年），太医学又对地方医学职位中的“医学博士”一职提出意见：“契勘本学博士，乃专解传授诸生，任为师儒，皆朝廷所选。然天下州军以医隶职而为郡将所差补者，亦曰医学博士，欲乞依仿诸州医士之称以易之，庶有辨别。”要求只有在太医学任教者方可称医学博士，地方医学博士要改名。有关部门于是拟改各地“医学博士”为“医博士”。太医学仍不同意，认为：“今来虽有改为医博士指挥，缘尚与本学博士称呼相犯，即未有许改博士字指挥。”后来徽宗下旨：“诏诸州医博士为职医。”②这反映出以前地方官员自行选任医官不太规范的情况。

四、“医学”升贡制度

政和三年（1113 年）“医学”复置后，开始参照太学系统建立升贡制度，即由县学、州学以至太医学入仕的途径。但由于各地人口、文化发展水平不一样，朝廷取士又要兼顾各地平衡，为此，与原来科举考试一样，各州赴京人数也必须进行名额配给，即贡士额。

原本科举考试时各地本有固定贡额，徽宗罢科举后，各地方

① 徐松辑：《宋会要辑稿·职官三六》，中华书局 1957 年版，第 3128 页。

② 徐松辑：《宋会要辑稿·崇儒三》，中华书局 1957 年版，第 2220 页。

儒学升贡额仍依原额。但医学新立，贡额未定，政和五年（1115年）提出参照儒学贡额折算：

法行之初，恐士人兼习医术者未广，难以逐州立额，欲乞每路量立逐岁贡额。今此仿诸州县学，格内文士三年所贡人数，十分中以一分五厘人数创立医学贡，分为三年，内岁供不及五人处添作五人，并不近州军类，试不得过三。①

按照这个标准，政和八年报告太医学三年应贡人数为733人，正好是文士贡额4892人的15%。②这里太医学是按路设额，因为在路级才有上舍，与儒学每州有贡额不同。

由于地方医学校在政和五年（1115年）始设，根据学习制度，其学生如果当年入县学，学习一年后方能考入州学外舍，政和七年（1117年）才公试升补内舍，1118年才赴学事司类试升补上舍，秋季选贡，至次年春才赴太医学参加考试，亦即一个培养周期至少需要五年。在这些人才培养出来之前，各地只能选取儒学中通医术者参加医学升贡，其人数有限，初期占用儒学贡额。例如福建路提举学事司报告："政和五年系第一年，已贡过一年人数；政和六年系第二年，未曾入贡，其椿留一分医士贡额，合从文士三岁贡额内豁除。又，缘医学生政和六年方赴州学，岁升充外舍，政和七年上舍，其贡额系比仿诸州学格内文士三年所贡人数，十分中以一分五厘人数创立。"③不过，该司提出将政和六年医士贡额从文士额中豁除遭到否决。尚书省认为："所申除豁文士贡额显未允当，其上件贡额，候将来有合贡医士年分，方合用额升贡，今既未有合贡之人，即合依旧存留。"④从中可以见到，当时虽有暂行贡额计算法，各地多不能满额，所以名额多

①②③④ 徐松辑：《宋会要辑稿·崇儒三》，中华书局1957年版，第2220、2218、2219、2219页。

少争议不大。

到了1114年，第一批经医学校系统培养的学生已经逐级升补进入提举学事司上舍，马上就要入京会试，已有必要进一步确定各路医学贡额数。于是在政和八年底下诏，由尚书省确定全国各路医学贡额人数。尚书省指出："法行之初，窃虑诸路少得通医士人升贡，其所立贡额亦多，理合裁定。"①裁减后各路医学贡额如下：

府畿15人；

京东东路5人；

京东西路5人；

京西北路5人；

河北东路3人；

河北西路4人；

河东路3人；

永兴军路2人；

秦凤路2人；

江南东路4人；

江南西路4人；

淮南东路4人；

淮南西路4人；

荆湖北路3人；

两浙路6人；

福建路6人；

广南东路3人；

① 徐松辑：《宋会要辑稿·崇儒三》，中华书局1957年版，第2219页。

广南西路 3 人；

成都府路 3 人；

利州路 3 人；

梓州路 3 人；

夔州路 3 人。

按此总计全国贡额不足百人。每年推恩额定为 10 人。

五、太医学的终结

太医学的设立，反映出道君皇帝宋徽宗对医学的重视。他将医学与太学并列，使从太医学出身之人具有与太学出身者同等地位，于是也就具有同样的任官资格。这样，由于医官的职位较少，“医学”出身之人就往往凭资格去转任地方官员了。这样脱离了医业，在当时引起了争议。如政和七年（1117 年），有大臣上言：

> （医学）锡命后，人才既成，宜试其能。又元（原）降指挥，使合赴评注授诸州曹掾、簿尉，而于诊疗略无所预，虽有成才，莫获试用，而朝廷亦无以核诊疗之实。……若谓欲清其选，则既锡之名第，又加之品秩，且得为州县亲民之官，视两学无异，其选固已矣。至于诊疗疾病，乃设学求才之本旨，而命官之后，终不良之，岂朝廷循名责实之意哉？①

他提出的办法是在授官之前对获推恩人的诊疗情况进行考核，以其全、失来作为授官好坏的参考，亦即要坚持对这些人员的医疗水平进行考核。政和七年（1117 年）政府定下制度：

> 礼部奏：修立到诸太医学上舍推恩人，于所任州兼医学教授，仍令医职于医员外置。若任县官者准此，至通直即罢

① 徐松辑：《宋会要辑稿 · 崇儒三》，中华书局 1957 年版，第 2218 页。

医职。从之。①

即要求"医学"出身的人任地方官的同时兼任当地医学教授,直至任通直郎以上职位才不兼医职。这些都是尽量令他们不致完全脱离医学的办法。

政和八年(1118年)下半年改元重和,次年又改元宣和,宣和元年(1119年)是第一个培养周期完成之时。这第一届由"医学"制度培养出来的学生参加了太医学考试,考试详情未见记录,但应该是正常进行,包括宣和二年(1120年),也决出了待参加宣和三年(1121年)殿试的人选。

但是到了宣和二年下半年,情况大变。主持改革的蔡京罢相,王黼继任少保太宰后,尽行推翻蔡京所行之政,包括取消"医学"。其主要理由,就是指责"医学"出身者多不任医职,有违设学的初衷。是年七月下罢医学诏曰:

> 先帝董正治官,太医局置丞、教授,立学生员额,成宪具存,今医局之外,复建医学,既违元丰旧制舍选之法;本示教养,今又医学生赐第之后,尽官州县,不复责以医术,平昔考选,遂成虚文。在京医学可并罢,应医学三舍生,旧系内外学籍,愿入学者上内舍,并特令于见医学舍额上降一舍,外舍许通理医学,校定入学,令礼部国子监限五日条具闻奏。②

与此同时,诏令医学中已考中待参加殿试之人,"特许赴来年特奏名试"。所谓特奏名试是宋代一种特殊制度,又称恩科。比如举子曾参加一定次数的省试或殿试而均不第,达到一定年

---

① 徐松辑:《宋会要辑稿·崇儒三》,中华书局1957年版,第2217页。

② 徐松辑:《宋会要辑稿·崇儒三》,中华书局1957年版,第2220页。

龄和举数，就可能获得特赐出身。

这样，设立太医学的改革实践真正实施的时间只有六年，最终仍恢复到太医局的旧制度。不过，这里仅说罢“在京医学”，未废地方医学，但上述的医学升贡法应该是不复施行了，因为到宣和三年(1121 年)，“诏罢天下三舍法，开封府及诸路并以科举取士；惟太学仍存三舍，以甄序课试，遇科举仍自发解”①。整个教育改革都已停止，科举考试又重新实施。

从时间上看，在兴办“医学”期间，能完成各级医学校学习周期的只有两届学生，而这两届学生未能参加殿试。不过，在宣和三年之前的一次殿试，当时从儒学中通医术者转来的“医学”学生，曾参加过殿试并获赐第，甚至政和五年(1115 年)的殿试时，当年正月复置的太医学，应该也有学生参加了殿试，不然就不会有政和七年大臣对医学生赐第后任地方官的不满。

六、徽宗时太学的《内经》考试

宋徽宗以“道君皇帝”闻名，他对道教十分热衷，还首开了将道家经典列入国家官学的先例，其中，《黄帝内经》被作为道经之一供太学生选读和考试。这虽不属于“医学”的事情，但以《黄帝内经》为考试内容，与医亦有关，兹附于此略作介绍。

政和八年(1118 年)八月二十一日，徽宗颁《天下学校诸生添治〈内经〉等御笔手诏》曰：

令天下学校诸生于下项经添大、小一经，各随所愿

① 《宋史·志一〇八·选举一》，中华书局 1977 年版，第 11 册，第 3623 页。

分治。大经:《黄帝内经》《道德经》;小经:《庄子》《列子》。①

诏太学、辟雍各置《内经》、《道德经》、《庄子》、《列子》博士二员。②

其后,“宣和元年,帝亲取贡士卷考定,能深通《内经》者,升之以为第一”③。宣和元年亦即政和八年,据《宋会要辑稿》,是年殿试的题目如下:

朕惟昔之圣人,提挈天地,把握阴阳,以前民用,故黄帝始正天纲,临观八极,考建五常,原阴阳之化,类万物之情,穷性命之理以迪后世。尧舜乃命羲和,历象日月星辰在璇玑玉衡,以齐七政。箕子叙《洪范》,协水火木金土,推而见之于貌言视听思之五事;左丘明有取于六气之说,则曰阴阳风雨晦明而已。前圣后圣,其揆一也,而其言其用之不同,何也?今岁戊戌,赫曦之纪,太阳主之,太过之年。过与不及相为终始,过者抑之,不及者举之,然五者相生相克,相沿相继,高下之相召,升降之相因,其变不穷,如之何可以财成其道,辅相其宜,使之适平,无有余不足之患而和同无间乎?朕将仰观俯察,运于一堂之上,兼明天下后世子大夫,其详著于篇毋略。④

所考内容确与《内经》及医学基本理论有关。考试结果是“得嘉王已下七百八十三人赐及第出身”⑤。这里第一名的嘉王

① 《宋大诏令集》,中华书局1962年版,第864页。

② 《宋史·徽宗本纪三》,中华书局1977年版,第2册,第400页。

③ 《宋史·志一一〇·选举三》,中华书局1977年版,第11册,第3668页。

④⑤ 徐松辑:《宋会要辑稿·选举七》,中华书局1957年版,第4373、4373页。

赵楷乃是皇亲,后来的榜首却不是他。据载:“诏嘉王楷有司考在第一,不欲令魁多士,以第二人王昂为榜首。”①

宣和六年(1124年)的殿试内容仍与《内经》有关,题目云:

在昔圣人,以道御气,以气御化,以化御物,而弥纶天地,经纬阴阳,曲成万物,因其盛衰奇偶多寡盈虚之数,左右之纪,上下之位,而范围裁成之道著焉。后世蔽于末俗,浅闻单见,不足与明。朕承天休宪,法上古,思所以和同无间,以惠元元,然物生而后有象,象而后有数,数之不可齐也久矣。夫天数五,地数五,而有曰天以六六为节,地以九九制会,又曰二而成天,三而成地,三而成人。此天地之数,错综之不同,何也?《易》曰:当期之日凡三百有六十;《书》曰:期三百有六旬有六日;《内经》曰:七百二十气为一纪,岁纪之数可坐而致。乃不一,何也?夫道生一,一生二,二生三,三生万物,而《传》曰:万有一千五百二十,当万物之数,数之不可胜穷,不可齐,不可一也。如此将何以原始?要终合其同异,一其旨归,通其变,极其数以尽天下之道,朕将有所施设焉。子大夫详言之,毋忽。②

这次考题考象数,颇为复杂,结果“得沈晦已下八百五人,赐及第出身”③。关于这届状元还有一则趣闻,据宋人曾敏行记载:

宣和甲辰,廷试进士,以气数为问。周表卿执羔素通此学,对策极该博,自谓当魁多士。或告之沈元用从貂珰假筹布算,而后答问。表卿惊曰:“果尔,吾当少逊之矣,然亦不

---

① 徐松辑:《宋会要辑稿·选举八》,中华书局1957年版,第4393页。

②③ 徐松辑:《宋会要辑稿·选举七》,中华书局1957年版,第4374、4374页。

在他人下也。”翌日，胪唱，元用居第一，表卿次之。①

宣和七年(1125年)，朝廷下诏：“政和中尝命学校分治黄、老、庄、列之书，实失专经之旨，其《内经》等书并罢治。”②太学中治《内经》之举遂不复行。

第四节 南宋太医局与医学考试

到了南宋时期，宋廷偏安杭州，仍然设立医学教育，开展医学考试。

一、南宋太医局沿革

高宗南渡后，在临安设太医局，其局生既有在当地招收的，也有陆续从旧京逃亡过来的。如绍兴元年(1131年)就有原太医局生九人来到临安，仍依原太医局制度安置。绍兴十二年(1142年)，“诏医官、局生员额并依旧制”③，并令户部确定太医局局生的钱粮。《宋史·选举志》载：“绍兴中，复置医学，以医师主之。翰林局医生并奏试人，并试经义一十二道，取六通为合格。”④这里的“绍兴中”可能指绍兴二十一年(1151年)。据《中兴两朝圣政》目录，这一年曾“定试医格”⑤，可惜该卷内容已佚。

---

① 曾敏行：《独醒杂志》，《中华野史·宋朝卷》，泰山出版社1999年版，第2册，第2223页。

② 《宋史·志一一〇·选举三》，中华书局1977年版，第11册，第3668页。

③ 徐松辑：《宋会要辑稿·职官二二》，中华书局1957年版，第2880页。

④ 《宋史·志一一〇·选举三》，中华书局1977年版，第11册，第3689页。

⑤ 留正：《增入名儒讲义皇宋中兴两朝圣政》目录，影印本《续修四库全书》三四八，上海古籍出版社1996年版，第208页。

另外,此处虽言“医学”,但据后来情况看,可能不是专门机构,而是指太医局的教育,不过也采取了徽宗时的一些制度。何大任在《太医局诸科程文格》序言中说:“六飞南幸,修举旧章,乃复局学,设判局以为之长,列教授以分其教,又有长谕职事纲领,其徒三岁取士,与科举同;月书季考,与文武二学同。大方脉至书禁凡十有三科,然俱以七经为本,亦如六艺之文皆圣贤之格言大训,学者所当笃意也。”①学生仍实行分斋教养,如当时记录局生俸钱标准时云:“大方脉、风科每月各请食钱二贯文,内有职事五人,充堂长、斋长、司书、司门、斋谕各添月俸钱一贯文。”②可见徽宗在医学中引入太学的学习考试制度后,对医学教育起到明显促进作用,因而为南宋所沿用。

到孝宗隆兴元年(1163年),太医局局生人数尚不足额,据当时报告:“诸科局生,大方脉科一百二十人,见管三十四人;风科八十人,见管四十七人;小方脉科二十人,见管六人;眼科二十人,见管五人;疮肿兼伤折科一十人,见管一人;产科十人,见管一人;口齿兼咽喉科一十人,见管三人;针灸科一十人,全阙;金镞兼书禁科一十人,见管一人。”长期缺额的结果,是削减名额,孝宗决定“将大方脉科见管人为额,小方脉已下科目元(原)额减半”③。

尽管太医局规模已大为缩小,但是在国用不支的窘况下,仍然难以维持。乾道三年(1167年)孝宗索性废除太医局:“诏御医内宿医官,大方脉五员,小方脉三员,风科、口齿科、眼科、针科、疮肿科、产科各二员,通二十员为额。诊御脉四员,入内看医

① 何大任:《太医局诸科程文格·原序》,《文渊阁四库全书》原文电子版[M/MD],武汉大学出版社1997年版。

②③ 徐松辑:《宋会要辑稿·职官二二》,中华书局1957年版,第2880、2880页。

三员。在内溢额人且令依旧，今后并不作阙。差人其在外职事人内，除德寿宫六员，殿前左右班宿直四员，国子监、大理寺、和剂局、杂买务各一员，大宗正司一员许存留外，余人并在局祗应、直日、太医局及局生、医生并罢，今后更不试补。”①将现有医官一一做出安置，然后罢太医局。

孝宗之罢局事出有因。《宋会要辑稿》记载说：“先是宰执进呈国用事，数内一项，医官请钱甚多，上曰：此辈最无用，亦可省减。故有是命。”②时人洪迈亦记载此事，较为具体。他说：

乾道三年正月，随龙医官、平和大夫、阶州团练使潘攸差判太医局，请给依能诚例支破，迈时在西掖，取会能诚全支本色，因依诚系和安大夫、谭州观察使，月请米麦百余硕，钱数百千，春冬绵绢之属，比他人十倍，因上章极论之，乞将攸合得请给，令户部照条支破。孝宗圣谕云：“岂惟潘攸不合得，并能诚亦合住了。”即日御笔批依，仍改正能诚已得真俸之旨，旋又罢医官局。③

洪迈当时的奏章，在《宋会要辑稿》有记录，内容大致相同，并讲到依能诚之所以高俸的原因：

因依系与陈孝廉皆援干办军头司王公济例，特旨用随龙恩数。在于禄令，固无伎术官请真奉之文。按能诚系和安大夫、潭州观察使，月请米麦百余石、钱百千、春冬衣绵绢之属比他人十倍，今潘攸官秩虽降诚两级，然其所得亦已多

① 徐松辑：《宋会要辑稿·职官三六》，中华书局 1957 年版，第 3131 页。

② 徐松辑：《宋会要辑稿·职官二二》，中华书局 1957 年版，第 2880 页。

③ 洪迈：《容斋随笔·三笔》，远方出版社 2002 年版，第 3 册，第 980 页。

矣。以医职而授观察团练使厚俸,何以别将帅勋旧哉!①

洪迈虽建议将潘攸俸禄按实际应得支给,但孝宗仍觉过多,进而认为医官"无用",罢置太医局,这显然是目光短浅之举。到了乾道七年(1171 年),大臣虞充文上奏,指出废除太医局使得学医者考试入仕之路断绝,"恐庶民习医者无进取之望,不复读医书",于医学发展不利,医官的补充也缺乏来源;况且所节约的钱粮也很有限:"局生请给,岁不过四千缗,国用司省之,过矣!"②乾道八年(1172 年),又有"臣僚言乞置太医局及医生试补之法",孝宗遂诏"更不置局,依旧存留医学科,逐举许令赴试"③。即虽同意恢复医学考试,但仍不设太医局,只保留医学一科。这里的"医学",同样也不是像徽宗时的专门机构,而是指在科举考试的同时附设医学科考试。应试者来自民间,与科举的制度有类似之处。

直到光宗绍熙二年(1191 年)七月十九日,才重新设置太医局,一切制度恢复如旧,"从旧格法试补医人","吏额依未罢局前人数,局生以一百人为额"④。一开始名额不满,还采取了一些措施。如绍熙三年二月规定:"淳熙十六年铨试待补习学医生……已赴绍熙元年省试内有不中之人,每乞省试年分径赴省试,更不再赴铨试。"并要求"……铨试中太医局习学生,不限人数取放,盖将尽取合格以足所立员额之数"。当时还规定太医

① 徐松辑:《宋会要辑稿·职官三六》,中华书局 1957 年版,第 3131 页。

② 徐松辑:《宋会要辑稿·职官二二》,中华书局 1957 年版,第 2880 页。

③ 留正:《增入名儒讲义皇宋中兴两朝圣政》卷五一,影印本《续修四库全书》三四八,上海古籍出版社 1996 年版,第 601 页。

④ 徐松辑:《宋会要辑稿·职官二二》,中华书局 1957 年版,第 2880 页。

局教授二年为一任，“如教授数内教导有方，可令太医局保明存留再任”①。

宁宗庆元四年(1198年)，再度因节省费用，削减太医局规模。太常寺奏：“数内翰林医官太医局人吏学生委是数多。若不量行裁减，显是虚费钱物，今看详将太医局元立局生一百人为额，今欲十分为率，减去四分，以六十人立为定额。”②据随后太医局的报告，其实当时实际局生并不算多，而且所领钱粮早已裁减过：

> 目今本局见管生内，局生大方脉科二十六人……请给三分减去一分，每人三贯六百六十六文；风科二十三人即无请给；小方脉科三人，产科二人，眼科一人，口齿兼咽喉科一人，疮肿兼伤折科二人，请给三分减去一分，每人二贯文；以上并系额内局生之数，针兼灸科、金镞兼书禁科额内局生见阙。③

即实有局生仅只58人而已，太常寺显然就以此实际人数为依据，将员额减至60人。

宁宗后期，太医局又渐渐发展起来。何大任作于嘉定五年(1212年)的《太医局诸科程文格序》云：“今也，局学生徒几三百员，率皆京邑辅郡之人。”则学生又增加到将近300人了，考试制度则云“其文体格式并系用崇宁之制，迄今遵行”④。

理宗绍定年间，太医局甚受重视，不但重建房舍，并且理宗皇帝还御书赐匾。《咸淳临安志》记载：

> (太医局)在通江桥北，创始于绍兴二十六年，至绍定间重建。殿曰神应，奉医师神应王，以岐伯善济公配；讲堂

①②③ 徐松辑：《宋会要辑稿·职官二二》，中华书局1957年版，第2881、2881、2881页。

④ 何大任：《太医局诸科程文格·原牒》，《文渊阁四库全书》原文电子版[M/CD]，武汉大学出版社1997年版。

曰正纪，皆理宗皇帝御书匾。判局一，教授四，生员二百五十，冠带出入，月书季考，大略视学校。斋舍八，曰守一、全冲、精微、立本、慈幼、致用、深明、稽疾。提举官一，以内侍充。①

吴自牧《梦粱录》卷十五记载稍有不同：

医学，在通江桥北，又名太医局，建殿扁曰神应，奉医师神应王。以岐伯善济公配祀。讲堂扁曰正纪。朝家以御诊长听充判局职。本学以医官充教授四员，领斋生二百五十人。月季教课，出入冠带，如上学礼。学廪饮膳，丰厚不苟，大约视学校规式严肃。局有斋舍者八，扁曰守一、全冲、精微、立本、慈用（疑当为幼）、致用、深明、稽疾。②

此时的太医局，规章制度均“视学校”（指太学），仍然实行“月书季考”，考试维持了原有制度。

总的来说，南宋太医局不如北宋兴盛，规模也一度缩小。两宋不同时期太医局局生员额的变化参见表6-6。

表6-6　两宋太医局学生员额表

分科 额数 时间	大方脉	风科	小方脉	眼科	产科	针（兼灸）	疮肿	金镞兼伤折	金镞兼书禁	口齿兼咽喉	合计	资料来源
嘉祐五年（1060年）	40	30	30	6	4		4	1	1	4	120	《宋会要辑稿》
熙宁、元丰	120	80	20	20	10	10	20		10	10	300	《中书备对》

① 潜说友：《咸淳临安志》卷十二，《文渊阁四库全书》原文电子版［M/CD］，武汉大学出版社1997年版。

② 吴自牧：《梦粱录》卷十五，见《东京梦华录》（外四种），古典文学出版社1956年版，第256页。

（续）

<table>
<tr><th>分科额数／时间</th><th>大方脉</th><th>风科</th><th>小方脉</th><th>眼科</th><th>产科</th><th>针（兼灸）</th><th>疮肿</th><th>金镞兼伤折</th><th>金镞兼书禁</th><th>口齿兼咽喉</th><th>合计</th><th>资料来源</th></tr>
<tr><td>隆兴元年（1163 年）</td><td>34</td><td>47 ?</td><td>10</td><td>10</td><td>5</td><td>5</td><td colspan="2">5</td><td>5</td><td>5</td><td>124 ?</td><td rowspan="3">《宋会要辑稿》</td></tr>
<tr><td>绍熙二年（1191 年）</td><td>30</td><td>30</td><td>10</td><td>5</td><td>5</td><td>5</td><td colspan="2">5</td><td>5</td><td>5</td><td>100</td></tr>
<tr><td>庆元四年（1198 年）</td><td>20</td><td>20</td><td>5</td><td>3</td><td>3</td><td>2</td><td colspan="2">2</td><td>2</td><td>3</td><td>60</td></tr>
<tr><td>嘉定五年（1212 年）</td><td></td><td></td><td></td><td></td><td></td><td></td><td colspan="2"></td><td></td><td></td><td>近 300</td><td>《太医局诸科程文格》</td></tr>
<tr><td>绍定年间</td><td></td><td></td><td></td><td></td><td></td><td></td><td colspan="2"></td><td></td><td></td><td>250</td><td>《咸淳临安志》</td></tr>
</table>

二、南宋医学考试情况

南宋制度祖述北宋，只是据实际情况略作变化。太医局考试情况，兼采了北宋太医局和太医学的长处。

（一）太医局的考试

南宋太医局的考试与北宋类似，所谓“从旧格法试补医人”。其考任医官制度也与北宋类似，即局生学习三年以上，可以参加医官升任考试。嘉泰三年（1203 年）还要求礼部给太医局生“给贴”（类似证件）的日期以考中局生之日为准，因为以前考中之后往往“给贴”的时间拖延，使局生本来三年到期参加考试，但按“给贴”上的时间却未够三年，影响操作。①

① 徐松辑：《宋会要辑稿·职官二二》，中华书局 1957 年版，第 2881 页。

不过,南宋在考试的命题制度上有一些创新,值得注意。

1. 命题官选取。

医学命题考官从翰林医官局中选取。淳熙五年(1178 年)正月七日,"礼部言,据太常寺申,医生并生并臣僚奏试医人,附省试别试所,解发所有出题考校试官,每科虽合差二员。缘就试人数不多,乞依淳熙四年指挥,通差大方脉或风科共四员中书门下省行下翰林医官局,取索有出身郎及大夫以上姓名,于引试前二日点差,降敕令宣押入院。合用经书下国子监、临安府医院关借附试所,公使钱系临安府报点检所下所属应副"①。这里提到命题官应"有出身",即经正规太医局考试成为医官之人。到庆元年间由于这种有出身的医官不足,管震才提出让奏试出身、曾参加过太医局考试的医官也可任考官。

2. 分科命题。

医学分科的情况前面已经述及,考试命题本来是分科进行。不过南宋时出于节俭,将分科出题改为各科通考,以减少出题官人数及支出。有关诏旨多次出现。

如绍兴三十一年(1161 年)诏:"太医局选试医生差大方脉或风科共四员通行出题考校,支破公使钱一百五十贯,旧制分科差官及四破公使三百六十贯,至是省之。"②乾道元年(1165 年)二月十六日诏:"太医局选试医生,差大方脉或风科共四员通行出题考校,支破公使钱二百五十贯。旧制分科差官及合破公使三百六十贯,至是省之。"③乾道九年(1173 年)诏:"太医局选试医生,差大方脉或风科共四员通行出题考校,支破公使钱一百五十贯。旧制分科差官及合破公使钱三百六十贯,元年指挥已省

---

①②③ 徐松辑:《宋会要辑稿·职官二二》,中华书局 1957 年版,第 2880、2880、2880 页。

作三百五十贯,至是又省之。”①

为了节约一点考试费用,将医学各科合并考试,以免出题人多而破费,其窘迫之境可见一斑,而考试内容也就变成以通用的内科为主。

3. 题库与随机命题。

南宋时期,由于医官不足,结果在命题时创造了题库的形式。绍熙三年(1192年)有官员提出太医局命题官人数少:“缘所差试官,除假故避亲外,诸科共不过十人,可以揣度,阴相计会。今欲候会题之时,每道令出题官多供二三十件,从监试官对众抽摘,依格给与,且倍严怀挟、传义、代笔之禁。其将来试三场,亦合以第一场定去留,所供墨义、大义等题目仿此施行,其第二第三场每题亦合多供三五件,抽摘出题,庶几少革冒滥之弊。”②这里要求每个出题官按1∶20~1∶30的题量出题,然后随机抽取,包含有题库、交叉命题、随机命题的概念,确是医学考试中的一个创举。

(二)孝宗时的医学科考试

宋孝宗虽然罢太医局,但存留医学科。开始医学科附于科举,在省试时同时举行附试以考选医官。如淳熙五年(1178年)礼部奏定:“医生并生并臣僚奏试医人,附省试别试所解发。”③淳熙十五年(1188年),较详尽地确定了医学科考试的考选方式:“比年医官少精方脉,可自来年为始,令内外州县白身医人,各召文武臣选人医官一员委保具状,经礼陈乞于省试前一年附铨试场,随科目试脉义一场,三道以二通为格,就本所拆卷,出给公据照会,赴次年省试场,试经义三场共一十二道,将五通为合

①②③ 徐松辑:《宋会要辑稿·职官二二》,中华书局1957年版,第2880、2881、2880页。

格,以五人取一名,令礼部给帖补,充习医生。”考试内容则是:“方脉科、风科、小方脉科依今降指挥试脉义三道,其眼科以下依旧法试大义二道,假令法一道,以二通为合格,其次年省试经义一十二道,依旧法以六通为合格。”这里考试采取两级考试制,先铨试,后省试,从各地选考医学生。然后,医学生在第二年参加“次举”,亦即医官选试,“候次举再赴省试场,试经义三场,共一十二道,以五人取一名,八通补翰林医学,六通补祗候”①。这一考试程序,与科举考试基本一样,只是没有最后的殿试。

此外,南宋的地方各州也存在医学教育。孝宗乾道年间规定:

> 置职医、助教。京府及上中州职医、助教各一名。医生人数,京府节镇一十人,余州七人,万户县三人,每万户增一人,至五人止,余县二人。试所习方书义一十道。所习方书,大方脉:《难经》、《素问》、张仲景《伤寒论》各一部,巢氏《病源》二十四卷;小方脉:《难经》一部、巢氏《病源》六卷、《太平圣惠方》一十二卷。②

地方医学生的分科主要设大、小方脉:

> 诸医生,每三人内置小方脉一名,止有二人亦置一名。有阙者,许不曾犯罪经决人投家状,召品官或职医助教一名保明,仍三人以上为保,就本州差官试所习方书义。以五通为合格,二粗比一通,给帖补充。③

当时还允许临安之外人士入京参加太医局考试。孝宗乾道

---

① 徐松辑:《宋会要辑稿·职官三六》,中华书局1957年版,第3124页。

②③ 程迥:《医经正本书·本朝医政第二》,影印本《续修四库全书》一〇二八,上海古籍出版社1996年版,第172、172页。

年间规定："（州县）诸医愿充太医局学生者，如不曾犯罪经决，许经所属投家状，试其艺业。"①不过京外医人想考太医局有一定难度，嘉定年间太医局判何大任之所以编《太医局诸科程文格》，就是有鉴于太医局所取"率皆京邑辅郡之人"，少有外州人士。他认为原因是"自来诸科所习篇目及课试之文，未尝流布，远方之士无所指南，虽欲从之而不可得"。所以他编成此书，"开板流传"，希望"庶使外方之士知所矜式，翕然肯来，上可无负朝廷待遇之意"②。

总体上，南宋虽维持着医学教育和医学考试，但其素质和纪律已不如前代。俞文豹《吹剑录外集》记载：

> 所谓太医局生者……皆市井盘药、合药、货生药之徒，捐数百缗赂判局，即得之。其就试者，亦是赂判局指授。考官临去取，不看文字，惟寻暗号，钱到则虽乳臭小儿，庸鄙粗材，不识方脉，不识医书，姓名亦皆上榜。监试者视为文具，率不经意。向惟察院吕午知此文义，遂去一二考官，稍取得几人尔。局有八斋，率四日设一早膳，公帑钱粮悉入局长之家，为生员者志不在食，惟欲侥幸，省试一得，便可授驻泊，坐享俸给矣。愚谓……太医局则照太史局，委朝士提督，每日行食，每旬堂课，每月私试，其公试、省试考官则临时委朝士及监司太守举儒医，取朝旨点差，庶几人知习学，不至以庸医杀人。③

① 程迥：《医经正本书·本朝医政第二》，影印本《续修四库全书》一〇二八，上海古籍出版社 1996 年版，第 172 页。

② 何大任：《太医局诸科程文格·原牒》，《文渊阁四库全书》原文电子版[M/CD]，武汉大学出版社 1997 年版。

③ 俞文豹：《吹剑录外集》，《文渊阁四库全书》原文电子版[M/CD]，武汉大学出版社 1997 年版。

第五节 两宋医官选任与考试

从太医局或太医学出身，不外是出任医官，但医官之任又不纯从太医局选拔，还有其他形式的考试。而且成为医官之后，往更高级的“诊御脉”内宿医官升迁，也要经过考试。

一、普通医官选任

宋代医官的来源，按南宋乾道年间虞允文言有三种：“医人入仕之路三，有试补，有荫补，有荐补。”①庆元年间翰林医候管震则列出四种：“医官补授有四色，曰特补，曰奏荐，曰臣僚奏试，曰局生锁试。”②管氏所云“特补”指特旨补授，属较少有的特例，故虞氏未列入。

1. 试补。

主要指局生选试，即太医局（或太医学）习医学生通过考试成为医官，这是宋代医学入仕的正途。一般是在翰林医官院名额有空缺的时候，统一于每年春季对学习三年以上的局生进行考试选补。这种考试与科举的春试同步进行，称为附试或别试。所谓别试，又叫别头试，本是指科举考试时，如有部分考人是考官亲属，则需设立专场，另选考官监考。医学考试虽不属科举，但既同时举行，又属专场考试，故也叫别试。

考试情况与授官级别相挂钩，不同时期的考试内容和形式略有不同。如宋仁宗至和二年（1055年）：“诏提举医官院：‘自今试医官，并问所出病源，令引医经本草，药之州土、主疗及性味畏恶、修制次第、君臣佐使、轻重奇偶条对之。每试十道，以六通

①② 徐松辑：《宋会要辑稿·职官二二》，中华书局1957年版，第2880、2881页。

为合格。”①太医局局生是依缺补入翰林医官院的。徽宗太医学时则以舍试选取，三年一试，每试依固定名额录取，并不需待缺，以致当时医官泛滥。当时规定：“上舍生高出伦辈之人选充尚药局医师以次医职；上等从事郎，除医学博士、正、录；中等登仕郎，除医学正、录或外州大藩医学教授；下等将仕郎，除诸州军医学教授。”②南宋孝宗淳熙十五年（1188 年），习医学生补医官的考试是“省试场，试经义三场，共一十二道，以五人取一名，八通补翰林医学，六通补祗候”。当时还提出医官均应通过考试选任，减少特补或臣僚奏试。孝宗诏旨说：“今后特补许有司执奏不行，其臣僚已奏试医人更不收试，仍仰礼部、太常寺更参照太医局试补旧法条具尚书省取旨。”③即要求所有医官都通过考试录取，如有特旨免试，有关部门可抗命不遵。

各地州县的医学官职，一般由朝廷派出医官担任，前面已介绍过翰林医官驻泊各地的制度。不过地方医职也可由本地医学生通过考试担任。如嘉祐六年（1061 年），仁宗下诏各地比照太医局例设置医学教育：“令医学博士教习医书，后及一年委官比试经义，及五道者，本州给贴，补充学生。”④哲宗元符年间也规定：“诸州医学博士、助教阙，于本州县医生内选术优效者人充，无其人，选能者比试，虽非医生听补。”⑤即不但当地学医生员可以充任医职，特殊情况下，当地通医者也可通过考试任职。

---

① 李焘：《续资治通鉴长编》卷一八一，中华书局 1995 年版，第 4371 页。

②⑤ 徐松辑：《宋会要辑稿·崇儒三》，中华书局 1957 年版，第 2214、2214 页。

③ 徐松辑：《宋会要辑稿·职官三六》，中华书局 1957 年版，第 3124 页。

④ 徐松辑：《宋会要辑稿·职官二二》，中华书局 1957 年版，第 2878 页。

政和年间，有大臣指出各路郡守有不通过考试，自行授予医人地方医职的情况。据《宋会要辑稿》载：

伏见诸路郡守许补医学博士、助教。明著格令："京府、上中州各一人，下州一人，选本州医生，以次选补，仍许依禄令供本州医职。"岂容额外补授？滥纡命服，以散居他郡。臣体访诸路州军，不遵条格，名以守阙为名，或酬私家医药之劳，或徇亲知非法之请，违法补授不可胜数。况贡举条制，有官锁试，而医学博士、助教与焉。若与贡附试辟雍，如入中上等，乃有升二等差遣及免省之优命，岂容医学博士、助教旋求补牒，妄希仕进，以败坏学制？①

这种不依法从州县医学生中考选，而是徇私授医职予他人的情况，会带来很大弊病。宋代科举制度（包括徽宗政和时的学校升贡考试）规定，凡有官职之人参加科举，应单独锁试，表面上是防止作弊，实际上锁试的标准较正式考试低。所以如果地方官员将医学博士等职徇私授予亲属，则应举时就可以利用这种优惠政策，较易中举或升入太学。这不但败坏学制，另外也占据了地方医学博士、助教等职位，影响地方医学教育的开展。徽宗闻奏要求立定制度，防止此种情况继续发生。

南宋孝宗乾道年间对州县医生的考试任职也作了规定："诸州职医阙，迁助教充；助教阙，于本州县医生内选术优效著者充。无其人，选能者比试，虽非医生听补。""诸职医助教、医生，艺业不精，治疗多失者，长吏验实，听行别补。"②

---

① 徐松辑：《宋会要辑稿·崇儒三》，中华书局1957年版，第2214页。

② 程迥：《医经正本书·本朝医政第二》，影印本《续修四库全书》一〇二八，上海古籍出版社1996年版，第172页。

2. 荫补。

亦即奏荐,是指较为高级的官员或后妃等奏请亲属补官的制度。宋代许多官员享有荫补子弟或亲属为官的特权,荫补名目之多,是中国历史上任何朝代都无法匹敌的。政和二年(1112年)医官谭稽在奉旨制定翰林医官局"条画"(即条例)时,拟定了医官档案格式,其内容中就有:"如法具职位、姓名、本州县乡里某人为户;一、三代;……一、某年若干;元(原)系太医局生,或因某官奏试并回授恩泽、郊礼荫补、致仕遗表之类;试中经合格或酬奖特补(指有功绩而特别补官)、翰林院临补;充翰林祗候、医人或学生;某年某月某日赴局供职;逐次转官年月日。"①所提到的郊礼、致仕、遗表都是荫补的种类,为相应级别的宋朝官员所享有的权利,说明这类出身的医官为数不少。

郊礼,全称为郊祀大礼荫补,指逢三年一度的郊祀或明堂大礼时可奏荐补官,如《宋史》记载,"臣僚大礼荫补"中,凡宰相、执政官,即可奏荐"本宗、异姓、门客、医人各一人"②。另外,宋徽宗时规定:"诸医候初补,遇大礼应入品。"③指碰到大礼之日,翰林医官局所有不入品的祗候均可入品,即至少升至从九品的翰林医学。

致仕荫补,指官员致仕时奏荐亲属补官;遗表荫补,指皇室宗亲或高级官员在去世前奏荐亲属或门客补官。此外还有圣节荫补、皇帝即位荫补等,是分别在当朝皇帝诞生日和即位之时,皇亲或大臣可奏荐补官。如宋仁宗时期,大臣蔡襄曾向朝廷要求荫补给自己治过病的李端为官说:"臣伏见建州李端,素习医

①③ 徐松辑:《宋会要辑稿·职官三六》,中华书局1957年版,第3121、3123页。

② 《宋史·志一二三·职官十》,中华书局1977年版,第12册,第4098页。

方，久敦善行，尽心博济，为众所称。兼臣抱病闽中，仰其药石，敢援近例，辄冀推恩，伏望朝廷特与试秩，以劝辈流。”①

前引《宋史》中提到的宰执奏荐医人，一般是授予国子四门助教之职。据记载：“旧制，两府遇郊礼，奏医人一名，与四国子四门助教，不理选限。”②不理选限就是只属散官，不能参加出官，有官而无职。王安石的文集中保留了许多当时这种授官的制文，如《广南东路经略安抚使余靖奏高邮军医博王沂试国子四门助教不理选限制》《程戡奏延州医助教房用和国子四门助教不理选限制》《欧阳修奏医人夏日华试国子四门助教不理选限制》等。③

北宋时大臣范纯仁病，皇帝使国医高章医治。其后范氏上奏：“臣近蒙圣慈，悯臣还自炎州，久婴疲瘵，特降中使，宣押医官高章，用药医治。臣上荷圣恩，专于服饵，虽手足未遂，而脏腑稍安，饮食甘美，已见功效。”因给高章财物不受，乃请求“所有臣将来伏遇天宁节合得冠帔恩例，欲望圣慈，许与本人改换章服，使臣稍报其功”④。宋代官员章服代表地位，如文武散官三品以上服紫，五品以上服绯，九品以上服绿等。改换章服即提升其官位，这也属于一种恩荫补官。

经荫补入仕的官员，只是获得任官的资格，在赴吏部差注正式任官（即“出官”）前必须参加考试。荫补考试文官称铨试，武

---

① 蔡襄：《端明集·奏乞李端恩泽状》，《文渊阁四库全书》原文电子版[M/CD]，武汉大学出版社1997年版。

② 杨仲良：《皇宋通鉴长编纪事本末》卷六十七，影印本《续修四库全书》三八六，上海古籍出版社1996年版，第558页。

③ 《临川文集》卷五五，《文渊阁四库全书》原文电子版[M/CD]，武汉大学出版社1997年版。

④ 范纯仁：《范忠宣集》卷七，《文渊阁四库全书》原文电子版[M/CD]，武汉大学出版社1997年版。

官称呈试,医官多称铨试,有时也称呈试。有关铨试情况,宋仁宗时规定如下:

凡选人年二十五以上,遇郊,限半年赴铨试,命两制三员锁试于尚书省,糊名誊录。习辞业者,试论或诗赋,词理可采,不违程式为中格,习经业者,人专一经,兼试律,十道而通五为中格,听预选。以上经两试,九选以上经三试,至选满,有京朝官保任者三人,补远地判、司、簿、尉,无举者补司士参军;或不赴试、亦无举者,永不预选。①

由此可见,铨试的制度是相当规范和严格的,有助于抑制官员过滥的情况。南宋也同样执行铨试制度。由于铨试制度有效地保证了官员的素质,时人评价说:"今日之法,其犁然当于人心,不可一日而易者,铨试是已。苟非已铨而中,虽有以恩例而进,特旨而免,然朝廷必不敢除,给舍必不敢书,吏部必不敢拟。行之甚公,持之甚力,无有一幸免者,诚可谓良法矣。"②

不过,荫补出身的官员虽然经过铨试,但其地位仍不能与试补等同。一般来说,荫补出身的官员只能在低级别的职位上任职,医官亦如此。宋神宗时,"诏妃主臣僚为医官乞恩,毋得至直翰林医官院以上。先是,陈国长公主奏乞太医丞李永昌迁直翰林医官院,诏与一子医学,仍别立法,遂定此制"③。宋徽宗政和四年(1114 年),"诏应杂流入仕,因功赏推恩,谓吏人、公人、作匠、伎术之类,至武功大夫止,不迁横行、遥郡。虽奉特旨许执

① 李焘:《续资治通鉴长编》卷一四五,中华书局 1995 年版,第 3504 页。

② 袁说友:《东塘集·论帘试中铨人》,《文渊阁四库全书》原文电子版[M/CD],武汉大学出版社 1997 年版。

③ 李焘:《续资治通鉴长编》卷二三三,中华书局 1995 年版,第 5657~5658 页。

奏"。医官就属于伎术官,荫补出身只能到达武功大夫级别,即正七品。文中提到的横行、遥郡是武官中两类较高级别的序列,朝廷控制较严。如宋真宗时,"鲁国长公主为翰林医官使赵自厐求尚良使兼医官院事。上谓王继英曰:雍王元份亦尝为自厐求遥郡,朕以遥郡非医官所领,此固不可也"①。均未批准。

对医官而言,荫补还要求专业对应。嘉祐元年(1056年)十一月王珪奏:

近岁伎术官因缘进授者甚众,其合奏荫者,又参用士人之条而无定数,杂污仕途,莫斯为甚。请自今各以其类推恩者,医官使奏医学,教坊使奏色长之类,仍只许奏一人,不唯可使世专其业艺,诚足革入官之滥。②

医、书、画、算、乐等都属"伎术官",不能互相混杂,而应世代相承。有的医官试图通过荫补使子弟转成文臣,亦被禁止。如宣和四年(1122年)六月二十七日诏:"医官曹孝忠二子见任文臣,伎术杂流玷辱士类,可换医官,不得换授文资,令尚书省遵守。"③

南宋孝宗乾道六年(1170年)四月下诏:"自今宰执使相侍从等不许奏试医人,其已奏试中人不得作有官人取诸路转运司文解。"其原因是洞察到一种情况:"先是上谓辅臣曰:闻宰执医人只是量试补官,既得医官名目,走赴转运司解试,便作有官人取解。雄等奏:有官人取解,七名取一名,其侥幸如此。今后亦不须奏试。上曰:'可拟指挥进呈。'故有是命。"④这又是利用宋代科举制度中那条规定,即有官在身之人参加科举,可以优先取

① 司马光:《涑水记闻》卷六,《文渊阁四库全书》原文电子版[M/CD],武汉大学出版社1997年版。

②③④ 徐松辑:《宋会要辑稿·职官三六》,中华书局1957年版,第3128、3129、3133页。

解。这样有士人企图通过医人荫补得官，然后凭有官的身份去参加科举，钻规定的空子。这种情况其实也不算弊端，只是当时认为医人属于杂流，通过这种途径跻身士林有取巧之嫌，故孝宗中止了荫补奏试医人。

3. 荐补。

“荐补”有时与荫补不易区分。因为通常见到“臣僚奏试”，其实有的属于荫补，有的属于“荐补”。“荐补”应该理解为荐举出身，不占用举荐者的可荫名额。荐举是宋代官员转官和差遣常用的制度，要求是要有举主（即保荐人），被举荐者犯法则要连坐举主。这种荐举在宋代常以诏令的形式出现。在医学方面，不时可见到朝廷下旨征召医人，由地方保荐入京然后考试的记载。

在太医局设立之前，征召医人之事较多见，如太宗雍熙四年（987年）五月诏云：“俞扁之方，人命所系，岂无至术，宜在精求，应诸道医人，艺术精练，为众所推者，仰本处举送，令太医署考校以闻。”①九月癸亥“校医术人优者为翰林学生”②。

真宗大中祥符五年（1012年）六月，“翰林医官院见阙医学祗候医人，诏令召方脉医五人，伤折一人，仍精加考择”③。仁宗庆历三年（1043年）九月诏：“天下选善医者赴阙，当较试方术，以补太医。”④1044年，太医局成立之后，由于主要招收京城之

---

① 钱若水：《太宗皇帝实录》卷四一，影印本《续修四库全书》三四八，上海古籍出版社1996年版，第62页。

② 《宋史·本纪第五·太宗二》，中华书局1977年版，第1册，第81页。

③ 徐松辑：《宋会要辑稿·职官三六》，中华书局1957年版，第3120页。

④ 李焘：《续资治通鉴长编》卷一四三，中华书局1995年版，第3430页。

人学医,故仍存在地方保荐医人入京的制度。如至和三年(1056年)四月十七日同知太常礼院兼寺丞王起言:

> 乞下诸路州军提刑转运司,各令博访有艺医人委可保用者,约道里远近,与盘缠发令赴阙,送本局校其艺能,或显有学术堪任录用者,即优与安排,以广医道,或类聚一书,上辅圣朝忧人葆物之心。①

熙宁六年(1073年)十月二十一日,"以郓州医人杜壬为翰林医学,仍赐绯。壬医术有名于京东,知郓州邵亢荐之,召赴北阙,试于御药院,诸医称其能,故有是命"②。

宣和元年(1119年),权知明州官员楼异保荐臧师颜入翰林医官院,得到批准。文曰:

> 检会政和令:诸医艺业优长,治疗应效,为众推称,堪补翰林医职者,所在以名闻。今据州学教授游觉民等状,称医学助教臧师颜供应本学汤药,治病有效。臣契勘明州最为地远濒海,少有谙知药脉之人,今来臧师颜委是艺业优长,治疗有效,在学十年,所有劳绩,欲乞补充翰林祗候。③

试补、荫补和荐补三种方式入仕的医官,其地位是不太一样的。南宋医官管震在为太医局选取考试考官时,提到其区别,他说:"自局生出官者,系经三场试中,号为广场人,许充试官。其特补、奏荐、奏试,绍兴初闻止就医官局答墨义数篇而已,故不为广场人。"也就是说,那些非太医局出身、并非试补的医官,原来未经严格考试,因而没有资格出任医学考试考官。后来情况才有所改变:

---

① 徐松辑:《宋会要辑稿·职官二二》,中华书局1957年版,第2877页。

②③ 徐松辑:《宋会要辑稿·职官三六》,中华书局1957年版,第3121、3128页。

比年以来，既将臣僚奏试之人与局生并附贡院，一体出题，赴试三场，合格方许出官，此谓广场可也。本局循习旧例，每差试官止以局生补授为广场人，其余不得预差。殊不知向来以局生补授者历年既久，事故死亡，目今止有十数辈，往往可以偏嘱，殊非公道。今乞将比年奏试曾与局生一例三场赴试合格出官之人通为广场人数，如遇有试，令医官司局尽其员数，备申朝廷点差，以绝私弊。①

即由于奏试出身的医官也参加了太医局生一样的考试，质量得到保证，再加上当时局生出身的医官不足，所以才允许从这些医官中选任考官。

二、内宿医官的考选

内宿医官，即指专门在内廷宿值，为皇室候疾的医官。这类医官由尚药局管理，官称有诊御脉、尚药奉御、御医等。其名额并不固定，入选方法早期为拣选，后来发展成规范的考试。

1. 名额与入选资格。

北宋仁宗皇祐三年（1051 年）正月诏："翰林医官院日轮近上医官一员，在院总领诸科医官，以备应奉。……十一月，诏翰林医官自今选年四十以上，无过犯者以三十二人为额，仍分三番入宿院中。"②名额有 32 人之多，可见内廷医药服务需求甚大。

治平四年（1067 年），神宗即位，"内医侍先帝疾者，皆坐不谨贬之"，"诏提举医官院试堪诊御脉者六人"③。这里补充的 6

---

① 徐松辑：《宋会要辑稿·职官二二》，中华书局 1957 年版，第 2881 页。

② 徐松辑：《宋会要辑稿·职官三六》，中华书局 1957 年版，第 3120 页。

③ 《宋史·本纪第十四·神宗一》，中华书局 1977 年版，第 1 册，第 265 页。

人,是内宿医官中曾侍奉先帝而被罢的数额,并非全部。

南宋高宗绍兴十二年所定的名额为:“诊御脉十人为额,御医十人为额,分番应奉。”①比北宋为少。乾道三年(1167年)宋孝宗罢太医局时,将当时医官作了分配,其中具体规定了内宿医官的编制:

> 诏御医内宿医官,大方脉五员,小方脉三员,风科、口齿科、眼科、针科、疮肿科、产科各二员,通二十员为额。诊御脉四员,入内看医三员。在内溢额人且令依旧,今后并不作阙。②

孝宗乾道九年(1173年)又增添大方脉医官二员云:

> 内宿诊御脉大方脉医官额管五员,内二员见差赴德寿宫祗应,内宿阙人应奉,可于元额内添置二员,通以七员为额。③

德寿宫是太上皇高宗所居,即专门增加了两人以侍奉高宗。

在拣选标准里,年龄是一个重要因素,前面提到仁宗时要求“年四十以上”。嘉祐五年(1060年)大臣吕诲弹劾医官秦宗一、甄立里时说:“今后止令使副与尚药奉御大方脉及内有应用数科,令更递直宿。如遇宫禁使唤,并须兼一名有年齿、谙会方药者同共察脉,庶互相检束,医治亦不至差谬,于体甚便。”④这里也说要以“有年齿”为标准。徽宗宣和时对内宿医官的应试资格做出了具体要求,一直应用到南宋,如孝宗乾道四年(1168年),时为太上皇的高宗赵构要将一位百姓医生赵确特补翰林医学并入内侍应,翰林院言:“检准宣和六年八月内旨(指)挥,

①②③ 徐松辑:《宋会要辑稿·职官三六》,中华书局1957年版,第3123、3131、3124页。

④ 赵汝愚:《宋名臣奏议》卷八四,《文渊阁四库全书》原文电子版[M/CD],武汉大学出版社1997年版。

应补医学或祗候，自补受日实及五年，方许试验供职。今来赵确特补翰林医学无违碍外，所有差充德寿宫祗应有碍前项指挥。”①即至少入仕五年以上才有资格参加内宿医官考试。

2. 考试情况。

北宋仁宗时，对内宿医官的考试已形成制度。至和元年(1054年)春三月“辛未，命曾公亮等同试入内医官”②。六月七日，内侍省内侍押班提举医官天文等监院武继隆进言：

> 乞今后诊御脉并内祗应医官缺人，即于近上大方脉或所缺科目内拣选。有行止会医药者，试本科经义或方脉用药次第一二道，以通六七分以上者为合格。仍自今后凡有所试医官，乞下入内内侍省差近上供奉官一员，与管勾本院公事医官使同共拣选问题试验。所贵精选得人祗应。

仁宗同意，并规定考试要实行“弥封”等正规制度，下诏曰：“今后试十道以六通为合格，仍将通粗相折，封弥卷首考试，余并从之。”③

徽宗政和年间，内宿医官改用铨试出官。至宣和二年(1120年)三月十八日又下诏：

> 内宿医官今后并依元丰法选保试补，仍依太医局生差官法就别试所附试，所有医师听御笔差填，御医已下阙即递迁。虽奉特旨传宣宣押等，仰医官局内东门司执奏不行，违者以违制科罪。④

这里更明确规定了内宿医官一定要考试，甚至说以后即使皇帝特批，医官局也可凭此诏旨抗命。但是，内宿医官毕竟是为皇帝服务的，很难不受皇帝意愿左右。这个规定就是由于宋徽

---

①③④ 徐松辑：《宋会要辑稿·职官三六》，中华书局1957年版，第3124、3120、3123页。

② 《宋史·本纪十二·仁宗四》，中华书局1977年版，第1册，第236页。

宗要提拔医官童从善充御医,遭臣下以未经考试不合规矩表示反对,结果徽宗亲笔特批,然后才出台的。这既显示了皇帝的权威,又表明从善如流,立法以示下不为例。

徽宗宣和时的立法到南宋时仍有影响。南宋孝宗隆兴元年(1163年)三月,有意旨让"大方脉科医官、殿前左右班宿直医治陈舆、李延年,小方脉科潘兴世,口齿科潘侃,并特与差充入内内宿,各填见阙,取到医官局状"[1]。翰林医官局不同意未经考试选入,但孝宗仍要求特批。中书籍舍人张震上奏:

> 检准宣和二年三月十八日指挥,内宿医官旧法选保试补,政和改充铨择,有紊旧制,自今后并依元丰法选保试补,医师听御笔差填,御(许)医已下阙即递迁,虽奉特旨传宣宣押等,御医官局执奏不行,违者以违制科罪。契勘陈舆等并碍前项指挥,合行执事奉旨并特依今来指挥。臣闻医虽一伎,而执事禁掖者,其选试之法加严,以其所系重也。谨按宣和指挥立法甚严,今陈舆、潘世侃并未尝试补,李延年以缪误久罢,一旦忽奉特旨差充入内内宿,翰林院执奏可谓能守法矣,仍复特依今来指挥,是法不信于下也。伏望圣慈,令依旧法试补。[2]

孝宗碍于成法,不得已只好听从。但到了淳熙元年(1174年),孝宗又"诏翰林医候小方脉科郭师谅医药有劳,特差入内内宿"。医官局再次拿出徽宗的规定来反对,但孝宗"诏特放行",而且要求"其后大小诸科特差内宿者同此"[3],等于废除了"许执奏不行"的成例。

不过除特旨外,南宋时内宿医官的正常考试还是存在的,如

---

①②③ 徐松辑:《宋会要辑稿·职官三六》,中华书局1957年版,第3129、3129~3130、3124页。

孝宗隆兴元年(1163年)五月十一日,“诏差两制二员选试尚药局医官,并依试诊御脉医官条例施行”①。此处虽说是选考尚药局医官,但可见仍然有诊御脉医官的考试条例。

入选内宿医官代表着医学方面的较高荣誉。其俸禄既优,又能近侍宫中,地位尊崇。时人谓:“此名医中,选差充诊御脉,内宿祗应,此是翰林金紫医官。”②北宋时,常有医官们通过大臣、皇亲奏荐来获得奉御之职,以至一度奉御之官甚滥。大臣张方平的《请立医官定员额》批评了这一情况:

> 《官品令》:尚药奉御四员。国朝故事:翰林医官院虽无定员,然至奉御者率不过三数员而已。今点勘本台班簿,医官使副八员,直医官院七员,尚药奉御十二员,合二十七员。自余医官、医学祗候辈,故不胜其冗且滥也。按今奉御正五品下,以其供奉至尊,故得列于殿中省,备六尚之职;其杂科非供奉者,不应名为奉御。今自宫省嫔御至于宗室戚里、内外臣寮,奏荐医官,干求恩泽,缘是而受奉御者,不亦乱上下等威之分哉?朝廷诸司百职,率有常员,惟此太医制度未立,其医官院奉御以上至使副,伏乞立定员数及迁授体例。今后除供奉至尊,或出特旨迁赏外,自余并宜累劳候阙转补,免令幸滥,汩紊朝章。③

这些意见在后来得到体现。如神宗熙宁五年(1072年)五月十三日诏:

---

① 徐松辑:《宋会要辑稿·职官一九》,中华书局1957年版,第2814页。

② 赵升:《朝野类要》卷二,《文渊阁四库全书》原文电子版[M/CD],武汉大学出版社1997年版。

③ 张方平:《乐全集》卷二五,《文渊阁四库全书》原文电子版[M/CD],武汉大学出版社1997年版。

应妃主臣寮等不得奏尚药奉御、太医丞、乞转直翰林医官院已上名目。①

据记载，当时“先是陈国长公主奏太医丞李永昌用药有效，乞转直翰林医官院名目，止与儿男一名充医学，仍别立法，遂定此制。六月十九日岐王颢言试国子四门助教张延年换额外翰林医学，诏特与依例免试换额外医学。今后应陈乞医人换医官院职名，并依条不许免试。时奏荐医官皆乞免试，上虑方技不精，容有幸进，故申严旧制，以革其弊”②。

南宋时也有官员上奏反映内宿医官不严格执行考试制度的弊端。淳熙十年(1183年)有一名医官全大亨，原属疮肿科，“以本局疮肿科人数已多，内宿不可复益，遂改为口齿咽喉”，这种行为被抨击为“但知徼翼内宿增俸，而不量艺术空疏”。官员们并奏称：“元丰旧法，内宿医官以选保试补，虽奉特旨许执奉不行。比来不问年甲，不行保试，结托求进，工拙相离。乞杜绝侥求，遵守法令，申严选保试补之旧规，仍革迁就改科之近弊，非惟能否不离缓急可备使令，亦使侥幸息心，法令不至全废。”③得到孝宗的同意。

不过，也有个别医人凭一手绝技，入宫禁治疗有效，从而得官，如《续医说》载有宋孝宗时一则轶事：

宋孝宗尝患痢，众医不效，德寿忧之。过青宫，偶见小药肆，遣使问之：能治痢否？对曰：专科。遂宣之，至，请得病之由，语以食胡蟹多，故致此疾。遂令诊脉，曰：此冷痢也。遂进一方，用莲藕一味，不拘多寡，取新采者为佳，细捣汁以热酒调服，捣时用金杵臼酒调，数次而愈。德寿大喜，

①②③ 徐松辑：《宋会要辑稿·职官三六》，中华书局1957年版，第3120、3120、3124页。

就以金杵臼赐之，仍命医以官。至今呼为金杵臼严防御家，可谓不世之遇。①

三、医官任差考试

医官的官与职分离。在有官无职的人数过多时，往往要通过考试来任差。

徽宗政和三年（1113年）闰四月，太医令裴宗元提出："外方难得医药，在京医学等员数甚多，并令尚书省措置。契勘翰林院，见今医官至祗候七百余员，并无职事，诸路驻泊额止百余员，令立较试之法，随所试中高下分遣。"考试的情况是："一应见在翰林院自祗候以上，许就试注官。于翰林院投状牒送医学类聚阙，贡院较试出榜，申奏于礼部注授。"由于"诸路州军有大小远近之殊，而医有大小方脉、产、眼、口齿、针、产（疑为疮）、金镞之别，今以州郡分为八等，以医分为八科"。其各州军分配名额已详见前表6-3。医官在地方的任职和考核规定如下：

> 医职、医工，医治吏军民，任满比较痊安。八分以上，以下项医过人数十分为率。千人以上或起死得生十人以上，虽不及八分免试，仍减三年磨勘，愿以磨勘改换服色者听。五百人以免试，仍升注官一等；三百人以上升注官一等，愿换免试者听。死失三分以上，以下项医治过人数十分为率，千人以上展一年磨勘，五百人以上展二年磨勘，不满五百人展三年磨勘。……州书医职、医工历不验实，冒妄虚伪者杖一百。吏人勒停，有情弊者加二等，吏人编管五百里。乞取

① 俞弁：《续医说·食蟹致痢》，《医说·附续医说》，上海科学技术出版社1984年版，第8页。

者以自盗论。①

这里所谓磨勘，在宋代铨选制度中，指出勘验官员档案，根据年限和政绩以决定官员升迁官阶的过程，其中尤其注重任官年限。展一年磨勘就是指比规定升迁年限延缓一年，依此类推。

政和三年（1113 年）八月，翰林院指出翰林医官局还有 400 多名医官“未有差遣”，于是要求“将不经就试，试不终场人不得注授内外差遣”，即保证经过考试之人才能任差。但医官局提出这些人“端闲并无职事”，建议“除不得注授内外差遣外，如承朝廷特旨差发亦从所属中取”，即对他们虽不授职，但有临时巡诊等任务可从中选人。尚书省要求：“其祗候、医学、医官、大医丞、直局、医正已上，无差遣人，不就将来秋试及试不终场并不愿注授之人，更乞详酌严赐约束施行。”②

有时任差虽不进行专门考试，但原来试补医官时的成绩是有记录的，可按当时成绩决定任差先后。高宗绍兴十三年（1143 年）曾规定，医官任差按到局供职日期先后安排，“如同日入仕，以先后并试补高下依次拨填”③。

在驻泊制度的实际执行中，有些翰林医官并不愿意离开京城外任尤其是到偏远的地方去。南宋时高宗绍兴二十七年（1157 年）对此做了一个规定：“诏诸州驻泊医官，并依元丰法差注。内尢人愿就去处，许奏辟。乂无人奏辟，听阙。其不愿就人令致仕，或放归田里。”不过，也有在外任职到期后不愿再回医官局述职的，这也要同样处理：“在外医人不愿赴医官局公参者依此。赴局公参人方许理磨勘差使。”④

---

① 徐松辑：《宋会要辑稿 · 职官二二》，中华书局 1957 年版，第 2879 页。

②③④ 徐松辑：《宋会要辑稿 · 职官三六》，中华书局 1957 年版，第 3122、3123、3129 页。

部分医官之所以不愿赴外任，甚至不愿回医官局参加考试轮候授差，其实可能因为已在京城开业。宋徽宗时规定医官中“翰林医学以上曾经入额人尽为官户”，这些官户可免各种差役。医官之名对开业行医、设铺售药也很有帮助，当时记载有不少医官“营利扰民”①。宋人蔡絛记载：“（东京）马行南北几十里，夹道药肆，盖多国医，咸巨富。”②参照《东京梦华录》云：“马行北去……两行金紫医官药铺，如杜金钩家，曹家独胜元，山水李家口齿咽喉药，石鱼儿班防御，银孩儿柏郎中家医小儿，大鞋任家产科。”③则这些国医有的乃是号称“金紫医官”的内宿医官，其医术和名号自然非同一般。在宋人张择端《清明上河图》中有“赵太丞家”，门前有牌云“太医出丸医肠胃冷”，当是一位赵姓太医丞所开的药铺，其门面开阔，远较图中其他医生店铺堂皇，可见当时医官的优越。

第六节 西夏辽金的医学教育与考试

两宋时期，与宋政权并存的有辽、金、西夏王朝。辽王朝（907~1125年）是契丹族建立的政权，从五代时就已存在。金王朝（1115~1234年）为女真族建立，西夏王朝（1038~1227年）由北方少数民族党项族建立，这些政权也各有其医政和医学教育。

---

① 徐松辑：《宋会要辑稿·职官三六》，中华书局1957年版，第3129页。

② 蔡絛：《铁围山丛谈》卷四，《中华野史·宋朝卷》，泰山出版社1999年版，第1册，第939页。

③ 《东京梦华录·马行街北诸医铺》，《中华野史·宋朝卷》，泰山出版社1999年版，第1册，第1077~1078页。

一、辽的医政简况

契丹人深受汉族文化影响,实行"以国制治契丹,以汉制待汉人"。在辽立国之始,统治者就注意吸取汉族统治者利用儒学进行统治的成功经验,极力提倡儒学。尤其是辽的贵族群体,更加对儒学崇拜与信奉,尊孔子为"大圣",并不断向汉族统治区域派遣人员学习。辽太祖耶律阿保机公开主张祭祀孔子,以孔子为大圣,宜为万世所尊。同时,辽政府注意吸收汉族知识分子为官,建立了一套完整的科举考试体系。976 年,辽景宗下令恢复南京礼部试院,计划实行科举考试。至辽圣宗时,正式实行开科取士。各地也纷纷建州学和孔子庙。不过当时医人不能应举,《辽史》载:"医卜、屠贩、奴隶及倍父母或犯事逃亡者,不得举进士。"①

辽代官制,分北院和南院两部分。其北面部族官制中,设有"太医局"和"医兽局"②;南面朝官中则有"翰林医官"③之设。从名称来看,似是仿北宋的制度而立,其太医局可能也有一定的教育职能,但由于史料缺乏,详情失考。

二、金朝医学教育

金朝的科举制度皆仿宋制,设贡举,有词赋科和经义科等,从太宗天会元年(1123 年)开始设立科举制度选聘人才。在金朝的统治区域里,建立了许多学校,有女真府学、汉儿府学等。

---

① 《辽史·本纪二十·兴宗三》,中华书局 1974 年版,第 1 册,第 241 页。

② 《辽史·志十六·百官二》,中华书局 1974 年版,第 3 册,第 731 页。

③ 《辽史·志十七·百官三》,中华书局 1974 年版,第 3 册,第 781 页。

1151 年，建国子监；1166 年，建立国子太学；1173 年，建立女真国子学。

医政方面，主要的医政机构有太医院与尚药局。《金史》记载：

尚药局。提点，正五品。使，从五品（出职官内选除）。副使，从六品。掌进汤药茶果。直长，正八品。都监，正九品。果子都监、同监各一员，掌给受进御果子（本局本把四人）。

太医院。提点，正五品。使，从五品。副使，从六品。判官，从八品，掌诸医药，总判院事。管勾，从九品，随科至十人设一员，以术精者充。如不至十人并至十人置（不限资考）。正奉上太医（一百二十月升除）。副奉上太医（不算月日），长行太医（不算月日）。十科额五十人。①

太医院为金代最高医政机构，里面的管勾是每科十人以上设一员，要"术精者充"，必然要经过一定形式的考试。

地方上也有医疗机构，其名为医院，在太医院的统管下行使职能。《金史》载："东京、北京、上京、河东东西路、山东东西路、大名、咸平、临潢、陕西统军司、西南招讨司、西北路招讨司、婆速路、曷懒路、速频、蒲与、胡里改、隆州、泰州、盖州……皆置医院，医正一人，医工八人。"②此外还有其他医官，像太后两宫有"医令，正八品。医丞，正九品"③，东宫有"侍药，正八品。奉药，正九品。承奉医药"④。

金朝医官虽不如北宋多，但其品秩级别也有十余种之多，具

① 《金史·志三十七·百官二》，中华书局 1975 年版，第 4 册，第 1260~1261 页。

②③④ 《金史·志三十八·百官三》，中华书局 1975 年版，第 4 册，第 1305、1303、1300 页。

体如下表：

表 6-7　金代医官品秩表①

官品	官名
从四品上	保宜大夫
从四品中	保康大夫
从四品下	保平大夫
正五品上	保颐大夫
正五品中	保安大夫
正五品下	保和大夫
从五品上	保善大夫
从五品中	保嘉大夫
从五品下	保顺大夫
正六品上	保合大夫
正六品下	保冲大夫
从六品上	保愈郎
从六品下	保全郎
正七品上	成正郎
正七品下	成安郎
从七品上	成顺郎
从七品下	成和郎
正八品上	成愈郎
正八品下	成全郎
从八品上	医全郎
从八品下	医正郎
正九品上	医效郎
正九品下	医候郎
从九品上	医痊郎
从九品下	医愈郎

① 《金史·志三十六·百官一》,中华书局 1975 年版,第 4 册,第 1225 页。

医官最高可至四品,“司天、太医、内侍官皆至四品止”①,这已较北宋为高。医官子弟继承父业的也可荫补:

司天、太医、内侍、长行虽至四品,如非特恩换授文武官资者,不许用荫,以本人见充承应,难使系班故也。泰和二年,定制,以年老六十以上退、与患疾及身故者,虽至止官,拟令系班,除存习本业者听荫一名,止一子者则不须习即荫。②

除荫补外,金代也设有正规的医学教育,以通过试补选任太医。《金史》载:“凡医学十科,大兴府学生三十人,余京府二十人,散府节镇十六人,防御州十人,每月试疑难,以所对优劣加惩劝,三年一次试诸太医,虽不系学生,亦听试补。”③可见金代的医学教育已经普及到全国各地,各州府皆有定额,并有三年一试这样类似科举的考试制度。而且,医学生与儒学生具有同样地位,可免差役:“系籍学生、医学生,皆免一身之役。”④

金代的医学十科,具体名称未见记载,可能类似宋之九科,《金史》礼志载:“新定夏使仪注……方脉杂科医各一,医兽一。”⑤规定出使夏国的使团中应有方脉杂科和兽医。不过兽医应不属医学十科之一,如《金史》选举志载:“尚厩局医兽、驼马

① 《金史·志三十三·选举二》,中华书局 1975 年版,第 4 册,第 1158 页。

② 《金史·志三十三·选举二》,中华书局 1975 年版,第 4 册,第 1160 页。

③ 《金史·志三十二·选举一》,中华书局 1975 年版,第 4 册,第 1153 页。

④ 《金史·志二十八·食货二》,中华书局 1975 年版,第 4 册,第 1056 页。

⑤ 《金史·志十九·礼一一》,中华书局 1975 年版,第 3 册,第 878 页。

牛羊群子、酪人,皆无出身。”①可见兽医的地位远低于其他医官,不入官品。

三、西　夏

有关西夏的史料一向较少,近年虽有所发现,但仍不足以使我们完全了解其详细情况。在医政方面,根据《天盛改旧新定律令》(下简称《律令》),目前知道西夏设有“医人院”,在政府机构中属“中等司”,另外还有制药司,均是“依事设职”“人数不定”的机构。② 官称有医人、药酒器承旨等。另外书中云工匠类人员如有罪,若有官在身则可适当减免刑罚,其中包括“医人中自方御以上”③,这里方御可能也是医官名。

有关医人的管理制度方面,《律令》载有:“医人小监依内宫法出入以外,应有小医人每日在药房内,则当与当值内宿承旨回应方可入内。若不回应而自行随意入内及不告守门人等,一律有官罚马一,庶人十三杖。”④说明宫廷也有内宿医官。

西夏医人用药基本以中医药为主。20世纪初,黑城出土的西夏文刊本中有《治疗恶疮要论》等医学著作。1971年,甘肃武威发现的西夏文写本药方残页,是治疗伤寒病的药方。所列药名有中药牛膝、莨菪子等数种。其煎法为“好好煮,频翻动”。其服法为“于空腹时,每次十粒,温水送下”⑤。这种药方、煎法服法与中医一致。西夏《文海》提到“扎针灸”,说明西夏也应用针灸治疗。不过西夏的医药水平不如宋金,仍不时向两朝求助。

---

① 《金史·志三十四·选举三》,中华书局1975年版,第4册,第1188页。

②③④ 《天盛改旧新定律令》,法律出版社2000年版,第369、616、435页。

⑤ 王静如:《甘肃武威发现的西夏文考释》,《考古》1974年第3期。

如嘉祐八年(1063年),宋英宗即位,“以九经及《正义》、《孟子》、医书赐夏国,从所请也”①。又,西夏赵仁孝时,权臣任得敬患病,久治不愈,仁孝遣使至金“乞良医为得敬治疾,诏保全郎王师道佩银牌往焉”②。桓宗李纯祐在位时,其母患病,纯祐遣使至金求医,金朝“诏太医判官时德元及王利贞往,仍赐御药”③。

另据《番汉合时掌中珠·人事下》记载,西夏人因殴斗伤、残或致死引起诉讼时,要请“医人看验”作为分析案情的依据,表明西夏在崇宗乾顺时,可能已经有了法医。西夏政府中也有兽医:“马院所属熟马、生马及所予汉、契丹马等中之患疾病、生癞者,当速告局分处,马工当遣医人视之。”④有关狱医的记载如:“牢狱内囚犯有病不医、夺取囚之食粮、衣服等而致囚死时,局分大小之罪依以下所定判断。”⑤

西夏的教育制度也仿内地。建国之初,就在其境内广置学校,建立国学,使之成为专门传授汉文化的高等学府。国学设教授,选弟子员300人入学。1145年,创设大汉太学。1160年,设立翰林学士院进一步确立了儒学在国家政治生活中的主导地位;与此前后又令各州、县设立学校,增子弟员3000余人。1147年,设立唱名取士法复立童子科等。但医学教育的情况则不甚明了,《天盛改旧新定律令》中有一条“医人等得官法”,可能涉及医学考试情况,可惜仅存其目,内容已佚。

---

① 徐松辑:《宋会要辑稿·礼六二》,中华书局1957年版,第1715页。

② 《金史·列传七十二·外国上·西夏》,影印本《二十五史》,上海古籍出版社、上海书店1986年版,第7227页。

③ 《金史·列传七十二·外国上·西夏》,影印本《二十五史》,上海古籍出版社、上海书店1986年版,第7227页。

④⑤ 《天盛改旧新定律令》,法律出版社2000年版,第583、324页。

第七节　军医、狱医、兽医与法医

宋代除以上普通医生外，还有诸种职业医者，略述如下。

一、军　医

宋代的军医，专职为军队将士诊病。由于战伤诊疗关系到部队的战斗力和士气，故军医之选是较为正规的，多是由在朝医官派驻各支军队。其中既有常驻的，也有临时差往的。按宋代许洞《虎钤经·用人篇》中记载："医药之人二十人已上，以兵数增之，兽医亦如医人之数。"①说明军中医生和兽医都有固定编制，虽并未说明多少名战士中应有人医及兽医各20名，但可见其名额是与军队人数成一定比例的。

元丰元年（1078年）四月二十一日诏曰："太医局选医生十人给官局熟药，乘驿诣曹村决河，医治见役兵夫。"②说明特定情况下，也由其他医官派往军中医治，包括前面提到太医局局生往军营中诊病，作为局生考核内容，也属这种情况。

南宋后，太医局生员为军队医病的制度仍然存在，如绍兴元年（1131年）十一月十二日，"诊御脉判太医局樊彦端言，近东京差到太医局生九人，欲乞收管在局，依祖宗旧法，专一医治殿前马步军、三司诸军班直，遇有缓急病患，依本局自来立定条法，差拨逐处医治。从之"③。

---

①　许洞：《虎钤经·人用》，《中国兵书集成》（第6册），解放军出版社1992年版，第13页。

②　徐松辑：《宋会要辑稿·职官三三七》，中华书局1957年版，第2878页。

③　徐松辑：《宋会要辑稿·职官二二》，中华书局1957年版，第2880页。

南宋乾道元年(1165年)二月二十六日,曾试图增加军医而未获批准:"臣僚上言:据主管侍卫马军司公事张守忠申,契勘本司诸军遇有病患,止系医官朱中孚一员医治。守忠去年七月内出戍日,申获朝廷指挥差辟医官局翰林医候鲍师文前主,本人谙晓方书,精明色脉,欲望特降指挥,将鲍师文收充本司医治,仍乞依朱中孚例,支破衔官五人例请给。臣伏见增添医官,虽为公磨,外廷论列恐又有甚于此者,不可不杜其源,欲望圣慈,将前项指挥更不施行。从之。"①这也说明部队医生有固定名额,不能轻易增添。

以上军医因来源于医官,其考试情况与一般医官相同。另外,军医中还有一种专门的"取箭镞医官",是专门行手术取出留在士兵体内箭头的。真宗景德二年(1005年)九月诏:"取箭镞医官,自今令军头司上簿,具取得、不得姓名,逐委申奏。"②即将实践效果作为考核的参考。

二、狱　医

宋代对狱政甚为重视,对在狱罪囚,规定有病均应提供医药。如雍熙三年(986年)四月四日诏:"诸道州府凡禁系之所,并须洒扫牢狱,供给浆饮,械系之具皆令洁净。疾者为致医药,无家者官给口粮,小罪即决遣,大罪审辩其情,无致淹延。"③这一政策历任皇帝均加以奉行。

宋代有的地方还设有病囚院,并允许轻罪者外出治疗。咸平四年(1001年)黄州知州王禹偁上言:

①② 徐松辑:《宋会要辑稿·职官三六》,中华书局1957年版,第3130、3110页。

③ 徐松辑:《宋会要辑稿·刑法六》,中华书局1957年版,第6719页。

病囚院每有患时疾者，互相浸染，或致死亡。请自今持伏劫劫贼、徒流以上，有疾即于病牢将治。其斗讼户婚，杖以下得情款者，许在外责保看医，俟痊日区分。①

南宋也有囚犯重病者可保外就医的制度：

在京病囚，依法即时申所属并刑部御史台，日具医治加减文状，困重者申所属差不干碍官，押医看验有无他故，及责囚得病所由连报。虽犯徒流罪而情款已定，非凶恶者，方许责保在外，损日追断。其在外州军即别无关申所属检察去处。若不委官看验，又虑别生奸弊。今欲乞诸州病囚比附在京法即时申知通有监司处，申监司各常行检察，日具医治加减文状，困重者仍即时申州差不干碍官押医验有无他故，及责囚得病所由连报。虽犯徒流罪而情款已定，非凶恶者即行责保，知在州委元差押医每三日一次看验，如委实病损，即时申所属，却行勾追赴狱，听候断遣。②

负责狱中医疗的医生也是从当地医官中委派。例如绍兴二十一年(1151年)闰四月二十六日，“臣僚言：绍兴令诸囚在禁病者，官给药物医治，大理寺医官二员轮日宿狱”③。说明京城监狱是由大理寺的医官轮值，当时还定下供医药支用的经费数额，以保证这一制度的实施。

不过，医官常以值狱为苦差，有时会收买他人顶替。绍兴二十八年(1158年)十月二十三日的“南郊赦文”反映了这一情况：

勘会在狱病囚，官给药物医治，病重责出，自有成宪。

---

① 徐松辑：《宋会要辑稿·刑法六》，中华书局1957年版，第6719页。

②③ 徐松辑：《宋会要辑稿·刑法六》，中华书局1957年版，第6725、6726页。

窃恐州县循习苟简,致有瘐死,诚可怜悯。仰诸路监司守悴检察,毋致违戾,即不得在职医官纠差医僧及货卖药人直狱,恣行追扰,启幸生事,以致淹延。①

一些平时慈善施药的僧人以及药铺卖药者,不过略通药性,却常被医官叫去顶替值狱,则监狱医疗的实际水平可想而知。

除难得真正医疗外,狱政腐败导致病囚死亡的情况也很普遍。神宗即位时,曾出台一项制度,规定每年每间监狱的死亡人数最多不得超过多少人,如超过者即处罚有关官员,试图以此来促使狱政改善,并为伤病犯人认真提供医药。《宋会要辑稿》载:

治平四年十二月二十二日(注:神宗已即位未改元),诏:夫狱者民命之所系也,比闻有司岁考天下之奏,而瘐死者甚多。窃惧乎狱吏与奉法者旁缘为奸,检视或有不明,使吾元元横罹其害,良可悯焉。其具为令,应今后诸处军巡州司理院所禁罪人,一岁内在狱病死及两人者,推司狱子并从杖六十科断,再增一名,加罪一等,至杖一百止,如系五县以(上)军州每院岁死及三人,开封府司军巡岁及七人,即依上项死两人法科罪,加等亦如之。典狱之官,如推狱经两犯即坐,本官仍从违制,失其县狱亦依上条。若三万户以上,即依五县以上州军条,其有司若不依条贯者,自依本法,仍仰开封府及诸路提点刑狱,每岁终会聚死者之数以闻,委中书门下点检,或死者过多,官吏虽不科断罚,更加黜责。②

---

① 徐松辑:《宋会要辑稿·刑法六》,中华书局 1957 年版,第 6727 页。

② 徐松辑:《宋会要辑稿·刑法六》,中华书局 1957 年版,第 6721 页。

这一制度实行之后，引起一些官员反对，他们认为有的“捕伤格斗，实缘病死，则非狱官之罪，况有不幸遭遇瘴疫，死者或众，而使狱官滥被黜罚，未为允当”。神宗遂让众大臣商讨良策。元丰二年(1079年)苏轼提出：“囚以掠笞死者法甚重，惟病死者无法，官吏上下莫有任其责者。”他认为即使犯人确属病死，官员亦有责任，“其以轻罪系而死者，与杀之何异？”就此，苏轼提出了一个监狱医疗考核管理的办法：

> 臣愚欲乞军巡院及天下州司理院各选差衙前一名，医人一名，每县各选差曹司一名，医人一名，专掌医疗病囚，不得更充他役，以一周年为界……俟界满比较。除罪人拒捕及斗致死者不计数外，每十人失一以上为上等，失二为中等，失三为下等，失四以上为下下。上等全支(注：佣钱)，中等支二分，下等不支，下下科罪，自杖六十至杖一百止，仍不分首从。其上、中等医人界满，愿再管勾者听。人给历子以书等第。若医博士、助教有阙，则比较累岁等第最优者补充。……独有一弊，若死者稍众，则所差衙前曹司医人，与狱子同情，使囚诈称疾病，以张人数。臣以谓此法责罚不及狱官、县令，则狱官、县令无缘肯与此等同情欺罔。欲乞每有病囚，令狱官、县令具保，明以申州，委监医官及本辖干系官吏觉察。如诈称病，狱官、县令皆科杖六十，分故失为公私罪。①

苏轼的方案主要针对医人进行考核，以全失确定医者钱粮，来调动医生积极性，同时要求狱官、县令监督，上级部门亦不时检查，以防串通虚报有病人数，降低死亡比例。不过，这一考核

① 苏轼：《东坡全集·乞医疗病囚状》，《文渊阁四库全书》原文电子版[M/CD]，武汉大学出版社1997年版。

方案仅针对医疗不尽责的问题,对于各种黑暗狱政,则仍然无能为力。

三、兽　医

古代兽医地位更低,在民间行医者鲜有记载,惟有为宫廷或军队医马者偶见于史书。

由于战备所需,宋代设有群牧司,以枢密副使等重臣主持,天下各州养马之牧监有十多处。牧监有孳生马监(繁殖场)、御马监和病马监之分。其中病马监是宋代开始设立的,是病马的专门医治收养场所,又分为牧养上监及下监。《宋史》载:"牧养上下监　　掌治疗病马及申驹数,有耗失则送皮剥所。"①"凡收养病马,估马司、骐骥院取病浅者送上监,深者送下监,分十槽医疗之。"②治平二年(1065 年),"诏院坊、监马之病不堪估卖者,送淇水第一监,别为一群以牧养之"③。在京两院坊监的病马,均须由兽医逐匹在监官前看验,列出所患病名轻重,分作二等记号,然后委群牧司官员点检,送往牧养监医疗。其他各州亦有类似设置,如景德元年(1004 年)同州设有病马务。

宋代兽医亦有专门官职,如大中祥符年间,群牧司言:"兽医副指挥使朱峭定《疗马集验方》及《牧马法》,望颁下内外坊监,仍录付诸班军。"宋真宗担心传抄错误,命令"镂板模本以给之"④。这里兽医副指挥使就是专门官职。马监兽医的职能是负责治疗病马,保证一监育马的数量。各牧监是以繁殖马匹的

---

① 《宋史·志一一七·职官四》,中华书局 1977 年版,第 12 册,第 3894 页。

②③ 《宋史·志一五一·兵十二》,中华书局 1977 年版,第 14 册,第 4931、4931 页。

④ 徐松辑:《宋会要辑稿·兵二四》,影印本《续修四库全书》七八五,上海古籍出版社 1996 年版,第 380 页。

多少来定赏罚的，如大中祥符元年（1008 年）规定，凡京外各监的孳生马，一年终以十分为率，死一分以上者，勾当官罚俸一月，其余依等级处分；凡牧养增多而死亡少的，依等差给奖赏，如凡生驹一匹，兵校以上赏绢一匹。[①] 天圣二年（1024 年）又说："知州军通判领同群牧事，岁终较马死数及分已上，并生驹不及四分，并罚奉（俸）。死数少，生驹多，即奏第赏。"[②]

既然牧监的赏罚与马匹死亡率有关，则兽医的作用十分重要，自然也要根据其得失定其赏罚。宋真宗大中祥符元年（1008 年）正月，"群牧监制置使言，京城坊监马病即送养马务，素无赏罚之格，以故废惰多死，愈者百无三四。自今望勒本坊监养疗，岁终比较，以为殿最"[③]。大中祥符三年（1010 年）立定赏罚办法："在京养马务医治病马，已令兽医各上槽，分逐季比较，明示沮劝。其逐坊监医治病马及上下槽时，亦约此体例，以定赏罚。"[④]对兽医具体的赏罚标准未见记载。大中祥符四年（1011 年），真宗"诏以西幸汾阴，沿路病患鞍马令行在群牧司指挥赴同州沙苑监养喂医疗，仍本监司臣据送去马数，分擘定兽医、节级、槽头兵士养喂医疗，如是医较（效）数多，其使臣等当议酬赏。若大段至死，并当勘断。仍五日一具医疗已较（效）及抛死匹数闻奏"[⑤]。这些资料都说明，对兽医的考较赏罚，就是以实际疗效及马匹死亡率为标准的。

兽医还有甄选合格马匹之职责，如大中祥符六年（1013 年）十一月的一份文件说："……欲乞差兽医一人，至当州看验鞍马，依旧例于当州抄札入券，委得用心，当面拣选本产鞍马。欲

①② 《宋史·志一五一·兵十二》，中华书局 1977 年版，第 14 册，第 4929、4931 页。

③④⑤ 徐松辑：《宋会要辑稿·兵二四》，影印本《续修四库全书》七八五，上海古籍出版社 1996 年版，第 380、380、381 页。

依所请施行，所有兽医人仍乞于麟州飞骑指挥内轮差一人往彼，逐年替换。"[1]真宗天禧元年（1017 年）还提到，各地大臣节日或谢恩进贡的马匹，多年老有病，不堪应用，要求"自今每进奉马，须将壮嫩无病，堪配军支使者充"。有关机构令兽医进行验收："并下估马司收纳时，监勒兽医人子细看验讫，送左右骐骥院收管，不得纵容启幸。"[2]

四、法　医

法医是现代之名，古代其实并无这种"医"。现代法医所从事的尸体检验工作，在古代都是由有关官吏进行的。两宋是我国古代检验制度发展较为完善的时期，对参与检验的官吏、检验官的职责、初检复检二次检验制度和检验的实施、检验的文件等都有许多规定。

宋代的主要验尸文件为《检验格目》，由南宋提刑郑兴裔所创，颁发于孝宗淳熙元年（1174 年），分初、复验尸格目两种，由刑部镂板颁下诸路提刑司，发给所属州县。每次检验，均应定字号，用格目三本，一份申报所属州县，一份给付被害之家，一份申报提刑司。[3] 从其内容看，《检验格目》相当于验尸官吏报告赴验情况及执行检验制度的保证书。

嘉定四年（1211 年）南宋朝廷颁发"检验正背人形图"，内附尸图，由江西提刑徐似道首创，后经刑部详定，发下诸路提刑司。"江西提刑徐似道言：'……乞以湖南正背人形随《格目》给下，令于伤损去处，依样朱红书画，唱喝伤痕，众无异词，然后署

---

①② 徐松辑：《宋会要辑稿·兵二四》，影印本《续修四库全书》七八五，上海古籍出版社 1996 年版，第 382、383 页。

③ 《宋史·志一五三·刑法二》，中华书局 1977 年版，第 15 册，第 4995 页。

押。’诏从之，颁之天下。”①在具体的检验内容上，宋代法医学名著《洗冤集录》记载详细，代表了当时最高的法医学成就。

验尸虽以官吏为主，但医生也常需参与。如《洗冤集录》载：

> 凡验病死之人……如别无它故，只取众定验状，称说，遍身黄色，骨瘦，委是生前因患是何疾致死。仍取医人定验疾色状一纸。②

另外有“针灸死”之检验：

> 须勾医人验针灸处是与不是穴道，虽无意致杀，亦须说显是针灸杀，亦可科医不应为罪。③

因断案需要，各地官员必须掌握相应的法医知识。如雍熙三年(986年)规定：“应朝臣京官及幕职州县官等，今后并须习读法书，庶资从政之方，以副恤刑之意。其知州通判及幕职州县官等，秩满至京，当令于法书内试问，如全不知者，量加殿罚。”④这里断案所需的法书中就有涉及法医的内容。此外，还有部分官员出身专门的法律科学校——律学，对有关的法律及法医知识经过系统的学习。

律学之设，宋初已有，神宗时得到加强：“熙宁三年九月己亥，始用断案、律义试法官(判大理寺崔台符等考试)，六年四月乙亥，发朝集院为律学。”⑤熙宁六年(1073年)在国子监所设的律学制度如下：“置教授四员。凡命官、举人皆得入学，各处一

---

① 《宋史·志一五三·刑法二》，中华书局1977年版，第15册，第4996页。

②③ 宋慈著，杨奉琨校译：《洗冤集录》，群众出版社1980年版，第176、177页。

④ 《宋大诏令集》，中华书局1962年版，第742页。

⑤ 王应麟：《玉海·熙宁律学》卷一一二，《文渊阁四库全书》原文电子版[M/CD]，武汉大学出版社1997年版。

斋。举人须得命官二人保任,先入学听读而后试补。习断按,则试按一道,每道叙列刑名五事或七事;习律令,则试大义五道,中格乃得给食。各以所习,月一公试、三私试,略如补试法。凡朝廷有新颁条令,刑部即送学。其犯降舍殿试者,薄罚金以示辱,余用太学规矩,而命官听出宿。寻又置学正一员,有明法应格而守选者,特免试注官,使兼之,月奉视所授官。后以教授一员兼管干本学规矩,仍从太学例给晚食。"①除律学生员外,还鼓励命官、太学生参加律学考试:"元丰六年,用国子司业朱服言,命官在学,如公试律义、断案俱优,准吏部试法授官;太学生能兼习律学,中公试第一,比私试第二等。"②其所考的断案、律令中,应有部分涉及法医的内容。

在宋代职官中,设有路级的提点刑狱司,"掌察所部之狱讼而平其曲直,所至审问囚徒,详覆案牍,凡禁系淹延而不决,盗窃逋窜而不获,皆劾以闻,及举刺官吏之事"③。提点必须是法律方面的专家,著《洗冤集录》的宋慈就曾任此职。

第八节　两宋时期医学教育与考试的特点

两宋时期的医学考试,较之唐代以前,在制度化、规范化方面有很大进步。其考试的设置、形式和功能前面已作了介绍。除此之外,两宋的医学考试尚有一些特别之处,值得总结。

一、政府对医学考试的高度重视

宋金医学成就颇多,尤其金代名家辈出,各成学派,为医学

①② 《宋史·志一一〇·选举三》,中华书局 1977 年版,第 11 册,第 3673、3673 页。

③ 《宋史·志一二〇·职官七》,中华书局 1977 年版,第 12 册,第 3967 页。

学术的一大转折。刘完素、李东垣等人崛起于金,北宋的文教医学政策实功不可没。《四库全书总目提要》谓“儒之门户分于宋,医之门户分于金元”,已为人熟知,而清人蒋超伯的分析尤为中肯,他说宋室南渡后,“其老师宿学之在北方者,悉为金有。叠起大家,聊摄则成无己,河间则刘完素,易州则张洁古,考城则张子和,东垣老人李杲,尤卓卓驾乎诸家之上。非金源高手独多,皆天水九朝讲究熏陶之泽也”①。

宋代“儒医”的出现,就与政府的措施有关。例如宋徽宗时天下广设医学,特地规定各地医学学生要修五经中之一经,这就使当时的医学教育有别于职业教育;而有时朝廷会从儒学中选取通医术的学生参加医学考试,使习儒者多一条入仕之途,这也促使儒士学医知医。时人谓:“朝廷兴建医学,教养士类,使习儒术者通《黄素》,明诊疗,而施于疾病,谓之儒医。”②儒医的出现,标志着医生整体文化素养水平的提高。

就考试而言,宋徽宗时医学一度与儒学一起参加殿试,这是最高规格的考试。科举中的殿试是宋代开始正式实行的。在唐代天授元年(690年),武则天曾“策贡士于洛城殿”,史称“贡士殿试自此始”③,实际当时只是武则天代替主考官考功员外郎主持科举考试,不同于后世另设的殿试。而宋太祖时开始的“殿试”,才是由皇帝主持,具有在主考官已考之后的复试补取性质的考试,新录取者列于原已录取者之后,作为“一榜”,“自兹殿

---

① 蒋超伯:《南漘楛语》卷六,影印本《续修四库全书》一一六一,上海古籍出版社1996年版。

② 徐松辑:《宋会要辑稿·崇儒三》,中华书局1957年版,第2217页。

③ 《资治通鉴》卷二〇四《则天顺圣皇后上之下》,《文渊阁四库全书》原文电子版[M/CD],武汉大学出版社1997年版。

试遂成常式"①。太医局考试原来只是专科教育,本无殿试之例,但宋徽宗将"医学"列入国子监系统,实行升贡制度,医学上舍部分学生可参加三年一次的殿试。这是医学考试首次与科举接轨。

殿试的制度,按《宋史》选举志载如下:

> 景德四年……定《亲试进士条制》。凡策士,即殿两庑张帟,列几席,标姓名其上。先一日表其次序,揭示阙外,翌旦拜阙下,仍入就席。试卷,内臣收之,付编排官,去其卷首乡贯状,别以字号第之;付封弥官誊写校勘,用御书院印,付考官定等毕,复封弥送覆考官再定等。编排官阅其同异,未同者再考之;如复不同,即以相附近者为定。始取乡贯状字号合之,即第其姓名、差次,并试卷以闻。……然后临轩唱第,上二等曰及第,三等曰出身,四等、五等曰同出身。余如贡院旧制。②

虽然"医学"设置时间不长,真正实行过的医学殿试大概只有一二次,但足以反映当时医学地位的提高。而且宋徽宗殿试时,以"能深通《内经》者,升之以为第一"③,这在历史上也是绝无仅有的。

二、考试内容富有时代特点

宋代太医局和太医学的考试,所用教材或为历代经典,或为本朝新著。而传统经典也有赖于当时的系统整理才得以广泛

---

① 马端临:《文献通考》卷三十《选举考三》,《文渊阁四库全书》原文电子版[M/CD],武汉大学出版社 1997 年版。

② 《宋史·志一〇八·选举一》,中华书局 1977 年版,第 11 册,第 3610 页。

③ 《宋史·志一一〇·选举三》,中华书局 1977 年版,第 11 册,第 3668 页。

流行。

宋以前印刷术虽已出现，但成本尚高，流传不广，医籍多赖手抄，辗转流传，多有讹误、衍脱，以此作为教材自然不便。宋政府在开国不久即诏令征集收购医书，进行整理、修订。嘉祐二年(1057年)，仁宗采纳了枢密使韩琦的建议，设置校正医书局于编集院，集中了一批通医文臣，如掌禹锡、林亿、张洞、苏颂、高保衡等，与医家一起，对历代重要医籍进行校正工作。这是医学史上首次出现的由政府设立的医书校正专门机构。

校正医书局设立后，广泛搜求佚书，详加校正，"正其讹谬，补其遗佚，文之重复者削之，事之不伦者辑之"①，每完成一本则呈供皇帝亲览，然后交由国子监刻版刊行。这一由国家主持校正并出版医书的系统工程，对医学的普及和发展起到了重要作用，亦为正在推行的医学教育提供了必要教学用书。太医局、太医学等在考试时常要求国子监提供有关书籍。这些经校正医书局重修、刊行并作为教育与考试标准内容的医药书籍有：王冰注《黄帝内经素问》(校正后改名为《重广补注黄帝内经素问》)、皇甫谧《针灸甲乙经》、张仲景《伤寒论》、张仲景《金匮要略方论》、王叔和《脉经》、孙思邈《备急千金要方》与《千金翼方》、王焘《外台秘要》以及掌禹锡等的《补注神农本草》等。

除了校定经典供学习、考试之用，宋代政府还主持编修了多部大型本草与方书。其中有的也应用于医学考试。例如上面提到的由校正医书局出版、掌禹锡等所编的《补注神农本草》，成书于嘉祐五年(1060年)八月，又称《嘉祐本草》，在北宋初年的《开宝本草》基础上编成，共20卷，收载药物1082种，其中新补

① 高保衡：《新校备急千金要方序》，《药王千金方》，华夏出版社2004年版，第4页。

82 种，新定 17 种。该书编成之前，由于没有好的本草著作，太医局入学考试原本不考本草，成书后当年即被太医局作为考试之用，在入学考试中至少有两题出自该书，甚至规定如本草题目不合格即不能录取。

方剂治疗方面，各科均采用的教材是《太平圣惠方》，该书是宋太宗淳化三年(992 年)编成的。太平兴国三年(978 年)，宋太宗诏命翰林医官院诸太医各献家传经验方，共得方万余首，加上太宗即位前亲自搜集的经验效方千余首，命翰林医官使王怀隐，副使王佑、郑奇、医官陈昭遇对众多医方进行整理归类，然后根据巢元方《诸病源候论》，将疾病证候划分为 1670 门，每门之前冠以巢氏有关理论，次列方药，全书 100 卷，收方 16834 首，内容涉及五脏病证、内、外、骨伤、金创、胎产、妇、儿、丹药、食治、补益、针灸等。太医局和“医学”各个科目的专科学习和考试，就是以该书相应门类为准。

宋徽宗时，“医学”中针科的教材之一《龙木论》也是当代的著作。现存的《秘传眼科龙木论》是宋元医家辑前人眼科著述而成，其中“龙木总论”据考成书于北宋。书中提出的内外障和眼病七十二证，都是宋代出现的两种眼科病症概念，确立了宋以后眼科病症的主要面貌。此书当时已作为教材应用，反映了最先进的眼科医学知识。

另外，两宋医学考试必考的“运气”题，其内容创自唐代王冰，到宋代才逐渐成熟，也是当时有特色的一门学科。这些都反映出宋代医学教育讲求时代性，从而能吸收最新的医药进展的特点。

三、严格的考试管理制度

太医局考试与科举同时，在贡院的别试所举行，故一般的考场规则与科举考试相同。在徽宗“医学”时期，州医学三舍“公私试并附州学公私试院”也与儒学考试相同。在考场管理方面，宋代有很完善严密的制度。

（一）禁携书

南宋时考试，有时考生可以携带经书，即相当于开卷考试。其实对于当时所考的题目而言，开卷意义不大，例如“大义”“假令”之类题目，考的是考生对经义的理解，单凭经书是不可能完成的。后为了使学医生员更重视熟背医经，宋宁宗庆元元年（1195年）二月，经太常寺请求，下诏曰：“试选医官，性命所系，岂宜苟简？见行试法，带入经方数部，许就试所检阅，因此诸生都不记念，其弊寖久。今后并不许携带经书入试。”①

（二）防弊措施

南宋医学考试时提到考场要“倍严怀挟、传义、代笔之禁”②。这三者都是考试中常见的作弊形式。怀挟是指挟带书本或预先抄录的纸条入场，为防止挟带，考场设有监门、巡铺等官员，负责检查，要进行搜身；传义指遥口相传或传递文字；代笔是由他人代考，这些都在严禁之列。另外，锁试也是一种防弊的制度：“（绍兴）二十年十二月二十五日，诏将来臣僚言试医人并太医局生附试，可令就本局专一锁试，务要严革弊幸，应合行事件令条具申尚书省。”③所谓锁试，又叫锁厅试，《宋史·选举志》云：“凡命士应举，谓之锁厅试。”④是指有命官的解人参加科举应另设考场，紧锁大门单独考试，以防有官员作弊。由于医人属

①② 徐松辑：《宋会要辑稿·职官二二》，中华书局1957年版，第2881、2881页。

③ 徐松辑：《宋会要辑稿·职官二二》，中华书局1957年版，第2880页。

④ 《宋史·志一〇八·选举一》，中华书局1977年版，第11册，第3605页。

有官之人,太医局生平时上课与太医局官员不无相熟的可能,故也要采用这一方式。

以上医学考试防作弊的文件虽见于南宋,实际上作弊的出现与防弊的措施在北宋就一直存在。如北宋宣和二年(1120年)六月有一例医官考试作弊被处理的记录:“刑部言,开封府勘翰林医学屠俨因就试外州工,视差选入贡士举院,赴试怀挟,依条于勒停私罪上定断,该恩原免释放。诏屠俨依断特勒停。”①在南宋时期,纪律弛废,科举考试中的作弊现象日益严重,风气所及影响到医学考试,使朝廷不得不更加重视这一现象。

《宋史》中详细记载有南宋时作弊之风盛行的现象,可供了解当时情况:

至理宗朝,奸弊愈滋。有司命题苟简,或执偏见臆说,互相背驰,或发策用事讹舛,故士子眩惑,莫知适从,才者或反见遗。所取之士既不精,数年之后,复俾之主文,是非颠倒逾甚,时谓之缪种流传。复容情任意,不学之流,往往中第。而举人之弊凡五:曰传义,曰换卷,曰易号,曰卷子出外,曰誊录灭裂。迨宝庆二年,左谏议大夫朱端常奏防戢之策,谓:“试院监大门、中门官,乃一院襟喉切要,乞差有风力者。入试日,一切不许传递。门禁既严,则数弊自清。士人暮夜纳卷,易于散失。宜令封弥官躬亲封镭卷匮,士人亲书幕历投匮中。俟举人尽出院,然后启封,分类抄上,即付誊录所。明旦,申逐场名数于御史台检核。其撰号法,上一字许同,下二字各异,以杜讹易之弊。誊录人选择书手充,

① 徐松辑:《宋会要辑稿·职官三六》,中华书局1957年版,第3129页。

不许代名，具姓名字样，申院覆写检实。传义置窠之人，委临安府严捕。其考官容情任意者，许台谏风闻弹奏，重置典宪。及出官钱，立赏格，许告捉怀挟、传题、传稿、全身代名入试之人。"帝悉从之，且命精择考官，毋仍旧习。①

（三）弥封、誊录与锁院

弥封、誊录与锁院，这三者均是宋代科举考试时为保证评卷公正而采用的制度。

弥封也称封弥，又叫"糊名"，即将考生姓名贴住，待评卷完毕才揭示。这一制度本创于唐代科举，但广泛应用是在宋代。前引《宋史·选举志》有关殿试的制度就提到封弥和誊录的情况。一般在考试完成后，由专人收试卷，然后交给编排官，将试卷上姓名、籍贯等有关个人情况的内容糊去，另编号码，然后交封弥官按原样誊写一份，不得擅自窜改或增添笔画，校对无误后盖御书院印为证，然后才交考官评定。经初审、复审两位考官评定出名次后，编排官才按号码对照考生姓名，然后公布。各种考试中的封弥过程大概同此，复、初考官所评的等第也是同时贴住的，以求公平。医学考试中采用了这一制度，如仁宗时下诏，医学考试"今后试十道，以六通为合格，仍将通粗相折，封弥卷首考试"②。

如果考官确与考生通同作弊，则虽弥封，还可以通过字迹来辨认，为此又出现了前面提到的誊录制度，即由专职之人将所有考生试卷按原文照抄一遍，以供评卷用。一般科举考试时专设有誊录院负责此事。医学考试方面，政和二年（1112 年）谭稽修

---

① 《宋史·志一〇九·选举二》，中华书局 1977 年版，第 11 册，第 3636~3637 页。

② 徐松辑：《宋会要辑稿·职官三六》，中华书局 1957 年版，第 3120 页。

订的“翰林医官局条画”中规定也要实行誊录：“自来试验医官等人，其试卷并不誊录，欲乞今后应试人合差考试等官，令本司具应管姓名申翰林院差，仍本院别差人誊录，送监试使臣及考试官依法考校。”①

至于锁院，则是针对评卷考官而言，由于科举时往往有大量人情请托，为防考官受干扰，往往从命题之日起考官即锁于贡院，不得出入，直到评卷录取结束。太医学时期的考试因与太学制度相同，可能曾采取这一措施。

四、对实践考试的重视和创新

宋代医学考试中很重要的一点，是高度重视实践考试。如太医局学生诊病要记录，以得失决定钱粮；太医学时期学生平时诊病情况也记入成绩评定，“太学、律学、武学生、诸营将士疾病，(太医局生)轮往治之。各给印纸，书其状，岁终稽其功绪，为三等第补之”②。医官出诊也有记录，如元丰六年(1083年)“正月二十三日，诏太医局选医生八人，令四厢使臣各辖二人，凡商旅与穷独被病者录名医治，会其全失为赏罚法”③。

北宋名臣司马光曾谈到以实践来考选医生的必要性：

> 臣亦闻向者朝廷选医官数人，皆委近臣，试以《难经》、《素问》，考其通粗，取合格者以为侍医。亦有不试而使与安道等杂处共事者。夫良医由性识敏达，以平生所治之人，考其得失，探其精粹，得之于心，未必皆读古书也。亦犹诵

① 徐松辑：《宋会要辑稿·职官三六》，中华书局1957年版，第3122页。

② 《宋史·志一一七·职官四》，中华书局1977年版，第11册，第3885~3886页。

③ 徐松辑：《宋会要辑稿·职官二二》，中华书局1957年版，第2879页。

《诗》《书》者，岂尽能治民？读《孙吴》者，岂尽能行兵？今以《难经》、《素问》试之，是徒得记诵之人，未尝得医人也。……今若精择一人，使之专诊御脉，旬月之间，考其应验。有功则加以重赏，无功则俟以严刑。则术精者得尽其力，术疏者不敢滥进矣。①

针灸铜人的发明是宋代实践考试形式的一大创新。《玉海·天圣针经》记载：

五年十月壬辰，医官院上所铸腧穴铜人式二。诏一置医官院，一置大相国寺仁济殿。先是上以针砭之法传述不同，命尚药奉御王惟一，考明堂气穴经络之会，铸铜人式。又纂集旧闻，订正讹谬，为《铜人腧穴针灸图经》（三卷）。至是上之（摹印颁行）。②

这是中国医学实践教具的创举。王惟一的《铜人腧穴针灸图经》共3卷，共记载腧穴657个，将人体分为偃、伏、侧、正四个面进行叙述，头部、面部、肩部、侧颈项、侧肢、侧肋等则按部位论述，体现出适应教学的特点。该书又刻成石碑，镶于大相国寺仁济殿四壁，以广传播。其所铸铜人，根据文献记载，为成年男性，青铜铸成，躯体外壳可以拆卸，胸腹腔能够打开，腔内五脏六腑可见；体表则刻14条经络循行路线，且经络上穴位悉备，穴位与体腔相通。教学时，是针灸学生等学习针灸经络穴位的依据；考试时，则作为考具之用。南宋周密记载：

又尝闻舅氏章叔恭云：昔倅襄州日，尝获试针铜人，全像以精铜为之，脏腑无一不具。其外俞穴，则错金书穴名于

---

① 司马光著，王根林点校：《司马光奏议》，山西人民出版社1986年版，第128~129页。

② 王应麟：《玉海·天圣针经》，《文渊阁四库全书》原文电子版[M/CD]，武汉大学出版社1997年版。

旁,凡背面二器相合,则浑然全身,盖旧都用此以试医者。其法外涂黄蜡,中实以汞,俾医工以分折寸,按穴试针,中穴,则针入而汞出,稍差,则针不可入矣,亦奇巧之器也。①

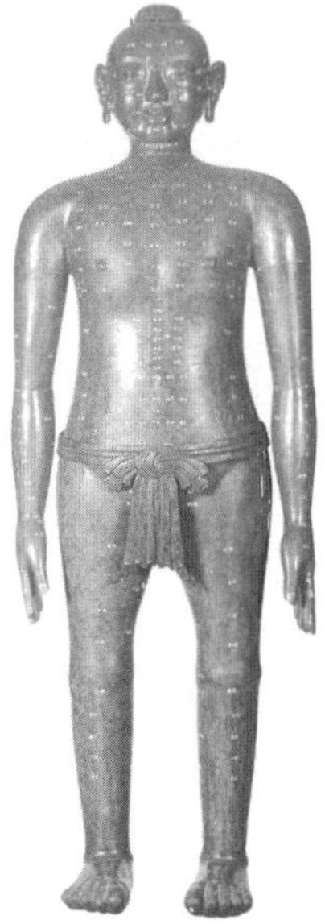

清光绪仿制铜人

北宋医官王惟一铸天圣铜人,后明英宗命仿前重铸。清末该铜人被俄军掠夺,现藏圣彼得堡冬宫博物馆。清光绪时太医院仿明重制。现藏中国历史博物馆

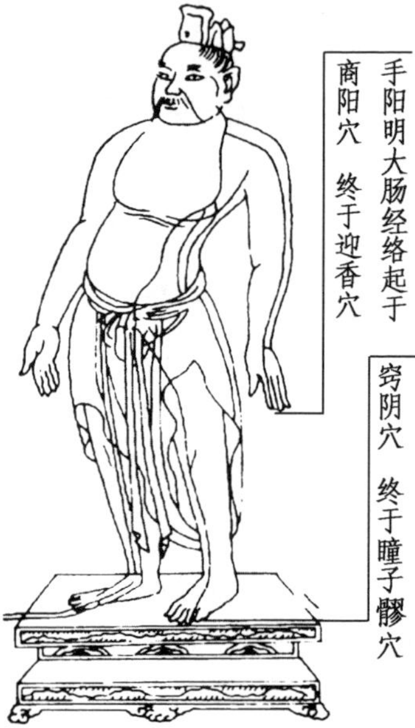

明正统石刻铜人图侧面摹本

北宋王惟一《铜人腧穴针灸图经》书前刻有正人、侧人、伏人三幅经脉图,现存有明正统石刻拓本。采自《中国针灸学术史大纲》,华夏出版社 2001 年版

① 周密:《齐东野语》卷十四,《中华野史·宋朝卷》,泰山出版社 1999 年版,第 2 册,第 3277 页。

《新铸铜人腧穴针灸图经》宋碑残石拓片

北宋医官王惟一为创制针灸铜人，曾先行撰写《铜人腧穴针灸图经》，不久刻于石碑，并冠以“新铸”二字。原石拓片久佚。1965～1983年，北京市先后发现宋碑残石七方，现藏首都博物馆。采自《中华医学文物图集》，四川人民出版社2001年版

五、完善规范的考试题型

宋代医学考试之法,按《宋史·选举志》载:"其考试:第一场问三经大义五道,次场方脉试脉证、运气大义各二道;针、疡试小经大义三道,运气大义二道;三场假令治病法三道。"①这里实际指的是徽宗崇宁时的考试制度,对照仁宗嘉祐时"唯问《难经》、《素问》、巢氏、《圣惠方》大义十道",在题型方面有了很大的丰富,因而成为此后医学考试普遍采用的题型。

南宋嘉定五年(1212年),太医局判何大任为了使更多人熟悉考试的题型和答题格式,"遂相与搜括近年合格程文,拔颖取尤,每科依式各列三场,仍分类当治之经,冠于篇首,捐俸锓梓,以广其传,使凡有志于斯者,得所矜式,翕然肯来,傥异才由是而出,庶无负科目之设"②。他所编就的《太医局诸科程文格》,成为难得的医学考试史料,保存至今。

现存的《太医局诸科程文格》是清代修《四库全书》时从《永乐大典》辑出的,基本保留了原书面貌。《四库全书总目提要》云:

> 臣等谨按,《太医局程文》九卷,宋时考试医学之制也。其命题有六,一曰墨义,试以记问之博;二曰脉义,试以察脉之精;三曰大义,试以天地之奥与藏府之源;四曰论方,试以古人制方佐辅之法;五曰假令,试以证候方治之宜;六曰运气,试以一岁阴阳客主与人身感应之理。……此太医局系绍熙二年后所置,程文以墨义为第一道,较旧制又稍异矣。……今从《永乐大典》中排纂得墨义九道,脉义六道,大义

① 《宋史·志一一〇·选举三》,中华书局1977年版,第11册,第3689页。

② 何大任:《太医局诸科程文格·原序》,《文渊阁四库全书》原文电子版[M/CD],武汉大学出版社1997年版。

三十七道，论方八道，假令十八道，运气九道，谨厘次为九卷，其文皆通贯三经及三部针灸之法，暨金石之品，草木之性，辨析精微，足资启发。①

这里对六种题型的考察意图进行了解释，下面结合题例加以介绍。

《四库全书》本《太医局诸科程文格》虽是馆臣所辑，但仍根据内容尽量按九科排列，下面选录第一卷（从内容看应是大方脉科）的考题和部分答题，略作分析，以供了解当时各科考试情况：

（一）墨义——

第一道：问故治病者必明天道地理。

对：天不足西北，左寒而右凉；地不满东南，左热而右温。其故何也？岐伯曰：阴阳之气，高下之理，太少之异也。……

按：本题出自《素问·五常政大论》，即要求默写"天不足西北"至"故治病者必明天道地理"原文。所谓墨义即是默写题。

第二道：问服此水去温气。（出自《神农本草经》。答案略）

第三道：问肝青象木。（出自《难经》。答案略）

（二）脉义——

第一道：问人之居处动静勇怯，脉亦为之变乎？

对：人之居处，既有动静勇怯之不同，脉之应见亦随性情变易之各异。盖禀气于天，立形于地，居处之不同也，动则阳以扰，静则阴以定，故在脉者亦有躁静之分，禀赋之有异也。勇则气以行，怯则气以著，故在诊者岂无强弱之辨？以人形于外，既无一定之体，而脉应于中，乃有变易之候，此善诊之士必观人之居处

① 何大任：《太医局诸科程文格·提要》，《文渊阁四库全书》原文电子版[M/CD]，武汉大学出版社1997年版。

动静勇怯而察脉为之变者，盖以形诸外而必有验诸中故也。经曰：人之居处动静勇怯，脉亦为之变乎？其意如此。原夫人生于地，气禀于天。其生于地也，昼作夜息，分躁静之，不同其禀于天也。肖形赋貌，别强弱之有异，人性异常，脉形随变。故圣人即其如是之形而验其为变之脉者，烛照数计初不能有毫发之间也。盖尝求其故矣。动则气行于阳经，静则气行于阴分。气行于阳经也，则脉随之而动，若浮洪者，岂非阳之属乎？气行于阴分也，则脉随之而彰，若细沉者，岂非阴之类乎？此动静之见于脉者然也。勇则气行而已。怯则气著而病，病已于气行也，则诊应有常而和平，皆无病之形。病成于气著也，则诊乖其候而变异，亦成病之象。此勇怯之应于脉者然也。以其气之不常，则动静勇怯既非可以一体观，脉之多变则强弱浮沉尤不可以一诊取。然则持脉之道又岂可安常守故而昧变通之宜哉！考之下文曰：诊病之道，观人勇怯，骨肉皮肤，能其情以为诊法也。又经有曰：脉肥人责浮，瘦人责沉，即此推之，则知诊病之道，必观其脉之变者，以其人无一定之形，而脉亦无一定之候，岂可执于胶柱调瑟，知常而不知变者乎。谨对。

本题出自《素问·经脉别论》，但并非要求默写，而是要考试者自己理解和发挥。

第二道：问寸口脉沉滑者，中有水气。（答案略）

（三）大义——

第一道：问彼春之暖，为夏之暑；彼秋之忿，为冬之怒。（答案略）

第二道：问西北之气散而寒之，东南之气收而温之。（答案略）

第三道：问阳之汗以天地之雨名之。（答案略）

大义也是考察对经文的理解，内容则涉及基础理论的各个方面。

（四）假令论方义一道——

问《素问》所载：东方青色，入通于肝；南方赤色，入通于心；中央黄色，入通于脾；西方白色，入通于肺；北方黑色，入通于肾，皆以脏法五行，色通五脏。至于金石之类，草木之品，无非法象之相符也。今观《神农本草》首卷云：丹砂法火色赤而主心，是丹砂色赤，法南方之火，故丹砂之功可以专主乎心也。如今之方论所载，灵砂、桂心之属皆能治心亦色赤之类；如麦门冬、远志之辈，亦治心之药而色不赤，何也？诸君以医为业，所当讲论，请陈其意而毋略。

本类题专门讨论药性理论或处方方解，在针灸科、书禁科则各考其专科理论。答案略。

（五）假令法——

第一道：问假令虚劳盗汗候，目即节气，当得何脉？本因是何脏腑受病？发何形候？即今宜用是何方药调理？设有变动，又当随脉如何救疗？各须引本经为证，及《本草》逐药主疗、所出州土、性味、畏恶、正辅、佐使、重轻、奇偶及修制之法，处方对答。

对：形神妄用，体因虚极以成劳；阳气不充，汗因寐出而名盗。盖形设乎外，神守于中，形太用则劳也，阳气失卫固之和；神太用则耗也，真气无固密之用。因其安卧，则阳气入行于阴经；失其充营，则津液发达于形表。是以寐之已熟，身体漉漉而常濡；寝之方浓，汗液津津而常润。乘卧而出于肌表，遇觉而止于皮肤，所以类盗而潜行，名曰盗汗。而为候无非虚劳之使然矣。目即气序当春，盛德在木，天温地发，二气至此而氤氲；阴降阳升，品汇届斯而荣美，万物始生而未盛，六脉微弦而未隆，斯为春时之平脉也。经曰：春胃微弦曰平。今反诊得虚弱而不实，细微而不足,斯为应病之脉也。经曰:脉虚弱细微,皆为盗汗脉也。本因外劳其形,内损其神,阳气无致密之和,津液有妄出之咎。其状遇卧而汗出潜行而如盗也。《巢氏》云:盗汗者,因眠睡而身体流汗也。此由阳虚所致。详此之证,病在外而尚浅,治处方而用奇,经曰:近者奇之,宜用正一辅二奇方黄耆汤,以黄耆一味为主病之正,以牡蛎、麻黄根二味为佐正之辅,三味合而服之,使阳气外密,津液内固,则虚劳盗汗之候,必获愈矣。设若忽于微细,怠于服药,致阳气转虚,津液日耗,形体羸瘠而不充,肌肤瘦悴而不泽,则知病必变为虚劳羸瘦之候也。经曰:病成而变,复诊其脉,小弱以涩,谓之久病。又《巢氏》曰:夫血气者所以荣养其身也。虚劳之人精髓萎竭,血气虚弱不能充盛肌肤,故羸瘦也。又曰:久病不已,令人羸瘠枯瘦,心气不足,亡津液故也。再详此证,积亏成损,病久已深,非奇方之可去,必偶制之可行。经曰:奇之不去则偶之,宜用正二辅四偶方鹿茸石斛汤,以鹿茸、石斛二味为正,以黄耆、当归、干地黄、桂四味为辅,六味合而服之,血气日滋,精髓日盛,则肌肤充满而渐复于常也。大抵治病之法,必当分于轻重;处方之宜,实不逃于奇偶,要在适事为,故而效如影响。谨按《本草》逐药主疗及修制之法,处奇偶二方列之于后。

治假令虚弱盗汗候,正一辅二奇方黄耆汤。黄耆为正,味甘,微温,无毒,补虚损五劳,生川郡山谷白水汉中,恶龟甲,蜜炙用,一两,锉。牡蛎为辅,味咸。平微寒,无毒,止汗,生东海池泽,贝母为之使,恶麻黄、吴茱萸、辛夷,火煅取粉用,半两。麻黄根为辅,味苦,温,无毒,能止汗,生晋地及河东,用半两,锉。右三味,㕮咀,每服三钱,水一盏半,煎至七分,去柤温服,不拘时候。

治假令变证,虚劳羸瘦候,正二辅四偶方鹿茸石斛汤。鹿茸为正,味甘酸,微温,无毒,主虚劳羸瘦,火燎去毛,酥炙令黄用,二两,锉。石斛为正,味甘平无毒,主虚劳羸瘦,生六安山谷水傍石上,陆英为之使,恶凝水石、巴豆,畏僵蚕、雷丸,去根用,二两,锉。黄耆为辅,味甘,微温,无毒,补虚损五劳羸瘦,生川郡山谷白水汉中,恶龟甲,蜜炙用,一两,锉。当归为辅,味甘辛,大温,无毒,补五脏,生肌肉,生陇西川谷,恶兰茹,畏菖蒲、海藻、牡蒙,酒洗去土及芦头用,一两,锉。干地黄为辅,味甘苦,无毒,填骨髓,长肌肉,主五劳七伤,生咸阳川泽黄土地者佳,恶贝母,畏芜荑,去芦头用,一两,锉。桂为辅,味甘辛,大热,有小毒,主理疏不足,生桂阳,去粗皮用,一两,锉。右六味,㕮咀,每服半两,水二盏,煎至一盏,去渣温服,不拘时候。谨对。

本类假令题是综合性最高的一类题目,涉及病候、脉诊、节气("目即节气"即按答题当时节气之意)、治法、变证、方药等多方面,难度较大。

第二道:问假令伤寒悸候,目即节气,当得何脉,本因是何脏腑受病,发何形候,即今宜用是何方药调理?设有变动,又当随脉如何救疗?各须引本经为证,及《本草》逐药主疗、所出州土、性味、畏恶、正辅、佐使、重轻、奇偶及修制之法处方对答。(答案略)

(六)运气一道——

问甲子年五运六气所在所宜,处方为对。(答案略)

以上为大方脉科考题,其余各科题型类似,只是有的科不考"脉义",改成"大义"(详附录)。这些题型中,墨义、大义两种来自科举考试。如关于墨义,当时记载:"试场所问本经义疏,不过记出处而已。……试卷不誊录,而考官批于界行之上,能记则曰通,不记则曰不。"①所谓大义,宋仁宗庆历四年(1044年)

---

① 王栐:《燕翼诒谋录》卷二,《中华野史·宋朝卷》,泰山出版社1999年版,第1册,第296页。

贡举新制云:“直取圣贤意义解释对答,或以诸书引证,不须具注疏。”①其余脉义、方论、假令和运气则是根据医学特点专门创设的题目,尤其是假令题目,综合性强,注重实用。宋代的这些考题格式完善,后世大多沿用。

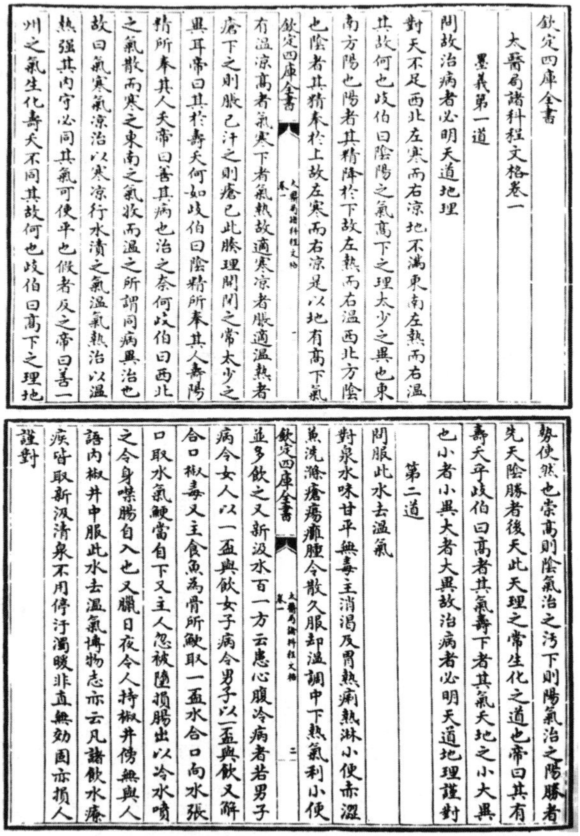
欽定四庫全書
太醫局諸科程文格卷一
墨義第一道
問故治病者必明天道地理
對天不足西北左寒而右涼地不滿東南左熱而右溫
其故何也岐伯曰陰陽之氣高下之理太少之異也東
南方陽也陽者其精降於下故左熱而右溫西北方陰
也陰者其精奉於上故左寒而右涼是以地有高下氣
欽定四庫全書 太醫局諸科程文格 卷一 一
有溫涼高者氣寒下者氣熱故適寒涼者脹適溫熱者
瘡下之則脹已汗之則瘡已此腠理開閉之常太少之
異耳帝曰其於壽夭何如岐伯曰陰精所奉其人壽陽
精所奉其人夭帝曰善其病也治之奈何岐伯曰西北
之氣散而寒之東南之氣收而溫之所謂同病異治也
故曰氣寒氣涼治以寒涼行水漬之氣溫氣熱治以溫
熱強其內守必同其氣可使平也假者反之帝曰善一
州之氣生化壽夭不同其故何也岐伯曰高下之理地

勢使然也崇高則陰氣治之汚下則陽氣治之陽勝者
先天陰勝者後天此天理之常生化之道也帝曰其有
壽夭乎岐伯曰高者其氣壽下者其氣夭地之小大異
也小者小異大者大異故治病者必明天道地理謹對
第二道
問服此水去溫氣
對泉水味甘平無毒主消渴及胃熱痢熱淋小便赤澀
兼洗漆瘡瘍癰腫令散久服却溫調中下熱氣利小便
欽定四庫全書 太醫局諸科程文格 卷一 二
並多飲之又新汲水百一方云患心腹冷病者若男子
病令女人以一盃與飲女子病令男子以一盃與飲又解
合口椒毒又主食魚為骨所鯁取一盃水合口向水張
口取水氣鯁當自下又主人忽被墮損腸出以冷水噴
之令身噤腸自入也又臘日夜令人持椒井傍無與人
語內椒井中服此水去溫氣博物志亦云凡諸飲水療
疾皆取新汲清泉不用停汙濁暖非直無効固亦損人
謹對

宋《太医局诸科程文格》书影

《太医局诸科程文格》为宋代医学考试的命题规范。书影为《文渊阁四库全书》本

① 徐松辑:《宋会要辑稿·选举三》,中华书局1957年版,第4275页。

在判卷方面，何大任称："文之典实有据者为中格，不贵泛引他书，故其辞简朴而不得出意见奇也。"①反映了当时的评卷取向。

附录：

《太医局诸科程文格》第二至第九卷考题录（各科名称为引者所加）：

卷二：（风科）

墨义——

第一道：问太阳之政奈何。

第二道：问一本云冲。

第三道：问叶名蔄麻。

脉义——

第一道：问脉有三部，尺、寸及关，荣卫流行，不失衡铨，肾沉、心洪、肺浮、肝弦，此自经常，不失铢分。

第二道：问脉滑曰病风。又云滑者伤热。一脉二病者何？

大义——

第一道：问寒暑燥湿风火，在人合之奈何，其于万物何以生化。

第二道：问风者百病之长也，至其变化，乃为他病。

第三道：问与道合同。

假令论方义一道——

问：假令仲景《伤寒论》云：太阳病下之，其脉促，不结胸者，此为欲解也，脉浮者必结胸，脉紧者必咽痛，脉弦者必两胁拘急，脉细数者头痛未止，脉沉紧者必欲呕，脉沉滑者挟热利，脉浮滑

---

① 何大任：《太医局诸科程文格·原序》，《文渊阁四库全书》原文电子版[M/CD]，武汉大学出版社 1997 年版。

者必下血。窃详治伤寒之法，汗下之后其脉静者为病已解。今云太阳病下之后其脉促者，此为欲解；复有太阳桂枝一证：医反下之，脉促者表未解也。两证俱属太阳，皆言下后脉促，一云欲解，一云未解，理何如哉？又本经云：阳盛则促。此皆病脉也。大抵促非平脉，今云欲解者，必有说焉。余者七脉皆为下后之病脉，独以促脉为欲解者，未审立法之意何如，请陈其论。

假令法——

第一道：问假令风经五脏恍惚候，目即节气，当得何脉，本因是何脏腑受病，发何形候，即今宜用是何方药调理？设有变动，又当随脉如何救疗？各须引本经为证，及《本草》逐药主疗、所出州土、性味、畏恶、正辅、佐使、重轻、奇偶及修制之法处方对答。

第二道：问假令贼风候，目即节气，当得何脉，本因是何脏腑受病，发何形候，即今宜用是何方药调理？设有变动，又当随脉如何救疗？各须引本经为证，及《本草》逐药主疗、所出州土、性味、畏恶、正辅、佐使、重轻、奇偶及修制之法处方对答。

运气一道——

问乙丑年五运六气所在所宜，处方为对。

卷三：(眼科)

大义——

第一道：问肝气通于目，目和则知黑白矣。

第二道：问司岁备物则无遗主矣。

又大义——

第一道：问凡钩割及用针不得在旦。

第二道：问阴阳之气清静则生化治。

第三道：问在窍为目。

假令论方义一道——

问假令处方之道，当遵本草，而本草合和之法，凡有七情，继云当用相须相使者良，勿用相恶相反者，以此观之，则知处方之际，不可用畏恶者宜矣。今《圣惠方》治肝肾虚风眼生黑花，其方用丹砂、磁石、神曲，及观《千金方》亦载此剂，名曰神曲丸，以治眼目之疾。考之本草，丹砂恶磁石，不知古人处而为方者何也？况神曲不治眼病，今用之以治眼者又何也？古人制用立方必有深意，愿尽陈之。

假令法——

第一道：问假令目风赤候，目即节气，当得何脉，本因是何脏腑受病，发何形候，即今宜用是何方药调理？设有变动，又当随脉如何救疗？各须引本经为证，及《本草》逐药主疗、所出州土、性味、畏恶、正辅、佐使、重轻、奇偶及修制之法处方对答。

第二道：问假令目泪出不止候，目即节气，当得何脉，本因是何脏腑受病，发何形候，即今宜用是何方药调理？设有变动，又当随脉如何救疗？各须引本经为证，及《本草》逐药主疗、所出州土、性味、畏恶、正辅、佐使、重轻、奇偶及修制之法处方对答。

运气一道——

问丙辰年五运六气所在所宜，处方为对。

卷四：(耳鼻口齿科)

大义——

第一道：问生而勿杀，长而勿罚，化而勿制，收而勿害，藏而勿抑。

第二道：问齿已后至会厌深三寸半。

又大义——

第一道：问春气始于下，秋气始于上，夏气始于中，冬气始于标。

第二道：问唇至齿长九分。

第三道：问其政为明。

假令法——

第一道：问假令唇疮候，目即节气，当得何脉，本因是何脏腑受病，发何形候，即今宜用是何方药调理？设有变动，又当随脉如何救疗？各须引本经为证，及《本草》逐药主疗、所出州土、性味、畏恶、正辅、佐使、重轻、奇偶及修制之法处方对答。

第二道：问假令咽喉疼痛候，目即节气，当得何脉，本因何脏腑受病，发何形候，即今宜用是何方药调理？设有变动，又当随脉如何救疗？各须因本经为证，及《本草》逐药主疗、所出州土、性味、畏恶、正辅、佐使、重轻、奇偶及修制之法处方对答。

运气一道——

问庚午年五运六气所在所宜，处方为对。

卷五（疮肿）

大义——

第一道：问清阳发腠理，浊阴走五脏，清阳实四肢，浊阴归六腑。

第二道：问其寒盛者则肿结痛深。

又大义——

第一道：问地之湿气，感则害皮肉筋脉。

第二道：问血实宜决之，气虚宜掣引之。

第三道：问热之所过则为脓也。

假令论方义一道——

问假令《太平圣惠方》治湿癣痒不可忍方，用鲫鱼一枚，入硫黄末一分，从鱼口中送入腹内，用净砖一口安鱼在上，以炭火周回熁令鱼焦黄，碾为细末，入腻粉三钱，麻油调涂之。据本草：鲫鱼主诸疮，硫黄、腻粉皆杀虫之要药也。然后条文载治浸淫疮多汁者，亦用鲫鱼一枚去骨取肉，豉二百粒相和捣烂，傅于疮上，及观本草:豉主伤寒头痛、寒热瘴气恶毒等证,乃不治疮。而古人特用此物相和捣之以傅疮上,此何意也,愿并陈之。

又假令法——

第一道:问假令风毒肿候,目即节气,当得何脉,本因是何脏腑受病,发何形候,即今宜用是何方药调理?设有变动,又当随脉如何救疗?各须引本经为证,及《本草》逐药主疗、所出州土、性味、畏恶、正辅、佐使、重轻、奇偶及修制之法处方对答。

第二道:问假令卒被损瘀血候,目即节气,当得何脉,本因是何脏腑受病,发何形候,即今宜用是何方药调理?设有变动,又当随脉如何救疗?各须引本经为证,及《本草》逐药主疗、所出州土、性味、畏恶、正辅、佐使、重轻、奇偶及修制之法处方对答。

运气一道——

问癸酉年五运六气所在所宜,处方为对。

卷六(针兼灸科)

大义——

第一道:问以左手掐穴令定,法其地不动;右手持针,象其天而运转也。

第二道:问病有浮沉,刺有浅深,各至其理无过其道。

又大义——

第一道:问虚者徐而疾,实者疾而徐,徐即是泻,疾则是补,补泻之法,一依此也。

第二道:问若经脉之间针灸病已。

第三道:问春刺井,夏刺荥。

假令论方义一道——

问假令《太平圣惠方》载:古来用火灸病,忌八般木火,切宜避之。八木者,松木火难差增病,柏木火伤神多汗,竹木火伤筋目暗,榆木火伤骨失志,桑木火伤肉肉枯,枣木火内伤吐血,枳木火大伤气脉，橘木火伤荣卫经络。切详灸焫之法，特忌以八木之火而不忌他木之火者，何耶？况不避忌而用之则所生之病又各不同，大抵古人著书而告诫，必有深意而存焉，请论而毋略。

又假令法——

第一道：问假令呕吐候，目即节气，当得何脉，本因是何脏腑受病，发何形候，即今宜用是何腧穴针灸，设有变动，又当随脉如何治疗，各须引本经为证，仍具铜人腧穴针经，随轻重脉属经络各用针分寸补泻之法，并灸壮数，处穴为对。

第二道：问假令头面风候，目即节气，当得何脉，本因是何脏腑受病，发何形候，即今宜用是何腧穴针灸，设有变动，又当随脉如何治疗，各须引本经为证，仍具铜人腧穴针经，随轻重脉属经络各用针分寸补泻之法，并灸壮数，处穴为对。

运气一道——

问癸丑年五运六气所宜，处方为对。

卷七（金镞兼咒禁）

大义——

第一道：问吾上知天文，下知地理，天地夫人，教吾禁名，能禁疫鬼。

第二道：问凡欲学禁，先知五戒十善八忌四归。

又大义——

第一道：问天阳在上，人阳在中，阴阳在地，水从下流，唾肿消化。

第二道：问六甲六乙邪鬼自出，六丙六丁，邪鬼入冥。

第三道：问逢水难，土王击之。

假令论方义一道——

问假令《千金翼方》载太白仙人禁肿一法云：一二三四五六七，百肿皆疾出，急急如律令。窃详肿之为病，固自不一，无非有所壅结而成也。今独念此七字，而令百肿皆疾出，何以言之甚寡而效之甚速如此，请论立法之意。

又假令法——

第一道：问假令金疮血出不止候，目即节气，当得何脉，本因是何脏腑受病，发何形候，即今宜用是何方药调理？设有变动，又当随脉如何救疗？各须引本经为证，及《本草》逐药主疗、所出州土、性味、畏恶、正辅、佐使、重轻、奇偶及修制之法处方对答。

第二道：问假令金疮著风肿候，目即节气，当得何脉，本因是何脏腑受病，发何形候，即今宜用是何方药调理？设有变动，又当随脉如何救疗？各须引本经为证，及《本草》逐药主疗、所出州土、性味、畏恶、正辅、佐使、重轻、奇偶及修制之法处方对答。

运气一道——

问甲寅年五运六气所在所宜，处方为对。

卷八：(产科)

脉义——

第一道：问脉浮有表无里，阳无所使，不但危身，并中其母。

第二道：问三部沉浮正等，按之无断绝者，有娠也。

大义——

第一道：问二七而天癸至，任脉通太冲脉盛，月事以时下，故有子。

第二道：问欲令胎寿，当治其母。

第三道：问衰其大半而止。

假令论方义一道——

问假令晋王叔和《脉经》云：妇人产后七八日，无太阳证，少腹坚痛，此恶露不尽，不大便四五日，趺阳脉微实，再倍其人发热日晡所烦躁者不能食，谵语利之则愈宜承气汤。又云妇人产讫，五脏虚羸,唯得将补不可轻泻,今产后复用承气汤者,恐有实实虚虚之咎。理何如哉,请陈毋略。

假令法——

第一道:问假令妊娠腹痛候,目即节气,当得何脉,本因是何脏腑受病,发何形候,即今宜用是何方药调理?设有变动,又当随脉如何治疗?各须引本经为证,及《本草》逐药主疗、所出州土、性味、畏恶、正辅、佐使、重轻、奇偶及修制之法处方对答。

第二道:问假令产后虚烦候,目即节气,当得何脉,本因是何脏腑受病,发何形候,即今宜用是何方药调理?设有变动,又当随脉如何治疗?各须引本经为证,及《本草》逐药主疗、所出州土、性味、畏恶、正辅、佐使、重轻、奇偶及修制之法处方对答。

运气一道——

问甲戌年五运六气所宜,处方为对。

卷九:(小方脉科)

墨义——

第一道:问夫生人之道,莫不养小为大。

第二道:问疗小儿百病诸痫热口不开。

第三道:问少阳之至,乍大乍小。

脉义——

第一道:问弦急者客忤气。

第二道:问脉沉而数者,骨间有热。

大义——

第一道:问位天者,天文也,位地者,地理也,通于人气之变化者,人事也。

第二道:问重阳者狂,重阴者癫。

第三道:问形寒饮冷则伤肺。

假令论方义一道——

问假令《太平圣惠方》治小儿心痛，但觉儿将手数数摩心腹即啼，是心痛不可忍，宜服芍药散，方用赤芍药、人参、白术、黄芩、川大黄、当归为粗散，以水煎服。窃详小儿脏腑软弱不可辄吐下，又心痛之病，本因寒邪冷气伤于心之别脉，搏于经络得之，今观芍药散皆性寒之药，既心痛因寒而得，今复用之，岂不反伤其正气乎？愿详其意而陈之。

假令法——

第一道：问假令解颅候，目即节气，当得何脉，本因是何脏腑受病，发何形候，即今宜用是何方药调理？设有变动，又当随脉如何救疗？各须因本经为证，及《本草》逐药主疗、所出州土、性味、畏恶、正辅、佐使、重轻、奇偶及修制之法处方对答。

第二道：问假令壮热候目，即节气，当得何脉，本因是何脏腑受病，发何形候，即今宜用是何方药调理？设有变动，又当随脉如何救疗？各须用本经为证，及《本草》逐药主疗、所出州土、性味、畏恶、正辅、佐使、重轻、奇偶及修制之法处方对答。

运气一道——

问己巳年五运六气所在所宜，处方为对。

第七章

元代的医学教育与考试

元代是由蒙古族统治者建立的统一王朝。1206 年，成吉思汗建国于漠北，号大蒙古国；1235 年窝阔台在哈剌和林城（即和林）建都；通过不断的征服战争，大蒙古国统治了亚洲和欧洲广大地区。1260 年，忽必烈即位，遵用汉法，改革旧制，以开平（今内蒙古正蓝旗东）为上都，燕京（今北京）为中都，将政治中心南移。1271 年，改国号为大元；第二年把燕京改为大都。1276 年灭南宋，使中国实现了统一的局面。到 1368 年，明军攻入大都，元朝灭亡，共统治一百多年。

元代虽以少数民族入主中原，但在思想文化上与辽、金等政权一样，较为重视吸取汉族文化传统。元世祖忽必烈带头学习经史，下令翻译儒家著作，还请著名儒学大师讲授汉文经典，并要求皇族、百官都必须习读儒经。在政府中任用儒士，如耶律楚材、赵复、许衡、姚枢等一批著名儒生都先后被委以要职。元代在文学、艺术、科学技术等方面都获得比较全面的发展进步。如元曲在文学史上别树一帜，郭守敬的历法著作、王祯的《农书》等都具有较高的科学价值。

虽然元代历史不长，但其医学成就很可观，杰出医家如朱丹溪，著《格致余论》《丹溪心法》等，提倡相火论，号称“滋阴派”，与金代刘完素、张从正、李东垣并称“四大家”。针灸学科有窦默的《标幽赋》、滑寿的《十四经发挥》，外科有危亦林的《世医得效方》，还出现了第一部食治并用的专书、元代宫廷饮膳太医忽思慧的《饮膳正要》。元朝政府也曾组织过编撰《大元本草》的工作，不过未能完成。此外，元代的医政和医学教育也很有特点。

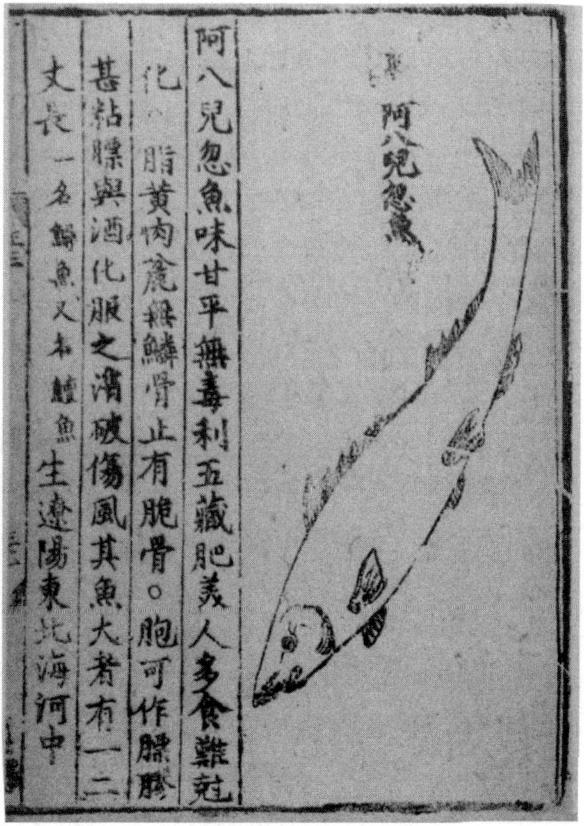
阿八兒忽魚

阿八兒忽魚味甘平無毒利五藏肥美人多食難尅化。脂黃肉麄無鱗骨止有脆骨。胞可作膘膠甚粘膘與酒化服之消破傷風其魚大者有一二丈長一名鱘魚又名鱣魚生遼陽東北海河中

《饮膳正要》元刻本书影

《饮膳正要》，元宫廷太医忽思慧撰。现藏北京大学图书馆。采自《北京大学图书馆藏善本书录》，北京大学出版社 1998 年版

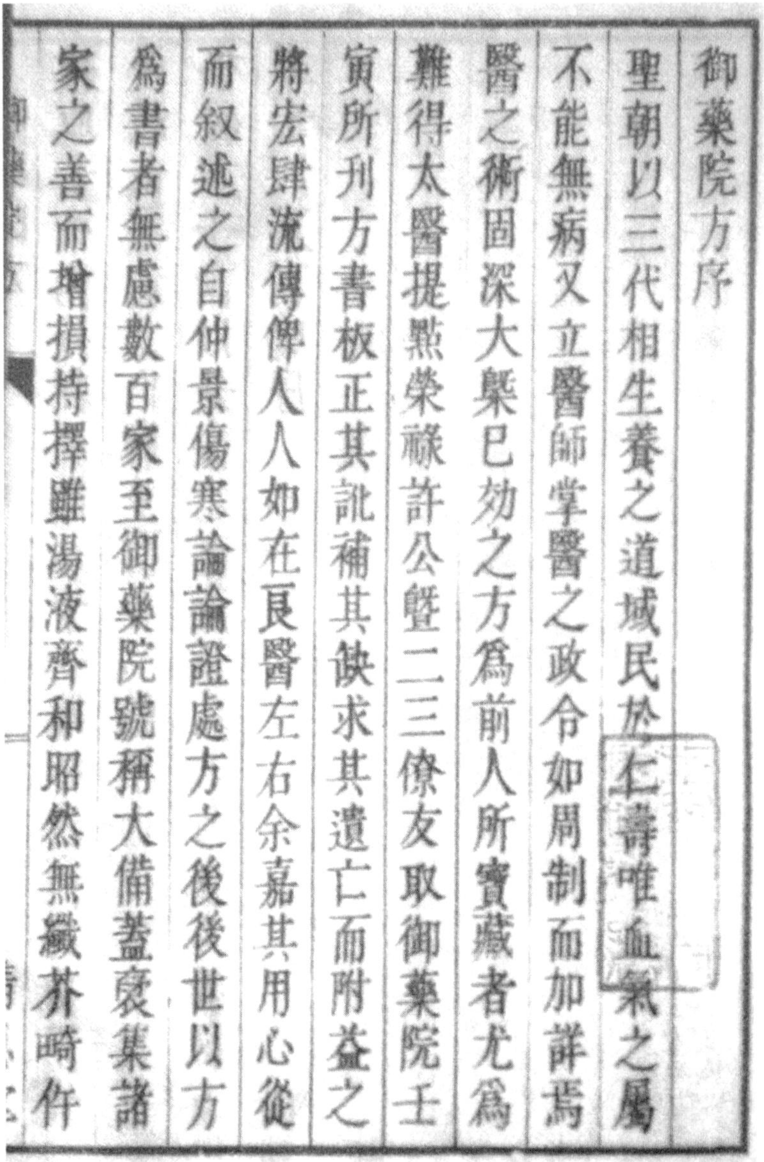

御藥院方序
聖朝以三代相生養之道域民於仁壽唯血氣之屬
不能無病又立醫師掌醫之政令如周制而加詳焉
醫之術固深大槩已効之方爲前人所寶藏者尤爲
難得太醫提點榮祿許公暨二三僚友取御藥院壬
寅所刊方書板正其訛補其缺求其遺亡而附益之
將宏肆流傳俾人人如在良醫左右余嘉其用心從
而叙述之自仲景傷寒論論證處方之後後世以方
爲書者無慮數百家至御藥院號稱大備蓋裒集諸
家之善而增損持擇雖湯液齊和昭然無纖芥畸件

《御药院方》日本宽政十年活字本书影

《御药院方》，元太医院提点许国祯撰。现藏中国中医科学院图书馆

第一节　元代的医政与医官

一、太 医 院

元代医政的管理机构是太医院，始建于元世祖忽必烈中统元年(1260年)。但从文献来看，在太医院建立之前，蒙古政权中已有太医及相关机构存在。如元人刘敏中记载："燕山田侯仲珪……涕泗言曰：'仲珪不幸，未成童而孤。母常诲之曰：方国家肇造，汝祖安抚府君以医得幸太祖圣武皇帝，实掌太医。尝以节行安抚事，征西域战没。'"①这里说田安抚"实掌太医"，说明当时宫中已有了太医组织。另外在1232年，太宗窝阔台曾下令"罗天下医置太医，大使佩金符"②，更是明确提到太医职官的设置。

世祖中统元年正式设太医院。《元史·百官志》载："太医院，秩正二品。掌医事，制奉御药物，领各属医职。中统元年，置宣差，提点太医院事，给银印。"③当时只有三公、中书令、丞相等一品之职才授以银印。中统元年(1260年)以来，太医院一直以荣禄大夫许国祯为提点，"赐金符"，至元三年(1266年)又"改授金虎符"。与许国祯同时，另有光禄大夫王子俊也任太医院提点。荣禄大夫与光禄大夫在元代均为一品官阶，以两个一品大员提点太医院事，元代太医院级别之高前所未有。

---

① 刘敏中：《中庵集·田仲珪孝敬堂记》，《文渊阁四库全书》原文电子版[M/CD]，武汉大学出版社1997年版。

② 许有壬：《至正集·大都三皇庙碑》，《文渊阁四库全书》原文电子版[M/CD]，武汉大学出版社1997年版。

③ 《元史·志三十八·百官四》，中华书局1976年版，第7册，第2220页。

至元五年(1268年),太医院隶属宣徽院。至元七年(1270年)定医官品秩,太医院为正三品。至元十二年(1275年),许国祯"迁礼部尚书",仍兼太医院事。后来的太医院提点,也都依此例"冠以礼部尚书"①。到了至元二十年(1283年),太医院改称尚医监,降为正四品,改给铜印,这是元代太医院地位最低之时。但即使如此,也比此前各朝的医官品秩为高。可见蒙古人入主中原,虽多承袭汉制,但思想观念上确有不蹈常袭故之风,不以医为伎术而鄙之。

至元二十二年(1285年),"升……尚医监为太医院,职俱三品",太医院"给银印,置提点四员,院使、副使、判官各二员"②,恢复旧制。到至元二十五年(1288年),太医院又脱离宣徽院,成为"无所于统"的独立机构。

大德五年(1301年),太医院再次进行大改革。《元史·成宗本纪》云:大德五年六月,"升太医院为二品,以平章政事、大都护、提点太医事脱因纳为太医院使"③。此后的情况据《元史·百官志》载:"大德五年,升正二品,设官十六员。十一年,增院使二员。皇庆元年,增院使二员。二年,增院使一员。至治二年,定置院使一十二员,正二品;同知二员,正三品;佥院二员,从三品;同佥二员,正四品;院判二员,正五品;经历二员,从七品;都事二员,从七品;照磨兼承发架阁库一员,正八品;令史八人,译史二人,知印二人,通事二人,宣使七人。"④此时太医院升为正二品,地位已高于六部。另外,太医院取消提点一职,以院

① 许有壬:《至正集·大都三皇庙碑》,《文渊阁四库全书》原文电子版[M/CD],武汉大学出版社1997年版。

②④ 《元史·志三十八·百官四》,中华书局1976年版,第7册,第2220、2220页。

③ 《元史·本纪二十·成宗三》,中华书局1976年版,第2册,第436页。

使为长官。院使的员额不断增加,从二员一直增加到至治二年(1322年)的十二员,这种情况也较为特别。在元代医家危亦林《世医得效方》卷首的"太医院题识"中,就载有至正五年(1345年)太医院官名单,共列出十位院使如下:

嘉议大夫太医院使赵惟寅
嘉议大夫太医院使赵权
嘉议大夫太医院使冯适
院　　　　　　使蒋溉齐
中奉大夫太医院使张元珪
资善大夫太医院使张元泽
资善大夫太医院使张翼
资善大夫太医院使伴哥
资善大夫太医院使五十四
资善大夫太医院使石卜尼
资政大夫太医院使哈剌歹①

从名字中可以看出,里面既有汉人,也有一部分是其他民族,反映出当时太医院官员民族的多样性。而其头衔中,占一半以上的资善大夫和资政大夫都是正二品衔,中奉大夫也是从二品,嘉议大夫则是正三品。

太医院中的散官官阶则设以下品秩:

保宜大夫、保康大夫,从三品
保安大夫、保和大夫,正四品
保顺大夫从四品
保冲大夫正五品

---

① 危亦林:《世医得效方·太医院题识》,中国中医药出版社1996年版,第1页。

保全郎从五品

成安郎正六品

成和郎从六品

成全郎正七品

医正郎从七品

医效郎、医候郎，正八品

医痊郎、医愈郎，从八品

共十五阶。

太医院院使以下的各级官吏设置已见前，按至治二年(1322年)的编制，共有46人，不像宋代还有一大批有官无职的医官。在职能上，元代太医院“总天下医政”，是国家最高医药卫生管理机关，各地医学、医官、医户等均由其管辖。

二、太医院辖下的医药机构

太医院根据其具体的职能，分设下属机构，主要有——

1. 医学提举司。

《元史》载：

> 医学提举司，秩从五品。至元九年始置，十三年罢，十四年复置。掌考较诸路医生课义，试验太医教官，校勘名医撰述文字，辨验药材，训诲太医子弟，领各处医学。提举一员，副提举一员。①

具体情况详见本章第二节。

2. 官医提举司。

《元史》载：

> 官医提举司，秩从五品，掌医户差役、词讼。至元二十

① 《元史·志三十八·百官四》，中华书局1976年版，第7册，第2222页。

五年置。①

具体情况详见本章第三节。

3. 广惠司。

《元史》载：

> 广惠司，秩正三品。掌修制御用回回药物及和剂，以疗诸宿卫士及在京孤寒者。至元七年，始置提举二员。十七年，增置提举一员。延祐六年，升正三品。七年，仍正五品。至治二年，复为正三品，置卿四员，少卿、丞各二员。后定置司卿四员，少卿二员，司丞二员，经历、知事、照磨各一员。②

其实广惠司这一机构在至元七年（1270年）前就存在，只是名称不同。中统四年（1263年），元世祖命回回人爱薛掌西域星历、医药（京师医药院）二司，后者即广惠司前身。据载："至元十年春正月……改回回爱薛所立京师医药院，名广惠司。"③爱薛祖籍西班牙，由叙利亚西部操阿拉伯语的拂林来到中国。广惠司的特点是掌管民族医学。元人杨瑀说："广惠司，回回医人隶焉。"并在所著《山居新话》中录有广惠司卿聂只儿于元统元年为驸马施奇术疗异症一事。④

4. 回回药物院。

《元史·百官志四》载：

> 大都、上都回回药物院二，秩从五品。掌回回药事。至

---

① 《元史·志三十八·百官四》，中华书局1976年版，第7册，第2222页。

② 《元史·志三十八·百官四》，中华书局1976年版，第7册，第2221页。

③ 《元史·本纪第八·世祖五》，中华书局1976年版，第1册，第147页。

④ 杨瑀、孔齐撰，李梦生、庄葳、郭群一校点：《山居新话　至正直记》，上海古籍出版社2012年版，第10页。

元二十九年始置。至治二年，拨隶广惠司。定置达鲁花赤一员、大使二员、副使一员。①

这两个分别设在大都北京和上都多伦的回回药物院，也是掌管阿拉伯等外来药物的机构，并于至治二年(1322年)拨隶广惠司。元朝作为当时横跨欧亚的世界性大帝国，与阿拉伯地区医药交流相当密切。当时阿拉伯医药知识传入的情况，从现存的《回回药方》四卷中可有大致了解。

另据《辍耕录》记载，在回回药物院的同时又有一个回回药物局，不知是否是其下属机构。《辍耕录》还说"西域多奇术"，并记载有回回医官行手术治疗的例子。②

5. 惠民药局。

元代承宋制，续设惠民药局，主要职责是制售成药，为贫民治病。元代惠民药局的经营方式是，由官府提供钞本用以放贷，将所得利息拿来制药，以惠贫民，带有慈善性质。《元史》载：

元立惠民药局，官给钞本，月营子钱，以备药物，仍择良医主之，以疗贫民。③

元代于太宗九年(1237年)"始立惠民药局，自燕京至南京，凡一十路"。《元史》载："太宗九年，始于燕京等十路置局，以奉御田阔阔、太医王璧、齐楫等为局官，给银五百锭为规运之本。世祖中统二年，又命王祐开局。四年，复置局于上都。"④至元五年(1268年)又增设西夏惠民药局。《元史·百官志》载有大都

---

① 《元史·志三十八·百官四》，中华书局1976年版，第7册，第2221页。

② 陶宗仪：《辍耕录》卷二十一，《文渊阁四库全书》原文电子版[M/CD]，武汉大学出版社1997年版，第19~22页。

③④ 《元史·志四十五·食货四》，中华书局1976年版，第8册，第2467、2467~2468页。

和上都惠民局的官员设置情况：

> 大都惠民局，秩从五品。掌收官钱，经营出息，市药修剂，以惠贫民。中统二年始置，受太医院札。至元十四年，定从六品秩。二十一年，升从五品。上都惠民司，提点一员，司令一员。中统四年始置，品秩并同上。①

由于惠民局是商业经营性质，当然要求有所盈利，“每中统钞一百两，收息钱一两五钱”。但在实践中由于管理不善，腐败风行，致使官本钱亏失，于是至元二十五年（1288年）“悉罢革之”。直到成宗大德三年（1299年），复下令“置各路惠民局，择良医主之”，并根据各地人口多少给予不同数额的本钱。《元史》记载当时情况：凡局皆以各路正官提调，所设良医，上路二名，下路府州各一名，其所给钞本，亦验民户多寡以为等差。今并著于后：

> 腹里，三千七百八十锭。
>
> 河南行省，二百七十锭。
>
> 湖广行省，一千一百五十锭。
>
> 辽阳行省，二百四十锭。
>
> 四川行省，二百四十锭。
>
> 陕西行省，二百四十锭。
>
> 江西行省，三百锭。
>
> 江浙行省，二千六百一十五锭。
>
> 云南行省，真贝一万一千五百索。
>
> 甘肃行省，一百锭。②

从本钱多少大致可以看出各地惠民药局的不同规模。此后

① 《元史·志三十八·百官四》，中华书局1976年版，第7册，第2222页。

② 《元史·志四十五·食货四》，中华书局1976年版，第8册，第2468页。

惠民药局一直开办到元朝灭亡。

元代还有一些不属太医院直接管辖的其他医政与药政机构，参见表 7-1。

另外，兴圣宫、隆福宫、各亲王府也都有侍医及医官。中央台省等主要机构有定额医务人员，如中书省有“省医三人”，枢密院有“院医二人”，御史台有“台医二人”，大宗正府有“医人一人”。至于较低级别的六部，则只有刑部有“部医一人”，“掌调视病囚”①。

元代的医官实行终身制，如英宗至治三年（1323 年）春三月敕：“医、卜、匠官，居丧不得去职，七十不听致仕，子孙无荫叙，能绍其业者，量材录用。”②

表 7-1　元代太医院外医药机构表

<table>
<tr><th colspan="2">名称</th><th>品秩和定员</th><th>职能</th><th>沿革</th><th>资料来源</th></tr>
<tr><td colspan="2">典医监</td><td>秩正三品
编制自达鲁花赤以下共 31 人</td><td>领东宫太医，修合供进药饵</td><td>至元十九年（1282 年）设典医署（其时太医院称典医监），至元三十一年（1294 年）改为掌医署，大德十一年（1307 年）名典医监</td><td rowspan="4">《元史·百官志》</td></tr>
<tr><td rowspan="3">典医监下属机构</td><td>广济提举司</td><td>达鲁花赤以下官员 4 人</td><td>掌修合药饵，以施贫民</td><td></td></tr>
<tr><td>行典药局</td><td>达鲁花赤以下官员 5 人</td><td>掌供奉东宫药饵</td><td></td></tr>
<tr><td>典药局</td><td>达鲁花赤以下 7 人</td><td>掌修制东宫药饵</td><td></td></tr>
</table>

① 《元史·志三十五·百官一》，中华书局 1976 年版，第 7 册，第 2142 页。

② 《元史·本纪二十八·英宗二》，中华书局 1976 年版，第 3 册，第 629～630 页。

（续）

名称		品秩和定员	职能	沿革	资料来源
掌医监		秩正五品，领监官以下各级官员共23人		至大元年（1308年）由掌医署升监，至治三年（1323年）罢	《元史·百官志》
掌医监下属机构	修合司药正司	秩从五品，达鲁花赤以下9人	掌修合御用药饵	至治三年罢	
	行箧司药局	秩从五品，达鲁花赤以下5人	掌供奉御用药饵	至治三年罢	
	广济提举司	秩从五品，达鲁花赤以下4人	掌修合药饵，以济贫民	至治三年罢	
御药院		秩从五品，达鲁花赤以下9人	掌受各路乡贡、诸蕃进献珍贵药品，修造汤煎	至元六年（1269年）始置	《元史·百官志》
御药局		秩从五品，达鲁花赤以下5人	掌两都行箧药饵，大德九年后但掌上都药仓之事	至元十年（1273年）始置	
立行御药局		秩从五品，达鲁花赤以下6人	掌行箧药物	大德九年（1305年）从御药局分出	
御香局		秩从五品，提点以下2人	掌修合御用诸香	至大元年（1308年）始置	
尚药局			掌进汤药茶果	中统二年（1261年）置，至元二十年（1283年）归并于尚食局	

第二节 元代医学校的设置与考试情况

一、“医学”及有关机构的设置

元代的医学学校称为“医学”，主要设在各地，不设中央医学。“医学”据记载始设于中统三年(1262 年)，不过从文献看，在中统三年之前有的地方就有医学教育，可能是宋代旧制的留存。如魏初《青崖集》载：

太医王某诣初，言怀州孝感坊旧有三皇庙五间，盖壬子岁州医学教授赵元、张渊，管勾张嗣兴所创也。①

壬子岁是蒙哥汗在位的第二年(1252 年)。姚燧《牧庵集》也有“中统元年(1260 年)，制授南京路医学教授……”②的记载，时间都在中统三年之前。而在中统三年以前，太医院内也有“教授”之职，如宪宗时有忽吉甫任太医院针灸科教授，中统二年(1261 年)有太医王仪被授予太医院判兼教授，而且中统三年设医也说“依旧来体例”，都说明在中统三年之前存在着医学教育。中统三年只是元朝正式下令在全国普及建立医学制度之时。《元典章》载：

中统三年九月　　日，钦奉皇帝圣旨一道，与中书省忽鲁不花为头官员，据太医院大使王猷、副使王安仁奏告，医学久废，后进无所师受，设或朝廷取要医人，切恐学不经师，深为利害。依旧来体例，就随路名医充教授职事，设立医学，训诲后进医生勾当等事，仍保举到随路名医人等，充各

---

① 魏初：《青崖集·重修怀州三皇庙记》，《文渊阁四库全书》原文电子版[M/CD]，武汉大学出版社 1997 年版。

② 姚燧：《牧庵集·南京路医学教授李君墓志铭》，《文渊阁四库全书》原文电子版[M/CD]，武汉大学出版社 1997 年版。

路教授。准奏。仰随路已保教授，专一训诲后进医人勾当。今差太医院副使王安仁悬带金牌前去，随路设立医学。据教授人员丝线包银等，差发依例除免。所有主善一名，俸给及学校房舍，本处官司照依旧例吩咐。如教授盖非承袭，职位仰别行学。据医学生员拟免本身检医差占等杂役，将来进学成就，别行定夺。每月试以疑难，以所对优劣量加惩劝。若有民间良家子弟，才性可以教诲，愿就学者听，仍仰本路管民正官不妨本职提学勾当，省诸人不得沮坏。钦此。①

从这道圣旨可以看出，朝廷这次设立医学校是非常坚决的，采取了一系列措施。在行政上，担心地方上有的官员阳奉阴违，除要求当地"正官"负责，"省诸诸人不得沮坏"外，甚至派出太医院副使王安仁为钦差，持金牌前往各地监督实施。在待遇上，除要求各地提供医学负责人的俸给和办学所需房舍外，对医学的教授予免除差役(学生当时尚待定夺，后来也给予免差)。各项措施均十分到位。

自此，元代大都、上都、和林及各路、州、县均设立了医学校，体制仿当时的"儒学"逐级设置：

会到儒学例，诸(路)教授、学录、学正各一员，上州、中州各设教授一员，下州设学正一员，诸县设教谕一员。军司今议：拟诸路医学教授一员，祗受敕牒，外学正一员，上州、中州、下州各设一员，俱系尚医札付。各县设学谕一员，受本路医学教授札付。②

即各路设医学教授、学正各一员，上、中、下州设学正一员，

---

① 《元典章·礼部五·设立医学》，中国书店1990年版，第476页。

② 《元典章·吏部三·选医学教授》，中国书店1990年版，第149页。

县设教谕一员。所谓上、中、下州是按人口划分，如至元二十年(1283年)规定，五万户以上为上州，三万户以下为下州，两者之间为中州。不过按此处所述，“医学”似比儒学少学录一职，但事实上各地是有医学学录的。如《至顺镇江志》所载的镇江医官中就有学录一职，有教授张应雷等6人，学生郑霖等8人，学录戚庆祖等5人，还有“三县医学教谕各一员”①，可见与儒学是完全一致的。据统计，当时全国共有“医学教授二百三十二员”②。

延祐三年(1316年)，由常德路医学正李震奏请，准予医学官穿戴制服，制度与儒学相同。这是医学教官享受官服之始。

由于太医院职能繁多，为加强各地医学校的统一管理，至元九年(1272年)在太医院下设立了专职管理部门——医学提举司。《元史·百官四》说：

> 医学提举司，秩从五品。至元九年始置。十三年罢，十四年复置。掌考较诸路医生课义，试验太医教官，校勘名医撰述文字，辨验药材，训诲太医子弟，领各处医学。提举一员，副提举一员。③

医学提举司设于各地，在太医院中则对应设“诸路医学提举司”，以总管全国医学教育。例如《元典章》提到太医院医学教授从全国选拔时，要由各地逐级考试保送，最后到太医院后则由诸路医学提举司复试，确实合格才能录用。

---

① 俞希鲁：《至顺镇江志》，台湾成文出版社有限公司1975年版，第914页。

② 《元典章·吏部一·内外诸官员数》，中国书店1990年版，第114页。

③ 《元史·志三十八·百官四》，中华书局1976年版，第7册，第2222页。

各路的医学提举司是直接管理医学校并负责选任教授的政府机构，时人称："太医院总天下医政，而考课艺、荐择校职，提举实握其要。"①各路提举司官员称提举，但也有的路称提领。如衢州路："刘光大至元二十三年(1286年)任衢州路医学提领，升本学教授。"②平江路也如此："元初，吴德诚提领平江医学。"③这两地都是南方地域。提领为正七品秩，比提举要低。造成这种情况的原因，主要是由于元代平定各地时间有先后。中统三年(1262年)时南方尚未平定，当时在北方各路设医学提举司，直属太医院管理，到1276年灭南宋后，江南被纳入版图，但由于地域广阔，人口众多，如同样按路设官则提举过多，又离京城较远，管理不便，遂将医学提举司设于南方行省一级，行省下的路则设提领所。另一方面，这一政策多少也有一点歧视性质。元代政制中，以蒙古人地位最高，色目人次之，原金国治下的北方人民称汉人又次之，最后平定的南宋疆域内的人民称南人地位最低，所以行政制度上南方低于北方。这种设置文献虽未明确提及，但参照同级的官医提举就是如此，而且在地方史料上有不少佐证，如：

至元之二年，其守张侯浩，介其郡人，医愈郎辽阳行省医学提举谢缙孙，以其修理医学之事告。④

辽阳在今之东北。

---

① 许有壬：《至正集·故成全郎诸路医学提举部公墓志铭》，《文渊阁四库全书》原文电子版[M/CD]，武汉大学出版社1997年版。

② 林应翔：《衢州府志·人物志·技术》，明天启二年刻本。

③ 杨维祯：《东维子集·吴氏归本序》，《文渊阁四库全书》原文电子版[M/CD]，武汉大学出版社1997年版。

④ 虞集：《道园学古录》卷三十六，《文渊阁四库全书》原文电子版[M/CD]，武汉大学出版社1997版。

李榖,元顺帝时任怀庆路医学提举。①

怀庆路属腹里行省。

至元戊子(即至元二十五年,1288年),辟直翰林客邓,君方婿南阳医学提举刘君大亨,亦家邓。②

南阳路属河南行省。以上都是北方的情况。

属南方的:

元贞初北游燕赵,用荐者授婺州医学教授转江西医学提举。③

(方廷谨)由世业累迁江浙医学提举。④

江西和江浙都是行省级别,都属南方。所以综合起来,"医学"的管理机构设置情况是:北方各路设医学提举司,州设提领(医学提领所),而南方则是各行省设医学提举司,路设提领,南北各县则均设管勾。

二、医学校与三皇庙

元代医学校有一个独特之处,就是与当地的三皇庙合一。这其实也是儒学体例的照搬。元代"郡县莫不有学,学皆有孔子庙"⑤,故当时常将儒学校称为"庙学"。这种办学形式既充分利用了场地,又将教育与祭祀相结合,增加了严肃性。医学校设

---

① 刘芳:《嘉靖长垣县志·人物志·伎术》,上海古籍书店1963年版,第45页。

② 姚燧:《牧庵集·奉议大夫广州治中闫君墓志铭》,《文渊阁四库全书》原文电子版[M/CD],武汉大学出版社1997年版。

③ 胡翰:《胡仲子集》卷九《何遁山墓志铭》。

④ 王逢:《梧溪集·题方德玉提举先陇瑞芝卷》,《文渊阁四库全书》原文电子版[M/CD],武汉大学出版社1997年版。

⑤ 刘基:《诚意伯文集·诸暨州重修州学记》,《文渊阁四库全书》原文电子版[M/CD],武汉大学出版社1997年版。

于三皇庙即由此衍生。元代学者揭傒斯云：

三皇古无庙，唐天宝中始置，祀以春秋，配以勾芒、祝融、风后、力牧。五代宋并因之。国朝始诏天下，以郡县皆立庙，以医者主祠，建学置吏设教，一视孔子庙学。①

另一学者贡师泰指出这是元代独创之制：

三皇有庙，医者有学，其制虽昉见于前代，而合庙、学为一，则又我国家之盛典也。②

这种制度实行的时间，大约在至元初年，即1264年左右，如《说学斋稿·三皇祭礼序》云："在至元初，以医家专其享祀。"③

"三皇庙祀伏羲氏、神农氏、黄帝氏，即古所谓三皇者。"④医学之所以置于三皇庙，是因传说中三皇均为医学的始祖。《闲居丛稿》云："皇元开寿域于天下，设置医学，俾人无夭札之患，以三皇为医所祖。制下所在立庙，春秋以三九阳月享祀，日亦如之，公帑出钱，守土者行礼如式。"⑤传说中伏羲画八卦、制九针，神农尝百草，黄帝论医学，均与医学有渊源，故为医生所祖。以三皇庙作为医学所在，除教学外，每年春季三月初三、秋季九月初九均有大祭。三皇庙医学设置的情况，从"四明路医学"可见到一个完整的范例：

---

① 揭傒斯：《文安集·增城三皇庙记》，《文渊阁四库全书》原文电子版[M/CD]，武汉大学出版社1997年版。

② 贡师泰：《玩斋集·福州三皇庙学田记》，《文渊阁四库全书》原文电子版[M/CD]，武汉大学出版社1997年版。

③ 危素：《说学斋稿·三皇祭礼序》，《文渊阁四库全书》原文电子版[M/CD]，武汉大学出版社1997年版。

④ 柳贯：《待制集·全宁路新建三皇庙记》，《文渊阁四库全书》原文电子版[M/CD]，武汉大学出版社1997年版。

⑤ 蒲道源：《闲居丛稿·三皇庙学记》，《文渊阁四库全书》原文电子版[M/CD]，武汉大学出版社1997年版。

田土：基地一片，系录事司拨到，旧郡县主簿衙基地内。一段横阔九丈七尺，直深七丈二尺，蒙廉访分司令居民唐棣华等四户租赁，年纳钞四十两中统；一段横阔一十三丈，直深三十一丈五尺，于上益学。

屋宇：大殿三间，讲堂三间，土祠一间，外门楼三间，门房一间，台门一十二间，西廊一十二间，斜廊二间，讲堂挟屋二间。

祭器：尊三，爵二十一，笾二十五，篚三，豆二十五，俎二十五，坫二十八，簠七，簋七，罍二，洗二，幕布五，香炉六。

书籍：《圣济总录》一部，《八十一难经》一卷，《脉经》全帙。

设官：教授一员，学正一员，学录一员。①

不过，三皇在中国文化中均为人文始祖，历来被认为是华夏民族的祖先，创建医道仅是其业绩之一。古人以医为小道，将三皇庙专属于医学校，在当时颇招致士人不满。如张养浩说：

三圣人之德，天也，孰弗被其甄陶？而近代则以医家者流宗之，余尝以为未尽焉。或曰：彼书有名《本草》者称神农，有名《素问》者称黄帝，以伏羲始卦，故又以为卜筮者之祖。若然，则是以一事一能待圣人也。殊不知三圣人功于后世者讵止此而已乎！②

也有人责问："三皇之功及于人者如此，而领之于医，不亦亵乎？"③这种议论不但在民间有，甚至朝臣也累累提及，《说学斋稿·三皇祭礼序》提到："三圣人之功之德，含齿戴发者皆所

① 袁桷：《延祐四明志·重建医学记》，《文渊阁四库全书》原文电子版[M/CD]，武汉大学出版社1997年版。

② 张养浩：《归田类稿·沂州三皇庙记》，《文渊阁四库全书》原文电子版[M/CD]，武汉大学出版社1997年版。

③ 贝琼：《清江文集·释奠解》，《文渊阁四全书》原文电子版[M/CD]，武汉大学出版社1997年版。

当尊而事之，岂独医家所得专之耶？由元贞以来，臣僚间尝以为言，有司漫不之省。”①

对此，现代有学者认为这是元代统治者刻意为之，“将汉民族的共同祖先‘三皇’降到了‘医家之祖’的行业神地位，抹去了三皇祭祀的民族意义，从而淡化汉人的民族意识，起到弱化民族斗争的作用”②。这一见解不无道理。例如元政府后来在三皇庙配祀问题上的态度就值得玩味。《增城三皇庙记》载，自唐代设三皇庙以来，配祀的勾芒、祝融、风后、力牧等都是黄帝手下大臣，“大德三年，太常言三皇开天建极，创物垂范，为万世帝王传道之首。今太医院请以黄帝臣俞跗、桐君、鬼臾区、岐伯之属十大名医，视孔子十哲配享庙廷。是欲以三皇为医家专门之祖，非礼经，宜从唐制。中书下礼部议，议如太常”。可见当时并未以三皇为医家专门之祖，不同意以名医配祀。但到了至大元年(1308年)就改变了态度，“至大元年中书又以湖广行省言，如太医院所请配享事下礼部议，请以十名医视孔庙诸大儒列祀两庑，遂著为令”③。对此，一些文人相当失望，如许有壬云：“至大间湖广省请名医配享坐次，礼部议：视大儒从祀，列置两庑。岂一时不考大德之议而许之耶？岂以《素问》称黄帝、《本草》称神农，而亨(烹)庖始庖羲耶？而天下遂为定制矣！”④这种三皇庙医学制度一直实行到元末，后来到了明代，可能出于民族意识的

① 危素：《说学斋稿·三皇祭礼序》，《文渊阁四库全书》原文电子版[M/CD]，武汉大学出版社1997年版。

② 高伟：《元朝君主对医家的网罗及其影响》，《兰州大学学报(社会科学版)》1999年第4期。

③ 揭傒斯：《文安集·增城三皇庙记》，《文渊阁四库全书》原文电子版[M/CD]，武汉大学出版社1997年版。

④ 许有壬：《至正集·大都三皇庙碑》，《文渊阁四库全书》原文电子版[M/CD]，武汉大学出版社1997年版。

考虑，就废除了这种办学形式。

但是从医学教育的角度看，这一制度是有利的。首先，以三皇为医祖当然是提高了业医者的地位。其次，与庙祭合一有助于"医学"的设置和维持。在重视礼仪祭祀的传统社会里，地方官修庙行祭常是为政要务之一。在地方文献中可以见到，由于对三皇的敬重，许多原无三皇庙的地方纷纷建庙，原有庙宇破旧的则得以修葺，这就保证了"医学"的必要场地，"凡郡制为医建学，因于三皇氏之宫，而师生讲肄则有堂有斋"①。有的规模还相当可观，如洋州三皇庙："又创楼曰拱圣，庋藏颁赐圣济总录等书，大门讲堂庖舍惠民局计十余楹。"②另外，有的地方"医学"还有学田，如福州路医学，"取闽县民田没入于官者二百六十亩奇，隶诸学官"③；衢州医学，"割官沙田为亩若干以奉时祭"④；吉安路，"有民邓明远请以其所得赏田之半归诸医学，以备用"⑤。如不是因与庙祭有关，是很难如此的，而一年重大的祭祀不过春秋两次，平时学田的收入均可供医学校所用。

再者，医学校设于三皇庙还有助于管理。因为以祭祀的名义召集医学学生及医人定期聚集讲学，有更大的号召力。如沂州三皇庙破败，官员孙天正迁县衙于他处，在旧衙上重建三皇

① 柳贯：《待制集·龙兴路医学教授厅壁记》，《文渊阁四库全书》原文电子版[M/CD]，武汉大学出版社 1997 年版。

② 蒲道源：《闲居丛稿·洋州三皇庙记》，《文渊阁四库全书》原文电子版[M/CD]，武汉大学出版社 1997 年版。

③ 贡师泰：《玩斋集·福州三皇庙田记》，《文渊阁四库全书》原文电子版[M/CD]，武汉大学出版社 1997 年版。

④ 袁桷：《清容居士集·衢州重修三皇庙碑》，《文渊阁四库全书》原文电子版[M/CD]，武汉大学出版社 1997 年版。

⑤ 虞集：《道园学古录·吉安路三皇田记》，《文渊阁四库全书》原文电子版[M/CD]，武汉大学出版社 1997 年版。

庙,“落成之日,士庶啧啧聚观,始利前日之迁矣。阖州咸喜孙候勇于善而恪于奉神,遂不远数百里走其从事”①。

所以,元代“医学”设于三皇庙,对于医学教育发展有诸多好处,虽然招致儒者非议,但太医院仍然多方推动,使之成为定制。

三、“医学”的科目

“医学”设于三皇庙,其职责是“训诲后进医生”,但在实行过程中并非尽如人意。大德九年(1305年),平阳路泽州知州王祐上奏言:

> 今各路虽有医师学,亦系有名无实。参详莫若今后督责各处有司,广设学校,为医师者命一通晓经书良医主之,集后进医生讲习《素问》《难经》、仲景、叔和《脉诀》之类,然亦须通“四书”,务要精通,不精通者禁治不得行医。吏员命明师主之,各处首领官公务毕,率习师吏贴书人等讲习经史,先自小学、文公:“四书”及典章案式算术之类,须要精通。各处长官时常提调,严加训教,务要成材,以备试验擢用,亦以廉访司每月行诸学考试,若有敦劝怠惰去处,将提调官员责罚,使有成,实为官民便益。②

王祐提出了医学校“有名无实”的问题,但要求严加管理时提出加强“四书”、案式等医学外的课程学习,这一点遭到太医院的反对。太医院指出:

> 照得中统三年九月,内钦差圣旨:节该随路设立医学……钦此。除钦依外,今据王祐所言,医学有名无实。本学

---

① 张养浩:《归田类稿·沂州三皇庙记》,《文渊阁四库全书》原文电子版[M/CD],武汉大学出版社1997年版。

② 《元典章·礼部五·医学科同》,中国书店1990年版,第478页。

得各处设立医学积有年矣,其间累蒙太医院定立选举、教官格例,讲究取人教养之法,已有成规。盖是教官及提调官不能举行,以致怠惰。又检会至元二十二年钦奉圣旨:节该举公事行者,钦此。当都省令太医院讲究到程试太医,合设科目一十三科,合为十科,各有所治经书篇卷方论条目。今欲后之学医亦须精通"四书",不精通者禁治不得行医。夫"四书"实为学之本、进德之门,凡文武医卜,俱当习而知之,何□医者而已。且为医之必须通晓天地运气、本草药性,运气则必当洞晓易道之玄微,药性则博通《毛诗》《尔雅》之名物;又医者论病以及因原,诊以知证,凡《尚书》《春秋》、三礼等书,固当通晓,若然则岂独"四书"?诸子、史俱当讲明。然此儒者考试之法,其明经之科,凡入举场,必须专治一大经,兼课《论》《孟》小义各一,亦不能备□他书兼试,况业医者艺不精明,不能为上工;业不专科,则不能入妙。拟合遵依已定程式为考试之法,所据不精本科经书,禁治不得行医。相应今将程试科目各习经书开具,申乞照详本司参详,如准所拟,实为相应。①

这里太医院以儒学考试的明经科亦不过通一大经为例,指出医学教育关键在于掌握专业知识,反驳了"不精通'四书'不得行医"的观点。这大概算是当时医学教育中应该以政治为主还是以业务为主的一次观念之争,当然前者也包含有提高医生整体素质的愿望。结果,太医院针锋相对提出的"不精本科经书,禁治不得行医"的观点被采纳,并重新颁布可称是当时医学教育大纲的"程试科目各习经书"目录(具体情况见下表)。

---

① 《元典章·礼部五·医学科同》,中国书店1990年版,第478页。

这一大纲其实早在至元二十二年(1285年)已经制定,当年二月的一份文件还曾提到:“节该医学教授见教生员,照依每年降去一十三科题目,令医生每月习课医义一道。”①只是由于“教官及提调官不能举行,以致怠惰”,没有很好实施。

表7-2 元代太医院十科及所习经书表

<table>
<tr><th>科目</th><th>专科书</th><th colspan="2">通读书</th><th>来源</th></tr>
<tr><td>大方脉杂医科</td><td>《伤寒论》《圣济总录》(卷20—100、185—187)</td><td rowspan="8">《难经》《神农本草经》</td><td rowspan="8">《素问》</td><td rowspan="8">《元典章》卷三二、《通制条格》卷二一。两书中各科有关《圣济总录》卷数稍有不同。另,《元典章》中针灸科有《神农本草经》,无《铜人针灸经》,《通制条格》相反,当从《通制条格》。</td></tr>
<tr><td>小方脉科</td><td>《圣济总录》(卷167—182)</td></tr>
<tr><td>风科</td><td>《圣济总录》(卷5—20)</td></tr>
<tr><td>产科兼妇人杂病科</td><td>《圣济总录》(卷105—121)</td></tr>
<tr><td>眼科</td><td>《圣济总录》(卷102—112)</td></tr>
<tr><td>口齿兼咽喉科</td><td>《圣济总录》(卷117—124)</td></tr>
<tr><td>正骨兼金镞科</td><td>《圣济总录》(卷139、140、144、145)</td></tr>
<tr><td>疮肿科</td><td>《圣济总录》(卷100、114—116、125—128、141—142)</td></tr>
<tr><td>针灸科</td><td>《铜人针灸经》《圣济总录》(卷191—194)</td><td>《难经》</td><td rowspan="2"></td><td rowspan="2"></td></tr>
<tr><td>祝由书禁科</td><td>《千金翼方》《圣济总录》(卷195—197)</td><td></td></tr>
</table>

① 《元典章·礼部五·讲究医学》,中国书店1990年版,第477页。

四、"医学"的课业及考试

(一)医学教授的考试选用

医学教授属于官员,大都路医学教授为正九品,其余各路医学教授为从九品,均由政府提供俸禄,而且有的地方医学教授有俸禄还在儒学之前。据《庙学典礼》所记,至元二十九年(1292年)有人上奏:"各处汉儿城子里蒙古字教授、医学教授这两枝儿吃俸钱有,儒学教授无俸有,也依着那体例与俸钱呵,怎生?"①得到忽必烈同意。这里的"汉儿城子"指北方地区。从品级上,儒学教授比医学教授高两级,但医学教授薪俸统一由所在地方支付,而儒学教授原是由庙学学田支薪,南方儒学均有学田,能正常支出,北方儒学多无学田,故不能保证,于是到至元二十九年(1292年)统一由政府支出。

元代对医学教授的选拔相当严格,要求:

> 诸教授皆从太医院定拟,而各路主善亦拟同教授皆从九品②。

至元二十二年(1285年)明确规定了选拔程序:

> 自今后并保到教授,或补填名阙教授,许令本路总管府并管,医人提举司令众选保,委的学问该博,医业精通,众医推服,堪充师范之人,具籍贯、姓名、年甲、脚色,仍令保定教授亲笔书写医愈何人、病患、脉证、治法三道,连申尚医监,又行体覆,试验考较优劣,委的相应,准保施行。③

---

① 《庙学典礼·教授俸例》,浙江古籍出版社1992年版,第76页。

② 《元史·志三十一·选举一》,中华书局1976年版,第7册,第2034页。

③ 《元典章·吏部三·选医学教授》,中国书店1990年版,第149页。

可见医学教授任职要经三道程序：先是同行推举，然后获选者提供既往治验资料，送交太医院（当时称尚医监），再由太医院进行考试，确实合格者才任职。

已任教授之后，仍然要定期考试，至元二十二年（1285 年）规定：

教授人员见教生徒，照依每年降去一十三科题目……试问本学教授题目三道……另置簿策，同本学生生员、医人各簿，年终申覆，一就考较优劣，以见教授能否，有无称职也。①

太医院所降的一十三科题目，每年一次，实际相当于每年进行一次全国统一考试，要求必须依题而答。元贞二年（1296 年）对此作了强调：

今切见各处教授、学正、学录、教谕人等连到所业文字，不依官降题目，或远行旧题，或自意立题，不合格法，往往赴院求进以致泛滥不一。今后拟合令教授学正、学录、教谕人等，须要于三年以里官降题目内，教授作医义三道，治法一道；学正课医义二道，治法一道，亲笔真谨书写，保申到院考校。文理相应，治法允当，若例应升补教授人员，依上本覆相应至日定夺外，据学正人员量材擢用。如不系官降题目，及虽系官降题目，若经三年之外者，别无定夺。仰照验施行。②

这里说医学教授要在近三年所颁布的题目之内完成“医义三道，治法一道”，经考校才能按成绩参加晋升。这一年还曾处理了一个考试作弊的医官，并进一步完善了教授任职的程序：

---

① 《元典章·吏部三·选医学教授》，中国书店 1990 年版，第 148 页。

② 《元典章·礼部五·保申医义》，中国书店 1990 年版，第 477 页。

元贞二年　月，江西行省准中书省咨御史台呈监察御史，察知李克让不通医药，用钱营干太医院札付充单州学正，次于济宁路韩教授处钞到医义，太医院拟充嘉兴路医学教授，未曾祗受。正犯人李克让钦奉圣旨，一百个罪囚内疏放了，当今后合令太医院定夺敬试医官体例，相应得此，送吏部行移太医院。议得李克让不叙外。据各处应保太医学教授，今后令本处医学教授于官降题目内出题，令本人亲笔课义三道，治法一道，先行考，相应申呈本路总府行移本道肃政廉访司体覆，与所保相同，至日申覆到院，送诸路医学提举司又行考较，文理皆通，治法相应，依例定夺，庶革前弊，都省准拟咨请依上施行。①

即选保出任教授时增加了一道程序，要在本路先进行一次考试，并经肃政廉访司监督无差，才选送太医院诸路医学提举司考试录用。值得一提的是元代各道所设的肃政廉访司，本是针对各地官员的监察机构，由于医学教授也在监察范围之内，所以变成兼有督学的性质，这有助于保证医学教育的实行。

（二）医学生的管理和考试

医学学校的学生有两个来源，一是医户子弟，二是自愿学医者。至元二十二年(1285 年)的文件提到："附籍医户并应有开张药铺、行医货药之家子孙弟侄，选拣堪中一名赴学；若有良家子弟，才性可以教诲，愿就学者听处医学生员。"②其学习内容，即以太医院所颁发十三科书目为范围。其学习考试方法，中统三年设立医学时已明确为"每月试以疑难，以所对优劣量加惩

① 《元典章·吏部三·考试医官教授》，中国书店 1990 年版，第 149 页。

② 《元典章·礼部五·讲究医学》，中国书店 1990 年版，第 477 页。

劝"①。后来太医院形成每年颁布十三科题目制度后，就基本围绕题目进行。《元典章》记载："太医院照得诸路医学提举司年例，具呈到大方脉杂医等一十三科周岁月会拟难医义题目一百二十道，已经行下各路医学教授，令后进生员照依程试眼法、经义体制课习，比及年终置簿申院。"②又说："令医生每月习课医义一道，年终置簿考较优劣，有无成绩。"③可知这些题目每年13科共有120道，学生根据所属专科每月做一道，然后年终总计优劣，评定成绩。

不过，元代医学校似乎没有明确的学习期限，学生考试也没有明确的目标方向。中统三年(1262年)医学成立的诏旨中说："医学生员拟免本身检医差占等杂役，将来进学成就，别行定夺。"④到至元二十二年也只是说："拟将见教医学生员籍贯姓名，攻习是何科目经书，有无习课医义，开申尚医监，备擢用。"⑤至于如何擢用，并无说明。如果是选任为医官的话，从前述医学教授选拔的严格程序来看，这些年轻的医学学生极少有机会，即使是任学正、学录、教谕等职，也为数有限，不可能作为多数医学生的出路。由于医学生员多数来自医户，估计大多将回家继续承袭医业。从这个角度看，元代医学校确实是培训民间医生的场所，不像宋代培育出一个脱离大众的医官阶层。

五、考题情况

元代的医学生考试内容已见前述十三科，但考题只说每月

① 《元典章·礼部五·设立医学》，中国书店1990年版，第476页。

② 《元典章·礼部五·保申医义》，中国书店1990年版，第477页。

③⑤ 《元典章·礼部五·讲究医学》，中国书店1990年版，第477、477页。

④ 《元典章·礼部五·设立医学》，中国书店1990年版，第476页。

课义一道，具体形式如何则无详细记载。医官考试的题目，则提到有医义、治法两种题型。《元典章》中保存了当时三道对医学教授的考试题，题目前说："已设医学去处，教授人员见教生徒，照依每年降去一十三科题目，令医生每月习课医义一道，年终置簿申覆尚医监考较优劣，有无成绩外，试问本学教授题目三道。"[①]说明这三道题与学生所考题目不同，是另外颁发的。这三道全是病例分析题，形式上与宋代的"假令"题类似，综合程度较高。不知这就是前述的"治法"题，还是也叫"假令"题。试题如下：

假令有人病头疼，身体拘急，恶寒无汗，寒多热少，面色惨而不舒，腰脊疼痛，手足指末微厥，不烦燥，其脉浮而紧涩者，名为何证，何法治之？

假令有人病身体热，头疼恶风，热多寒少，其面光而不惨，烦燥，手足不冷，其脉浮而缓者，名为何证，何法治之？

假如春夏月，有人病自汗，恶寒身热而渴，其脉微弱者，名为何证，何法治之？[②]

教授完成这些题目后，"另置簿策，同本学生生员、医人各簿，年终申覆，一就考较优劣，以见教授能否，有无称职也"[③]。

第三节　医户的管理和考试

一、元代医户概况

元代人口管理的一个重要特点是分行业编籍，其目的是便于应派各类差役。其中，民间业医者被隶属医户，有义务以医服

①②③ 《元典章 · 吏部三 · 选医学教授》，中国书店 1990 年版，第 148、148、148 页。

役,而且必须世袭。这一制度含有强制性地保持基层医人数目,以供应用的用意。有关元代医户的情况,正史所载不多,但在元代地方志中则保存有不少资料,例如有些地方的人口数据中单独列出了医户的数量。元代曾有多次大规模的人口统计,其中一份文件提到:

> 又医人户,计议得除先收拾到医户内有名字,并节续赴上承应医户作医户攒报外,据其余各年续收医户,拟合于民户项下攒报。省府相度至元二十七年抄数,籍定儒医户计,拟合钦依除免杂泛差役外,据续收户计别无定夺,合下仰照验施行。①

据此可知,至元二十七年统计户口时已开始将医户、儒户单列,可能由于二者均免役,单列有助于政府管理。这些数据为我们了解医户的数目和占总户口数的比例留下了宝贵的资料,下表是元代镇江和金陵的户口总数及医户数的比较。

表 7-3　至顺年间镇江人口及医户、人口的数量简表

	户数		人口数		躯口户		资料来源
	总户数	医户数	总数	医户人口	户数	医户数	
土著	100065	300	613578	2388	222	2	《至顺镇江志》
侨寓	3845	5	10555	不详	2948	不详	
客	5753	2	缺	缺	1241	0	
单贫	4104	5	11479	15	16	不详	
合计	113767	312	635612 以上	2403 以上	4427	2 户以上	

表中“躯口”又叫驱口,即奴隶,“谓被俘获驱使之人”。

① 《元典章·户部三·儒医抄数为定》,中国书店 1990 年版,第 271 页。

表 7-4　1290 年金陵人口及医户数

	户数		人口数		资料来源
	总户数	医户数	总人口	医户人口	
金陵城	18205	不详	94992	不详	《至大金陵新志》卷八
江宁县	22705	75	132787	571	
上元县	29277	94	不详	不详	
句容县	34814	137	214790	不详	
溧水州	57896	121	316425	不详	
溧阳州	63482	108	不详	不详	

大致上，医户数占一地总户口数 2%～3%。

二、医户的管理与考试

元代医户制度，是将所有行医人等编为医户，然后要求医户子弟世代承袭，不得逃籍。这其实是一种简单、落后的人口管理模式，但因元代战争频仍，对医生有大量的需求，实行医户制度，暂且不管其子弟医学水平如何，起码可以保证有稳定的供应军役的医生人数。《通制条格》曾有关于"医户析居"和"太医差役"的两条记载，均强调了这一点：

> 至元八年十月初十日，太医院奏：本管的医人内，除户头作医户当差外，其余弟兄孩儿每，省会医人的，不会医人的，析居收作协济民户。若这般，已后习学医人的都少了也。合无将本院但有析居户，令本院管领，据合着差拨，依民户例输纳，不致阙少，俺管呵，怎生？奉圣旨：这的是有体例说的是也，与西相根底商量者。钦此。尚书户部呈准，都省札付，钦依施行。①

① 《通制条格》卷三，浙江古籍出版社 1986 年版，第 30～31 页。

大德七年十月初五日，枢密院奏："在前，军役里出去了的太医每根底，根脚里的军役除豁了，教太医院里行者。"么道圣旨有来。似这般都出去了呵，减了军的数目一般有，皇帝识者，么道，奏呵，"您怎生商量来？"圣旨有呵，回奏：除在前奉圣旨教全家除豁了军役出去的外，其余军役里出去了的并今后太医里入去的，只教他每的当房媳妇孩儿每教出去，其余弟兄每和贴户一同应当根脚里的军役呵，怎生？拟定来，奏呵，奉圣旨：是有。那般者。钦此。①

这里面讲到，医户必须保证有"户头"从医，而后代即使有不学医的，分了家也仍归太医院管辖，以免减少医人数目，有可能必要时还要重新履行学医的义务。另外从军役有功免役的，只许本人与妻儿一同免役，户内其他兄弟不能免役。这都是为了保证医户应役人数。不过，这里所提到的医户应役，主要是应军医、狱医等与行医有关的差役，一般的工役是豁免的。《庙学典礼》中至元三十年(1293年)的一份文件中提到"行省欲令水马站户、医、儒等户与民一例当差"，"蒙宪司及医、儒提举司申明，乃获除免"②。

医户由太医院统一管理，又称官医，为此太医院下设官医提举司系统。《元史·百官志四》载：

官医提举司，秩从五品。掌医户差役、词讼。至元二十五年置。大都、保定、彰德、东平四路，设提举、同提举、副提举各一员。河间、大名、晋宁、大同、济宁、广平、冀宁、济南、辽阳、兴和十路，设提举、副提举各一员。卫辉、怀庆、大宁，

① 《通制条格》卷三，浙江古籍出版社1986年版，第31页。

② 《庙学典礼·辩明儒人难同诸色户计》，浙江古籍出版社1992年版，第80页。

设提举一员。①

但同书《百官志七》又载：

官医提举司，秩从六品。提举一员，同提举一员，副提举一员。掌医户差役词讼。至元二十五年置。河南、江浙、江西、湖广、陕西五省各立一司，余省并无。②

这两处所载官品不一，参照《元典章》卷七《吏部一·职品·内外文武职品》，应以从五品为是。

据《元史》云，官医提举司的设置，在北方设在大都、保定至大宁等十七路，具体职位数目则随路的上、中、下级别而有异；在南方则设于河南、江浙、江西、湖广、陕西五个行省，而行省下的路则应设有低级别的提领所，这在不少地方史料均有反映。如《至大金陵新志》："官医提领所有印，提领受太医院札付。"③《至顺镇江志》："官医提领二员（提领一，副提领一，缺），三县官医管勾各一员（缺）。"④

另外，官医提举司还要负责各地药材的进贡验收。成宗大德八年（1304年），太医院官员奏报："各处乡贡药物，自大德元年至今，每岁照依出产地面科取，除已纳外，有令然拖欠不行送纳数目，亦有令人顺带前来，不堪支用，以致急缺，深为未便。今将各处排年未纳药物开坐前去，请催贡事。"中书省礼部的官员认为："急缺药味，官司已行和买应付。"如果催纳积年所欠药

---

① 《元史·志三十八·百官四》，中华书局1976年版，第7册，第2222页。

② 《元史·志四十一·百官七》，中华书局1976年版，第8册，第2312页。

③ 张铉：《至大金陵新志·官守志一》，《文渊阁四库全书》原文电子版[M/CD]，武汉大学出版社1997年版。

④ 俞希鲁：《至顺镇江志》卷十七，台湾成文出版社有限公司1975年版，第910页。

物，必将增加百姓的负担，因此决定将以往各地拖欠的贡纳药物尽行革去，并规定“今后如遇有科坐急缺药味，须要本处官司趁时收采新鲜精粹药物，令官医提举司辨验无为，打□差官赴院贡纳”①。

由于管理的事务较多，各地官医提举司一度出现滥设管理人员的情况，“大德二年十月，行御史台据岭北湖南道廉访司申‘随处医官多设管勾人等’，移准御史台咨呈，奉中书省札付，送吏部移准太医院关该。拟到必须设立管勾人员外，其余医司、医正人等之类依准廉访司所拟截日罢去。相应都省准拟合下仰依上施行”②。但在裁减冗官方面，仍然是南北区别对待，北方各路不减，南方行省的提举司则要裁减。文件说：

> 承此腹里各路提举司、提领与行省所设提举司所办事务不同，无设都目人吏管勾，已有定例另无定夺。各处行省提举司、提领外：
>
> 一、州、县差拨检医，催办差税，验医户多寡，必须存立管勾去处，合从提举司就便保选通晓医书廉能人一名勾当，委无过犯，依例就用。设立提举司、提领去处，不须拟设勾当。
>
> 一、府、州、司、县遇有差拨当检医正，止合于本处见居医户内轮番差遣，无得于所属去处乱行差扰不安。
>
> 一、随处提举司、提领既管差税，理会词讼，必合设立司吏、祗候，依准廉访司所拟，量设一二名余外，毋得滥委。
>
> 一、各处提举司提领所设医正、医司，提调医户并写发

---

① 《元典章·礼部五·乡贡药物趁时收采》，中国书店 1990 年版，第 480 页。

② 《元典章·吏部三·医官合设员数》，中国书店 1990 年版，第 149~150 页。

听采人等，即系滥设，拟合尽行革去。①

三、医户的考试

元朝平定天下之后，医户制度并未更改，并在维持医户人数的基础上，进而注意提高医户医学水平。各地“医学”之设，目的之一就是培训医户子弟，督促其认真学医。此外，对已经业医的医户医生，太医院也将他们纳入培训计划中。至元二十二年(1285年)规定：

各路并州县除医学生员外，应有系隶籍医户及但是行医之家，皆以医业为生，拟合依上，每遇朔望诣本处及聚集三皇庙，圣前焚香，各说所行科业，治遇病人，讲究受病根因、时月运气、用过药饵是否合宜，仍令各人自写曾医愈何人，病患、治法、药方，具呈本路教授……考较优劣，备申擢用，以革假医为名之弊。②

这一段文字涉及两点内容。一是强制性学术交流。古代医生对医术大多秘以自珍，素无交流研讨的传统，医户这种世袭相传的家庭，更不可能主动互相沟通。元代医学行政可以说对传统思维方式进行了革新，因为医户都是有应役义务的人，政府便以行政命令要求医人聚集，互讲所学，以期共同提高水平。袁桷记有四明路医学中医生交流的情况：

余幼尝闻长老言，乡里多名医，皆修谨退让，呐呐然若不胜衣。察脉视色，必原于井谷经络之微眇；调制汤液，必通乎风土之宜。甘辛、燥湿、内外，相为表里者，悉参取于经传，故其术百不一失。怀疑审问，求正于胜已，无忌悻之谬。

① 《元典章·吏部三·医官合设员数》，中国书店1990年版，第150页。

② 《元典章·礼部五·讲究医学》，中国书店1990年版，第477页。

道同而气和，相逊以礼，相处以义。而昔时公卿家激励奖与之道，又能使尽其术而无愧。噫，亦盛矣！①

另一项内容是考评。医人除了交流，还要写下治验病历，交由医学教授评改，考较优劣。优秀者当然在将来保选医学教授、学正、学录等医官时得以优先。元朝政府对医户的这些管理和考评措施，带有继续教育和终身教育的性质，在古代是非常难得的。

第四节　延祐三年的太医科举

一、医学科举的设立

元代以武力取天下，建立了庞大的帝国，但很快认识到重用文人的必要。开国以来不断征召儒生，尊孔建学，并试图恢复科举考试。早在太宗窝阔台时期，就从耶律楚材之议，准备开科取士，并于丁酉年（1237 年）下诏设经义、辞赋、论三科进行考试。但其令一出，即遭到蒙古贵族的反对。因为这可能导致大批儒人脱离驱口奴籍，并且将免赋税，这必然触犯贵族权益，结果科举之令未能实行。世祖忽必烈即位之后，仍然不断有大臣建议恢复科举考试，得到元世祖赞同，并称赞科举为“良法”，允准试行，先后在至元四年（1267 年）指定中书左三部与翰林学士议立程式，至元二十一年（1284 年）命许衡议定学校科举新法。科举之制虽立，而且“世祖、裕宗累尝命行，成宗、武宗寻亦有旨”②，

① 袁桷：《清容居士集 · 庆元路医学记》，《文渊阁四库全书》原文电子版[M/CD]，武汉大学出版社 1997 年版。

② 《元史 · 志三十一 · 选举一》，中华书局 1976 年版，第 7 册，第 2018 页。

但直到仁宗朝之前，科举制度仍然没有建立。

皇庆二年（1313年）十一月，元仁宗颁诏正式开设科举考试制度，并命中书省“参酌古今，定其条制”①。次年八月，天下郡县在各地举行乡试。延祐二年（1315年）二月会试于京师，这是元代正式举行的第一次科举考试。仁宗创建科举考试制度以后，每三年一次开试，至元统元年（1333年）共举行过7榜考试，便告废止。其原因仍然是遭到蒙古、色目贵族的阻挠。后来再次设置科举，是在元顺帝至正二年（1342年），又举行了8榜考试，到元朝灭亡前夕的至正二十六年（1366年）才终止。

虽然元代科举制度时断时续，但当中曾出现过医学科举。早在元世祖时，大臣建议设科举时就提到医学也设科举，《元史》载：

（至元）二十一年九月，丞相火鲁火孙与留梦炎等言，十一月中书省臣奏，皆以为天下习儒者少，而由刀笔吏得官者多。帝曰：“将若之何？”对曰：“惟贡举取士为便。凡蒙古之士及儒吏、阴阳、医术，皆令试举，则用心为学矣。”②

是年世祖命议定学校科举法，前述太医院的十三科分科及课习书目就是在此时制定，为医学科举做准备，只是未能实行。到仁宗时，随着儒学科举的开设，医学的考试也开始提上议事日程。

设医学科举首先是出于保证太医质量的考虑。延祐元年（1314年）十一月二十二日，御史台的奏章说：

监察每文书里说有：“医人每行医的勾当，学得会呵，用得药有；学得低的差用了药呵，犯着人性命有。随朝太医每学得高的也有，年纪小的或承父兄、倚托亲戚医人的勾

① 《元史·志三十一·选举一》，中华书局1976年版，第7册，第2018页。

② 《元史·志三十一·选举一》，中华书局1976年版，第7册，第2017~2018页。

当，或省得省不得做太医的也有，各处教授提领行医的勾当，省不得的也有。如今儒人每科举里选用有，这医人每，教太医院立定体式，将他每试了医人的勾当，学会的委付。”么道说有。俺商量来，在前太医院立着体式，各处官司交习学医业有来。如今不曾依着那体例里行的也有，随朝太医每不曾考试便交行的也有。似这般将他每不试验取用，若错用了药呵，犯着人的性命有。这里的太医每并各处医学教官，交太医院依着他每立来的体例里试验，中的，委付医人的勾当；省不得的，合分拣有。随处医人每，依在先体例里考试，会的，交行医，各处官司若不依这体例行呵，交监察廉访司官人每体察呵。怎生？奏呵，除我认得的，别个的都是官人每保来的，年纪小的，医人的勾当省不得，么道也奴太医院官人每也曾说有来。恁说的是有，伤着人的性命去也。依着恁奏来的，交省家太医院家好生试验分拣者。么道圣旨了也。钦此。①

这些意见经各部门进一步讨论，元朝廷遂于延祐三年(1316年)开始进行医学科举。

延祐三年(1316年)三月二十六日，中书省颁布由太医院拟定的文件，设立医学科举制度。科举的目的是选拔医官，即所有太医、提举、医学教授的选拔都将从中产生。看来，太医院确实想通过科举选拔一批有真才实学的医官，在科举之前，还先对现有医官做了一番考试清理：

去年中书省、御史台奏，奉圣旨：随朝太医内，省不得医的也有，差用了药呵，犯着人的性命去也。各处教授、提领

① 《通制条格·试验太医》，浙江古籍出版社1986年版，第264~265页。

行医的勾当，省不得的也有，交太医院试验分拣者么道。①

首先是清理在京的太医："圣旨有来，俺奏奉圣旨教杨大方、完颜李、叔茂和两个监察将随朝太医试了也，今后依省旧例，三年一遍，设立科举试太医呵。"当时共派出杨大方、完颜李和叔茂三人另加两名监察，逐一将在朝太医考试一遍，清退不合格者，并规定以后太医均从三年一次的医学科举中产生。制度之严，以致太医院不得不做出保证："奏：奉圣旨有来，俺商量来，从教谕、学录、学正到教授已试四遍了，委付来。倘不如举，听从廉访司体察呵，怎生？"②也就是说，保证经考试过后的医官均合格，如有"不如学"，听凭监察部门（廉访司）检举弹劾。

然后着手清理各地任提举、提领的医官：

提领提举不在这里的，依体例除将去到任时限，百日课将医义来的，替的解由连将医义来。试得中呵委付；试不中的提领内，斟酌定夺，止管医户，不得行医。若有诈冒听从廉访体察，这般行呵怎生？奏呵，奉圣旨那般者么道圣旨了也。前件议得所试提领举理宜从太医院所拟相应。③

因为提举、提领分散各地，要求他们即将卸任者除外，其余的要在百日之内完成有关题目，送太医院评议，如合格可连任，如不合格虽不免职，但只许行使管理医户的行政职能，不能行医。送交的课义是否本人所做还要经当地廉访司监督。

通过这些先期对医官队伍的整顿，就为实行医学科举、选拔人才、建立一支高质量的医官队伍打下了基础。是年正式颁定了医学科举制度，主要内容如下④：

---

①② 《元典章·礼部五·试验医人》，中国书店1990年版，第481、481页。

③④ 《元典章·礼部五·试验医人》，中国书店1990年版，第481、481～482页。

(1)三年一试。《元典章》载:“科举依着先奏的圣旨,三年一遍,依旧例呵。”所谓依旧例是指依一般科举之例。

(2)实行乡试、会试二级考试制。从延祐三年(1316年)秋开始,各路进行乡试,拟于延祐四年秋入京会试。

(3)应试人员。“赴试人员从路、府、州、县医户并诸色内,选举三十以(上),医明行修,孝友信义,著于乡闾,为众所称,保结贡试。”应举人员从医户中保选,而不是由医学学校的学生直接参加。

(4)应试限额。“乡试不限员数,教各科目通取一百人,赴都会试,取中的约三十人。”

(5)应试内容。《元典章》云:“所课医义照依至元十一年例量减二道。”(这里的至元十一年疑为二十一年,即1284年。这一年前后太医院始立定程式,颁布题目)可知考试仍以太医院历年颁发的题目为主要课习内容。

(6)考试及考题。医举科举分两场,“第一场本经义一道,治法一道;第二场本经义一道,药性一道,不限字数,候有成效,别议添设”。这里表明考试初期仍处在探索阶段,准备以后完善。

(7)试中授官。《元典章》云:“于试中三十人内,第一甲充太医,二甲副提举,三甲教授。”教授最低已是从九品官员,所以科举试中可谓一步登天,比之医户的待遇自然大不相同。

这一医学科举制度实施的成效如何,后来史料未见有记载,但当时正值仁宗在全国推行科举,医学科举至少是应该得以实行了的。万历《温州府志》载有延祐五年(1318年)时元人赵凤仪的《医学记》,其中说:

> 圣天子好生之德,同符天地,海内偏(遍)置三皇庙,庙必有学,诲人以医者之道,三载一试艺,拔其尤者官之,振古

未有也。①

"三载一试艺",反映医学科举确在实行。但实行的时间估计也不会很长,元统元年(1333 年)废科举之时可能随之废除了。到元末顺帝重设科举时,已不再闻有医学科举之设。

此前,北宋徽宗时期虽曾将医学纳入太学系统,也形成了与科举相似的各地升贡制度和殿试制度,但当时的政策是废科举,从学校取士,所以不能称之为医学科举。元代医学正式有科举之名,并基本遵照当时的科举制度施行,这在历史上是第一次。

二、元代科举考试制度

医学科举的具体程序虽未详细记载,但应该与儒学科举大致一样,兹将延祐时期科举制度的情况介绍如下,或可作为了解医学科举制度的参考。

(1)结保应试。前面提到应试医人要结保,这一制度与一般科举相同,据当时记载,结保内容主要是保证应试者的身份,现存有一份"儒人赴试结保"格式,内容如下:

乡贡进士姓名等

右厶等五人今为一保,各无丧服禫制未终;并不是倡优之家及放浪之人并父祖曾犯十恶死罪经断之家;及不是患废疾并犯十恶奸盗经配窃盗刺字;亦不是曾充吏人犯贼至徒之人,委是依得贡举条理,并无诸般违碍诈冒。若有违犯,甘罪无词。谨状

年　月　日厶处乡贡进士　　厶人　状②

① 赵凤仪:《医学记》,见《温州历代碑刻集》,上海社会科学院出版社 2002 年版,第 44 页。

② 黄时鉴辑点:《元代法律资料辑存》,浙江古籍出版社 1988 年版,第 221~222 页。

（2）乡试。由各行省举办。《元史》载：

乡试中选者，各给解据、录连取中科文，行省移咨都省，送礼部，腹里宣慰司及各路关申礼部，拘该监察御史、廉访司，依上录连科文申台，转呈都省，以凭照勘。①

（3）会试。《元史》载："天下选合格者三百人赴会试，于内取中选者一百人。"②医学科举则是100人赴试，取30人。儒学科举中选的100人是按各省分配名额的，医学科举不知是否亦如此。

（4）防弊措施。《元史》载："封弥官一员、誊录官一员，选廉干文资正官充之。凡誊录试卷并行移文字，皆用朱书，仍须设法关防，毋致容私作弊。""差搜检怀挟官一员，每举人一名差军一名看守，无军人处，差巡军。"③

（5）试卷。《元史》载：

试卷不考格，犯御名庙讳及文理纰缪、涂注乙五十字以上者，不考。誊录所承受试卷，并用朱书誊录正文，实计涂注乙字数，标写对读无差，将朱卷逐旋送考试所。如朱卷有涂注乙字，亦皆标写字数，誊录官书押。候考校合格，中选人数已定，抄录字号，索上元卷，请监试官、知贡举官、同试官，对号开拆。

举人试卷，各人自备三场文卷并草卷，各一十二幅，于卷首书三代、籍贯、年甲，前期半月于印卷所投纳。置簿收附，用印钤缝讫，各还举人。④

（6）考场规矩。

①②③ 《元史·志三十一·选举一》，中华书局1976年版，第7册，第2020、2021、2020~2022页。

④ 《元史·志三十一·选举一》，中华书局1976年版，第7册，第2022页。

凡就试之日,日未出入场,黄昏纳卷。受卷官送弥封所,撰字号,封弥讫,送誊录所……每举人一名,给祗应巡军一人,隔夜入院,分宿席房。试日,击钟为节。一次,院官以下皆盥漱。二次,监门官启钥,举人入院,搜检讫,就将解据呈纳。礼生赞曰"举人再拜",知贡举官隔帘受一拜,跪答一拜,试官受一拜,答一拜。钟三次,颁题,就次。日午,赐膳。其纳卷首,赴受卷所揖而退,不得交语。受卷官书举人姓名于历,举人揖而退,取解据出院,巡军亦出。至晚,鸣钟一次,锁院门。第二场,举人入院,依前搜检,每十人一甲,序立至公堂下,作揖毕,颁题就次。第三场,如前仪。①

(7)犯规处理。

举人于试场内,毋得喧哗,违者治罪,仍殿二举。……乡试、会试,若有怀挟及令人代作者,汉人、南人有居父母丧服应举者,并殿二举。②

诸辄于弥封所取问举人试卷封号姓名及漏泄者,治罪。诸试题未出而漏泄者,许人告首。诸对读试卷官不躬亲而辄令人吏对读,其对读讫而差误有碍考校者,有罚。诸誊录人书写不慎及错误有碍考校者,重事责罚。诸官司故纵举人私将试卷出院,及祗应人知而为传送者,许人告首。诸监试官掌试院事,不得干预考校。诸试院官在帘内者,不许与帘外官交语。诸色人无故不得入试厅。诸举人谤毁主司,率众喧竞,不服止约者,治罪。诸举人就试,无故不冠及擅移坐次者,或偶与亲姻邻坐而不自陈者,怀挟代笔传义者,并扶出。诸拆毁试卷首家状者,推治。诸举人于试卷书他

①② 《元史·志三十一·选举一》,中华书局1976年版,第7册,第2022~2024、2022~2023页。

语者，驳放；涉谤讪者，推治。诸试日，为举人传送文书，及因而受财者，并许人告。诸举人于别纸上起草者，出榜退落。诸科文内不得自叙苦辛门第，委誊录所点检得，如有违犯，更不誊录，移文考试院出榜退落。诸冒名就试，别立姓名，反受财为人怀挟代笔传义者，并许人告。诸被黜而妄诉者，治罪。诸监门官讥察出入，其物应入者，拆封点检。诸巡铺官及兵级，不得喧扰，及辄视试文，并容纵举人无故往来，非因公事，不得与举人私语。诸试卷弥封用印讫，以三不成字为号标写，仍于涂注乙处用印。①

由于医学科举无殿试，故科举殿试及放榜的情况不再引述。

第五节 军医、狱医与法医的考试

一、军 医

元代蒙古铁骑虽纵横天下，但战争必有伤病。在士兵伤病救护方面，元代有较为完善的措施。

元代设置有专门的军医院——安乐堂。至元十六年（1279年），湖南行省"于戍军还途，每四五十里立安乐堂，疾者医之，饥者廪之，死者藁葬之，官给其需"②，后来这一机构推广到各地。《元典章》记载有至元二十一年（1284年）对扬州等地设置安乐堂情况的检查，并对扬州部分部队未建立安乐堂提出批评：

又，照得扬州省札付各翼并都镇抚司，起盖安乐堂，将

① 《元史·志三十一·选举一》，中华书局1976年版，第7册，第2023～2024页。

② 《元史·本纪第十·世祖七》，中华书局1976年版，第1册，第209～210页。

护病军人。每五名将军一名,煎煮扶持。仍年高谨厚头目一员充司病官,将引医工诊候,官给药饵调治,须要痊可等事。近巡视扬州四城,蒙古、汉军、新附军三十余翼,虽汉军一十二翼起盖安乐堂;兼蒙古、新附军二十余处,自来俱不曾置立安乐堂。就取讫各翼并都镇抚司首领官、司病官,各各违错招伏。今来卑职参详:省、都镇抚司并各翼管军司病官,不以病军为不行置安乐堂;及虽有房舍,又多疏漏,什物不完,药饵阙少,提调怠慢,以致军人死损,有失朝廷优恤军人之意。呈乞依理惩戒,仍遍下各道按察司一体施行。①

随军医生中,有的是征召来的名医,如元代著名医学家罗天益就曾应征从军,其著作《卫生宝鉴》记载有多个随军医案。更多的军医则是医户应役。在军中行医,同样要接受考校。《元典章》载:

军前若有病患军人,随令高手医工对证用药看治,各奕选差好人服侍。仍仰本奕额设贡领官,不妨本职,专一司病,看治病军,将养复元,方许轮番当差使,逐旋具数开呈本奕。若考较时,验病死军人多寡定夺,司病官责罚施行。②

至元二十一年(1284年)二月也说:

御史台咨监察御史呈会验,钦奉圣旨条画内一款。节该军前病患军人,令高手医工用药看治,选差好人服侍,仍仰首领官不妨本职,专一司病。考较时,验病死军人多寡责罚施行。③

这两处都提到,军医要以"病死军人多寡"以考校,若水平

---

① 《元典章·兵部一·病故》,中国书店1990年版,第516页。

② 《元典章·兵部一·省谕军人条画二十三款》,中国书店1990年版,第501页。

③ 《元典章·兵部一·病故》,中国书店1990年版,第516页。

差者要受责罚。这是一种实践考校的形式。

此外,元代屯军之所也曾仿各路设三皇庙学,以培训军中医户子弟。如前卫屯在涿州,曾于至正年间建三皇庙,“卜吉地于宣圣庙之西,凡若干亩,中为大殿,翼以两庑。圣像衮服,巍然以临,十大医师,侑食左右”。元人苏天爵就此评价云:“矧在军旅,边方征戍之劳,道途霜露之苦,而疾之生则尤甚焉。……其体列圣之心,恤军士之实,于此益为可征焉。”①苏天爵文中还摘录了征江南时有关军医治疗的文件,如云:“制若曰:军前士卒有疾,即命良医治之,为将帅者,又当择人侍疾。而幕官一人,俾专司疾,俟其疾愈,方听从军,仍具数以闻。验士卒病死多寡,以治司疾者罪。”②也反映了对军医的考核情况。

二、狱　医

元代的监狱所设医生,据中统四年(1263年)条画规定:

> (罪)囚病患,主司申提牢官验实,于本处医人内,轮番应当看治,每月一替,若有死者,委官验复,有无他故,推治施行。③

所谓“本处医人”,即指当地医户。如《元典章》又载:“路、府、州、县狱医,皆是据凭医工提领差拨。”④医人常被称为“医工”,所以负责医户事务的“官医提领”又称“医工提领”,狱医即由官医提领从医户中选差。罪囚所用药物也由惠民局提供。

古代社会中地方官草菅人命,监狱黑暗腐败,乃是常情。上

①② 苏天爵:《滋溪文稿·前卫新建三皇庙记》,中华书局1997年版,第24、24~25页。

③ 《元典章·刑部二·系狱·病囚医人看治》,中国书店1990年版,第584页。

④ 《元典章·礼部五·试验狱医》,中国书店1990年版,第481页。

层政府对此也采取过一定措施，如要求："某事一起，自某年月日到禁，某年月日因患某病，某医用何药饵，竟因某病身故。年终通行开写略节情犯缘由，次年三月以里申达省部。……妄申急证死损数多，皆当验事轻重，依例治罪。"①另外又有限定某地一年内监狱中死亡人数不得超过某一比例等。但有，可能有些犯人确是严重伤患而死，地方官如果因此获咎也不公道。对此，元代制定了一个"罪囚患病分数"，来作为判断犯人是自然死亡还是医疗不当或不及时致死的标准。至元三十一年(1294年)规定："官医提举司会集高医，讲究得病因初病作二分申报，增至七分、八分为难治，至九分为死证。"②这等于是由上级医生根据犯人病情轻重制定的一个量化指标，以一分为起点，初得病为二分，依病情递增，到七、八为属难治，九分为必死之证，十分则为已死。犯人入狱后都由医生体检，对其健康状况做出评分，如果七八分以上犯人在狱中死亡，官员及医生的相应责任可以减轻。这个制度是腹里诸路先实行的，后来推广到江南。不过这一制度可能没有明文规定，结果江南执行的标准有所不同，当时江西廉访司报告，当地是"以二分作一分为初病，以十分作五分为死状"，即是五分制。到底应以何者为准，"终是未奉明文"，请求上级指示。当时的批复是：

照得至元三十一年六月初三日，准抚建分司牒准建昌路牒呈备达鲁花赤，关该罪囚患病，今江南一分至三分之病方报一分，四分之病方报二分，五分、六分报作三分，七分报作四分，以此误人性命。今后若依腹里讲究定体例，至七分

① 苏天爵：《滋溪文稿·禁治死损罪囚》，中华书局1997年版，第458页。

② 《元典章·刑部二·系狱·罪囚患病分数》，中国书店1990年版，第584页。

为重，证合古人治病之理，为此行据官医提举司，讲究得罪囚初病作二分申报，增至九分为死证。缘系通例，牒请会议申奉行台札付移准。御史台咨议得罪囚患病理宜从实申报，咨请照验施行。①

这才把十分制的通例经御史台颁定施行。

当然，这种试图量化囚犯病情以判断医生治疗是否得当的做法，不见得十分恰当，因为医疗过程中有各种各样的影响因素，医生也很难完全左右。当时有通晓医理之人已提出意见：

《通制》狱官条内，病囚分数，刑部准太医院据诸路医学提举司会集教官，校阅经书，以十分为率，有得病一二分之轻，渐至八九分之重，而至十分方死者；有得病便至十分难治而死者。真心痛，真头疼，旦发夕死，夕发旦死。又若卒中之证，五脏绝闭，脉道不通，气不往来，譬如堕溺而死者是也。原夫患病之人，有得之轻而易愈者，有自轻至重而死者，亦有危急之证不及治而死者。特系狱之囚，身被桎梏，心怀忧苦，与常人不同，故得病便至十分者，尤为难治。大抵死于久病痼疾，则形体瘦弱，腹肚低陷，或卒死暴亡，则尸形不类。然病之轻重，自有分数，而死之迟驶（师，去声，速也），各有其因，不可以一概论。《条格》详明，既有所守，当奉行惟谨可也。②

除了用量化方法判断犯人的健康状况、病情外，医生给犯人治疗的过程也要受到监督考查。至大二年（1309年）三月，江西廉访司指出镇江有罪囚死亡情况，“虽有因疫病传染死损，亦由

① 《元典章·刑部二·系狱·罪囚患病分数》，中国书店1990年版，第584页。

② 黄时鉴辑点：《元代法律资料辑存》，浙江古籍出版社1988年版，第135页。

淹禁不决以致如此。其有庸医用药差误,无从稽考”。于是抽查镇江路自大德十一年(1307 年)正月二十二日至至大元年(1308 年)十月的死亡罪囚资料,“计死损罪囚三十三起,一百六名,参详理合”,经调查死因后,针对狱医治疗的情况提出一系列改进措施:

举推官前领官常加检责,务要囚不冤滞,病则须差良医胗(诊)视如法治疗。司狱、狱卒并病囚亲属常切看视汤药饮食。仍取用过药方、品味、分两、制度同六脉之数、治法源流、病势增减结罪文状。傥遇死损,逐一开坐,令官医提领、医学教授一同仔细考校。但胗(诊)脉、处方、用药、治疗,稍涉不如法者,随事究问。如果精通方脉,治效经年,量囚多寡,保充医职,仍每季依前备牒。官医提举司更为考证,若有差错,具由回报,如提举司考验不当,罪亦及之。夫如是则枉禁淹延,讯其簿书,非理死损,考其治法。既有司官医互相警惧,各知罪有所归,庶使囚无冤滞,死不非理。然此考证医药系干通例,合行会议施行。①

即狱医的治疗经过要有详细记录,并由医官对其治疗记录严加考查,以定奖罚,该建议得到上级批准执行。这一过程又类似于医疗事故鉴定了。

皇庆二年(1313 年)三月,中书省更提出要对狱医严加考试的意见。当时有地方反映:

路、府、州、县狱医,皆是据凭医工提领差拨医治,中间多系不谙方脉之人,或雇觅不畏公法之人,以惟利是务,代名当役。但有罪囚患病,其狱卒人等止是报荅病证分数,其

① 《元典章·刑部二·系狱·病囚考证医药》,中国书店 1990 年版,第 584~585 页。

当该案分，以为修衬案卷之用。如是死损，初、复检验尸伤，官吏以邻封往来为念，暗令仵作行人会情，符合尸帐申覆上司，其间抑屈万端。

这反映了地方监狱中的流弊，该地还建议："今后官医提领差到医人，提调刑狱官令医工提领再三试验过，方许收系。监察御史、肃政廉访司纠弹，但有收系不谙方脉，因而死损罪囚，将提调官并官医提领科决黜断，医人严加惩断，发下合属与民一体当差。"中书省送交刑部讨论后规定："差拨狱医，合依所言，试验委用如或不谙方脉，滥送（选）医工，官医提领人等量情科罪，提调官亦行究治。仍将滥选之人革去外处。"①这样，官医提领在选差医户应役当狱医之时，就只有认真考试，选用合格之人，以免出事连累自己。

三、法　医

元代法医也同样不是业医者，与前代一样，完成法医尸检工作的都是地方官吏。一般验尸程序是由地方官吏带领仵作到现场，监督其验尸，并作记录。对于验尸结果，元代形成了规范化的"检尸法式"，又称"尸帐式"，颁发于大德八年（1304 年）②，将宋代的验尸格目、验状、检验正背人形图三种验尸文件简化为一种，简洁、扼要，后来一直应用到清代初年。此外，元贞三年（1297 年），元政府又颁发了一份"儒吏考试程式"。这个考试程式又称结案式，是政府规定上报民刑案件结论的通式，亦用于作为招考儒吏的考试内容。所谓儒吏，乃是负责官府文案的属吏，其考试之法，是仿照科举立法：

节该议行贡举，前诏已常及之，比及设科以来，自元贞

---

① 《元典章·礼部五·试验狱医》，中国书店 1990 年版，第 481 页。
② 《元典章·刑部五·检尸法式》，中国书店 1990 年版，第 633 页。

二年，诸路有儒知吏事，吏通儒术，性行修谨者，各路荐举，廉访司试选，每道岁贡二人，省台立法考试，必中程式，方许录用。如所贡不公，罪及选举官司。钦此。送礼部与翰林国史院吏部一同斟酌旧制，定拟到考试程式，随此发去都省咨请依上准此。省府仰依上施行。①

该程式用于考试，主要是考查有关儒吏对结案式内容是否熟悉，能合格撰写者方能招为儒吏。这份儒吏考试程式全文共分 24 个部分，计 118 条，其中与法医学有关的共 53 条，占到全书的近一半，主要集中在"尸""伤""病"三个部分。

"尸"这一部分主要论述各种原因死亡的尸体特点，如：

勒尸。验得本尸口开眼瞪，顶上勒痕黑色，围圆长若干寸，深阔若干分，食气颡塌，项痕交匝，委是被人勒死（自缢者舌出项痕不匝）。

病死。验得本尸形体瘦弱，肉色痿黄，口眼俱合，两手微握，全身或有灸盘，验是生前因病身死。

自缢死。量得梁高几尺以上，其尸两脚悬虚，舌出，项痕不匝，验是生前自缢身死。

马踏死，验得本尸肉色微黄，两手舒展，头发宽慢，某处有伤一处，长阔各若干，口鼻耳内或有血处验是马踏身死。②

其他尚有冻死、牢内病死、罪囚被勘身死、惊唬死、毒药死、车碾死、烧死、杖疮死、落井投水、刃伤死、棒殴死、自割死、刺死、压死等。

在"伤"的部分，有如下内容：

---

① 《元典章·吏部六·儒吏》，中国书店 1990 年版，第 198 页。

② 《元典章·吏部六·儒吏》，中国书店 1990 年版，第 200~201 页。

勒医工某验得某人左眼上青肿一处，围圆三寸，用手劈开，其睛已损，神水散尽，全不见物，久远不堪医治，验是他物或拳手所伤。

勒医工某验得某人左眼周回青肿三寸，用手劈开，验得其睛初因痛气攻疰，瞳人（仁）亏损，微见物，其目已眇，久远不能医治，验是拳手或他物殴伤。

勒医工验得某人两手脉息不匀，面色痿黄，头痛腹胀，霍乱吐血，委是中毒刑证。

勒医工验得某人左胁下青紫一处，围圆三寸，口边见有凝定血污，验是因拳手所伤，以致内损吐血。

勒稳婆某验得妇人某所随身小系几个月，验是因殴坠落，其母别无伤损。

勒稳婆某验得本妇乳头变色，子脉方行，委有几个月身孕。①

在“病”的部分，则有如：

勒医工某验得某人自小失音，与人语言以手指尽应答，委是喑哑，同得废疾，不堪医治。

勒医工某验得某人两手脉证，元因风邪传入心经，致使精神恍惚，喜怒悲乐不常，言语讹乱，不别亲疏，已成笃疾人，久远不堪医治。本家见有申官凭验。

勒医工某验得某人元因某脏风虚（男子云肾，女子云血），攻注两耳，以致闭塞不通声闻，即同废疾，久远不堪医治。

勒医工某验得某人手无二指，足无二指，手足无大拇指，元因如何伤损，委同残疾，不堪医治（以上随时指用，俱

① 《元典章·吏部六·儒吏》，中国书店1990年版，第202页。

属残疾之证）。

> 时暂所患疾证，皆须医工临时诊验，难以具载，此类多般，恐或差误。①

此外，在"物"这一部分，涉及一些医药或毒物有关的条文，如：

> 勒医工某人验得某人元造蛊毒，其药不出方书，味香气委是造成蛊毒，堪害人性命。……将某人元使毒药，勒医工某验得系行某药为末，照得本章所载，其性大热有毒，依方炮制，可以入药，若人生食，堪以损人。②

以上都是儒吏考试所必须要熟记的内容。既有死因的甄别，也有伤残的鉴定，还有药物的验证等，都是断案所必需的证据。其中有相当部分是由元代著名法医著作《无冤录》节简而来的。儒吏虽不同于仵作要直接验尸，但他们在完成结案材料时，必须要依据有关知识对仵作的检验结果进行整理，而他们所掌握的法医知识还有助于对结果进行检核。

第六节　元代医学教育与考试的特点

一、高规格的行政机构

元代医政机构的情况前面已作介绍。太医院使品秩最高曾达二品，掌管医学教育与考试的医学提举司也是从五品，在历代医官制度中都是最高的。另外，医学科举的专门设立，在科举史上也是首创。这都反映出来自大漠的蒙古民族没有沾染中原传统文化中歧视应用学科的习气。

---

①② 《元典章·吏部六·儒吏》，中国书店1990年版，第202~203、203页。

但是,也不能不看到,当时元朝政权仍然残存着落后的奴隶制形式的制度,不同行业的手工业者被编成不同户籍,世代服役,这不利于社会和生产力的发展。与地位高崇的医官相比,被编成医户的众多普通医生缺乏自由,地位低微,如中统三年(1262 年)的圣旨云:“若有诸投下、官员人等于本路医人处收买药物,依理给价,无得抑勒取要。”①这反映出医户平时被勒索已是常事,竟然惊动朝廷。这些不利于医学人才的培养。

二、严考医官

元代的医学校带有普及的性质,在学生管理方面,学生除要定期就学,按月完成题目,年终参加总评外,未见有过错处罚等规定,相反的,对医学教授、医学提举等医官则有严格的考核措施。

大德九年(1305 年),江浙行省反映各地医学校未能严格办学,有如下记述:

> 切详活人之术,莫善于医,为医之道,当务于学,盖医者明脉察理用药处方不可不精于学也。方今朝廷清明,以好生之心为崇医之学,立学校以养之,设教官以主,太医院申明规式甚详,本路官责任提调甚笃,况近钦睹圣朝颁赐《圣济总录》以惠天下,端使人皆知学,务在成材。但各处学校因循苟且,不能奉承,月试既未举行,课义亦皆卤莽,朔望一来,苟图塞责,讲解勿问,视为虚文。群居终日,既不明岐黄之书,一旦疾民,安望有仓扁之术?脉理不察,药剂妄投,欲使民无横夭,难矣!由教官正录尸素备员,浅见寡闻,不能

---

① 《元典章·礼部五·免医人部役》,中国书店 1990 年版,第 476~477 页。

训诲,循习废惰,致无成功。宪司所致,欲加严责,缘为医官又无罚例,减与宽恤,恃此肆志效尤,若非明立责罚,何以作新?拟合遍行各路,今后莫若责任提调正官严督所属学校,务遵累行规法,训诲后进医生,期于有成。廉访司官按临之处,考其课业,审其成否。如有奉行不主,训诲无成,此学官提调官各坐以罪。如此日就月将,人才成就,仰副圣朝崇医学之盛。近者按临衡州已督所属,依科训诲,其余路分恐有未兴去处,理合一体通行,又兼责罚亦系通例,遍行合属备牒。①

指出一地之医学如教学不严,不能造就人才,一旦被廉访司考较发现,则当地医学学官要坐罪。

对医官的具体处罚之法,随后由有关部门定出了条例,共分两类。第一类是医学校有名无实,未能真正召集学生讲学的,处罚如下:

各处学校应设大小学生。今后其有仍前不令坐斋肄业,有名无实者,初次教授罚俸一月,正、录各罚中统钞七两;再次教授罚俸两月,正、录视前例倍罚;三次教授正、录取招别议,仍各标注过名。其提调官视教官例减等,初次罚俸半月,再次一月,三次两月。②

第二类是医学校虽然按要求实行,但教学质量不能保证的,处罚如下:

各处学校若大小生员在学而训诲无法,课讲卤莽,苟应故事者,初次教授罚俸半月,正录各罚中统钞五两;再次教

① 《元典章·礼部五·医学官罚俸例》,中国书店 1990 年版,第 479~480 页。

② 《元典章·礼部五·医学官罚俸例》,中国书店 1990 年版,第 480 页。

授罚俸一月，正录各罚中统钞七两；三次教授正录取招别议，仍各标注过名。提调官初次罚俸十日，再次半月，三次一月。①

这些制度无疑有助于促进各地医学校认真办学。

三、禁庸医，重考试

元代医政管理的一大特点是非常重视医生的质量，文献中屡屡可以见到禁止庸医、假医这样的提法。

至元五年(1268年)十一月的一份圣旨说：

据提点太医院奏，开张药铺之家，内有不畏公法者，往往将有毒物如乌头、附子、巴豆、砒霜之类，寻常发卖与人，其间或有非违，致伤人命；及有不习医道诸色人等，不通医书，不知药性，欺诳俚俗，假医为名，规图财利，乱行针药，误人性命；又有一等妇人，专行堕胎药者，作弊多端，乞禁约事。准奏。仰中书省遍行随路，严行禁约。如有违犯之人，仰所在官司究治施行。钦此。②

元贞二年(1296年)七月，中书省的另一份文件也是针对京城大都的这些江湖医生：

切见大都午门外中书省、枢密院前及八匝儿等人烟辏集处，有一等不畏公法假医卖药之徒，调弄蛇禽傀儡、藏扷撇钹、到花钱击鱼鼓之类，引聚人众，诡说妙药。无知小人，种其轻售，或丸或散，用药赎买，依说服之，药病相反，不无枉死。参详京师天下之本，四方取法者也。太医院不为禁

---

① 《元典章·礼部五·医学官罚俸例》，中国书店1990年版，第480页。

② 《通制条格·假医》，浙江古籍出版社1986年版，第265~266页。

治，不唯误人性命，实伤风化，理宜遍行禁治。①

上文中“八匝儿”是突厥语音译，意为市集。文中要求对江湖游医严加管理，都省准呈。

至大四年（1311年）中书省下文，严厉批评庸医：

一等庸医，不通《难》《素》，不谙脉理，以至于药物君臣佐使之分，丸散生熟炮炼之制，既无师传，讵能自晓？或日录野方，风闻谬论，辄于市肆大扁儒医，以至闾阎细民不幸遭疾，彼既寡知，谩往求谒，庸医之辈，惟利是图，诊后中间，弗察虚实，不知标本，妄投药剂，误插针穴，侥幸愈者，自以为能，谬误死者，皆委于命。岐黄之道，果如是耶？略举至元七年益都府医人刘执中针犯也速歹儿元帅娘子肠胃身死，本人所犯，拟决一百七下，追给烧埋银两以充营葬之资。至大二年广平路曲周县医工张永因朱当儿患心风病证，用梨芦末调治被毒致命。又陕西行省咨凤翔府医工王文素看诊李大使卒患阳证伤寒，用羌活、附子药饵以致热攻身死，幸而罪遇原免，此例拟征烧埋银两外，本部俱有文案可考。似此致伤人命不可缕数。

鉴于诸庸医犯案之例，朝廷要求各地必须严加考试：

各处路府州县既有所设提领、教授、学、教谕、提举之官，今后医户以及编氓子弟，愿学医者必须期于精明济物，每遇旦望，其提举、学、教授等官严立规程，课试诸生医书医义，若能明察脉理，深通修合者，方许行医看候。如有诊候不明，妄投药剂，误插针穴致伤人命者，临事详其轻重，追断所据提举、教授等官训诫失宜、禁约不到，亦行究治。如蒙准呈，遍行照会，以戒庸医有所知惧，不致误伤人命，具呈照

① 《通制条格·假医》，浙江古籍出版社1986年版，第266页。

详都省咨请依上施行。①

这里提出医学生员要“明察脉理，深通修合者，方许行医看候”，是对行医资格作出的明确限制。医学的学习和考试，成为医学生员将来能否行医的重要条件。

政府禁庸医、假医，使这一类人物常在文学上以反面角色出现，如关汉卿名剧《感天动地窦娥冤》中就有一个赛卢医，自称“行医有斟酌，下药依本草，死的医不活，活的医死了”，“小子太医出身，也不知道医死多人，何尝怕人告发”②。还有一出《降桑椹蔡顺奉母》杂剧，其中有两位医生，“指上不明，医经不通”，“活的较少，死者较多”，“他有一分病，俺说做十分病，有十分病，说做百分病。到那里胡乱针灸，与他服药吃。若是好了，俺两个多多的问他要东西钱钞，猛可里死了，背着药包，望外就跑”。③ 这类形象的塑造，自然是现实生活的折射，反映出庸医不见容于当时社会的真实状况。

四、最早的执业医生资格考试制度

中国自周代有医师制度以来，虽有考试选拔医官之举，却从来未对民间医生开业行医有任何限制。确实有许多对医术一知半解的江湖医生到处游方卖药，也有不少挂牌行医者水平低下。对他们的管理虽然有一些针对性的法律条文，但都是出事后才追究责任，而元代则广泛实行医学考试，并且最早提出要以考试来决定行医资格。《元史·选举志》载：

---

① 《元典章·礼部五·禁治庸医》，中国书店1990年版，第481页。

② 关汉卿：《感天动地窦娥冤》，《元曲选》，中华书局1958年版，第1500、1504页。

③ 刘唐卿：《降桑椹蔡顺奉母》，《元曲选外编》，中华书局1959年版，第429页。

凡随朝太医，及医官子弟，及路府州县学官，并须试验。其各处名医所述医经文字，悉从考校。其诸药所产性味真伪，悉从辨验。①

大德九年（1305年）太医院提出："遵依已定程试（式）为考试之法，所据不精本科经书，禁治不得行医。"②甚至连已任职的医官也不能免，如延祐三年（1316年）说："试不中的提领内，斟酌定夺，止管医户，不得行医。"③这些内容甚至被写入当时法律之中，《元史·刑法志》记载：

诸有毒之药，非医人辄相卖买，致伤人命者，买者卖者皆处死。不曾伤人者，各杖六十七，仍追至元钞一百两，与告人充赏。不通医术，制合伪药，于市井货卖者，禁之。

诸各路医学大小生员，不令坐斋肄业，有名无实，及在学而训诲无法，课讲卤莽，苟应故事者，教授、正、录、提调官罚俸有差。诸医人于十三科内不能精通一科者，不得行医。太医院不精加考试，辄以私妄举充随朝太医及内外郡县医官，内外郡县医学不依法考试，辄纵人行医者，并从监察御史廉访司察之。④

至大四年（1311年）仁宗初即位，便于七月下诏明确提出："禁医人非选试及著籍者，毋行医药。"⑤元代这些制度，应该是中国医史上最早的接近于医生执业资格考试的记载。

---

① 《元史·志三十一·选举一》，中华书局1976年版，第7册，第2034页。

② 《元典章·礼部五·医学科同》，中国书店1990年版，第478页。

③ 《元典章·礼部五·试验医人》，中国书店1990年版，第481页。

④ 《元史·志五十一·刑法二》，中华书局1976年版，第9册，第2687、2638页。

⑤ 《元史·本纪二十四·仁宗一》，中华书局1976年版，第2册，第546页。

而且，在元代特有的管理制度下，医生必须经过考试的要求具备实施的可能性。元代实行的医户编籍制度，可以使政府基本掌握业医人户情况；各地普遍设立医学校，学习太医院颁发的题目，使考试有较为统一的标准；各地医学带有强制性质的要求医人入学和考试，又使行医者是否通过考试有案可查，这些都能保证考试制度不致成为虚文。这在中国古代医政史和医学考试史上，是非常重要的一笔。

第八章

明代的医学教育与考试

1368年,朱元璋凭借元末的农民起义,在应天(今江苏南京)称帝,建立了明朝。自太祖洪武元年建国,到崇祯十七年(1644年)明朝灭亡,历经16帝275年。明朝是中国封建经济高度发展、专制的中央集权统治进一步强化并逐渐衰落的时期。

在政治方面,明王朝实行高度的封建专制集权制。在经济方面,明王朝采取了一些发展社会生产力的措施,奖励百姓垦荒,组织兵士屯田,重视水利工程建设,鼓励农民种植经济作物,使农村经济很快得到恢复和发展。手工业和商业也日益兴盛,采冶、瓷器、造纸、印刷、制糖等工业都有较大发展;在东南沿海地区,出现了以丝织业和棉织业为主的手工业工场,资本主义因素开始萌芽。在科学技术方面,天文、历算、数学、建筑学和水利工程等都取得了很大的成绩,产生了徐光启、宋应星等杰出的科学家及《农政全书》《天工开物》等科学技术著作。

明朝的海上交通很发达,15世纪初,郑和曾奉命七次渡海出访南洋各地和印度洋沿岸一带,最远曾到达非洲东海岸和红海沿岸,促进了中国的对外交往,成为中国乃至世界航海史上的壮举。当时,也有许多外国使臣、商人、传教士来华访问。西方的天文学、数学、物理学、地理学、哲学、艺术与建筑等科学技术也都相继传来中国，对中国的学术思想、学校教育内容和科学技术的发展都有相当大的影响。

明代在医学上的发展也比较突出。临证各科成就很多。尤其是瘟疫学说以及对传染病的研究，在中国医学史上影响很大；人痘接种预防天花，更是我国医学史上一件值得大书特书的事件。在药物学研究方面，李时珍的《本草纲目》载药1892种，总结了我国几千年的用药经验和理论知识，以科学态度对一些药物进行了实验研究，对药物的鉴别提出了很多有益的见解和论证，对国内外影响都很大。在医学著作方面，出版了大量有关《内经》《伤寒论》《金匮要略》整理和注解的读物，对后人理解和应用有一定的帮助；还有不少医家综合前人经验，加上自己的主张、见解、经验和体会，编撰了一批综合性著作，如徐春甫的《古今医统大全》、张景岳的《景岳全书》、王肯堂的《六科证治准绳》等。此外，还出版了大批的通俗医书和医案等，促进了医学知识的普及与交流。由于中外交流的发达，意大利教士利玛窦（Matteo Ricci）所著的《西国记法》，可能是第一部传入我国的医学书籍，介绍了近代西方有关解剖生理方面的知识；还有邓玉函翻译的《泰西人身说概》二卷，对中国医学也产生了一定的影响。

第一节　明代的官学制度

明太祖朱元璋从历史的经验教训和亲身的实践中，深刻地认识到学校教育对于治理国家的重要作用。因此，在立国之初，便将发展教育事业置于重要的地位。确立了“治国以教化为先，教化以学校为本”的文教政策。明初学校教育事业的发展，超过了历史上任何一个朝代。

明代官学按其设置可以分为中央和地方两大类。中央设立的主要有国子监,此外还有宗学、武学等。地方设立的主要有府学、州学、县学以及都司儒学、行都司儒学、卫儒学、都转运司儒学、宣慰司儒学、按抚司儒学,此外还有武学、医学、阴阳学和社学等。其中国子监属大学性质;武学、医学、阴阳学属专科学校性质;各府、州、县学和都司、行都司、卫、都转运司、宣慰司、按抚司儒学相当于中等学校性质;社学属小学性质;宗学是贵胄学校。在教育行政管理方面,国子监同时又是明朝最高教育行政管理机关,长官为祭酒,司业为其副,主管中央官学的政令。地方教育行政机关,明初沿袭元朝制度,在各直省设儒学提举司。正统元年(1436 年),始设"提督学校官"(简称"提学官"或"提学"),南、北直隶由御史充任,各省由按察司副使、佥事担任。"提学之职,专督学校,不理刑名。……督、抚、巡按及布、按二司,亦不许侵提学职事也。"明朝地方教育行政具有一定的独立性。兹列明代简明学制图如下:

表 8-1　明代官学制度简表

- **明朝官学制度**
  - **中央官学**
    - 国子监
    - 宗　学
    - 武　学
  - **地方官学**
    - **儒　　学**
      - 府　学
      - 州　学
      - 县　学
      - (府学、州学、县学 —— 社学)
      - 都司儒学
      - 行都司儒学
      - 卫儒学
      - 都转运司儒学
      - 宣慰司儒学
      - 按抚司儒学
    - **专门学校**
      - 武　学
      - 医　学
      - 阴阳学

明代官学制度有以下几个特点：第一，作为最高学府的国子监有许多新发展。例如，放松学生入学资格的限制，根据学生的不同来源，分为举监、贡监、荫监和例监等；创立监生历事制度，使学校培养人才与业务部门使用人才直接挂钩，有利于促进学校教学，提高人才素质；实行积分法，使这一起源于宋、发展于元的方法更为完善。第二，地方官学得到空前发展。不仅按地方行政区域设学，而且也按军队编制设学，"教武臣子弟"，还在全国谷物财货集散地和土著民族聚居地设学。因此，明朝地方学校的普及，超过了以前任何一个朝代。第三，社学制度更趋完善。社学产生于元朝，明朝继承和发展了元朝的社学制度，大加提倡，在全国城镇和乡村地区广泛设立，并在招生择师、学习内容、教学活动等方面形成了较为完善的制度，成为对民间儿童进行初步文化知识和伦理道德教育的重要形式。第四，形成从地方到中央相衔接的学制系统。明朝政府规定，凡社学中"俊秀向学者，许补儒学生员"；实行府、州、县学——国子监三级相衔接的学校教育体系。明代官学制度的这些特点，对清代教育发生了深刻的影响。

第二节　明代医学机构与医学教育的格局

明初，朱元璋"整饬吏治，以严治督百官"，对医学管理也有所加强。明代医学归属礼部，其组织机构和职官设置大体沿袭宋元旧制而有所损益，各个时期医事制度也有所变化。

一、医学机构

（一）明代最高医药行政管理机关——太医院

1. 太医院的建立。

朱元璋自称吴王之初（1364 年），即仿元制设置全国性的医药行政管理机构——医学提举司。《古今医统大全·翼医通考》有"大明会典医政官制",云:"国初置医学提举司,后改太医监,又改太医院,设院使、同知及典簿等官职,专诊视疾病、修合药饵等事。"①其医药官员及级别为:提举(从五品)、同提举(从六品)、副提举(从七品)、医学教授(正九品)、学正、官医与提领(均为从九品)。1366 年,"医药提举司"改为"太医监",其医药官员及级别为:少监(正四品)、监丞(正六品)。1367 年,"太医监"改称为"太医院",其医药官员为:院使(正三品)、同知(正四品)、院判(正五品)、典簿(正七品)。从以上记载看,真正从事医务和教授医学者,级别是很低的。

洪武元年(1368 年),仍设太医院,职官设置亦无大的变动。洪武三年(1370 年),设置惠民药局,府设提领,于州县设官医。当时尚无御医的名目,直到洪武六年(1373 年)置御药局于内府,才开始设立御医。

洪武十四年(1381 年)改太医院为正五品,设太医令 1 人,丞 1 人,吏目 1 人,属官御医 4 人,都和文职一样授予散官。洪武二十二年(1389 年)太医令又改称为院使,丞改为院判。

洪武二十五年十月,重定官制。

表 8-2 明代医官简表

官名	品级	禄米(石)	备注
院使	正五品	16	
院判	正六品	10	
御医及王府良医正	正八品	6	
良医副	从八品	6	

① 徐春甫编集:《古今医统大全·翼医通考》(上),人民卫生出版社 1991 年版,第 160 页。

（续）

官名	品级	禄米(石)	备注
吏目及府医学正科	从九品	5	
生药库与惠民药局之大使、副使	未入流	3	
州医学典科、县医学训科	未入流	不给禄	万历时改从九品

明代太医院分为南京、北京两处。朱元璋建国初，太医院设在南京。永乐十九年(1421 年)迁都北京，南京定为留京，仍设太医院，规模小于北京太医院，北京太医院占主要地位。太医院下设生药库，有大使、副使各一人。

洪武元年(1368 年)，南京太医院设有院使、同知、院判、典簿。洪武十四年(1381 年)改设太医令 1 人，太医丞 1 人，吏目 1 人，御医 4 人。洪武二十二年(1389 年)，又改太医令为院使，太医丞为院判。永乐十九年迁都北京后，南京太医院仅设院判、吏目各 1 人，掌管医事，下设医士和医生。同时于北京建太医院，设院使 1 人，院判 2 人，御医 4 人(后增至 18 人)，吏目 1 人。隆庆五年(1571 年)设御医 10 人，吏目 10 人，下设医官、医生、医士若干人。

两京太医院均设有生药库，设大使、副大使各 1 人，掌管药物。每年药材由产地派人解纳，按药材的质量、炮制、燥湿程度分类。由太医院御医和药库大使辨验入库，礼部派人监放并登记造册，一式两份，一留太医院备案，一送礼部查考。生药库年入库量很大并逐年增加。永乐年间药库定额药材为 55474 斤，成化以来，其数渐增，至明嘉靖年间已达 163557 斤之多。①

① 徐春甫编集:《古今医统大全·翼医通考》(上)，人民卫生出版社 1991 年版，第 162 页。

生药库是官方贮药重地，隆庆四年（1570 年）规定，管库官员每年更替一次。

2. 医士医官的差派。

太医院医士旧无月粮，永乐中因贺祥等奏家贫无以养赡，比照天文生例，命有家者月支米五斗，无家者月三斗。

全国各府、州、县的医学机构中的医官，均由太医院考核委派。《明史 · 职官三》载，全国各府、州、县的惠民药局、边关卫所等处所设医官、医士、医生，俱由太医院派遣，年终考查其功过，以为升迁任免之据。

隆庆五年规定：内府、书堂等处准照边关事例，一年一换，边关差一次及书堂等处差二次者，都准作二年论，与司礼监及三大营等一体扣算，九年期满升职。

万历二年（1574 年）议定应差人员，遇有九年差拨，先内殿考出二等医生，次及二等冠带医士年资较深者，再次及内殿考出三等医士；如果人多，即挨次轮拨内府、书堂等差，候有九年差缺，仍与改拨。其余医丁子弟、新充医生及新考纳银冠带医士，只许挨拨内府、书堂及边关等差，遇有九年差缺，都不准拨。

兹根据《大明会典》及徐春甫《古今医统大全》所载太医院医官医士的差派情况列表如下：

表 8-3　明代太医院医官医士差派情况表

机关名	医官	医士	备注	机关名称	医官	医士	备注
圣济殿			由太医院官随班轮	神枢营	1	3	徐著无，嘉靖年间改三千营
			值				
东直房		36		神机营	1	4	
安乐堂	3	36		府军前卫		2	

（续）

机关名	医官	医士	备注	机关名称	医官	医士	备注
司礼监		2		宣府		1	以下为边关驻军
书　堂		6		紫荆关		1	
乾明门		3		龙门千户所		1	
浣衣局		1	徐著为2	居庸关		1	
天寿山		1	徐著为2	万全右卫		1	
松林灵台		1	徐著为3	怀来卫		1	
刑部提牢所		1	徐著无	山海关		1	
锦衣卫		3		广宁卫		2	
惠民局		3		寺子峪		1	
会同馆		2		开原		1	
大慈恩寺		3		永宁卫			
团营	1	12		独石		1	
五军营	1	2		倒马关		1	
五千营		4		白羊口		1	

3. 印信制度。

明代对各级医官颁布了不同的印信制度，现存明代医学印信实物甚多，主要集中于明洪武年间。特别是州县医学的印信，如“高县医学记”“南川县医学记”“石泉县医学记”等。① 现存上海中医药大学医史博物馆的明“高县医学记”，印背左侧刻“高县医学记”，右刻“礼部造　洪武三十五年十二月　日”字样，长8.2厘米，宽4.2厘米，纽高6.7厘米。现藏四川大学博

① 和中浚、吴鸿洲主编：《中华医学文物图集》，四川人民出版社2001年版，第69页。

物馆的明"南川县医学记"印蜕,刻"洪武三十五年　日　礼部造",左侧刻有"学字一千三百三十号"字样,长 7.9 厘米,宽 4 厘米,厚 1.1 厘米。现藏重庆中国三峡博物馆的明"南川县医学记"印,则用的是张献忠的"大顺"年号,上刻"大顺二年四月",编号为"学字第三百三十一号",长 7.9 厘米,宽 4.2 厘米。据《大明会典》所载印信制度如下表:

表 8-4 明代医学印信制度表

官名	品级	印信形式	体积(长×阔×厚)(厘米)
太医院使等	正从五品	方铜印	240×240×45
王府良医以上	正从八品	方铜印	200×200×25
各府、卫医学以上	正从九品	方铜印	190×190×22
各州县医学	未入流	铜条记	250×250×21

明"高县医学记"铜印

长 8.2 厘米,宽 4.2 厘米,把高 6.7 厘米。是明政府发给高县作为主管地方医学的钤记。印背左刻"高县医学记",右边刻"礼部造洪武三十五年十二月　日"。现藏上海中医药大学医史博物馆。采自《中国医学通史》(文物图谱卷),人民卫生出版社 2000 年版

明“南川县医学记”铜印

长7.9厘米，宽4.2厘米，通高7.5厘米。是明政府发给高县作为主管地方医学的钤记。印背右刻“南川县医学记”，左上刻“大顺二年四月　日　礼部造”，为明末张献忠时的县级医学印记。现藏重庆中国三峡博物馆。采自《中华医药卫生文物图典》（金属卷），西安交通大学出版社2017年版

4. 人员编制。

据《国朝典汇》载:太医院设正官员使1人,院判2人,首领官吏目10人(旧只1人,隆庆五年即1571年定为10人)。属官吏目10人(旧只4人,复增至18人,隆庆五年定为10人)。所属惠民药局及生药库,各设大使、副使1人。南京太医院判1员,吏目1人;惠民局、生药库各有大使1人。正统二年十一月,从行在礼部尚书等的请求,增南京太医院医士50人,顺天府医士25人。今将明代太医院职官人数列表如下:

表8-5　明代太医院职官简表

	院使	院判	吏目	御医	医士	医生	惠民局大使	惠民局副使	生药库大使	生药库副使
北京	1	2	10	10	70	70	1	1	1	1
南京	—	1	1	—	—	—	1	—	1	—

5. 教育职责。

据《明史》记载，太医院除担负统治者的医疗任务外，还有培养医药人员的职责。《明史》卷七十四“太医院”条写道：

太医院掌医疗之法。凡医术十三科，医官、医生、医士，专科肄业：曰大方脉，曰小方脉，曰妇人，曰疮疡，曰针灸，曰眼，曰口齿，曰接骨，曰伤寒，曰咽喉，曰金镞，曰按摩，曰祝由。凡医家子弟，择师而教之。三年、五年一试、再试、三试，乃黜陟之。

又据《大学衍义补·卷五》载：“我祖宗内设太医院，外设府州县医学。医而以学为名，盖欲聚其人以教学，既成功而试之，然后授以一方卫生之任，由是进之以为国医。”

（二）明代宫廷及王府的医药机构

1. 尚药局和御药房。

明初设尚药局，负责皇帝的医药，尚医药奉御为正六品官。洪武六年（1373 年），尚药局官员有尚药奉御 1 人、典药 10 人及直长 2 人，均由内官、内使充任。设太医院御医 4 人，以太医院医士充任。在内府设御药房，负责皇帝的用药需要。嘉靖十五年（1536 年）改御药房为圣济殿，又设御药库由御医轮值供事。万历三年（1575 年），圣济殿造御药库关防印一枚，由提督太监收管，以凭传取。年终将传取药材及剩余数额等项造册，送礼部查考。各地向宫廷贡献的名药由尚药奉御掌管。御医诊视皇帝疾病后，会同内臣处方选药。皇帝服用之药物，由院官与内臣监视调配煎制，每二剂合为一剂，候熟，分盛于两器，一份由御医内臣先尝，然后皇帝服另一份。

洪武十七年（1384 年）四月，更定宫官六尚司的品秩，尚药局定为正七品。到洪武二十六年（1393 年）又改为司药 2 人（正六品），掌管医方与药物事宜；典药 2 人（正七品），掌医方药物之事；掌药 2 人（正八品），佐理药物等事宜；女史 4 人掌管文书。

（1）典药局。洪武二年（1369 年）设典药局，有局郎（秩正五品）及丞（从五品）各 1 人，专门负责皇太子的医疗保健。在京城的新王府，其医药由承奉司下设司药 2 人负责。

（2）后宫医药机构。明初规定，“宫嫔以下有疾，医者不得入宫，以证取药”（《明史·后妃一》）。洪武五年（1372 年），后宫设六局，由尚食局负责医药，内设司药 2 人，掌管医方和药物，并有典药 2 人，掌药 2 人，均由女官充任。永乐年间（1403～1424 年）及其后，这些职务均转由宦官担任。

皇后、妃子、宫妇的医药事宜，由太医院官诊视。设“安乐堂”供后妃养病，还配备“三婆”听候使用。三婆为奶婆（奶妈）、医婆（精通方脉之妇女）、稳婆（接生妇女）。

（3）良医所。明初，分封帝王子弟于全国重镇为王，在王府中设置良医所。良医所设良医正、良医各 1 人，寿官数人，俱从文官。凡各王府缺良医，从太医院推举医士送吏部选用。

洪武四年（1371 年），申定王府官制，定良医正为七品，医副为从七品。至洪武二十八年八月，又改为正八品及从八品。杰出医药家王履、李时珍等曾担任过王府良医。

各王府虽有医官，但在僻远地区，或因病重久不痊愈，或因皇帝的恩泽，仍可请求朝廷发给医药，并派遣名医诊视。

（三）明代平民医药机构与地方医疗机构

宋代曾由政府创设平民医药机构“惠民药局”，元、明两代基本沿袭。洪武三年（1370 年），明朝政府开设“惠民药局”，除京城外，外府州县也设惠民药局。京城惠民药局之管理人员为提领，外府州县级惠民药局管理人员为官医。“惠民药局”主要是贮备药材调制成药，为民众患病时诊病卖药之机构；在遇到疫病流行时,也免费供应某些成药。据李濂《惠民药局记》所述:"凡抱病而至者,咸集栅外;而内科、外科各习其业,诊脉叩源,对症投药。"嘉靖二十一年(1542年),京师疫病,太医院及惠民药局依方备药,在都门等地散发。由此以后,逢疫病流行及每年正月十五,都在朝天宫等处散药,成为定例。万历十五年(1587年)京城疫病,京师五城开药局,自五月十五至五月三十日,抱病就医和问病求药者日以千计。旬日后,疫气解除,五城共治病人逾10万,每日用药约为14000斤。

由于当时政治腐败以及统治阶级的剥削本质,统治者不可能真正关心民众的疾苦,因此惠民药局的设置及管理均很不完善,许多药局有名无实或有医无药,或局舍破败。如永乐九年七月,巡按陕西监察御史魏源说:"天下府州县药局本以惠民,今年陕西所属军民大疫,责令有司拨医调治,官无药饵,致死亡者多。"(《明太宗实录》卷一一七)宣德三年(1428年)曾令于农闲之隙修药局,并派监察御史及按察司官员巡视,亦未解决多少问题。

二、医学教育的格局

我国自南北朝出现学校性质的医学教育以来,中经唐宋,到明代又有了一些发展。明代除太医院设办医学教育外,政府对地方医学教育也颇为重视,不但在全国普遍设立,而且凡征服或侵略边境土司与邻邦以及新设州县,在建立地方政权的同时,除设立儒学、阴阳学外,也必须同时设立医学。洪武十七年(1384年)规定地方医学兼管行政和医学教育,并设立府正科、州典科、县训科等学官专司此事。弘治十七年(1504年)规定,府、州、县均设医学,主管地方各级医药行政和医学教育,府设正科1人为从九品,州与县的医官均未入流,万历中始改为从九品。

可见明代的地方医疗卫生及教育机构是很发达的。

明代民间医学教育主要采用家传或师徒传授的形式。明代的世医制度造就了不少医学世家,使医学世代相传。不少世医将自己的经验编写成简易实用的医学读物,作为教材以教授子弟。17 世纪,有多种这类医书刊行,起着传播和普及医学知识的作用,对提高医生的素质是有帮助的。如皇甫中撰写的《明医指掌》将疾病列表说明,按证标明药方,对初学者学习十分方便。又如孙志宏的《简明医彀》、李中梓的《医宗必读》,都是优秀的医学入门书。

(一)医学分科

明代医生的教育主要是家传世业,凡属医家子弟选入太医院学习,推选堪任教师的 2~3 人,教习医术。

明史记载,明代的医术分为十三科,即大方脉、小方脉、妇人、疮疡、针灸、眼科、口齿科、咽喉科、按摩科、正骨科、金镞科、祝由科和伤寒科。与元代的专科设置相比较,无禁科、风科、杂医科;增设了伤寒、金镞、按摩三科。其中伤寒科独立设置,说明明代对伤寒(其中包括流行病)的认识和经验已较深入和丰富。明清各代医学设置伤寒科,也都是自此开始的。

(二)课程设置

明代医学校的课程设置基本上和元代相似。各科医生均应以《素问》《难经》《神农本草经》《脉诀》为必修课程。但不同的专业还要加习有关的专业课程。对规定的课程,要求学生必须熟读详解。考试时就在以上经典医书中出题,让学生笔写默答。

由于以上这些书籍不易读,因此当时有一些医家编写了便于理解和阅读的参考书。著名的有刘纯于洪武二十一年(1388年)所著《医经小学》,包括本草、脉诀、经络、治法和运气共 6 卷,将医学知识择要编成韵语,便于阅读和记忆。还有万历四年

(1576年)李梴编著的《医学入门》,首先是释方,其后为历代医学姓氏、诊断、针灸、本草、内科、女科、小儿科和外科,最后为习医规格,共17卷。其中"释方"对医生所用方名一一加以解释,对初学者颇为方便;对医学家事迹的学习,可帮助学生了解各家学说之所长,引导学生继承光大前人的医学经验,尊重前人之劳动和贡献;习医规格向学生指出学习医学的途径,对指导学生学习很有帮助。虽然这两本书并非太医院规定使用的教科书,但因为这些书简明扼要,深入浅出,通俗易懂,方便记忆,故仍为一般医生所乐于使用,并将其作为习医者之入门教材。

(三)太医院医生的来源

1. 从各世业医生中考选。

明代沿袭元制,将户口分为民、军、医、儒、灶、僧、道、匠等,规定各户必须子袭父业。《大明会典》卷十九规定,各户"不许妄行变乱,违者治罪,仍从原籍"。《大明会典》卷一六三规定"若诈冒托考,避重就轻者,杖八十。其官司妄准脱免及变乱版籍者,罪同"。这样,一入医户,子孙就必须世代业医。明代医户大多社会地位低下,衣食不得温饱,与乐工、厨师、班匠等同。因此常有逃户现象,或于造册时贿赂官员改籍,统治者对此曾屡加禁止。《大明会典》卷一〇三载,太医院三年一次清查造册,如有冒增或隐漏情弊,承行官和造册人等受参治。《大明会典》卷二二四规定医生只有成为残废或年逾七十不堪应役时,才许放免。

明代除此世医承继以培养医生外,官方医学教育也占有重要地位。洪武二十六年(1393年)下令:"凡医药之人,礼部务必备知,以凭取用。"弘治十一年(1498年)规定太医院医官、医士、医生册籍,每三年一次,各清查选报。如有冒增隐漏等弊,将承办官吏及造册人等参治。该院官医士、医生有离任回籍者,俱赴部告明,给牒定限,如私逃及违限,径行除籍。

据《大明会典》卷一〇三载,隆庆五年(1571 年)更确定医官升补例:

凡医丁告补,是年奏准,查系年近嫡派子孙,方准行院给勘,送院学习三年,通候类考,考中方准补役。如嫡派无人或不堪补,其亲支弟侄人等,果系自幼报册,堪以作养者,亦量准一人,一体学习考补。其年远难凭及旁支远族,不许一概妄告。如各科缺役数多,本部另行议请选取其实在医籍人户,各以正支一人为户首备查,宗派立册,以后止据见在各户覆实造报。间有离任回籍等情,俱要赴部告明,给与定限。如私自逃回及故违期限者查革,年远不明,妄行告收者不准。①

万历九年(1581 年)也作了同样的规定。所以世业子弟——医丁是太医院学生的主要来源(《大明会典》卷二二四)。

其实,早在嘉靖四十三年(1564 年)九月,礼部就奏上清查太医院冒滥官生,应除名者 42 人,应除户者 161 人。并指出医学尤须慎重,医士俱以父祖世业代补,或在外访保医官、医士以充,其已收在院者,仍有教习考选升黜之例。“后因夤缘于进者多,举保收充日滥,遂将前例一切停止。自今清查之后,请将本院医籍新生幼丁,每三年保结报册,其余并不得私收一人,其见在子弟及寄籍候补医丁,见有父祖收充年月世次可凭者,悉听本部委官教习,仍按月按季考试,一次不到者量责,二次除名,三次除户”(《明实录·世宗实录》)。强调了应按照祖制,采取子袭父业加以替补,或访保医官、医士以为充实。已收用太医院者,

① 赵立勋等编纂:《古今图书集成·医部续录》,中国医药科技出版社 2002 年版,第 609 页。

应设立教习考选,据成绩优劣决定升迁降黜。声明自礼部清查之日起,凡属太医院名下的新生幼丁,每三年报州备案一次,不得再私收一人。说明统治阶级为保证医生素质,严格坚持子袭父业的世医制度。

2. 考选。

嘉靖六年(1527年)十月,礼部尚书桂萼等提出对医生的考选问题。认为古代医师医术之所以久而至精,多因年终有考核制度。但当时录用医生,拘于世业,按籍收一人供事,永无考较,培养的多属粗工下工,对医生提高无益,因而,提出考选的办法。《礼部志稿》卷八十九四载:

> 且独用此一途,则天下虽有卢扁、仓公无繇自进,而国家太医院永为此辈巢窟。因请将医士可教者,设程限使诵习其业。一岁三试,有成材,则会太医院官列为三等:上者入御药房,已入者准与授职;中者授官带办事,本院已冠带者与之俸给;下者应役本院如故。或良医大使有缺,中下者得赴吏部铨补,其不系世业精通医术者,听其应试。试高得入籍而汰其世业,不通者无令冗食。至于见在各官考满及考察,皆听臣等课其医业,送吏部斟酌黜陟。

3. 在外访保医官医士担任。

洪武二十六年规定:凡医生有缺,多尽世业代补外,仍行天下访取。医生督同太医院堂上官,各考验收用。

凡天下府州县举到医士堪任医官的,都从礼部送太医院考试,仍委派官员一名会考,考中的由吏部选用;不中的发回原籍为民,原来保举的官吏治罪;如果真正精通医术的,由太医院奏进圣济殿供事。

4. 捐纳。

各地官民子弟精通医术的,可以任其捐纳,送吏部免考,甚至可获得吏目等名色，补官时，反超过实历八九年的医生之上，为明代的一大陋习。

嘉靖三十一年(1552年)七月，召开军民纳马事例，两京太医院医士医生有愿纳银20两者，授以冠带，本部给付；冠带医士纳50两，马2匹，外贴银4两，授本院吏目，送吏部诠注带衔，不支俸供事。这样，不问技术如何，只要有钱捐纳，便可得到升迁。

第三节 医生的任用与考核

一、太医院医生的任用与考核

永乐年间(1403~1424年)，朝廷诏令太医院选名医子弟读书备用。其后，明朝各个时期对选入太医院教授医学及学习医学者均有规定，学习年限与考试情况大致相同，但对毕业后任用及其待遇并不完全一致。如嘉靖六年(1527年)规定：考校医士，除艺业不通及老疾者俱遣回为民外，其壮年可进者，俱令教师教习，定与课程，一年四考，约有成材，由礼部会考，分别等第：一等送御药房供事(原系本房者，量授职事)；二等给冠带发回太医院办事(原俸例冠带者，与支杂职俸给)；三等照常当差。如良医大使有缺，于二、三等内考送吏部铨补。嘉靖十二年(1533年)又规定：太医院医士医生，不分新旧，通令学本业，按季考试，每年终呈送礼部，委该司会同考校，验其有无进益，如无进益，根据情况予以惩罚，甚至停发月粮，对畏避逃考者也予以追究。学习三年满期后，由太医院医官出题考试，根据成绩分为三等：一等派至御药房供事，二等给与冠带，二等、三等派回太医院当差。

医生每年分四季考试，三年大考一次。学习的医丁与医户子弟同太医院的医生、医士一起参加大考。考试由堂上官一员，会同医官二员主持。如通晓学习的专科，经考试合格者，视其成绩，分别对待。一等的收充医士，二等的收充为医生，食粮当差。没有通晓专科业务的，还可学习一年再参加考试。三次考试不及格的就要黜免，仍旧为民当差。如果五年考试成材的，由教师奏请，量加升授。即使已充任医士、医生的，也要继续学习专科，并参加考试。依照嘉靖二十八年(1549年)的规定：

一等，原来是医生的，与充医士；医士无冠带的，给予冠带；原在内殿供事支俸，并且是冠带医士的人，酌量升俸一级。倘若内殿缺人，太医院依照不同的专科，挨次呈报礼部，送入内殿供事。

二等，原系医生的，与充医士；医士无冠带的，给予冠带；但原在内殿供事的不准继续服役，只能在太医院当差。

三等，照旧，仍与二等在太医院工作。

四等，原有冠带的，不准冠带；支品级俸的，降俸一级；支杂职俸的，降充冠带医士；医士食粮七斗的，降充医生，住支月粮。以上这些考列四等的人，都准许学习半年，送礼部再考。如有进益，准许照旧支俸、食粮与冠带。如再不通，各降充医生，专门担任太医院锉研药物的工作。①

至于医籍纳银候缺吏目，必须经三年大考成绩列为一等的，方准通同各类医士一样遇缺考补。纳银冠带医士必须三年大考，方准挨次拨差，未经三年考过的，不准留在太医院。

对于临考不到的人，限半年内补考；如再行规避以及有起复、差回、病痊、销假一年以上不送考的，或服满、差满、患者给假

---

① 赵立勋等编纂:《古今图书集成·医部续录》，中国医药科技出版社2002年版，第608页。

各已限满、故意违反规定，一年以上不回太医院，企图逃避考试的，要听凭礼部参奏，给予一定的处理。

嘉靖二十八年（1549 年）七月，礼部因内殿供事医士有人不由本部考选，夤缘收用，且旷职私回原籍，规定今后本部年终通将院医士、医生严加考试，分为三等。一等者留候圣济殿缺人送入供事，其余悉遵旧制，仍令太医院堂上官协心钤束，官医不许违旷职业，其有逃回或患病日久不能供役者，呈报查处。

二、地方医学考试

由于明代太医院中的医学教育主要是为本院培养医生，所以，全国各地所需医生均通过地方医学教育来解决。明代历届政府对发展地方医学教育较为重视。洪武十七年（1384 年）政府便规定：府、州、县均设立医学，府设正科一人（从九品），州设典科一人，县设训科一人。洪武三十五年（1402 年）十二月，成祖即位后仍遵旧制设全国郡县医学。明朝自太祖、成祖确立重点发展地方医学教育的方针以来，整个明代都相沿不改，从而使明代在地方医学教育方面做出了比其他朝代都突出的贡献。

对各地医学考试，明朝也有规定。孝宗弘治五年，“命选医家子弟推堪任教师者二三人教之，每季考试。三年或五年，堂上官一员，同医官二员，试其通晓本科者收充医士。未通晓者，许习学一年再试，三试不中者，黜之”。正德年间，提督学政广东等处提刑按察司副使魏校责成所辖区，“各属长吏，具体天地好生之德，择通明医术者，集数医教之，各专一科，候按临考试，有疾病者，分使治之，视其功效，以行赏罚。医术未通者，仍禁毋得行医”。万历时吕坤等人呼吁振兴医学，并对民间医生考试选拔办法做出详尽的陈述，提出作为医生必须精通一部医书：

医生各认读医书一部，掌印官量其资质，限一月之数，自某处起至某处止，责令医官每日背诵。除医方分两不能全记外，其议论脉法，方下病证，务须成诵。每一月，掌印官或委佐贰官唤至堂上，掣背一次。惰者量责三五板，勤者量赏谷三二斗。

已经批准行医的医生，也要有定期的考试：

下令四境行医人等，不分男妇，俱委佐贰会同医官考试。各认方科，分为三等。上等堪以教习，授读医书；中等不通文理，令记单方；下等止许熬膏卖生，不许行医。

其考试办法：

凡在医学者，置签堂上，掌印官（或暂委佐贰首领），各限以书（随其所习），每月拘背一次，验其生熟，问其义理。精熟者，本生量赏，医官同赏。生疏者，量责，医官纪过。一年之外，验其稍通者。

医生考试还应与制作医案相结合：

每医生给医案一本，令病家亲自填写，要见病人是何病证，用何药方治好。每四季掌印官查验医案，治好人在三十以上者，赏谷一石。百人以上者，终身免丁。三百人以上者，准送牌匾。

明代地方政府设医官管理医务，府，正科，从九品；州，典科；县，训科。设官不给禄。各府州县之医士或医官俱由太医院考选。“其征至京者，礼部会同考试，高等入御药房，次入太医院，下者遣还。”浦城医学训科员潘瑞迁尝旁通医经脉诀，著“活人”之誉，于是荐之于朝廷。“未几，迁瑞就试医院中式，诣铨曹补前职。”

三、世医制度

世医制度源于元朝的户籍管理办法，元朝统治者将人分为十等，依次为：官、吏、僧、道、医、工、猎、匠、儒、丐。明朝统治者为加强统治，继承了元代户籍管理的经验，制订了一套更加严格的分行分户、子袭父业的行户世袭制度，从而形成了明朝的世医制度。

明朝世医制度的主要内容：

一是实行严格的户籍管理办法。明朝统治者制订了一套严格的行户世袭制度，并登记造册，定期查报。《大明会典》载："国初核实天下户口，具有定籍，令民各务所业。"

二是特别强化了对医药等"艺术之人"的管理，除户部按户籍管理的要求对他们登记造册外，礼部还要"务必备知，以凭取用"（《大明会典》）。

三是规定了妄行叛籍的刑处办法。"凡军、民、医、匠、阴阳诸色户，许各以原报抄籍为定，不许妄行变乱，违者治罪，仍从原籍。"（《大明会典》）"凡军民驿灶医卜工乐诸色人户，并以籍为定。若诈冒脱免，避重就轻者，杖八十，其官司妄准脱免，及变乱叛籍者，罪同。"（《大明会典》）

四是作为官方最高医学机构的太医院，选拔医学生主要从登记造册的医户子弟中挑选。"凡医家子弟，旧例，选入本院教习医术。弘治五年，奏复行之。……凡医士俱以父祖世业代补。"（《明会要》）

五是医户无嫡派子孙，或不堪补用，可在亲枝弟侄中选拔一名有前途的补任。

六是设定了医户除户的条件。如嘉靖四十三年礼部奏请："其见在子弟及寄籍候补医丁，见有父祖收充年月世次可凭者，悉听本部委官教习，仍按月按季考试，一次不到者量责，二次除名，三次除户。"（《明实录·世宗实录》）太医院医官医士"如私逃及违限，径行除籍"（《大明会典》）。凡此种种，构成了一个比较完整的医户世袭的管理制度和办法。

这种世医制度，从医学发展角度看，一方面稳定了医生队伍，并促进了医疗经验的继承和总结提高，推动了学术门派的产生，造就了一批著名的家传世医，但在另一方面，世医制度也在一定程度上制约了医药创新，阻碍了医学的发展。尤其是明代还规定，官民精通医术的，可以通过捐纳银两或马匹送吏部免考，甚至可获吏目等名色，补官也特别优待。这样，医生只要有钱捐纳，根本不用钻研医术。这对发展医学教育事业危害甚大，堪称明之一大陋习。

明代医生待遇在历史上处于一种偏低的状况。太医院的长官太医院令(后称院使)仅为正五品，远低于元代的正二品，医官旧例月米二石，弘治间会照医士例，减为七斗。在永乐以前，在太医院任职的一般医士只是例免原籍民差，而没有月俸。永乐时始比照天文生例，有家的医士月支五斗米，无家者三斗。成化十年稍有增加，医士有家小的，月支米七斗，无家小者五斗；医生有家小者四斗，无家小者三斗。因此医士医生们常因生活困苦而私逃，产生了明代所特有的医生私逃隐匿现象。如宣德五年(1430年)七月，太医院院判韩叙奏：医士逃逸及医丁忧虑服役不起者七百余人，屡催皆不至。因此要求诸州县长官协助，寻找逃逸医士。为了遏制这种现象，对于一些私逃者往往给予处罚。如嘉靖二十八年七月丁亥，“礼部尚书徐皆参奏，内殿供事医士吴梦龙等……旷违职役，私回原籍，请究治。……得旨，梦龙等悉革役为民”。同时民间的许多普通医户也与乐工、厨师、班匠一样，常常衣食不得温饱。因此，大大降低了医药行业的吸引力，常有医户逃户现象，或于造册时贿赂官员改籍。明代医生待遇偏低的状况在很大程度上又阻碍了医学的发展。

第九章

清代的医学教育与考试

明代以来，由于手工业工场的出现，资本主义因素已在中国逐步滋生；腐朽的封建制度已经成为社会生产力发展的障碍。1616年，努尔哈赤征服建州女真各部后建立了后金政权，公开向衰败的明王朝发出挑战。1636年，改国号为清。1644年清兵入主中原，开始了清朝的统治。

清朝前期，统治者采取了一些有利于社会安定和经济发展的积极措施，如奖励垦荒，废除人头税，采用“摊丁入亩”的办法，征收统一的地丁银，人口和耕地面积有所增加，农业生产逐步发展，水稻、甘薯、烟草种植均有增长。由于结束了工匠的服役制度，手工业生产更加发达，具有资本主义生产特点的手工工场规模也越来越大。但是由于封建地主和商人对扩大手工业再生产无兴趣，清廷又数次下令禁止外贸，对手工业生产百般控制，征收重税，使资本主义生产方式的发展受到极大的障碍。

清朝采取对外闭关自守，对内民族镇压的政策，限制西方科学的传播，提倡考据学以束缚文人思想，使科学文化发展十分缓慢。顺治、康熙、雍正、乾隆四帝多次兴文字狱，知识分子不敢议论政治；同时又提倡考据学，用怀柔政策召集文人学士整理编纂书籍。所以清代不少医学家考据《内经》的真伪，注释《伤寒论》等，对古籍进行认真的考据研究，因而发现了许多伪书，辑录了一批佚书，在医学文献的整理上做出了很大贡献。清康熙朝编纂的《古今图书集成》，其《博物汇编·艺术典》内有"医部全录"520卷，搜罗类编了我国18世纪以前的主要医籍，是研究中医学的重要文献；乾隆八年(1743年)吴谦等编撰的《医宗金鉴》，包括各科15门，有论有方，层次分明，并附有插图和歌诀，为清代医学的一大巨著；乾隆四十七年(1782年)编成了著名的《四库全书》，其中著录医书97种，存目医书94种，附录6种，共约200种，对医学文献整理也有一定贡献。

在药物学研究方面，赵学敏在1765年编撰的《本草纲目拾遗》共10卷，载药921种，其中有《本草纲目》所未收载的药物716种。吴其濬1848年所撰《植物名实图考》，记载植物1714种，特别着重于植物的药用价值以及同名异物或同物异名的考订。全书叙述详尽，并附有插图，是一部具有相当水平的科学著作。

值得称道的是王清任的《医林改错》，此书成于1830年。他多次对人体解剖进行实际观察研究，对人体内脏结构有许多新发现，订正了前人的一些错误；并且以"瘀血"论病证，以活血祛瘀为治法，创立了"血府逐瘀汤"等一系列著名方剂。

温病学说是我国历代医家同传染病及外感病斗争的经验总结。在清代，温病学说已达成熟阶段，形成了温病辨证论治的完整体系。温病学派出现了大批代表性医家，如叶桂、吴瑭、王士雄等，叶桂所著的《温热论》(1764年)是温病学说的代表著作。

清朝初年，正是西方医学迅速发展的时期。法国人巴多明(Dominigue Parrenin)以满文译出《人体解剖学》六卷，进献给康熙，命名为《钦定格体全录》，但被收藏宫中，未予出版。而这个时期西方医学进步很快，已经进入实验医学的发展阶段。

乾隆时期是清代强盛的顶峰，也是其衰败的起点，各种社会矛盾日趋尖锐，表面的强盛掩盖着内在的虚弱。1840 年爆发的鸦片战争打开了中国的大门，此后列强纷纷入侵，战争不断，中国在短短的半个世纪内，一步步沦为半殖民地半封建社会。深受帝国主义和清政府双重压迫的中国人民被迫举起反抗的大旗，持续 14 年之久的太平天国起义强烈地震撼了清朝的反动统治。苟延残喘的清政府最终于 1911 年被孙中山领导的辛亥革命所推翻，中国长达两千多年的家天下时代也随之结束。

第一节　鸦片战争以前清代的医学教育与考试

一、医学机构

（一）太医院

鸦片战争以前，清代的医事制度仍沿袭明朝旧制，中央卫生机构也叫太医院，是顺治元年（1644 年）设立的，以掌医疗和医学教育之事。但其医药官员配备不似明代繁复，文献记载也极简略。

清　“太医院印”

满汉两文。现藏故宫博物院。采自《中华医学文物图集》，四川人民出版社 2001 年版

清初，各官品级满汉间有所不同。康熙九年（1670 年），清廷一方面为了消除汉人的仇视心理，一方面也因为统治权已较巩固，于是标榜所谓“满汉一体”，将官制改为划一，似乎“太医院官，无分满汉，执掌皆同，其宗室觉罗各项旗

人,均随汉员一律任用”。实际上太医院并不掌握军政大权,只是“职专视疾病,修合药饵”,而且刑律上还有一系列的规定,严防医药人员的谋害,因而用不着再“满汉分立”了。但在乾隆三十五年(1770年),仍设特简管理院事满大臣一人,作为太医院的最高长官,一直到乾隆五十八年(1793年)才撤销(参见任锡庚《太医院志》)。

1. 人数。

据《清朝通典》(卷二十八《职官典·太医院》)载:“太医院使汉使一人,左右院判汉人各一人,掌医之政令,率其属以供医事。御医十有五人,吏目三十人(八品十五人,九品十五人),医士四十人,医员三十人,以上俱汉人员额,掌九科之法以治疾。曰大方脉、小方脉、伤寒科、妇人科、疮疡科、针灸科、眼科、口齿科、正骨科。自院使至医士,皆以所业专科班侍直。曰宫直、曰六直、曰外班房,各以其次更代。又有效力医生无定员,掌炮制之法,院使考其术而进退之。”

《大清会典》所载清太医院职官人数与《清朝通典》略有不同,详见下表:

表9-1 清太医院职官人数表

资料来源	院使	院判	御医	吏目	医士	医员	效力医生
清朝通典	1	2	15	30	40	30	无定员
大清会典	1	2	13	26	30	30	—

实际上太医院在各个时期名额都有变动。如顺治元年(1644年)初设御医10人,吏目30人,预授吏目10人,医士20人,医生26人。至顺治十八年(1661年)省吏目20人,并省预授吏目员额。

太医院行政人员,据《光绪会典事例》卷一一〇五记载,有

"初进医生自取具同乡京官印结……经本院首领厅验看"等字样。"首领厅"当是太医院的行政机构。《光绪会典事例》卷一四七所载太医院之经承四人,应是首领厅的人员,是否有经历或笔帖式等官则不详。①

2. 科目。

太医院医疗部门分为大方脉、小方脉、伤寒、妇人、疮疡、针灸、眼科、口齿、正骨九科,医官、医士、医生皆专精一科。初尚有痘疹、咽喉二科,后将痘疹并入小方脉科,咽喉并入口齿科。光绪间,又并为大方脉、小方脉、外科(疮疡科改)、眼科、口齿五科。其伤寒、妇人二科并入大方脉科,针灸、正骨二科则停办。

3. 职责。

太医院医官,首先是为皇帝及后妃等看病。按所设各科分班"侍值",在宫内值班叫"宫值"(在内务府御药房及各宫外班房),在外廷值班叫"六值"(《光绪会典》说在外值房,《清文献通考》为东药房)。圆明园药房、西苑寿药房都派医官值宿。皇帝出巡各处,医官也要随侍值班。

医官为帝后们看病时,由御药房取药,包封签名(与太监联名),另具奏本开载本方药性治症之法,在日期之下,医官与太监署名,然后连同药剂进呈,随即登记档案(也要署名)交太监收存,以备查考。如煎调药剂,由医官与太监监视,同时煎二服,煎好分开,一服由御医、院判与太监分尝,一服进呈。如奏明将方交御药房按方煎调者,则由御药房办理。如煎调药剂与本方不符或封题错误的,就要以"大不敬"论罪。这都是统治者对医务人员不信任而采取的一些措施。②

---

①② 张德泽:《清代国家机关考略》,学苑出版社2001年版,第164、163页。

太医院除承应宫廷看病外,如各王公府第、文武大臣、“外藩”王公、军营、试院、监狱等处有患病者,也要派医官前往治疗。给王公大臣看病时,须将治疗情况随时具奏。如去“外藩”各地,则携带药材前往(由御药房药库支领),返回时,再为核销。如军营需医,由兵部官送到军前,或派医官随征。至文武会试及顺天乡试,照例派医生二人入场承差。刑部监狱,则派医生二名常住在刑部,每月发给银米及药价,满六年回院,以吏目升用。

4. 职官品级。

清代太医院职官品级在宣统元年(1909 年)前后有所不同,兹列表如下:

表 9-2　清太医院职官品级表

年代	院使	左右院判	御医	吏目	医士
宣统元年前	正五品	正六品	正八品	从八品	从九品
宣统元年后	正四品	正五品	正七品	从七品	从八品

5. 职官的升补及告退。

据《古今图书集成·明伦汇编·官常典》“太医院部”所载,太医院职官的升转规定是:

院使员缺,由左院判升补;左院判员缺,由右院判升补;右院判员缺,由御医升补;御医员缺,由实授吏目升补;实授吏目员缺,由预授吏目升补;预授吏目员缺,由医士升补。遇有御医以下缺出,本院堂官将内直勤劳者,申送礼部转咨吏部题授;如内直补完,方将外直应升各官,按俸开列申送。其各官员缺,有奉旨特用者,遵旨补授。

凡吏目缺出,于医士内考其方脉精明、品端劳著者,申送礼部转咨吏部题授。医士缺出,于医生内考取,申请顶补,医生缺出，于初进医生内考取，申部顶补。其初进医生，考查其品行端谨，通晓医理，并取得本院官士保结，方准入院。

凡考试医士、医生时，本院堂官于《素问》、《难经》、《本草》、《脉诀》及本科紧要方书内出题，择其学术精通者，顶补粮缺。如习业荒疏，历年虽久，不准顶补，仍发教习厅肄业。①

太医院御医、吏目、医士等员，老疾不能行走者，可呈院验实，题准告退；病愈，仍赴院具呈，准其原缺补用。若推诿托故，不行具呈，在外行医者，或经该院查出，或被旁人首告，交与该部严加议处，若非年老有疾，该院徇情告退者，该院判一并议处。

6. 老年医生的保举。

雍正元年（1723 年）谕：良医须得年老经历多者，但他们惮于远行。后果有精通医理、疗疾有效者，或将他们的子弟辈授以经历、吏目微职，以示鼓励，着大学士等议奏。经过议定，令九卿及直省督抚各举所知之年老医生，由该地方官资以路费，护送来京，报明礼部转交太医院试用。果有医理精通、疗疾有效者，即奏明，照例在太医院授职，并准其报子弟一人。如系现任官者，以应升之缺即用；贡监生员，以经历即用。布衣以吏目、典医即用。

（二）御药房

御药房是药物管理机关，管理药物的采办、储存和配制，分东、西二所：西药房归院使、院判、御医及吏目等较高级的医官分班轮值；东药房则归御医、吏目及医士分班轮值。清初，太医院医官除看病处方外，还要为帝王熬药。乾隆五年（1740 年）以

① 赵立勋等编纂：《古今图书集成·医部续录》，中国医药科技出版社 2002 年版，第 613 页。

后，药物都由内臣烹调，自此院官才不再制药（《太医院志》）。

顺治十年（1653年）置御药房，隶属于太医院，各省出产的药材，每年纳至太医院，由医官辨验药材的优劣后，贮存于生药库，所有出入账目都要申报礼部后开库照交。如不够用，由太医院出钱采购，到年终时，由各省药材折色（即将药材折合现金内）报销。

各省进贡的都是生药，由药房的切造医生加以切造炮制，并在吏目中选派二人担任生药库的一切事务，两年更换一次。任满后，以应升的员缺补用。下设库委二人，于医生内选任，二年任满，升授吏目；如著有劳绩，量加职衔，倘代替乏人，仍令旧官管理。

顺治十六年（1659年）将御药房所有事务都划归太医院管理，不必申报礼部。顺治十七年（1660年）又将生药库拨归礼部管理。如太医院需要药物，必须预先开具名单送交礼部，其中应当购买的，由礼部会同太医院派员共同商定价格，通知生药库给钱采买，若系由各衙门发给的，则由礼部行文提取。

康熙三年（1664年）规定钱粮总归户部管理，各省每年应交纳的药材和价款都由户部收贮存库，库使由专派医士管理。康熙六年（1667年）复设御药局，仍属太医院（《钦定大清会典事例》卷一一〇五《太医院》）。

康熙十年（1671年）定御药房不属太医院。设总管太监医生2名，管库首领2员，管库首领太监1名，太监医生10名，太监19名，夫役34名。康熙十四年（1675年）裁首领太监6员，太监医生10名，领催4名。康熙三十年（1691年）定添设内管领、内副管领各1名，裁总管太监医生2名，管库首领2名，管库首领太监1名。康熙三十三年（1694年）增夫役26名，康熙三十八年（1699年）裁笔帖式1名。

兹将康熙时历年内御药房人员变动情况列表如下：

表 9-3　康熙时御药房人员变动表

康熙	总管太监医生	管库首领	管库首领太监	首领太监	内管领	内副管领	笔帖式	领催	太监	夫役
十年	2	2	1	6	—	—	16	4	19	34
十四年	2	2	1	0	—	—	16	0	19	34
三十年	0	0	0	—	1	1	16	—	19	34
三十三年	—	—	—	—	1	1	16	—	19	60
三十三年	—	—	—	—	1	1	15	—	19	60

道光(1821～1850 年)以后,各省除例贡药材直接交到内务府外,其他所产药材都议为价款,由内务府随时购买。太医院的药库从此以后便等于虚设(《太医院志》)。

御药房遇有瘟疫流行时也施舍药物。顺治十一年(1654年)于景山东门外盖造药房三间,由礼部委派太医院官施给医药。

康熙二十年(1681 年)于五城设药厂十五处,每厂有医官和医生各一人,给在京的老百姓免费医疗,此为清朝统治者怀柔政策之一。康熙二十一年(1682 年)改设东、西、南、北四厂,并定为常例,到乾隆十四年(1749 年)裁撤(《钦定大清会典事例》卷一一〇五《太医院》)。

二、医学教育

鸦片战争前清代的医学教育大体上承袭宋、明以来的制度,没有多少创新。由于清朝已经处于封建社会的没落时期,加之清政府的腐败,民族矛盾、阶级矛盾日渐尖锐,清代的医学教育也愈来愈不景气。

从历史上看，明代后期，西洋医学已经开始较系统地输入中国。康熙三十二年(1693年)，康熙皇帝患疟疾，多方治疗无效，神父洪若翰(1687年来华，1710年卒)、刘应(1687年来华，1737年卒)献金鸡纳治愈。法国人樊国梁在其所著之《燕京开教略》中称："康熙偶患疟疾，洪若翰、刘应进金鸡纳……皇上以未达药性，派四大臣亲验，先令患疟疾者服之，皆愈。四大臣自服少许，亦觉无害，遂请皇上进用，不日疟瘳……特于皇城西门赐广厦一所。"以后，康熙患心悸及唇病，经西医罗德先、安泰治疗好转，由是对中西医学及其交流颇有兴趣。1712年6月间，曹寅至江苏扬州料理事务，患了疟疾，遍延江南名医未能控制，日渐恶化，其亲家苏州织造李煦前来看望，曹请李煦奏请皇上给圣药，康熙闻奏后，立即派驿车星夜送去金鸡纳，嘱用二钱末酒调服，数次即可去根。

康熙在同西方传教士交往中，向他们介绍了中国脉学，法国传教士张诚日记称：1690年1月26日，康熙传旨白晋、张诚至养心殿，垂询欧洲人是否和中国人一样切脉，并要与彼等相互切脉，介绍和传授中国脉学，而且还向白晋及巴多明(法国人)介绍宫廷中所藏之中医书籍。康熙疟疾病愈后，对西方医学兴趣很浓，任命通晓外科医术的传教士罗怀忠为"内廷行走"，罗德先、安泰为"厦从医生"。1697年，康熙派白晋为钦差大臣，物色西洋科技人才。第二年，精晓西医的巴多明来华，留在宫中任职。康熙自己更接受法国人白晋等人讲解人体解剖、功能及各种疾病。康熙学习人体解剖时，还传旨从御库中取出长三尺、标有周身经络的铜人模型作对比研究，注意到关于静脉的描述相同，但在铜人模型身上则没有动脉。由于康熙皇帝的行动，外国传教士在华传播西洋医学的著述逐渐增多。这些都不能不影响到传统的医学教育与考试方法。但在鸦片战争之前，这种影响还不是十分明显。鸦片战争以后,影响更大,如光绪二十四年(1898年),光绪皇帝下有谕旨:"又谕,孙家鼐奏,请设医学堂等语,医学一门,关系至重,亟应另设医学堂,考求中西医理,归大学堂兼辖,以期医学精进,即着孙家鼐详拟办法具奏。"

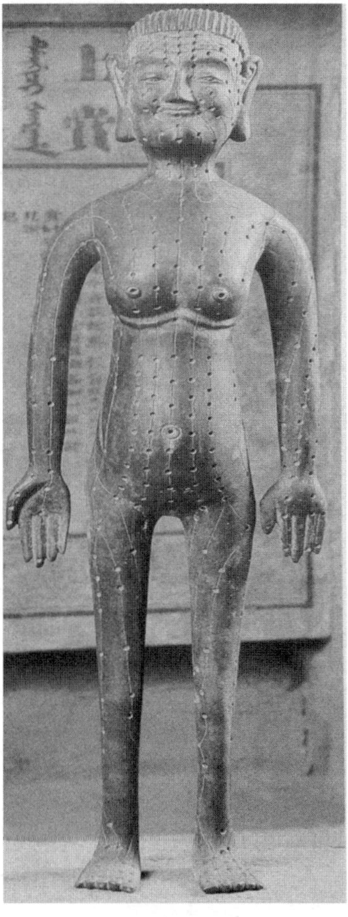

清乾隆铜人

清乾隆九年,在《医宗金鉴》编纂完成后,清廷对参加者各赐该书一部,铜人像一座。铜人高 46 厘米,宽 22.8 厘米,厚 16 厘米。现藏上海中医药大学医史博物馆

(一)医学分科

清朝初期,医学分为大方脉、伤寒、妇人、小方脉、痘疹、疮疡、眼科、口齿、咽喉、针灸及正骨等十一科。与明朝相比,废金镞、祝由、按摩三科,增加了痘疹科。清初建立痘疹一科,是适应当时天花、麻疹流行的客观需要。清军入关之后,时值疫病流行,特别是在康熙、雍正、乾隆、嘉庆、道光、同治诸朝更为严重。满洲贵族患上痘疹,特别是同治帝死于天花,使清代统治者感到惴惴不安,谈痘色变,因而增设痘疹一科,并推广人痘接种,进行预防。这是清代对痘疹的认识提高的结果。清朝入关时,曾命令京城中患痘的人移出城外,另设小村庄集中居住,在宫廷中成立避痘所,并规定没有出过痘的王公大臣不许入朝。所以当时把痘疹科从小儿科中分出,是符合临床实际的。

嘉庆二年(1797 年)将小方脉与痘疹、口齿与咽喉两科合并,共计九科。嘉庆六年(1801 年)将正骨科划归上驷院蒙古医生长兼任。正骨科划归上驷院蒙古医生长兼充,是因为蒙古医生正骨技术有独到之处。清代旧制,选上三旗蒙古士卒之谙习正骨法者,每旗十人,隶属上驷院,称为“蒙古医士”。凡宫廷内禁、寺院僧人中有跌打损伤者,由蒙古医士诊治,逾期无效,则给予惩治。天台齐息园侍郎召南,曾坠马伤及头部,头脑胀痛,蒙古医士用牛膀胱蒙其首以治之,使他的伤迅速痊愈。乾隆、嘉庆年间,最著名的蒙古医士叫觉罗伊桑阿,他以正骨起家,渐至巨富。他教授徒弟的方法是:先将毛笔管截削数段,外包以纸,然后让徒弟搓弄摩挲,使其关节接合,达到好像没有破损时的样子。通过这样的学习再应用于临床,常常疗效很高。遗憾的是蒙古医士正骨法多赖经验与手术的直接传授,而写成专书广为流传者很少。御纂《医宗金鉴》正骨心法,是从明代薛己《正体类要》的基础上扩充起来的,并非取自蒙古医士的正骨专长。

清代对正骨科较为重视,除用手法整复等外治方法外,还须研究脉理,采用内服药物的方法。

道光二年(1822 年)上谕“针刺火灸,究(非)奉君之所宜”,且认为针灸袒胸露乳,有伤大雅,因此“太医院针灸一科,著永远停止”。竟然决定在太医院中永远取消针灸科,至此,前设之九科又减为七科。到了光绪朝,又将伤寒、妇人科并入大方脉,使设置减至五科。针灸科的取消,大大影响了针灸学的发展。

从以上专科设置逐步减少的情况来看,原因是多方面的,例如痘疹科是否要独立设置,口齿与咽喉合并是否合适等,在学术上也是值得讨论的,但是,废除针灸科则肯定是错误的。虽然在民间还是普遍应用针灸疗法,但取消针灸科的荒谬决定,导致清代在针灸方面发展缓慢，著作亦较少。另一方面，与清王朝对医学教育的重视不够也是有关的。据任锡庚《太医院志》说，道光后，太医院药库归并内务府管理，各科应用药品都由值日的医生捐钱自备。咸丰以后，俸禄减少，医官个人生活都难以维持，各科都没有特用药品。所以到同治年间，每况愈下，只剩下大方脉、小方脉、外科、眼科和口齿、咽喉五个科，各科考试制度也很不健全。详见下简表：

表 9-4　清朝不同时期医学分科比较表

<table>
<tr><th>年间</th><th colspan="11">分科</th><th>合计（科）</th></tr>
<tr><td>顺治年间（1644 ~ 1661 年）</td><td>大方脉</td><td>伤寒</td><td>妇人</td><td>小方脉</td><td>痘疹</td><td>口齿</td><td>咽喉</td><td>眼</td><td>疮疡</td><td>正骨</td><td>针灸</td><td>11</td></tr>
<tr><td>嘉庆二年（1797 年）</td><td>大方脉</td><td>伤寒</td><td>妇人</td><td colspan="2">小方脉</td><td colspan="2">口齿咽喉</td><td>眼</td><td>疮疡</td><td>正骨</td><td>针灸</td><td>9</td></tr>
<tr><td>嘉庆六年（1801 年）</td><td>大方脉</td><td>伤寒</td><td>妇人</td><td colspan="2">小方脉</td><td colspan="2">口齿咽喉</td><td>眼</td><td>疮疡</td><td>（并）</td><td>针灸</td><td>8</td></tr>
<tr><td>道光二年（1822 年）</td><td>大方脉</td><td>伤寒</td><td>妇人</td><td colspan="2">小方脉</td><td colspan="2">口齿咽喉</td><td>眼</td><td>疮疡</td><td>（并）</td><td></td><td>7</td></tr>
<tr><td>同治五年（1866 年）</td><td colspan="3">大方脉</td><td colspan="2">小方脉</td><td colspan="2">口齿咽喉</td><td>眼</td><td>疮疡</td><td>（并）</td><td></td><td>5</td></tr>
</table>

由上表可见清代的医学尚不及宋、元、明诸代兴盛，尤其是鸦片战争以后，我国的医学更形废弛。

（二）医学教育与考试制度

清朝的医学教育有中央设办的，也有地方设办的。文献所载，主要是太医院的一些情况。中央的医学教育属太医院管辖，属于专科学校性质，清朝政府不太重视这类学校。在太医院中设有教习厅，其下又分为内教习与外教习两个部分。所谓内教习，是在御医、吏目中选择学识渊博者两人担任教师，住在东药房，教授御药房的太监习医。而外教习主要是教授医官子弟，亦由御医、吏目中选择两人，经常驻在太医院，教习肄业生，并批阅未授职衔医士的月课。太医院之院使、院判掌考各科之法，帅属供医事。御医、吏目、医士各专一科。

学生来源主要由医官子弟保送，汉族由六品以上同乡官做保证人，旗人则由该管佐领保证，经考查品行端正，略通医理，且通晓京语的人，再经过面试合格后，才准到太医院入学，名为医生，按照各人选择的专科分科学习。清代太医院中医学生数量较少，且各时期不等，一般不超过40名。这些医学生除学习外，还在太医院中承担一些缮写和修合药饵的工作。

医学生学习之课程，主要为《内经》《伤寒论》《金匮要略》《本草纲目》等，同时还学习本专科之医书。乾隆十四年（1749年）后，《医宗金鉴》也作为教科书，一直到清末沿用了160多年。肄业生学习三年期满，经礼部考试合格者录取为医士，未录取仍照常肄业，等待下次再考。

顺治九年（1652年），礼部规定医士名额40人每月发给银米，在太医院服役；食粮医生（或称粮生）20名，担任缮写工作；切造医生20名，修合药饵。从此，凡肄业一年以上，且经过三次季考名列一等的，遇有食粮医生缺额，可呈礼部递补。

雍正八年（1730年）添设粮生10名，并改名为恩粮生。自此以后，遇有医士缺额，也由太医院呈报礼部补举，不再举行考试。

医士在未授予吏目的职衔以前，每月和医生、粮生一同在教习厅学习，一月交两次功课，并参加四季的考试。

据《大清会典·吏部·官制》记载，清王朝的地方医学分府、州、县三级。府医学设正科1人(从九品)，州医学设典科，县医学设训科(均未入流)，三者都由医士担任。康熙十三年(1674年)规定医学各官都由礼部查明咨送，并知会太医院。乾隆二十九年(1764年)也规定医学官都由礼部查明，发给札付，年终时汇造总册咨吏部存案(《大清会典》卷六十三《吏部》)。

对于地方医学的医生，也规定了相应的考试制度。据《钦定大清会典事例·太医院》载，雍正元年(1723年)，令各省巡抚查察所属医生，加以考试。如具有《内经注释》、《本草纲目》及《伤寒论》三书的学识，指名提请，授为医学官教授。每省设一员，准予食俸三年，如果"勤慎端方"，则贡入太医院授为御医，所缺空额即在本省学医的人内拣选补授。

各府、州、县愿意学医的人，令地方查明，并将《内经注释》《伤寒论》《本草纲目》三书教给他们，其中如发现有精通医理的人，应呈报巡抚，发给路费到太医院参加考试，成绩上等者授以吏目、医士等官职；如年老不能去北京的，留作本省教授，待有缺时即行升补。

清代的医学教育虽然大体上沿袭宋明以来的制度，但趋向衰弱，不复历代兴盛，具有悠久传统的民间家传与师徒相授成为主要教授医学形式，造就出不少医学名家。民间家传的多为世医，如王维德继承其曾祖家学而以疡科显名，陈治五世业医，张志聪聚徒讲习医学，陈修园辞官归里以医学教授，弟子甚众。此外，也有主要以自学私淑某家而精于医者，王士雄私淑于叶天士，成为温热学派中之巨擘。师承式的教授方法，在授业期间可因材施教，弟子除诵读医书外，随师临诊见习，获理论与实践并进的效果，成为医学传承的主要手段。总的来说，清代与明代一样，虽然朝廷举办了医学教育，但是所培养的医者为数甚少，而社会上的大量业医者，主要仍是家传及师徒私人传授所产生。

三、医生的任用与考核

太医院设院使、院判、御医、医士、医生等级别，这些职务六年为一届。据《钦定大清会典》所载，在此期间"除院使、院判暨内廷侍直御医，奏明毋庸考试外，其八九品吏目、医士、恩粮、肄业等员一律考试"。医官的晋升降革，除以差务勤惰、医理精通、疗疾有效外，考试成绩是重要条件之一。"考试取一等者，按名次尽先拟补，一等用完，将二等之差务勤能者分别续补。三等者停其升转。不列等者革除。"康熙四十七年（1708 年）及雍正元年（1723 年），为弥补太医院人员不足，允许在民间选拔有真才实学者进太医院工作，并允许其子弟一人进太医院习医。但从民间选拔出的医生要经过严格考试。历届考试均由太医院堂官（院使、院判）拟题。《素问》《本草》《脉诀》为必考内容，再从所专科目的重点书籍中命题。命题形式沿袭了宋代的一些做法。"宋代医学考试制度比较完备，所试分六种，一墨义（试验记问）；二脉义（试验察脉）；三大义（试验天地之奥及脏腑之源）；四论方（试验制方佐使之法）；五假令（试验证候方治）；六运气（试验一岁之阴阳及人身感应之理）。考试内容兼顾理论与临床两个方面，其中假令一项，已近似现在的病案分析"（参见毛礼锐主编《中国教育史简编》）。清代医官试卷与上述颇类。每份试卷有正、副两题。正题多为论述题，常以证候命题，考查学生理论水平。副题为理论联系实际的判断题，先以"假令"列出脉证，然后提出"系属何证？当以何药治之？"试题答案以《医宗金鉴》为准。评卷以学术观点是否正确、论述的深度广度以及文学水平的高低为标准。考试成绩用等级和名次表示，先列等(一等、二等、三等),再列名次(第一、第二名、第三名)。①

兹录张鸿声家藏《清太医院墨课卷稿》手抄本中的几道试题,以见一斑。

(1)温病、风温何辨?

假令其人喘满,心下痞鞕,面色黧黑,脉象沉紧,系属何症?当以何药治之?

(2)胎风

假令婴儿食少腹胀,面痿肌消,精神疲倦,系属何症?当以何药治之?

(3)眼丹、针眼何分?

假令眼胞上下,皮里肉外,忽然结肿,形如枣豆,坚硬不疼,皮色不变,系属何症?当以何药治之?

(4)口糜泄泻

假如舌上忽生一粒如豆如樱,坚硬木硬,不时作疼,系属何症?当以何药治之?

第二节　太平天国时期的医政与医生的选拔

1851年,太平天国起义爆发,这是我国人民在帝国主义、封建主义的双重压迫下举行的历史上规模最大的农民起义。太平天国革命历时14年,纵横18省,沉重地打击了帝国主义和封建统治者,揭开了中国近代民主革命的序幕,并对我国政治、经济和文化的发展产生了极其深远的影响。

太平天国的领导者重视战士和群众的健康,洪秀全在进军令

① 张鸿声:《清代医官考试及题例》,《中华医史杂志》1995年第2期。

中明确提出:“努力护持老幼男女病,总要个个保齐。”逐步建立起较完备的医药卫生组织,在医疗保健方面采取了许多进步措施。

一、医药卫生组织

1851年,太平天国在永安州进行的政权、军事建设中,初步建立了正规的医药卫生组织。后来,随着太平军不断壮大,政权日渐巩固,太平军和天朝政府中的医药卫生组织逐步充实完备。由于太平天国文献所存无几,我们已难于了解其全貌,但从现存的清廷加以歪曲的零星记载中,仍可窥见太平天国医药卫生组织的梗概。

据张德坚《贼情汇纂》等有关太平天国官制的记载,太平军各军设督医将军1人,主管各军医药工作,下设内医、掌医(外科)、拯危急、理能人(护理员)、马医等人员。1853年定都天京后,太平天国政府机构中设“国医”1人,主管医药卫生工作,下面也相应地设有各类医药人员,详见下表:

表9-5 太平天国的医药卫生人员设置表

名称	太平天国天朝	太平军(各军13000余人)
国医 督医将军	殿前国医1人,封真忠报国补天侯,主管医药卫生工作	各军恩赏检点督医将军1人,主管各军医药卫生工作
内医	朝内设内医22人,主治内科疾病。其中职同指挥、将军各4人,职同总制、监军各7人。另设诊脉医生9人,职同军帅	各军内医18人,其中职同总制4人,职同军帅14人
掌医	朝内设掌医4人,专治外科病伤,职同指挥	各军掌医25人,主疗受伤将士,职同总制
拯危急	天朝拯危急1人,负责急救,职同将军	各军拯危急属官无数,抢救并治疗伤员,职同监军
理能人	在“能人馆”中照料伤病兵士	各军理能人无定员,护理伤员,专管茶饭汤药
马医	天朝马医1人	各军马医数人

除朝内和军中的医药卫生组织外，尚设有街道医生 60 人，为天京居民诊治疾病。此外，天京设有总药库，由内医掌管，统一调配各类必需药材；另有骡马医，专治军马疾患。

太平天国官职共分十八等，王有六等，其次是侯、丞相、检点、指挥、将军、总制、监军、军帅、师帅、旅帅、卒及两司马。医生职位在侯与军帅之间，可见太平天国对医生是相当重视的。

二、选拔和征聘医生

太平天国对医生的选拔极为重视。太平天国后期领袖之一的干王洪仁玕在其所著《资政新篇》中说："立医师必考取数场，然后聘用，不受谢金，公义者司其事。"

早在金田起义前后，两广一带就有不少民间医生、草药医参加了太平军，较著名的有李俊良、黄益芸等人。太平军胜利进军途中，沿途又不断吸收医药人员，如江夏(今武昌)名医杨燮、刘春山，擅长针灸的湖南医者，都先后应聘加入了太平军，受到尊敬和优待。①

太平天国吸纳人才的方式主要有两途，即出榜招贤和科举考试。前者用于招收各行各业的能工巧匠和专门人才，包括医生。太平天国定都天京后不久，广泛征聘当地名医和民间医生参加医疗工作。国医李俊良曾征聘医生、药工，选办药材，设馆研讨医术。1854 年春，北王韦昌辉又发布"招延良医诚谕"，延聘精通内、外、眼、妇、儿科名医，尤以眼科最为急需，诚谕中写道：招访"大小方脉、内外专科、眼科、妇科以及专理小儿急慢风等症……凡有精通医理，能治各项病者，即宜应命前来。又眼科为朝所尤重，抑或专精眼科者，均即到该镇守将佐衙门报名，以

① 耿鉴庭：《太平天国医林人物传》，《中华医史杂志》1954 年第 3 期。

便送至天京录用,果能医治见效,即赏给丞相,如不愿为官,即赏银一万两,并使其回家安享,以奖其艺,决不食言,断不使之失所”(《太平天国史料》第二部分)。在多次招聘中,金陵名医宋耕棠、哈文台、王震田等先后应聘,他们在李俊良的率领下,为东王杨秀清精心治疗眼病,终于使东王保存一目,免遭失明之苦。

第三节 鸦片战争以后清代的医学教育与考试

18 世纪末和 19 世纪初,中国封建制度日趋衰落。与此同时,西方资本主义国家迅速发展,他们为了掠夺资源,寻找市场,相继入侵中国。英国首先向中国输入大宗鸦片,并于 1840 年 6 月发动了鸦片战争。1842 年清政府与英国侵略者签订了中国近代史上第一个丧权辱国的不平等条约《南京条约》,开放了五大通商口岸。从此,各国侵略者接踵而至。1844 年又被迫签订了中美《望厦条约》和中法《黄埔条约》。继英、美、法之后,俄、德、奥、日、意等国也纷至沓来,争夺权益。外国资本主义侵略者与封建统治阶级相互勾结,从政治、经济、文化等方面加强了对中国的扩张,激化了阶级矛盾和民族矛盾,加深了社会危机。从此,中国沦为半殖民地半封建社会。

鸦片战争以后,外国资本主义大规模入侵,中国社会经济发生了急剧变化,封建经济逐渐解体。帝国主义者和买办资产阶级掌握了国家的经济命脉,官僚地主阶级加紧了对农民的剥削,农村经济陷于破产。这个时期,我国的科学文化也打上了半殖民地半封建的烙印。帝国主义者用武力征服中国以后,紧接着派来一大批传教士和医生,到处修教堂、办医院、设学校、办报纸,极力宣扬帝国主义的文化,为他们的侵略政策服务。清王朝中的洋务派主张学习西方的科学技术,引进西方先进的机器,提出“中学为体,西学为用”的口号。这一时期,我国医学也带有这一特点。由于西医传入,出现中西医两种医学体系并存和冲撞的局面。我国的医学教育也出现了传统的中医教育与近代西医教育并存和互相渗透的特点。

一、鸦片战争后清朝官僚机构的改革与新教育机构的建立

鸦片战争后,清政府取消了一些旧机构,同时增设了一些新机构与新职官,其中有代表性的是通商大臣和总理各国事务衙门(外务部)的设立。

总理各国事务衙门简称“总理衙门”,又称“总署”或“译署”,仿军机处的体系,设有大臣和章京两级。下设英国、法国、俄国、美国、海防五股,负责对外交涉以及各项“洋务”。

总理衙门的主要职务本是办理外交,但由于外国侵略者在中国的权益不断增加,列强通过总理衙门而控制清政府,干涉中国的内政,因此总理衙门的职权不断扩大。它不仅主管外交,还负责管理通商、海防、军务、关税、传教以及洋务新政中的购置军械、创办机器工业、筑路、开矿、制造、教育等,成了一个权力大、职务广、居于六部之上、与军机处平行的包揽一切的机构,被视为“帝国政府(指清政府)的内阁”。

1901 年 7 月 24 日,清政府将总理各国事务衙门改为外务部,班列六部之首。

随着西学东渐,也出现了一些新的教育机构,如学部、同文馆、京师大学堂等。光绪三十一年(1905 年)十一月设学部,国子监即归并学部。此时并设贵胄学堂,为贵族子弟读书之所。光绪三十四年(1908 年),学部开办分科大学。

同文馆是在京师设立的学习外国文化、科学的学校,与总理衙门同时批准设立,经过一年多的筹备,到同治元年(1862 年)

五月，才正式开办。这是我国最早的外语学校。

同文馆内部先后分设英、法、俄、德四馆，各分前馆、后馆两级，光绪二十二年（1896 年）又增设东文（日文）馆，这是学习各国语言文字的场所。另外，于同治五年（1866 年）起添设各种科学。先设算学馆（包括天文），继设化学、格致（力学、水学、声学、气学、火学、光学、电学等）、医学三馆。

各馆学习期限初定 3 年。到光绪二十一年（1895 年）改为 8 年，前馆 5 年，后馆 3 年。课程包括语言文字、天文、算学、物理及历史、地理、政法各科。钱实甫在其所著《清代的外交机关》中，根据有关材料把前后 8 年学习的课程逐年列举出来，并推测前 5 年近似中学，后 3 年近似专科。

同文馆的主管人员，有管理大臣，由总理大臣中特简，无定员（初为 1 人，以后有 2 人的），管理同文馆事务。管理大臣之下，设提调 2 人，帮提调 2 人，由总署资深的章京内选充，掌安排课程及督察学生勤惰之事。

同文馆的教课人员，有总教习 1 人，洋教习若干人（视学生多少而定），均由洋人担任。通洋学之汉教习及汉文教习 3 人，分别由各省保举及在京招考任用。

同文馆学生，初定 10 名，最多不超过 24 名。同治四年（1865 年）变通章程，改为每馆 10 名。到光绪十三年（1887 年）增加到 120 名，直至结束时，名额未变。学生来源及入学资格，初设英、法、俄各馆时，是由八旗满、蒙、汉各旗保送资质聪慧、年在 15 岁上下之人员，由总理衙门考察录取，依次传补。及增设算学馆，改由京内外各衙门保送 30 岁以内之翰林院庶吉士、编修、检讨及五品以下由进士出身之官员，或举人、贡士等未仕人员，由总理衙门陆续考取入学。

光绪二十二年（1896 年）五月初二，刑部侍郎李端奏请于京师建立大学堂，光绪二十四年（1898 年）元月经御史王运鹏奏请，军机大臣会同总理衙门各国事务妥议，准其建立。

光绪二十四年（1898 年）六月，康有为、梁启超实行戊戌变法。在百日维新期间，光绪帝采纳了他们的计划，发出几十条改革政令，其中有一条是“命设立医学堂，归大学堂兼辖”。九月变法失败，一切“新政”均被推翻，独京师大学堂获得保存。其管辖之医学堂，应以光绪戊戌年（1898 年）十一月为创办之始，但实际当时仍未正式招收学生。及至光绪二十七年（1901 年）冬，光绪帝诏张百熙为管学大臣，并把同治元年（1862 年）设立长达 41 年之久的同文馆归入京师大学堂。

京师大学堂为适应医学专门教育需要，旋于 1903 年规划设立医学馆，招生数十人，系照中学堂办理。

二、教育格局的新变化

从 1840 年鸦片战争到 1911 年辛亥革命的 71 年中，中国的教育发生了深刻的变化。这一历史阶段教育格局的新变化，大致可分为如下几个时期：

第一，鸦片战争时期。从 1840 年到 1860 年的 20 年里，以英国为首的西方资本主义列强先后对中国发动了两次鸦片战争，强迫清政府签订了一系列不平等条约，对中国进行无情的经济掠夺和政治压迫，中华帝国开始丧失其独立地位，逐步向半殖民地社会演变。中国的教育主权也因此部分丧失，西方列强开始以教会办学等形式公开在中国进行文化教育侵略活动。面对列强的凌逼，一些开明官吏和知识分子从关心国家民族的命运出发，睁眼看世界，率先发出了要求变革和向西方学习的呼声，成为中国教育近代化的思想先导。

第二，洋务运动时期。洋务运动发生发展于 19 世纪 60 年代至 90 年代。1861 年 1 月,因奕䜣等人的奏请,清政府批准设立“总理各国事务衙门”,作为总揽洋务全局的中央枢纽,标志着洋务运动的开始。1895 年清政府在甲午战争中失败,与日本签订割地赔款、丧权辱国的《马关条约》,标志着洋务运动的失败,从此逐渐让位于资产阶级改良派发起的维新变法运动。

洋务运动的基本内容是引进和学习西方先进的科学技术。为此,以培养洋务人才为中心,相应地在文化教育上采取了一些重大举措,如创办新式学堂、翻译西学书籍、派遣留学生等。倡导和主持这些活动的洋务派,在皇室内以奕䜣为代表,另有一些封疆大臣如曾国藩、左宗棠、李鸿章和稍后的张之洞等。洋务运动本质上是清政府为提高其攘外安内能力、拯救其垂危统治的自强运动,但客观上反映了资本主义发展的历史要求,开启了中国早期近代化的进程。

洋务运动时期的中国教育仍然以传统的封建教育为主体,但在传统教育主体中萌生了近代新教育的幼芽。正是洋务派举办的新式学堂和留学教育,并有大量涌现的教会学校,才开辟了传统教育之外的另一番天地。

第三,维新运动和清末新政时期。洋务运动开始后,随着“西学东渐”的深入以及近代工商业的产生和发展,中国思想界涌动着一股资产阶级启蒙思潮,即人们常说的早期改良主义思潮。中日甲午战争后,民族危机急剧加深,这股改良主义思潮迅速转变为一场声势浩大的要求变法维新的政治运动,到 1898 年“百日维新”达到高潮,颁布了一系列包括文化教育在内的变法律令,此即“戊戌变法”。“戊戌变法”虽在以慈禧太后为首的顽固势力的绞杀下归于失败,但中国教育近代化的发展趋势已不可逆转。1900 年 7~8 月间,在英、法、德、美、意、奥、日、俄八国联军的大举进攻下,天津、北京相继陷落,慈禧太后挟光绪帝和一批王公大臣仓皇西逃。侵略者的炮火再一次强烈震撼了中国朝野上下。在严酷的时势逼迫下,1901 年 1 月 29 日,慈禧太后以光绪帝的名义在西安颁布了“预约变法”的上谕,承认“世有万古不变之常经,无一成不变之治法”,指令“军机大臣、大学士、六部九卿、出使各国大臣、各省督抚,各就现在情形参酌中西政要,举凡朝章国故、吏治民生、学校科举、军政财政,当因当革,当省当并,或取诸人,或求诸己……各举所知,各抒所见,通限两个月详悉条议以闻”。揭开了清末最后十年所谓“新政”的序幕。在应诏陈政的奏折中,最著名的莫过于 1901 年 7 月由两江总督刘坤一、湖广总督张之洞联衔发出的所谓“江楚会奏三疏”,其中第一疏为《变通政治人才为先遵旨筹议折》,专论有育才兴学,包括设文武学堂、酌改文科、停罢武科、奖劝游学四个方面,为新政期间的教育改革规划了基本纲领。

这一历史阶段教育格局的新变化,主要表现为如下几个方面:

1. 教会学校的发展及其影响。

(1)教会学校的设立。1842 年,中英签订《南京条约》,割让香港,开放广州、福州、厦门、宁波、上海为通商口岸。其他西方列强接踵而来,强迫清政府签订了一系列不平等条约。凭借不平等条约的保护,西方传教士纷纷来华传教、办医院、办学校。早期的教会学校集中在五个开放通商的沿海城市和香港。大多附设于教堂,规模小,开始时一般不满 10 人,有的只有两三个学生。学校的师资力量薄弱,绝大多数是相当小学程度的学塾。办学目的是“传播福音开辟门路”,在中国人中培植一批传教助手,从而扩展传教的范围,加快宗教影响的速度。招生对象以贫苦人家的孩子为主,还有一些无家可归的难童。

早期教会学校程度虽浅,但一般都设有数学、天文、地理等课程,在教学方法上也有别于传统蒙学,有的学校还开设外语课程。从中毕业的学生常在当时日益纷繁的中外交往活动中充当通事(译员)的角色。在当时中国官办新式学堂尚未设立的情况下,他们毕竟多少弥补了这方面人才的空缺。

第二次鸦片战争后,西方列强通过与清政府新签或修订的一系列不平等条约,又进一步夺取了自由进入中国内地传教、通商、租买土地建造教堂、学校等特权,教会学校也随之由原来的五个通商口岸发展到内地,数量迅速增加。洋务运动中期以后,多数教会学校,特别是位于沿海通商口岸的教会学校,已不再免费招收穷苦人家的孩子,而是吸收新兴资产阶级家庭和其他富裕家庭的子弟,收取较高的学费。这样不仅可以提高教会教育的影响,还能在进行文化渗透的同时获取经济利益。

(2)教会学校的性质和影响。教会学校在中国存在一个多世纪,其中洋务运动时期是教会学校由自发状态向制度化转变的关键时期。

教会学校是西方列强殖民扩张的产物。传教士宣称要以"基督教征服世界",使中国完全的基督教化,向中国传授西方的科学和文明。事实上传教士的活动领域并不限于文化和宗教,即使是传教士所从事的文化教育活动,其目的也不是单一的,而是一直和各宗主国的政治、经济甚至军事目的紧密结合,带有强烈的殖民性质。

教会学校的存在是近代中国半殖民地的国家性质在教育上的反映。19 世纪后期,西方传教士在华开设的一大批教会学校,是以武力开道,以不平等条约为保护伞的。清政府在自己开办的洋务学堂里明确禁止洋教习有传教行为,表明对教育领域内洋教危害的顾忌。但对教会学校如何教育中国儿童和青年,则只能任凭传教士的愿望,基本无力制止。这是教育主权不独立的表现。

教会学校同时也是中国传统教育向近代教育过渡的促进因素。教会学校与洋务学堂被并称为新式学堂。除宗教课程外,教会学校的课程设置和洋务学堂并无明显差别,特别是其中的"西方"和"西艺"部分,都是当时中国人急需了解的西学成分。教会学校的广泛设立无疑加速了西学在中国的传播进程。教会学校在学校教学体制、课程规划、教学方法、考试管理等各方面,都具有近代教育的特征,并成了中国人学习西方教育的"样本"。中国教育由传统教育向近代教育转变的起步阶段,需要大批懂"西学"的新式教师,但当时非常缺乏。教会学校的毕业生至少在知识结构上符合新式教育的需要,成为洋务时期乃至维新时期、清末新政时期新式学堂教师的重要来源。

2. 清末学制的建立。

洋务运动和维新运动时期,相继建立了一些新式学堂,但因数量少、培养目标和主办者的观念各异,在学业程度、课程设置、学习年限等方面基本处于各自为政状态。19 世纪 70 年代后,部分改良派人士、维新代表人物甚至一些知名的欧美传教士,纷纷以著文、上书等形式建议清政府仿行西方建立学校制度,并提出了不尽相同的学制方案。但以科举为核心的传统教育制度并未根本动摇,"百日维新"的教育改革又兴而复止,近代学制处在呼之欲出而又呼之不出的边缘境地。1901 年拟行新政后,各地官绅纷纷响应清廷的兴学诏书,设立了不少新式学堂,这些学堂或自立章程,或转抄酌改他校章程,程度、课程、年限参差不齐。同时,纳科举于学校也被提起公议。在这种情况下,通过制定全国统一的学制系统来确立标准,加强规范,消除分歧,已成为清廷和办学者的共同愿望。同时,1901 年 5 月创刊的中国近代最早的教育专业刊物《教育世界》,系统地翻译、介绍了日本的重要教育法则、条例和学制，研究探讨教育改革问题，也为学制的制订提供了参照蓝本和人才准备。清末颁布学制始于《钦定学堂章程》，而成于《奏定学堂章程》。

(1)《钦定学堂章程》(壬寅学制)。1902 年，在管学大臣张百熙的主持下拟定了一系列学制系统文件，包括《京师大学堂章程》《考选入学章程》《高等学堂章程》《中学堂章程》《小学堂章程》《蒙学堂章程》共 6 件，8 月 15 日奏呈颁布，统称《钦定学堂章程》。因该年为壬寅年，又称"壬寅学制"。这是中国近代第一个以中央政府名义制定的全国性学制系统，具体规定了各级各类学堂的性质、培养目标、入学条件、在学年限、课程设置和相互衔接关系。"壬寅学制"公布后未及实行，很快被"癸卯学制"所取代。

(2)《奏定学堂章程》(癸卯学制)。由于主持制定"壬寅学制"的张百熙素以偏护新学遭谤议，同时也由于该学制制定仓促，存在诸多不足，公布后即有人提出不同意见，其中湖广总督张之洞还提出了较为系统的建议。因此，管学大臣张百熙、荣庆于 1903 年 6 月以"学堂为当今第一要务，张之洞为当今第一通晓学务之人"，奏请派张之洞会同商办学条，上谕照准。

1904 年 1 月 13 日，清政府公布了由张百熙、荣庆、张之洞主持重新拟订的一系列学制系统文件，包括《学务纲要》、《各学堂管理通则》、《蒙养院章程及家庭教育法章程》、《初等小学堂章程》、《高等小学堂章程》、《中学堂章程》、《高等学堂章程》、《大学堂章程》(附通儒院章程)、《初级师范学堂章程》、《优级师范学堂章程》、《任用教员章程》、《初等农工商实业学堂章程》(附实业补习普通学堂及艺徒学堂各章程)、《中等农工商实业学堂章程》、《高等农工商实业学堂章程》、《实业教员讲习所章程》、《实业学堂通则》、《译学馆章程》(译学馆又称方言学堂)、

《进士馆章程》等，统称《奏定学堂章程》。因公布时在癸卯年，又称“癸卯学制”。这是中国近代由中央政府颁布并首次得到施行的全国性法定学制系统，较“壬寅学制”更为系统详备。

学制主系列划分为三段七级。第一阶段为初等教育，包括蒙养院4年、初等小学堂5年和高等小学堂4年。蒙养院是幼儿教育机构，招收3~7岁幼儿，将其纳入学制系统，标志着我国学前幼儿教育已进入国家规划发展的新阶段。初等小学堂规划为强迫教育阶段，儿童7岁进入学龄期后，理应一律进入。课程有修身、读经讲经、中国文字、算术、历史、地理、格致、体操等。高等小学堂则“以培养国民之善性，扩充国民之知识，强壮国民之气体为宗旨”，课程有修身、读经讲经、中国文学、算术、中国历史、地理、格致、图画、体操等。第二阶段为中等教育，设中学堂5年，设修身、读经讲经、中国文学、外国语、历史、地理、算学、博物、物理及化学、法制及理财、图画、体操等课程。第三阶段为高等教育，分为三级：高等学堂或大学预科3年（分第一、二、三类）；大学堂3~4年（分为经学、政法、文学、商、格致、工、农、医共8科，京师大学堂8科全备，设于各省至少备其中3科）；通儒院5年，属研究院性质，以“能发明新理以著成新书，能制造新器以利民用”为宗旨。从小学堂到大学堂，学制总年限长达20~21年之久。

在主系列之外的各类学堂中，主要有①实业类：与高等小学平行的实业补习学堂、工商实业学堂和艺徒学堂，与中学堂平行的中等实业学堂，与高等学堂平行的高等实业学堂，各级实业学堂一般都划分为农业、工业、商业、商船四个专业。②师范类：与中学堂平行的初级师范学堂，以培养初等、高等小学堂教员为宗旨；与高等学堂平行的优级师范学堂，“以造就初级师范学堂及中学之教员管理人员为宗旨”。

(3)清末学制的补充与修正。“癸卯学制”的颁布，解决了各地兴学无章可依的矛盾，为新式学堂的发展奠定了基础，在其他教育改革措施的配合下，各级各类学堂的数量和在校生人数不断增加。

根据形势的发展和实施中的问题，“癸卯学制”颁布后又做过一些补充和修正，其中影响较大的有：第一，开放了“女禁”。继近代第一所国人自办的女子学堂——经正女学之后，全国各地不同形式的女子学校相继出现。1904 年《奏定学堂章程》禁办女子学堂，对女学的发展起到一定的限制作用。在迅速发展的形势下，《奏定学堂章程》对女学的限制也越来越不得人心，慈禧太后也不得不正视这一事实，1906 年 2 月面谕学部，振兴女学。1907 年，学部颁布《女子小学堂章程》和《女子师范学堂章程》，虽离全面开放女子学校教育相差甚远，但这毕竟是我国女子教育在学制上取得合法地位的开始。第二，针对民间关于初等小学堂难于按章程规定普及的议论，1909 年颁布了《变通初等小学堂章程》，规定可以根据师资和入学对象的情况，原《章程》中初等小学完全科的部分课程可以删减，简易科的年限可缩至 4 年或 3 年，课程更为简缩。这些补充和修正措施有助于扩大教育的对象和范围，促进了新式学堂的发展。第三，1909 年对中学制度进行调整，实行文、实分科，课程各有侧重。

3. 废科举，兴学堂。

科举制度一直是清末影响新式学堂发展的重大障碍，所以在制定学制的同时，就开始了如何处置科举考试的讨论。

1898 年百日维新中已出台了设立经济特科、取消八股考试的措施，但戊戌政变失败后均一笔勾销。1901 年拟行新政后，又重新确认了这两项改革措施。1901 年 6 月慈禧太后懿旨：“开经济特科，于本届会试前举行。”8 月光绪帝上谕：改革科举考试内容,“一切考试均不准用八股文程式”。1903 年 3 月,张之洞、袁世凯上书疾呼废科举,要求确定废科举的最后期限、具体步骤和时间表,并提出按科递减的方案。荣庆、张之洞按此方案拟定了《递减科举注重学堂折》,于 1904 年 1 月 13 日与《奏定学堂章程》同时奏呈,获得照准。按此方案,科举期于 10 年后停止。但形势发展对新学人才的热望已使部分官僚感到时不我待,时隔不到两年,袁世凯、张之洞等各省督抚会奏立停科举以广学校。迫于形势,光绪帝于 1905 年 9 月 2 日(光绪三十一年八月四日)上谕:“著即自丙午科为始,所有乡会试一律停止,各省岁科考试亦即止。”宣告了自隋代起实行了 1300 年之久的科举考试制度的终结。

科举从议及废,仅用了两年左右的时间,有力地配合了学制颁布后兴学政策的落实,出现了中国近代史上难得的兴办新学的热潮。至 1909 年,办学成绩已斐然可观,各级各类新式学堂的数量已达 5000 多所,在校学生超过 16 万人(详见下表)。

表 9-6　1909 年全国各级各类学校数和在校学生数详情总表

学校类别			校数	学生数
初等小学堂			44558	1170852
两等小学堂 *			3487	199018
高等小学堂			2038	111519
中学堂			438	38881
师范学堂	初级	完全科	91	8358
		简易科	112	7195
	优级	完全科	8	1504
		选科	14	3154
		专修科	8	691
	传习所讲习科		182	7670

（续）

学校类别		校数	学生数
高等学堂		21	3387
大学堂		2	549
专门学堂	文科	17	1983
	理科	3	211
	法科	46	11688
	医科	8	336
	艺术	7	485
农业实业学堂	初等	59	2272
	中等	31	3226
	高等	5	530
工业实业学堂	初等	7	2558
	中等	10	1141
	高等	7	1136
商业实业学堂	初等	17	751
	中等	10	973
	高等	1	24
实业预科＊＊		67	4038
其他类	蒙养院	92	2662
	半日校	966	25251
	女学堂	298	13489

注：＊指初等小学堂和高等小学堂合并设立的学堂；＊＊包括实业预科和其他一些实业学堂。

4. 改革教育行政体制。

1904 年《学务纲要》中已规定专设总理学务大臣。废科举后，为适应教育形势的新变化，加强教育管理，清政府又进一步对教育行政体制进行了改革。

1905 年 12 月，清廷批准成立学部，作为统辖全国教育的中央教育行政机关,并将原来的国子监并入。学部的最高长官为尚书,其次为左、右侍郎等,并聘请谘议官作为学部的顾问。学部内分为5司12科,并附设有编译图书司、京师督学司、学制调查局、高等教育会议所、教育研究所等机构。

地方教育行政也相应作了改革,在各省设立提督学政管理教育,1904年后,部分省根据《学务纲要》规定设立学务处。1906年4月,上谕各省设提学使司,作为各省专管教育的行政机构,长官为提学使。各省提督学政和新设学务处撤销。同时在府、厅、州、县设立劝学所为各级教育行政机关,县设视学1人并兼任学务总董。至此形成了一套新的从中央到地方的教育行政系统。

5. 厘定教育宗旨。

维新运动开始后,涉及教育宗旨的议论渐多。1902年,梁启超著文提出教育当定宗旨,张之洞等在1904年奏请颁布《奏定学堂章程》时也声明:

> 至于立学宗旨,无论何等学堂,均以忠孝为本,以中国经史之学为基。俾学生心术壹归于纯正,而后以西学瀹其智识,练其艺能,务期他日成材,各适实用,以仰副国家造就通才、慎防流弊之意。

此项教育宗旨明显反映了"中学为体,西学为用"的指导思想。1906年3月,学部针对民权思想的流行和资产阶级革命派的活动,拟订"忠君、尊孔、尚公、尚武、尚实"的五项教育宗旨,经奏请朝廷认定,宣示天下。这是中国近代第一次正式宣布的教育宗旨。

同年,王国维从受教育者的基本素质要素出发,提出以体育培养人的身体之能力,智、德、美三育培养人的精神之能力,相应发展真善美之理想,以期培养"完全之人物"。这是中国近代教育史上第一次提出德、智、体、美四育并重的教育宗旨,对以后教育目标模式的设计产生了重大影响。

6. 留学教育的勃兴。

(1)留日高潮的兴起。由于甲午中日战争的刺激,中国的士大夫们开始寻求日本迅速强大的原因,发现日本早期派遣的大量留学生对日本的富强起了重要作用,中国也必须仿效。认为应将日本作为中国派遣留学生的首选国,并通过各种途径向日本派遣留学生。

1901年议行新政后,清政府多次倡导留学,1903年清政府公布《约束奖励游学毕业生章程》,明确了对留学毕业生给予相应的科名奖励办法。1905年清政府宣布废除科举制度后,士人为寻求新的出路,纷纷涌向日本,酿成留日高峰。综合各种文献的记载,估计1901年底在日留学生约280名,1904年约3000名,1906年达8000名以上,之后人数逐渐减少。在如此短的时间内有如此众多的人前往一国留学,这在中国近代史上是绝无仅有的。

虽然清末留日归国学生在传播近代西方科技方面整体层次不高,但他们充实了新式学堂的师资,壮大了实业技术人才的队伍,翻译了大量日文西学书籍,较广泛地传播了资本主义思想观念。特别是以留日学生为骨干形成了资产阶级革命派群体,促成辛亥革命的爆发,对中国近代社会的变革产生了重大影响。

(2)"庚款兴学"与留美潮流的兴起。进入20世纪后,在清末新政的鼓励下,中央及地方政府和机构陆续派出了一些留美学生。但留美人数的更大增加是在美国1908年提出退还庚子赔款和清华学堂建立之后。

1901年《辛丑条约》规定,中国付各国的战争赔款共计白银4.5亿两,从1902年到1940年分39年还清,本息总计达9亿多两,因事出中国庚子年,史称"庚子赔款"。为了美国在华的长远利益,1906 年美国伊利诺斯大学校长爱德蒙·詹姆士在呈美国总统罗斯福的"备忘录"中提出:"哪一个国家能成功地教育这一代中国青年,哪一个国家便将由于付出的努力而在精神上、知识上和商业的影响上获得最大可能的报偿……这种道义上的影响与扩展,即使单纯从物质概念而言,意味着所付出的代价在回收时,将比任何其它方式获利更大。"1908 年美国国会通过罗斯福的咨文,从 1909 年起,将美国所得庚子赔款的半数以"先赔后退"的方式退还给中国,并和中国政府达成默契,以所退庚款发展留美教育。

为了实施庚款留美计划,中国政府专门拟定了《遣派留美学生办法大纲》,规定在华盛顿设立"游美学生监督处",作为管理中国留美学生的机构,在北京设立"游美学务处",负责留学学生的考选派遣事宜,并从 1909 年起实施。

游美学务处在直接选派留美生的同时,又着手筹建留美预备学校——清华学堂。清华学堂于 1911 年 4 月 29 日正式开学,民国成立后改称清华学校。清华学堂对提高中国留学生的层次和系统引入西学起到了重要作用。

通过"庚款兴学",美国确实达到了"把中国的留学潮流引向美国"的目的,1909 年实施庚款留美计划之后,留美人数逐年增加,中国留学生的流向结构从此发生了重大变化。

三、医学院校的大规模设立

(一)教会医学校的设立

鸦片战争以后,根据《中美望厦要约》《中法黄埔条约》等有关条款的规定,英、美、法等国侵略者有权在我国通商口岸建造教堂、医院和学校,于是教会医院在我国日渐增多。为了解决教会医院对大量医生的需要,由教会出资兴办的医学校相继设立。

开始时，传教士并没有想到要办医学教育，他们仅仅是为了医疗上的需要，在医院或诊所招收一二名生徒，课以浅近的医学知识，目的是训练他们担任护理工作或传教士。据 1897 年尼尔调查，当时的教会医院培养的生徒数量极少，在 60 所教会医院中，有 39 所兼收徒生，其中 5 所招生人数超过 10 人，其余为 2～6 人，平均每所 4 人，当时认为已毕业的约 300 名，肄业生约 250～300 名。这种学徒式的训练方法成效不高，很难算得上是正规的医学教育，而且培养出来的人既不能满足当时医疗上的需要，又不能达到政治上的目的。早在 1837 年，伯驾已经“感觉到在中国训练青年医药人员的重要性”，他认为“被这样教育出来的青年将逐渐在整个帝国播散开来……也将增加那些他们从之而学习这门技术的人们的威信……这种影响将是无形的，但却是强有力的”。他们终于认识到在中国举办医学教育事业的重要意义。早在 1835 年 1 月，广州的外侨发起组织“马礼逊教育会”，1836 年 9 月 28 日在广州举行“马礼逊教育会”成立大会。1839 年 11 月 4 日，马礼逊学校在澳门开学，第一批招收 6 名男生。1842 年 11 月 1 日，马礼逊学校搬到香港继续办学。中国近代改良主义思想家容闳于 1841 年到澳门入学，后又随学校去香港继续学习。中国近代第一位西医黄宽，也是该校学生。1847 年 1 月 4 日，黄宽、容闳、黄胜三人从香港启程，随马礼逊学校教员布朗夫妇前往美国，入马萨诸塞州之孟松学校，学习了 4 年。黄宽复得布朗氏资助，于 1850 年转赴英国苏格兰，考入爱丁堡大学医科学习，历时 7 年，获得博士学位。黄宽于 1857 年抵达香港，自设诊所，1858 年接办广州合信氏在金利阜创设的惠爱医馆，又兼职博济医院担任教席，培养了中国第一代西医。1866 年博济医院成立附设南华医学校（又称博济医学校），成为中国最早的西医教会医学校。当时，黄宽担任解剖学、生理学和外科学教席；嘉约翰执教药物化学；关韬教临床各科。次年曾于院中解剖尸体一具，由黄宽执刀。1867 年嘉约翰因病离华，黄宽曾代理博济医院院长。该校开始只招收男生，1879 年招收了第一个医科女生入学。1904 年扩建后改称华南医学院（1917 年由广州博医会接管，1930 年改由广州岭南大学接办，新中国成立后并入广州中山医学院），1914 年该院又成立附设护士学校。这是教会系统在我国创办的最早的一所医学校。

20 世纪以后，帝国主义者愈加重视教育，他们在创办医院的同时，也创办医学校，企图以此来扩大影响，控制我国的医学教育。当时，在华的主要教会大学先后设置医学系或医学院，或在教会医院的基础上创办医学院和附设护士学校，从此教会医学校在我国迅速发展起来。继博济医学校后，1884 年杭州成立广济医学校（1905 年停办）。1887 年香港成立阿利斯（Alice）纪念医院，并于同年 8 月成立医学校。1889 年南京成立斯密斯纪念医院医学校（1886 年成立斯密斯纪念医院）。1890 年南京成立济南医学校，1891 年美国教会在苏州成立苏州女子医学校。1894 年成立苏州医学校（苏州女子医学校并入，1910 年停办）。1896 年上海圣约翰大学设立医科。1901 年广州成立夏葛女子医学校。1903 年上海成立大同医学校（1917 年并入齐鲁大学医学院）。1904 年成立震旦学院，1909 年迁上海吕班路，招收医学生。1904 年英美教会在济南成立共和道医学堂（1906 年青州医学校成立，旋即并入共和道医学堂）。1906 年英美教会在北京联合创办协和医学堂。1908 年汉口成立大同医学堂，北京成立北京协和女子医学校，广州成立光华医学专门学校，南京成立金陵大学医科，汉口成立协和医学校。1909 年广州成立赫盖脱女子医学专门学校、广东公医专门学校。1910 年南京成立华东协和医学校。1911 年青岛成立德国医学校，福州成立协和医学堂，成都成立华西协和大学并于 1914 年设立医科。1914 年美国教会在长沙成立湘雅医学专门学校。据统计，1900～1915 年在我国先后建立了 323 所教会医学院校。

当时，设立医学院的教会大学有岭南大学、震旦大学、圣约翰大学等。

岭南大学创办于 1885 年，原名格致书院，是美国长老会和美国基金委员会合办的一所大学，1900 年改为岭南学堂，1916 年定名为岭南大学。1910～1912 年设医学预科，由美国医生嘉惠霖（W. W. Cadbury）主持校务，编辑出版《中华医报》（1912 年）。1930 年博济医学校、夏葛医学校并入岭南大学医学院。

震旦大学原名震旦大学院，1903 年由爱国天主教徒马相伯创建，由于马相伯在校内从事革新政治的活动，遭到天主教耶稣会士的排挤和打击，1905 年马相伯愤然退出，震旦大学院由教士所控制。震旦大学是天主教在南方设立的最高学府，以教授法语为主，学生都必须接受神甫的宗教灌输并参与弥撒等宗教活动。1909 年成立医科，以广慈医院为实习医院，学制 6 年。

圣约翰大学原名约翰书院，由美国圣公会施若瑟主教于 1877 年在上海开始筹建，1879 年 9 月正式开学。1905 年改名为圣约翰大学。1906 年设置文、理、医、神 4 个学院。圣约翰大学是基督教会在南方成立的以培养商业买办为主的最高学府。圣约翰大学的教育内容是典型的殖民化教育，办学宗旨是培养为基督教服务的中国青年，因此，他们把宗教灌输和宗教活动放在首位，企图铲除学生爱国观念与排外思想，以培养为教会服务的知识分子。圣约翰大学于 1896 年设立医科，从 1902 年后每年有少量毕业生，到 1937 年止，历年医科毕业生不到 200 名。

教会医学院校为抬高身价，吸引学生报考，大部分在外国注册立案,如苏州东吴大学于1902年在美国田纳西州注册;上海圣约翰大学于1906年向美国哥伦比亚区注册;南京金陵大学于1911年向美国纽约州注册;湘雅医学院向美国康乃尔州立案。这些向美国注册的教会大学毕业生,可同时获两张毕业学位文凭,可以不经过考试而直接升入注册过的州立大学或挂钩合作的大学,并可颁发各挂钩大学认可的学士、硕士、博士学位。

与此同时,外国人也来中国设立医学校。如光绪三十三年(1907年)德人宝隆(E. H. Paulum)在上海设立同济医院,附设同济德文医学堂(1917年由中国政府接办,改名为同济医工专门学校,1924年改名同济学院),同济采用德语教授医学。宣统三年(1911年)日本人在奉天设立南满医学堂,用日文教授医学。外国人所办的医学校,所用语种有英语、法语、日语、德语等,学校的学制及所用的教材也全部抄袭欧、美、德、日诸国。

20世纪以前,教会所主持的医学教育,无论是过渡形式的教学,还是初具规模的医学校,教学格局基本类似,只是程度深浅不同而已。当时的教学体制受英美教学体制影响,尤其受英国爱丁堡医学院的影响最大。那时在华的许多著名传教医师如德贞、马根济等都是来自爱丁堡,中国有相当部分留学生,如最早的医学生黄宽即毕业于爱丁堡医学院。

教会及外国人所办的医学校,虽然设立在中国土地上,但它们不必向当局备案。中国有关的教育主管部门,不得过问教会学校的行政和教学。因此,人们称呼这些教会学校是设在中国领土上享有治外法权和其他各种特权的"外国文化租界"。

西医和西医教育系统的传入,也将比较先进的医学理论、医疗技术以及医学教育思想和方法引入我国,打破了清朝长期以来闭关锁国的局面,这对我国的医学科学和近代医学教育体制的确立,具有一定的促进和推动作用。虽然教会医学教育培养出来的人才有不少在立场上是民族虚无主义的,在思想方法上是机械唯物主义的,与传统的祖国医学格格不入,然而他们的大部分成为各主要医学院校的骨干,成为传播西医的主要力量。晚清时期外国教会在我国设立的医学院校见下表:

表 9-7　晚清时期外国教会在我国设立的医学院校

校名	地点	开办年月	创办机构(主持人)	备注
博济医学堂	广州	1866 年	[美]嘉约翰	后改为博济医学院南华医学校
圣约翰大学医科	上海	1880 年	美国对公会	1914 年改医科为医学院
广济医学专门学校	杭州	1884 年	苏格兰安立甘会梅滕更	1956 年停办
苏州女子医学校	苏州	1891 年	美国监理公会	1919 年停办
广东女子医学校	广州	1898 年	女子部 美国长老会	1902 年改名夏葛女子医学院
大同医学校	汉口	1903 年		
协和医学校	北平	1906 年	英美五教会及伦敦医学会	1915 年改名北京协和医科大学
金陵大学医科	南京	1908 年		
青岛特别高等专门学堂医科	青岛	1908 年	美国基督教会	
共合医学堂	济南	1909 年		
华西协和大学医学院	成都	1910 年	德国	
协和女医学校	北平	1911 年	英、美、加拿大	
南满医学堂	沈阳		日本	后改名南满医科大学

(二)我国自办的西医院校

19 世纪末期,清代封建统治者也开始创办医学校。

我国仿照西洋自办的医学堂,首为同治四年(1865 年)北京同文馆所设的科学系,其中有医学科学之研究,是学习西方医学的开端。

光绪二十四年(1898 年)四月二十三日上谕,创办京师大学堂,在专门学中设立卫生学(包括医学)。七月,谕管学大臣孙家鼐认为“医学一门,所关至重,亟应另设医学堂,求考中西医理,令大学堂兼辖,以其医学精进,即着孙家鼐详拟办法具奏”。在孙氏筹办京师大学堂疏中,分为十科,第十为医学科,但未实行。

光绪二十七年(1901 年)十二月初一谕“从前所建大学堂应切实举行”,并派张百熙为管学大臣,在京师大学堂章程概略中,在大学院设医学实业馆(设置未定),大学专门分科课目中,医术列于第七,下分医学及药学两目。钦定章程颁行于光绪二十七年十二月,但于二十九年(1903 年)十一月即行废止。又于该年闰五月,颁布《奏定学堂章程》,将大学分为八科,其中第四科为医科。医科又分两门,一为医学,一为药学。大学分为本科及预科,医本科修业年限为 3~4 年,预科 3 年。

1903 年京师大学堂增设医学实业馆,招生数十人,教授中西医学,1905 年改称京师专门医学堂,学校的章程主要抄袭日本大学的学制,医预科 3 年,医科 3~4 年。1906 年,医学馆加习 2 年,学制改为 5 年,所有加习课程博采东西各国之长,并由政府的学部核定。当时,学部尚讨论中西医分教肄业问题。御史徐定超奏:

> 中西医派确有不同,造士不能合并。……学者各专一门,已苦难于精到,必欲兼营并骛,心力更有不遑。

学部也认为：

> 中西医术各有独到之处，奏定医科大学章程，于中西医学必令兼修，未尝偏废，惟中西医理博大精深，融会贯通，必俟诸已入分科大学之后；下此则兼营并骛，学者辄以为难，诚有如该御史所陈者。

1907 年建议将医学馆改为专门医学堂，中西分科肄业。各以深造有得、切于实用者为宗旨。其应如何补习普通，偏设课程，酌定年限，由学部遴员详议。但该馆于光绪三十三年（1907 年）又决定停办，在校学生全部送日本学习。

1908 年，张之洞也在湖广设立湖北医学堂，其毕业生拟照京师医学馆毕业生待遇发给。

宣统二年（1910 年）准许医学研究会立案。翰林院侍读学士恽毓鼎奏：创办医学研究会的宗旨，意在使业医者在诊察余暇研究学术，使理论与实验二者并进，用意至善，自应准其立案。

1909 年，广东光华医学专门学校正式建成上课，学制 4 年，郑豪首任校长。第一届毕业生陈垣等 6 人，第二届毕业生张傅霖等 11 人，都是因为不满外人操纵，从博济医学校转到光华就读。该校早期出版《医学卫生报》和《光华医事卫生杂志》，保存了近代许多珍贵的医学史料。

此外，洋务派也曾办过一些军医学堂。如光绪七年（1881 年），直隶总督李鸿章在天津创办了北洋施医局，聘请英人麦肯徐（Mackenzio）为医官，这是我国自办的第一所医学校。当时召回留美学生 8 人，美国领事彼提克（W. N. Petick）建议他们学医，医学馆由马根济主持筹备。光绪十一年（1885 年）第一班毕业生 6 名多送海军服务。光绪十九年（1893 年）校舍落成，正式招生开学，委林联辉为第一任总办（校长）。以原有之医院作为实习医院,同时改名为北洋医学堂。该校直接由李鸿章领导,经费由天津政府拨给。学制 4 年,不分科,教员多为英人,并以英语医书为课本。课程设有解剖、生理、内外科、妇产科、皮肤花柳科、公共卫生、眼耳鼻喉科、治疗化学、细菌学及动、植物学等。有 60 张床位供临床实习使用。

光绪二十八年(1902 年)袁世凯操练新军,在天津办了北洋军医学堂。任命北洋候补道徐华清为总办,日本二等军医平贺精次郎为总教习(教务长)。该校学制4 年,每班40 人。后在天津河北四马路新建校舍,并附设防疫学堂,由日本古城梅溪主持,教员多为日人,课本亦用日文。光绪三十二年(1906 年)由陆军军医司接收,改名为陆军军医学堂。1907 年伍连德任协办(副校长)。光绪三十四年(1908 年)又增设药科,学制为 3 年。1911 年伍连德率该校学生去哈尔滨办理鼠疫防治工作,成绩显著。1912 年改组,1915 年迁往北京。这是我国最早设立的陆军军医学校。

光绪三十二年(1906 年)七月在广州设立随营病院,由两广总督岑春煊电商出使日本大臣杨枢代聘日本医学士 1 人,充任随营军医学堂总教习及随营病院诊察长,另雇助手 1 人、药剂师 1 人作为副手。随营医院为医治伤病员之医疗机构。同年 8 月,又开办随军医学堂,招收学生。宣统元年(1909 年),又在广东设立陆军医学堂及海军医学堂。于是我国海陆两军均有了培养军医的学校。

总之,自鸦片战争以后,由于帝国主义的入侵,西洋医学传入我国,传统的中医教育日渐衰落,逐渐为外国人开办的医院和医学校所代替。随着洋务运动而兴起的国人办的医学堂,也大多仿照西方和日本,聘外国医生为师。

晚清时期我国设立的西医院校见下表。

表 9-8 晚清时期我国自办的西医院校

校名	地点	开办年	创办人	备注
北洋施医局	天津	1881 年	李鸿章	1892 年改名北洋医学堂
北洋医学校	天津	1902 年	袁世凯	1909 年改为陆军医学校
京师大学医学实业馆	北京	1903 年	孙家鼐	1905 年 2 月改建医学馆
广东随营军医学院	广州	1905 年	岑春萱、周馥	后改名新军军医学馆
同济医工专门学校	上海	1907 年	德人宝隆氏	1917 年由国人接办
广东光华医学专校	广州	1908 年	陈衍芬	1928 年改组为广东光华医学大学
广东公立医科专门学校	广州	1909 年	广州绅商	1926 年秋改为国立中山大学医科

(三)中医学校的建立

光绪年间,在洋务派兴办学堂的影响下,名医陈虬(字志三,号蛰庐)于光绪十一年(1885 年)在浙江省瑞安县创办“利济医学堂”。据《利济学堂报》记载,该学堂学制 5 年,学习“医籍之外,兼课以古今中、西一切学术”,它是我国近代早期较有影响的中医学校。

戊戌变法后,废除了八股取士的科举制度,各类学校相继出现。光绪三十二年(1906 年),四川重庆创办了“巴县医学堂”(后改称“巴县民立医学堂”)。辛亥革命后,该校由重庆医学研究会接办,依靠中医界和社会有关人士的资助维持,1916 年停办。① 与此同时,广东南海贡生罗熙如、黎棣初等,于 1906 年创办了“广州医学求

① 参见《东川最早之中医学校》,《现代医药杂志》1946 年第 7 期。

益社”,1921 年改名“广州医学卫生社”,以联络医界团体、振兴医务教育为宗旨,它的创建促进了广东中医教育事业的发展。①

此外,晚清设立的中医学校尚有 1901 年开办的江西中医学堂,1905 年盛京军督部堂所提举在沈阳创办的中医学堂,1906 年清政府拨款建立的山西医学专门学堂等。

四、医学教育与考试制度的新变化

(一)太医院医学馆

太医院乃清廷官办的最高医学机构,教习厅专司医学教育。鸦片战争后,清政府国势衰微,传统的医学教育每况愈下,宫廷式的教育已面临崩溃的边缘。太医院因经费不足,几乎几十年不闻读书声,甚至教习厅也任其倾塌,一切旧制度名存实亡。至同治五年(1866 年),御史胡庆源极力请求整顿医官以正医学,太医院教习厅改名医学馆,改良对医学教育之管理。从所属官中选教习 3 人,收掌 3 人,但他们并不经常驻太医院,只叫医士、恩粮生和医生于每月初一、十五按时变动课程。按春、秋两季考医士、恩粮、肄业各生,列定第等,按名顶补,每届 6 年。

在此之前,太医院沿袭旧制,设立教习厅。教习分内、外教习。凡内教习,于太医院官内选取学识素著者,令居东药房,教授太监医学。凡外教习,太医院设教习厅,于御医吏目内择品学兼优者补充,有进院业医者暨医官子弟,均送教习厅,课其诵读。又谓良医需得老年经历多者,令各省巡抚于所属医生详加考试,果有精通《内经注释》《本草纲目》《伤寒论》三书者,请为医学官教习,每省设立一个,准其食俸三年。如果勤慎端方,贡入太医院,授为御医,其员缺即于本省学习人内拣选补授。凡所属州

① 刘小斌:《广东近代的中医教育》,广州中医药大学 1990 年硕士学位论文。

县卫习医人令其访明考试。即将三书教习,有精通者,呈报巡抚,给咨赴院考试。

教习厅在专业设置方面,道光二年(1822年)针灸科因“针刺火灸,非所以奉君之所宜”而被取消。同治五年(1866年),又取消了妇人科和伤寒科。至此仅剩下大方脉、小方脉、口齿咽喉、眼科、外科等五科。当时课程设置无大变化,仍以《素问》《难经》《本草纲目》《脉诀》《医宗金鉴》《濒湖脉诀》等为主要教材。考试内容于《素问》《难经》《本草纲目》《脉诀》暨本科紧要方书内出题。同治五年(1866年),教习厅改为医学馆后,考试由每年四次季考改为每年两次,在仲春和仲秋举行。凡交月课的医士、恩粮士、医生统由堂官面试二艺。每届寅、申年,太医院院使、院判会同礼部堂官共同主持会考,除御医不需考试外,所有吏目以下各员生一律参加会考。平素专攻学科,要预先声明,在试卷上盖以戳记。备卷、试卷都由收掌官批阅,交教习评定等第,太医院堂官封送礼部复勘后,至太医院拆封,最后至吏部注册。遇有应升的官缺,通知吏部查核,由太医院奏明咨补。凡考试成绩在一、二等的,如果没有过犯,挨名依次递补;列入三等的照旧供职,暂停升转;四等的罚停会考一次;不列等的,革职,留太医院效力,仍在教习厅学习,下届考试仍准予参加。

同治五年改制后太医院考试的具体规章如下:

(1)考试出题务须明白显亮,不得割裂经文,批语亦宜从简质。

(2)试卷务照定式置办,不得长短不齐,卷面上印太医院字样,中填某班,即医士、医生各名目下粘浮签。接缝用教习厅印,卷面用堂印。考前由收掌官分正大光明四字填簿,照号填卷,折叠弥封后,再盖教习厅印。浮签上楷书姓名,旁填座号。教习厅印半在卷半在签。用印毕,将号簿固封首领厅,于需用卷外不得多备一卷。

(3)考试日,各员生黎明齐集,听候点名,照号入座。临点名不到者,取消资格。

(4)入座后由稽查官逐号详查,其有签座不符者,立即扶出。

(5)题纸亦按正大光明分号粘悬,明白大书,使诸生一览无遗,概不准离座抄题。

(6)出题后,限时由稽查官挨号盖戳。其尚未得句者,印盖卷面不录。

(7)统限日落交卷,不准继烛。

(8)交卷自行揭去浮签。

(9)题目字句不得错落,誊写不得行草,涂抹不得至百字,不得越幅曳白油墨污。

(10)教习阅卷,只用句圈句点,不许浓墨密点,收掌均分呈堂官批定。

光绪三十四年(1908年)奏请设新医学,略仿各省学堂的章程,以院使、院判为管学,派官员2人为教习,另有监学、庶务、稽查及书记各1人,除管学外,定为4年毕业,款项由各官津贴中捐集,一直维持到辛亥革命(1911年)才停办(《太医院志》)。清朝中医考试规程还是相当严密的,值得进一步研究。

(二)太医院开设课程的争论

清代在太医院设教习厅和医学馆作为培养人才的学校后,培养人才的方法则率由旧章,以《内经》《脉诀》《本草》等书为基本教材。直到光绪三十四年(1908年),太医院院使张仲元由于受西方医学的熏陶和西方先进教育方法的影响,决心对旧医学教育进行改革。① 他上书奏请开办医学堂,对开医学堂的宗

---

① 陈可冀等编著:《清代宫廷医话》,人民卫生出版社1987年版,第19页。

旨、计划、教材、方法提出了一整套办法。他认为教材中应中西医学兼备，同时应智育、体育、德育并重，宗旨是为培养医学通才，供职内廷。计划先办中学班，学制 5 年，续办高等班，学制 8 年。中学班以中医为主课，兼学算学、生理、英文、理化、西医大要等。高等班以西医为主课，兼学中国医学、中医大要等。在当时历史条件下，能够提出办中西医结合的学堂，培养符合时代潮流的太医，是史无前例的创举。但这个新生事物一开始萌芽破土，即遭到左院判李崇光的强烈反对。继之又上书于朝，申述理由。主要论点为："现在留学卒业专门医科者概不乏人，国家如以为可用之时，自必赏加太医院官阶，以资内用。……何如奏调学部之卒业医科者来院，以资供奉要差，较之本院开办造就，岂不事倍功半乎？"又说："本院人员概不通晓西学。其开办一切及器具药品之价值，以至教员之得失，统皆奉命于毫无干涉之人。学生则本院人多不合格，招至者贤愚杂乱，卒业后虽予以出身，而本院之清苦异常，升途又窒，所成之才安能阻其他就，此真才定难缚之在院也。""我等既不知西学，则该生造就之深浅，与西药之美恶，茫乎莫辨，冒冒然即指其为最优等，竟使之任以要差，其中隐伏之咎，孰敢当之。"基于上述理由，李崇光认为"西医不可擅用，人才毋庸自储"。因此他在太医院使张仲元拟办西医学堂会商之时，"再三拦阻，不肯允诺"，继之"先期声明，此举并未赞成，以为将来卸责地步"。这是太医院内部为培养人才开设课程发生意见分歧、相互争辩的概况。

争议的结果，张、李各自上书给管理太医院事务署总管内务府大臣继禄申明理由，复经继禄呈请皇帝允准，以"因经费有限，只得暂办中医。俟中医毕业后，再行奏请添款续办西医"为借口未予实行。

太医院开设课程的争论，从时间看，发生在光绪三十四年

(1908年)八月,属于清代末期。当时革命浪潮日趋高涨,帝王江山朝不保夕,无论办5年制的中学班或8年制的高等班,学生都不可能如期毕业。

(三)京师大学堂医学馆

光绪二十八年(1902年)春,张百熙拟《钦定京师大学堂章程》,大学专门分科课目中,医术列于第七,下分医学及药学两目。1903年,光绪帝命湖广总督张之洞会办京师大学堂,张之洞、张百熙、荣庆三人奏定学堂章程及厘定学务纲要,同年五月颁布《奏定京师大学堂章程》,大学共分为八科,其中第四科为医科,医科又分医学及药学两门,医学门药学门教学规程中仍有中医中药内容,但以西医药学为主。

京师大学堂于1903年增添医学实业馆,招生数十人,教授中西医学,于光绪三十一年(1905年)改称医学馆。据《续皇朝文献通考》卷一一三"学校考"所载,光绪三十二年(1906年)医学馆开办已届三年,学部咨医学馆考试,认为:

> 医学馆系照中学堂办理,应照新章五年毕业。且医科关系紧要,而学理又至繁赜,不独难于深造,亦不易言普通,若学问未精,遽令充当官医及医员等,实恐难免贻误。本部详细酌核,意在妥筹造就。如学生研习医学具有根柢可期深造,应即加习两年,以符新章中学堂五年毕业之例。其奖励亦即可照章办理,所有加习课程,应博采东西各国医学科目资部核定。

从上述学部批文可知,京师大学堂规划医学馆学制原为3年,后加2年为5年,开始系照中学堂办理,教授课程中西兼有。光绪三十二年(1906年),学部也曾讨论中西医学分科肄业问题,御史徐定超奏:

> 中西医派确有不同,造士不能合并,中医多理想,西医

凭实验;中医主述古,西医贵求新;其诣力独到之处,各有不可思议之精微,学者各专一门已苦难于精到,必欲兼营并骛,心力更有不遑等语。臣等窃维中西医术各有独到之处,奏定医科大学章程于中西医学必令兼营,未尝偏废。惟中西医理博大精微,融会贯通必俟诸入分科大学之后,下此则兼营并骛,学者辄以为难,诚有如该御史所陈者。

学部据徐定超所奏,于光绪三十三年(1907年)将京师医学馆改为京师医学专门学堂,中西学科肄业,各以深造有得,切于实用为宗旨,其应如何补习普通偏设课程,酌定年限,由学部遴员详议。但由于当时我国无论是中医教育或西医教育都缺乏办学经验,学部无法具体厘定各门科目教学规程,遂将京师医学专门学堂学生全部送日本学习,朝廷官办中医教育至此暂停。

(四)官府医学考试

清代末年废除科举兴办学校,但因科举制度沿袭1300年之久,故又有"合科举于学校"的改良方法。即把科举出身与学校出身等同起来。如光绪二十八年(1902年)《钦定京师大学堂章程》谕旨明文:"学生学成后赏给生员、举人、进士。"光绪三十一年(1905年)冬,京城及地方各报刊登消息:"太医院拟奏,将令各省地方大吏,保送精通医士到京考试,赏以举人、进士。"这种"合科举于学校"的改良方法影响医学教育,清廷及各地官府也通过考试赏给医科生员、举人、进士之职。宣统元年(1909年),两广军医学堂甲班毕业生34名,援照京师医学馆毕业方法,分别奖以岁贡、廪、增、附生员各出身。

为奖励游学,光绪二十七年(1901年)谕外洋游学生,有精通之学者,准奏请考试,予以出身,又谕各省书院改设学堂,选派学生出洋肄业,定各省学堂奖励章程。光绪三十二年(1906年),学部又奏定考验游学毕业生章程,及奏派员赴美国各埠筹办华侨学务。光绪三十三年(1907年),学部奏定女学堂章程,11月,奏定游学毕业生廷试章程。

1906年,清廷组织回国留学人员53人统考,考取者赐以进士、举人出身。据《东华录》记载:光绪三十二年(1906年)九月赐游学生毕业出身;谢天保、徐景文、曹志沂、李应泌、傅汝勤等均赏给医科进士。宣统二年(1910年)九月验看学部考验毕业生,刘庆绶、方擎、张修敏、薛宜琪、沈玉桢均着赏给医科进士;王麟书、王行恕、蒋履曾、戴棣龄、鲍荣等均着赏给医科举人。宣统三年(1911年)九月,验看学部考验游学毕业生,沙世杰着赏给医科进士;吴造益、戴侗龄、熊辅龙、张仲山、徐希骥、叶秉衡、金曾洵着赏给医科举人。

光绪三十二年(1906年),广州府举行医学考试,南海潘陆仙(名永礼,著《医学因缘录》,医馆设省城广州,号曰潘永和堂)考取医学第一名。南海贡生罗熙如(名绍祥,医馆设省城广州,号曰罗明恕堂,著《药物学讲义》)考取医学第二名。上两人均系广州医学求益社第一期同仁。

光绪三十四年(1908年),上海举行南洋大臣特考,一是为了健全医生管理,二是为了加速引进西医。试题共八道,其试题最有近代气息。抄录四题如下:①

问,中药辨气味,西药辨质,质与气味分别何如?

问,扁鹊能洞见五脏症结,世以为怪。近日X光镜照人洞达表里,惟金类不能透。西医以为取子弹之用,然其照五脏亦略有微影,能研究其功用以之治他病否?

中西针法疗病论。

---

① 赵洪钧编著:《近代中西医论争史》,安徽科学技术出版社1989年版,第83页。

鼠疫病因、疗法论。

在南洋大臣特考中，无锡丁福保（字仲祐，创办《中西医学报》）考取第一名。在另一重要的地方主持的医士考试——两淮医士考试中，镇江袁桂生（名焯，编撰《医学公报》）列最优等生。丁、袁两人均系近代医学教育著名人物。

光绪三十四年（1908 年），各地政府还举行了多次医学考试，如两江总督端方以医学一科，关系民命，特札饬宁（南京）提学使，凡在省垣行医者，须一律考试，以定去取。其考试之法，令各医生于内科、外科、女科、幼科、痘科、眼科等，任其择试一科或数科，听候考试。考时以学术为重，不以文艺为先。所出之题，就病症方药，古今人治法不同之处，疑难奇僻之病症，凡游移争竞之学说，每科择要设为问题数条，能对若干条，即得若干分，分列最优等、优等、中等、下等、最下等五等。考取中等以上者，给予文凭，准其行医；下等、最下等，不给文凭，不准行医；并在中西医院内附设一医学研究所，仍令中等以上各生入所讲求，以求深造。这种考试曾先后举行两次，投考者甚众。

（五）地方举办医学教育

清代在地方也设有医学教育，机构和人员配置基本沿袭明代。府设正科 1 人（从九品），州设典科，县设训科，三种都由医士担任。这些地方医官一般都由礼部查明咨送，且知会太医院，年终造册报吏部存案。府、州、县所设的正、典、训科医官，发现所管范围内有技术高超者，呈报巡抚，发给路费到太医院参加考试。成绩为上等者，可授以吏目、医士等官职；若年老或成绩一般者，留在地方使用。

清代地方官学只能培养少数的医务人员，根本无法满足城乡广大民众医疗保健的需要。因此，传统的以师带徒教育仍然是近代中医学术继承和发展的重要形式，大量民间的医灯传焰，主要还是依靠师徒相授来完成的。

以师带徒在近代仍十分普遍，大凡名医，多有师承传授关系。据《中国医学百科全书·医学史》收载近代著名中医48位，记述有师承传授者32位，占67%。所谓名医门下，“从学者每岁数十人，求医者朝夕踵门如市”，形象地反映了近代中医带徒与诊务两旺之景象。

虽然以师带徒是培养中医不可缺少的重要途径，其现象也十分普遍，但它只能代表近代中医教育的一个方面。要培养具有近代自然科学知识的中医师，就必须把教育从带徒向学校过渡，走医学院校教育的道路；必须聘请各方面人才，更新学科知识，发展多种形式、多种层次的中医教育，建立适合近代社会潮流发展的新教育体系。

清末医学教育尚无明显中西医之分，习惯认为医学教育即指中医教育，西医教育大多由教会操办。这一时期，朝野要求改良医学教育呼声甚高。

改良医学又须从改良教育入手，增设西学课程。宣统二年（1910年），上海朱笏云在《中西医学报》上发表“中国亟宜改良医学说”文章，认为改良医学诚为当务之急，而改良医学之策最重要者为教育。医学教育一可办成速成科，速成科择中医文理精通者，兼授西洋医学，限两年毕业，毕业时由地方长官严加考核。分别等第，给予文凭。二可在各省开办医学堂，医学堂宜荟萃中西学说，求其汇通。凡古方之可用者存之，西药之可以中药代者，以中药代之。古医有极效之方，足补西医所不逮。

改良医学者无不注重学堂教育，这一点已为人所共识。但学堂教育怎样创办？师资教员哪里来？课本讲义如何编写？学科宗旨又如何分设？办学经费从何处筹集？这是当时中医办学堂教育普遍遇到的难题。官立之医学无多，惟有依靠自力筹谋组建。我国中医药界正是依靠自己的力量,自清末以来开始了创办中医学校教育的大胆实践。如1885年创建的浙江省瑞安县利济医学堂,1901年开办的江西中医学堂,1905年盛京军督部堂所提举在沈阳创办的中医学堂,1906年四川重庆创建的巴县医学堂,同年清政府拨款建立的山西医学专门学堂等。

清末各地兴办之医学堂,由于地处一隅,办学时间很短,故对近代中医教育产生的影响不大。各地零散之医学堂,只是从侧面反映了近代中医办学的情况,而真正代表近代中医教育方向、对中医院校创办起着承前启后重要作用者,乃上海、北平、广州三座大都市的中医社团组织附设的教育机构。近代中医社团组织与中医教育关系甚为密切。因为创办中医教育,关键是要靠中医界自身的努力,而要将中医教育从带徒向学校过渡,不是一蹴而就的,它有一个过程。中医界有识之士先行结团集社,组织学会,创办刊物,进行理论学习与临症提高,以适应日后中医院校教学工作之需要。在近代中医教育史上,中医社团组织附设中医教育是一个非常重要的历史阶段。

(六)奏定大学堂章程(1903年)关于医学和药学的章程

立学总义章第一

第三节　各分科大学之学习年数,均以三年为限;惟政法科及医科中之医学门以四年为限……

第四节　大学堂分为八科:……

四、医科大学分二门,各专一门。……

各分科大学科目章第二

第四节　医科大学

医科大学分二门:一医学门,二药学门。今依次列各门科目如下:

1. 医学门科目(见下表)

第四年末毕业时，呈出毕业课艺及自著论说。

表 9-9 医学门科目简表

主课	第一年每星期钟点	第二年每星期钟点	第三年每星期钟点	第四年每星期钟点	主课	第一年每星期钟点	第二年每星期钟点	第三年每星期钟点	第四年每星期钟点
中国医学	6	2	0	0	检眼镜实习	0	0	0	2
生理学	6	0	0	0	皮肤病及霉毒学	0	0	0	2
病理总论	6	1	0	0					
胎生学	0	1	0	0	精神病学	0	0	0	2
外科总论	2	2	0	0	梅菌学补助课	0	0	0	1
外科各论	0	0	2	0					
内科总论	2	2	0	0	药物学	0	3	0	0
内科各论	0	0	2	0	药物学实　习	0	2	0	0
妇科学	0	5	0	0					
产科学	0	0	3	2	医化学实　习	0	2	0	0
产科模型演　　习	0	0	4	0					
					处方学	0	2	0	0
眼科学	0	1	2	1	诊断学	0	2	0	0
捆扎学实　习	0	0	1	0	外科临床讲　　义	0	0	4	4
卫生学	0	0	1	0	内科临床讲　　义	0	0	4	4
检验医学(日本名法医学)	0	0	1	1	妇科临床讲　　义	0	0	0	2
外科手术实　　习	0	0	0	1	儿科临床讲　　义	0	0	0	2
					合计	22	25	24	24

除以上各科目外，在外国尚有解剖学、组织学；中国风俗礼教不同，不能相强，但以模型解剖之可也。

中国人饮食起居衣服，皆与外国不同，若内科、外科、妇科、儿科，皆宜参考中国至精之本；其余各科，当择译外国善本讲授。

2. 药物学门科目（见下表）

表 9-10 药物学门科目

主课	第一年每星期钟点	第二年每星期钟点	第三年每星期钟点	主课	第一年每星期钟点	第二年每星期钟点	第三年每星期钟点
中国药材	3	0	0	植物分析法实习	0	4	0
制药化学	3	0	0	生药学习	0	10	0
药用植物学	1	0	0	有机体考究法	0	0	2
分析术实习	10	0	0	调剂学	0	0	1
制药化学实习	6	2	0	检验化学实习	0	0	6
植物学实习及显微镜用法	1	0	0	卫生化学实习	0	0	6
生药学	0	4	0	调剂学实习	0	0	5
检验化学（日本名裁判化学）	0	2	0	药方使用法实习	0	0	4
卫生化学	0	2	0	合计	24	24	24

五、西方医学的传入及其对中国医学考试制度的影响

西方医学传入我国可以追溯到久远的年代，但鸦片战争以后，西方医学在我国传播的情况与过去相比截然不同。作为一门有着完整的科学体系和先进技术的医学，与传统的中医学相比，西方医学无疑有其独特的优势。

然而,鸦片战争以后西方医学在我国的传播,却是伴随着一系列不平等条约的签订,作为帝国主义列强对我国进行文化侵略的一个重要工具和手段进行的。他们声称:

欲介绍基督教于中国,最好的办法是通过医药;欲在中国扩充商品的销路,最好的办法是通过教士。医药是基督教的先锋,而基督教又是推销商品的先锋。①

这就使西方医学在我国的传播与当时的政治、经济、科技、文化、宗教发生了密切的关系,造成了崇洋媚外的思想,歧视、排斥、消灭中医药学,以至逐渐形成中、西长期对立的复杂局面。

(一)西方医学在近代中国的发展及医学教育的建立

1. 西方医学的早期传入。

西方医学传入中国的历史,最早可以追溯到汉唐时代。但直到 18 世纪末,西方医学由于自身的不发达,也由于传入的零散,对中国医学影响不大。

明末清初,随着以利玛窦(Matteo Ricci,字泰西,1552~1610 年)为代表的西方传教士相继来华,带来了一部分西方科技,其中也包含了医药内容。先是 1568 年澳门区主教葡萄牙人卡内罗(Mclchior Cameiro)在澳门创办仁慈会,设立了两所医院:圣拉斐尔医院和麻风病院。前者是西人在华创办的第一所教会医院,但仅为欧洲人服务,知者甚少。1582 年利玛窦来到中国,在华传教 30 年,上入宫禁,下结寒儒,虽不曾正式带来西方医学,但所持西方生理观念,如"记含之室在脑"之说,对中国医学界已产生了第一次震动。稍后有瑞士医生、传教士邓玉函(P. Joannes Terrenz,1576~1630 年)在中国译述了《泰西人身说概》(1635 年),是传入中国的第一本解剖学著作。另有罗雅谷(Ja-

① 王吉民:《伯驾利用医药侵华史实》,《医史杂志》1951 年第 3 期。

cobus Rho,1593～1638年)译述的《人身图说》(抄本未刊行)。二书所反映的均是古罗马盖伦时代的医学。药物方面有一些金石药传入,被收入同时代中国医家本草著作,其中以熊三拔(Sabbathinus deursis,1575～1620年)《泰西水法》(1612年)中记述的“西方炼制药露法”尤为瞩目。1693年5月,康熙皇帝患疟疾,得传教士洪若翰(P. Joames Afontaney,1643～1710年)等献金鸡纳治愈,使西药名声大振。此外,法国传教士医师罗德先(Bemard Rhodes,1645～1715年)曾为康熙治愈心悸症和上唇生瘤。其时尚有传教士充任御医,康熙还曾令人译过一本包含血液循环等欧洲近代较先进医学理论的著作,惜未予刊行。仅此来看,西医当时在中国社会上层已有一定声望。但后来的“礼仪之争”断送了这一局面。本来当时天主教在华发展较快,“名士高僧攻教虽烈,而天主教并不因此少衰”,主要是由于利玛窦等人能明智地调和天主教与儒家学说的矛盾,尊重了中国知识分子的传统。至1704年罗马教廷传令,禁止中国教民尊孔祭祖,对这种干预中国传统礼仪的行为,康熙立即强硬地表示将以禁教相对抗。后来更由于有传教士卷入康熙朝晚年的夺嗣斗争,雍正登基后便毫不留情地下令禁教,开始了所谓“百年教难”时期。依附于传教而带来的西方医学,就此中断。

2. 诊所和教会医院的逐步建立和发展。

19世纪以前,传入的西方医学主要是浅显的解剖生理知识,且西医在临床治疗技术上并不优于中医,因而西医在我国的影响甚微。为西医在中国取得立足点的是牛痘接种法。嘉庆十年(1805年),牛痘接种法开始自欧洲传入,英国东印度公司医生皮尔逊(Pearson A.)来华,在广州进行牛痘接种,并编印了《种痘奇方详悉》,推广其方法。由于我国熟悉人痘接种法,因而很快接受了牛痘接种法。牛痘接种法在中国的成功推广,不仅鼓励了更多的传教士来从事这一工作，也感动了牛痘接种法的发明者贞纳（E. Jenner），因为远方的中国人比家乡的英国人更加信赖它。随着种痘的推广，全国各地陆续建立了许多种痘所，从而成为西医传播的基地。从此，西医学开始进入中国人的生活，并且逐渐走向正规化。然而这个过程与近代中国的半封建半殖民地进程是密切相关的。鸦片战争以后，中国由于一次次战败签订不平等条约，除割地赔款之外，还不得不向外国开放传教、办学、办医院等。西方医学也随着传教士的进入而传入我国。教会医院的建立，不仅成为西医传播的重要基地，也为我国建立医院提供了示范。西医要在异质文化的土壤里扎根，必须获得文化上的认同。中国对西医的认同，除牛痘接种外，先进的医学科学技术尤其是外科手术也是一个重要方面。因为西方医学此时已经走上了实验科学的道路。自然科学在欧洲的三大发现（有机体细胞构造、能量守恒和转化定律、达尔文的生物进化论）和分门别类深入研究的方法，促进了西方医学迅速发展，古老的欧洲医学经过 300 多年的巨大变化，已逐步形成了比较完整的医学科学体系，与传统的中医学相比，无疑有其先进之处，从而为教会医院在中国的发展保持了技术上的优势。

基督教（新教）派遣第一个来华的传教士为英国人罗伯特·马礼逊（Robert Marrison），他于 1807 年到达广州，1820 年与东印度公司外科医生李文斯敦（Livingstone）在澳门开建了一个诊所。随后，英国在东印度公司驻中国站的传教医生郭雷枢（T. R. Colledge）于 1827 年在澳门开设诊所，次年扩大为医院，这是外国人在中国开办的第一所教会医院。1828 年，郭雷枢在广州又开设了一所小医院，邀请白拉福（J. A. Bradford）及柯克斯（Cox）两医士襄理其事。1830 年，美国公理会派第一个传教士俾治文（E. C. Bidgman 1801～1861 年）来华活动，同年 2 月 25

日到达广州。他在 1935 年《中国丛报》上公然说要使用武力来迫使中国签订不平等条约。俾治文主张利用医学来笼络人心，搜集情报，后来在 1844 年参与策划签订中美《望厦条约》。1834 年 10 月，美国公理会又派传教士伯驾（Peter Parker）到广州，次年 11 月在广州成立“眼科医局”（设在新豆栏街，故又称新豆栏医局），1840 年因鸦片战争停办，1842 年 11 月再次开办。开始时伯驾不敢公开传教，在郭雷枢的倡议下，1838 年在广州成立“中华医药传教会”，郭雷枢任会长，伯驾任副会长。该会的宗旨是利用医药作为传教与推销商品的工具。从此，所有在华的教会医疗机构都有专职神甫或牧师进行宗教活动。1842 年伯驾在广州的医局再次开张时，也公开利用医病的机会进行传教活动。

继伯驾的眼科医局后，随着一系列不平等条约的签订，从 1842 年至 1848 年短短的六七年间，五个通商口岸全部建立了教会医院。第二次鸦片战争后，教会医院进一步在我国内地各省、市建立起来，其中最著名的是英国伦敦会在北京建立的“双旗杆医院”。1861 年，英国医生洛克哈特（W. Lockhart）来到北京，初任领事馆医生，以后也为中国人看病，每日门诊只二三人。早在 1838 年，洛克哈特就接受伦敦英国医事差会的派遣来到广州，曾经在澳门、舟山、宁波、香港、上海等地行医，并著《在华教会医师二十年经验之叙述》一书。1864 年，在英国教会伦敦会的支持下，又有英人德建（Dudgeon）来京，先在英国使馆内建立诊所，不久购买了东城米市大街一寺院建立医院，因为在门前有两个高大的旗杆，俗称“双旗杆医院”（《北京医药卫生史料》）。这就是北京协和医院的前身，后来发展成为北京最大的教会医院。

1860 年以后，由教会创办或与教会有关的医院，从沿海城市逐渐向内地发展，据不完全统计，40 年间共建教会医院 100 所。进入 20 世纪以后，教会所办医院又有较大的发展，除了扩大原有医院的规模外，又在各地新建了不少教会医院和诊所。此外，台湾省于 1866 年在高雄、1891 年在大稻埕也建立了教会医院。英国伦敦会也于 1887 年在香港建立了爱丽思纪念医院。至此，教会医院已经遍及全国各地。与 19 世纪相比，所建医院数增加了 4 倍多，而且医院的设备也较以前完善。

进入 20 世纪以后，新建教会医院的国家除美、英、法、德外，加拿大、丹麦、瑞典以及日本、朝鲜等国也在我国开办了医院。据当时调查，咸丰九年(1859 年)全国仅有教会医生 28 人；光绪二年(1876 年)已有教会医院 6 所，诊所 24 所；光绪二十三年(1897 年)有教会医院 60 所；光绪三十一年(1905 年)教会医院已发展到 166 所，诊所 241 所，教会医生 301 人，这些教会医院分布在全国 20 余省。在所有这些教会医院中，以美国的教会医院占据明显的优势。帝国主义列强在华的各派教会认识到联合的重要性，于是相继成立了几个质量较高的医疗中心，并以它为中心建立全国医院网。事实上，帝国主义者很早就注意了举办"协和"医院的问题。1886 年，在上海成立了教会医生的联合组织"中国博医会"(China Medical Missionary Association)，1903 年英美六个教会在北京成立协和医院，1908 年武汉三教会在汉口组成联合医院，1909 年英国浸礼会与北美长老会在济南成立共和医院，1913 年英、美、加等 6 个教会在成都成立协和医院。

早期的教会医院一般不收费，目的在于宣传宗教，扩大影响，以广招徕。进入 20 世纪以后，教会医院收费日益昂贵，一般市民生病无力医治，医院只对少数贫病者或有研究试验价值的病例施医给药，实际上是充当其技术与药物的试验品。如美国主办的北京协和医院，美籍医生曾在我国工人身上注射大量痉挛药;在病人身上培养虱子以试验斑疹伤寒;对患软骨病的住院孕妇不予服钙及含钙食物,将其折磨致死,取得他们所需的骨骼标本,这个标本至今还保留在该医院。

3. 诊所和教会医院设办的医学教育。

1900年以前,西医人才的培养与教会医院有密切联系,教会医院出于医疗上的需要,兼收中国学徒。东印度公司的皮尔逊来华后,在广州、厦门设医药局,1806年开始招收华人学医。1837年伯驾在眼科医局对关亚杜及两名学生授以医学知识。1837年合信(B. Hobson)在香港传道医院工作,1839年来广州,在沙基金利埠开设惠爱医院,曾兼招生徒传授医术,他极力主张开办医校,但未能实行。黄宽于1857年自美回国,次年接办惠爱医院,曾在该院亲授4名生徒。1843年麦克高文(D. J. Mas Gowom)在宁波开设眼科诊所,并教中医学习解剖和生理。1879年布恩(H. W. Boone)担任上海同仁医院(1869年开办)院长,也招收学生辅助医务,并于1896年合并于圣约翰大学的医科。1883年,巴克(W. H. Park)在苏州博习医院招收7名学生进行教学。1884年,司督阁(Dngald Christie)在奉天盛京施医院招收学生,用中文教授。1885年,梅滕更(D. Duncan Main)在杭州广济医院招收学生。1885年尼尔(James Boyd Near)在登州医院招收学生。尼尔后来于1890年去济南,终于办起了济南医学校。1893年,古田的怀礼医院成立,招生7人。1887~1896年,高如兰(P. B. Con Slamd)先后在汕头、潮州主持医院,兼收生徒。

清末受礼教思想的束缚,男女同学的风气未开,而女医生又为诊病所需,于是开始培训女医,后来还陆续开办了女子医学校。

4. 吸引留学生。

早在1841年美国传教士彼得·伯驾便提出对有才能与有

希望的中国青年进行医学教育的建议,并很快引起了英国“皇家外科医生学院”的注意,得到该院院长的支持与合作。1842年,伯驾的报告在美国也得到“纽约中国医学教会协会”的支持,该会决议指出:“关于训练一支能干的科学内科医生和外科医生的目标——可以作为对整个帝国进行弥撒的酵母——是已经决定的宗旨。”他们认为那些已经在中国的医学院接受过一定训练的“具有卓越才能及事业心,在他们的经济上也要能独立的人,应接着在美国、英国或法国医院学习1或2年,这与西方的学习一样。这样教育与培养的人,将回到他们本国成为领导人物,不论是在建立的机构中进行教学或医疗”(参见王吉民、伍连德著《中国医史》)。这就清楚地表明当时各国吸引我国学医留学生的真正目的与宗旨。

19世纪末20世纪初是我国近代史上掀起的第一次留学高潮。清咸丰年间,清政府已派遣留学生到国外留学。咸丰六年(1856年)黄宽学成回国,他是中国近代最早赴西方学医的人。黄宽(1829~1878年),字绰卿,号杰臣,广东省香山县东岸乡人,其长辈多务农,年幼时父母双亡,依靠祖母抚养长大,初进乡村学塾读书,有“神童”之称,后因家境贫困而停学。1841年,他来到澳门,在美国教师布朗(Brown)主持下的马礼逊(Marrison)学校学习。1847年与容闳、黄胜一起,跟随布朗夫妇抵美,进麻省孟松(Manson)学校,得文学士学位。1850年赴英国,入爱丁堡大学专攻医科,获医学士学位。毕业后攻读病理学与解剖学研究生,获医学博士学位。1857年回国,初在香港开诊所,同年7月赴广州,在伦敦传教会开设的惠爱医馆(后改名金利埠医院)任职,同时在广东传教会博济医局工作。黄宽擅长外科,1860年他曾施行一例碎胎术,被认为是我国做此种手术最早的一例。后来,他因与当局某些教徒不和而辞去惠爱医馆的职务,私人开业。1862年被李鸿章总督聘为医官,任职仅半年即辞职,回广州自设诊所。1863年被聘为中国海关医务处医官。1866年博济医局附设医校,他被聘为教员,担任解剖学、生理学、化学和外科、内科的教学。1867年曾被委任代理主管博济医院。在此期间,他不但努力整顿医院,还做了多例高难手术,受到赞誉。

黄宽不但医术高明,而且医德高尚,为人治病热情感人,深受中外患者信任,他多年患有足疾,有时甚至不能走路,但仍经常带病为人治病。1878年,当他颈项患疽时,驻华英国领事夫人难产,急求他出诊,家人虽再三劝阻,但黄宽坚持出诊,并说:"吾疽纵剧,只损一命,妇人难产,必戕二命,讵能以爱惜一命而弃二命于不顾耶?!"于是他不顾个人安危,径直前往。领事夫人产后平安,他归家后却因疽剧发而故,时年仅50岁。当时前来参加葬礼的中外人士无不为黄宽博士之死而悲痛。

黄宽一生忙于临床,除医院工作报告和海关医务年刊外,未留下其他著述。他的同学容闳在所著《西学东渐记》一书中评述称:"以黄宽之才之学,遂成为好望角以东最负盛名之良外科。继复寓粤,事业益盛,声誉益隆。旅粤西人欢迎黄宽,较之欢迎欧美人士有加,积资益富。"

金韵梅(1864~1934年)是第一个留学美国的中国女医生。浙江宁波人,两岁时父母双亡,被麦克特(Mecartee)医师收为养女。1881年后,又随之赴美国入纽约女子医学校,1885年毕业,先后在费城、华盛顿、纽约等城市任职。1888年随荷兰复兴会妇女部回厦门行医,1889年赴日本,并在神户的"南美以美会、南监理会"工作。1905年回国,1907年在成都任北洋女医院院长,并创建护士学校,为我国护士人才的培养做出了贡献。

金韵梅知识渊博,医术精良,尤其精于微体摄影术,1887 年在《纽约医报》发表了论文《组织标本的显微镜观察》,获得很高的评价。她还具有优良的品格,热心于社会工作,是中华医学会永久会员,曾为该会捐助基金,拟筹建一所孤儿院,惜未能实现。金韵梅生前深受中外医界尊重,是我国近代早期一位出色的女医学家。

第一个出国接受护士训练的中国人是钟茂丰,1909 年毕业于伦敦葛氏医院。

除自费出国留学外,清政府也派遣留学生出国学医。1872 年,清政府有计划地向美国派遣留学生(10~16 岁的青少年),每批 30 人,4 年共派出 120 人。清政府原计划这批留学生在美国学习 15 年,除学习西方语文和科学外,还规定读中国经书,每逢节日由清廷派去的学生监督宣讲皇帝《圣谕广训》,并向北京遥望宫门跪拜。1881 年学生监督吴子登要求留学生求见时行跪拜礼,学生不服,吴即向清廷诬告学生"学业未成,心绪先变"。清廷下令只留 10 人,其余全部遣返国内。回国后分送各衙门差使。其中有 8 名进北洋医学堂学习医学。除派往美国外,医药卫生界也有相当数量的公、私费学生去欧洲各国学医。

义和团运动失败后,随着民主思想的逐渐传播,清政府被迫下谕变法,在教育上也提出了一些改革措施。在"废科举、办学校、派游学"的声浪中,两江总督刘坤一、湖广总督张之洞会奏兴学大纲四条:一曰设立武学堂、二曰酌设文科、三曰停办武科、四曰奖励游学。

此后,在国内出现了一股留学热,有大量学生赴日本留学。1907 年,清朝学部和日本千叶医专等校订立了接受中国留学生的办法,学费由各省分担,这是由政府派遣留学生去日本学习医科的记录。甲午战争以后,我国有不少知识分子到日本留学。

秋瑾(1875~1907 年)冲破封建家庭的束缚,于 1904 年自费留学日本,1906 年因反对日本颁布《取缔清、韩留日学生规则》而回国。1907 年,她在《中国女报》第一、二期译有“看护学教程”一文,介绍了一般护理学知识。她在序中强调:“看护为社会之要素,妇人之天职……虽谓益国便民之事业,亦非过语,何贱业之有!”秋瑾是我国重视并倡导护理学最早的学者之一。鲁迅(1881~1936 年)在 1930 年写的自传中说:“我已经决定要学医了,原因之一是因为我确知道了新的医学对于日本维新有很大的助力,我于是进了仙台医学专门学校。”(参见《鲁迅自传》)后来为了改变当时中国的国民精神,他才到东京从事文学活动。郭沫若(1892~1978 年)也曾于 1914 年东渡日本求学,原在九州帝国大学学医,后才改攻文学。

1909 年“退款兴学”后,留美人数逐年增加。协和医学院洛氏基金会每年选派中国留学生去美国学习。此外,这一时期,尚有伍连德、颜福庆、俞凤宾、牛惠生、刘瑞恒、汤尔和、阎德润等人先后留学英、美、日等国,成为近代医学史上著名的医学家,对西方医学在我国的传播起了重要的作用。

(二)西方医学对中国医学考试制度的影响

鸦片战争以前,西方医学虽有传入,但对中国的医学和医学教育影响不大。鸦片战争以后,西方医学作为文化侵略的工具大规模传入中国。随着西方医学和医学教育制度的传入,西方发达国家医学院校的考试制度亦同时传入中国,对中国的医学考试制度形成巨大的冲击和影响。诸如入学考试与毕业考试、口试与笔试、理论考试与实践考试、知识考试与能力考试、平时考试与期末考试、基础医学考试与临床医学考试、课程考试与论文答辩、水平考试与资格考试等不同内容和形式的考试以及各种不同的医学考试制度和条例等,不但在洋人举办的教会医学校和国人举办的洋务医学校中采用，而且也在中医学校中试用；不但在各级各类医学院校中采用，而且也在各类医务人员的任职资格和晋升中采用。从而为建立现代系统的医学考试制度创造了条件。

总之，鸦片战争以后，随着帝国主义列强的入侵和一系列不平等条约的签订，帝国主义把医学作为文化侵略的工具和手段，在我国通商口岸及大都市开办医院和医学校，招收中国徒生，以达到他们实施文化扩张的目的。虽然从客观上说，传教士曾把西方医学引进中国，也为中国训练了一批医务人员。但在这些传教士中，有些是为帝国主义的侵略政策服务的，也有一些是抱着人道主义或宗教信仰的原因来中国行医，还有一些甚至利用教会医院进行新疗法、新药或其他医学试验。近百年来，帝国主义来华“传教，办医院，办学校，办报纸和吸引留学生等，就是这个侵略政策的实施。其目的，在于造就服从它们的知识干部和愚弄广大的中国人民”（毛泽东《中国革命与中国共产党》）。毛泽东极其深刻地揭露了帝国主义在我国传播医学、创办医院、学校和吸引留学生的真实目的。

主要参考文献

1.《二十五史》,上海古籍出版社、上海书店 1986 年版。

2.《十三经注疏》,中华书局 1980 年版。

3.《古今图书集成·医部全录》,人民卫生出版社 1991 年版。

4.《秦会要订补》,中华书局 1959 年版。

5.《西汉会要》,中华书局 1955 年版。

6.《东汉会要》,中华书局 1955 年版。

7.《唐会要》,中华书局 1955 年版。

5.《十通》(《通志》《通典》《文献通考》等),浙江古籍出版社 1988 年版。

8.《宋大诏令集》,中华书局 1962 年版。

9. 王应麟:《玉海》,《文渊阁四库全书》电子版,武汉大学出版社 1997 年版。

10. 张杲:《医说》,上海科学技术出版社 1984 年版。

11. 司马光著,王根林点校:《司马光奏议》,山西人民出版社 1986 年版。

12. 李焘:《续资治通鉴长编》,上海古籍出版社 1986 年版。

13. 江少虞:《宋朝事实类苑》,上海古籍出版社 1981 年版。

14. 范仲淹:《范文正奏议》,《文渊阁四库全书》电子版,武汉大学出版社 1997 年版。

15. 留正:《增入名儒讲义皇宋中兴两朝圣政》,影印本《续修四库全书》,上海古籍出版社 1996 年版。

16. 张方平:《乐全集》,《文渊阁四库全书》电子版,武汉大学出版社 1997 年版。

17. 杨仲良:《皇宋通鉴长编纪事本末》,影印本《续修四库全书》,上海古籍出版社 1996 年版。

18. 程迥:《医经正本书》,影印本《续修四库全书》,上海古籍出版社 1996 年版。

19. 范祖禹:《范太史集》,《文渊阁四库全书》电子版,武汉大学出版社 1997 年版。

20. 施宿:《会稽志》,《文渊阁四库全书》电子版,武汉大学出版社 1997 年版。

21. 何大任:《太医局诸科程文格》,《文渊阁四库全书》电子版,武汉大学出版社 1997 年版。

22. 洪迈:《容斋随笔》,远方出版社 2002 年版。

23. 潜说友:《咸淳临安志》,《文渊阁四库全书》电子版,武汉大学出版社 1997 年版。

24. 孟元老等:《东京梦华录》(外四种),古典文学出版社 1956 年版。

25. 愈文豹:《吹剑录外集》,《文渊阁四库全书》电子版,武汉大学出版社 1997 年版。

26. 蔡襄:《端明集》,《文渊阁四库全书》电子版,武汉大学出版社 1997 年版。

27.《宋史》,中华书局 1977 年版。

28.《辽史》,中华书局 1974 年版。

29.《金史》,中华书局 1975 年版。

30.《元典章》,中国书店 1990 年版。

31.《通制条格》,浙江古籍出版社 1986 年版。

32.《元史》,中华书局 1976 年版。

33. 徐松辑:《宋会要辑稿》,中华书局 1957 年版。

34. 嵇黄、曹仁虎:《钦定续文献通考》,《文渊阁四库全书》电子版,武汉大学出版社 1997 年版。

35. 夏商周断代工程专家组:《夏商周断代工程 1996—2000 年阶段成果报告》(简本),世界图书出版社公司 2001 年版。

36. 杨学为等主编:《中国考试制度史资料选编》,黄山书社 1992 年版。

37. 李国钧、王炳照总主编:《中国教育制度通史》,山东教育出版社 2000 年版。

38. 赵立勋等编纂:《古今图书集成 · 医部续录》,中国医药科技出版社 2002 年版。

39. 陈飞:《唐代试策考述》,中华书局 2002 年版。

40. 陶御风等:《历代笔记医事别录》,天津科学技术出版社 1988 年版。

41. 毛蕾:《唐代翰林学士》,社会科学文献出版社 2000 年版。

42. 龚纯:《中国历代卫生组织及医学教育》,世界图书出版公司 1998 年版。

43. 钱远铭主编:《经史百家医录》,广东科技出版社 1986 年版。

44. 梁峻编著:《中国古代医政史略》,内蒙古人民出版社 1995 年版。

45. 梁峻编著:《中国中医考试史论》,中医古籍出版社 2004 年版。

46. 李经纬、林昭庚主编:《中国医学通史》(古代卷),人民卫生出版社 2000 年版。

47. 朱潮主编:《中外医学教育史》,上海医科大学出版社1988年版。

48. 甄志亚主编:《中国医学史》(第2版),人民卫生出版社2008年版。

49. 虞崇胜主编:《中国行政史》,高等教育出版社1999年版。

50. 孔令纪等主编:《中国历代官制》,齐鲁书社1993年版。

51. 张德泽:《清代国家机关考略》,学苑出版社2001年版。

52. 邓铁涛主编:《中医近代史》,广东高等教育出版社1999年版。

53. 孙培青主编:《中国教育史》(修订版),华东师范大学出版社2000年版。

54. 刘国柱主编:《中国医学史话》,北京科学技术出版社1994年版。

55. 张炜:《商代医学文化史略》,上海科学技术出版社2005年版。

56. 盛亦如、吴云波主编:《中医教育思想史》,中国中医药出版社2005年版。

57. 马伯英:《中国医学文化史》,上海人民出版社1994年版。

58.《北京大学图书馆藏善本书录》,北京大学出版社1998年版。

59. 任继愈主编:《中国国家图书馆古籍珍品图录》,北京图书馆出版社1999年版。

60. 和中浚、吴鸿洲主编:《中华医学文物图集》,四川人民出版社2001年版。

61. 黄龙祥:《中国针灸学术史大纲》,华夏出版社2001年版。

62. 傅维康等主编:《中国医学通史》(文物图谱卷),人民卫生出版社2000年版。

后 记

《中国古代医学教育与考试制度研究》校稿完毕，我们的心情非常复杂：既感到轻松，也感到沉重；既体会到艰辛，也体会到愉悦；既有一丝成功之感，也有不少遗憾之处。

该研究于2002年开始启动，由山东中医药大学、广州中医药大学、中山大学等单位的学者合作完成。2003年底撰成初稿，各章节撰写人员如下（按章节顺序）：臧守虎：绪论、第一章、第二章、第五章部分内容；米鹂：第三章；马晓亮：第四章；王振国：绪论、第五章；金秀梅：第五章第一节；郑洪：第六章、第七章；张友元：第八章、第九章；郑晔：第九章第二节。初稿汇集以后，由王振国、臧守虎进行了第一次通稿。作为集体研究的成果，由于作者在文献积累、体例把握、研究思路乃至表述方式等方面的差异，书稿的各章节之间诸多方面不尽一致，随后各位作者又据修改意见进行了修改，由王振国再次通稿，2005年8月交齐鲁书社。其后的4个月间，我们又就某些专题做了更进一步深入的研究，并发现了原稿中的一些不足，也发现了一些新的材料，在初校时我们又删改、补充了一部分内容。可以说，我们把编写、校稿的过程当作不断学习、研究的过程，边写边改，边校边改，有很多章节经过多次反反复复的修改、删节、补充。其中第一章第一节、第二章第二节由臧守虎重新进行了改写，补充了不少新内容；第三章由米鹂、臧守虎补写了其中部分内容；第八章、第九章由王振国做了较大幅度的删改和适当的补充。最后由王振国审定全稿，并在臧守虎协助下补入21幅相关图片及其文字说明。

汪昂《医方集解》序中云："创始者难为用，后起者易为功。"对中国古代医学教育与考试制度进行系统研究，在国内外这还是第一次。虽然我们的研究取得了一些成绩，但缺憾亦复不少，书中的一些章节只提供了相关研究的基本框架与线索，在这些框架和线索下还有很多材料值得进一步深入挖掘与研究。鉴于目前国内外对中国古代医学教育与考试制度还缺乏系统研究的现状，我们决定先将其出版，以供同道研究中评骘参考，也期望有更多同道加入此项研究。是为记。

著者　2005年12月于山东中医药大学

重印说明

本书自2006年出版以来已过去17年。作为一部专题研究中国古代医学教育与考试制度的著作，比较系统地展示了中国古代医学教育与考试制度的发展历程，也为进一步研究提供了翔实的史料和线索，受到了读者的欢迎。因该书当时印数不多，近年来已难购得，我们经常收到读者询问此书重印或再版情况的来电、来函。

随着近年来新的史料和研究文献的出现，中国古代医学教育与考试研究领域涌现出诸多新的成果，但时间与精力所限，我们无法做大的修订，本次重印仅对书中引用文献进行重新校核，据新出版文献校正了少量的文字。同时，按照新的《标点符号用法》和出版规范对原书标点符号和部分文字进行了修正。

齐鲁书社的裴继祥编辑做了大量工作，补充了大量引文出处，涉及甲骨文的部分，尤其费心费力。本次重印，张丰聪、孟玺两位博士做了大量工作，谨表示衷心感谢。

王振国　2023年3月28日于山东中医药大学